中国近世社会和政治研究丛书

何兹全　主编

中国近世农村经济制度史论

葛金芳　著

商务印书馆
创于1897　The Commercial Press

2013年·北京

图书在版编目(CIP)数据

中国近世农村经济制度史论/葛金芳著. —北京:商务印书馆,2013
(中国近世社会和政治研究丛书)
ISBN 978-7-100-09479-5

Ⅰ.①中… Ⅱ.①葛… Ⅲ.①农村经济—经济制度—研究—中国—古代 Ⅳ.①F329.02

中国版本图书馆 CIP 数据核字(2012)第 226180 号

北京市社会科学理论著作
出版基金重点资助项目

中国近世社会和政治研究丛书
中国近世农村经济制度史论
葛金芳 著

商务印书馆出版
(北京王府井大街 36 号 邮政编码 100710)
商务印书馆发行
北京市松源印刷有限公司印刷
ISBN 978-7-100-09479-5

2013年2月第1版 开本 880×1230 1/32
2013年2月北京第1次印刷 印张 15 $^{7}/_{8}$

定价:39.00元

总　　序

何　兹　全

中国社会史和政治史，是中国历史发展演变的主流，研究中国社会和政治史应该是研究中国史的主流。

北京师范大学历史系有重视中国社会与政治史研究的传统。解放初期，侯外庐同志任历史系主任，为重视社会与政治史研究奠定了基础。以后多年在白寿彝教授的主持下，这一传统一直得到了保持并有所发展。

中国历史分期问题，迄今尚无定论，这是坏现象，也是好现象。这正好促使中国历史研究者，特别是中国社会和政治史研究者，对中国社会历史作更深入的研究。

我在上世纪三、四十年代，即开始发表了多篇关于中国社会和政治史的论文。我在这些文章里提出了一些与别人不同的见解。

上世纪 90 年代初，我出版了《中国古代社会》（原由河南人民出版社出版，2001 年北京师范大学出版社作为“北京师范大学教授文库”之一再版），2003 年晁福林教授出版了《先秦社会形态研究》（北京师范大学出版社），这两部书，在中国史学界都起到了推动中国社会和政治史研究的作用。

我指导的硕士生、博士生和博士后，很多学有所成，大部分成为高等学校和研究部门的学术带头人和学术骨干。他们出版了不少有关中国社会和政治史的专著和论文。他们也是这套丛书的主要作者。

通观中外学术思想的历史，无论哪一门学科，往往走着一时重思想一时重材料，一时重整体一时重局部的发展路程。孔子所说"学而不思则罔，思而不学则殆"(《论语·为政篇》)，可以引申来说就是偏颇的为害。孔子高明！

中国社会史研究虽然时间尚短，但大体上说，也不免有走这种偏颇道路的情况。上世纪二三十年代，中国社会史研究一出生就是以社会史论战的面貌出现的，偏重理论；不久就出现《食货》派，被认为重材料。解放后中国社会史的研究，自然是重理论的，其结果则是被目为走向教条主义。上世纪80年代后的社会史研究又出现重材料，重局部，重个别社会问题的研究的动向。

历史经验是值得重视的。任何一门学科都应当理论、材料并重，宏观、微观并重，不能偏重哪一方面。

理论不是天上掉下来的。理论是研究深入中一点一滴积累下来的认识客观的能力。认识能力的不断提高，对客观的认识才一步步地深入。

因此，理论和材料的关系是相互为用。要两条腿走路，缺一条腿就成为瘸子。

自古就有这样一句话，说是"坐井观天曰天小。非天小也，所见者小也"。坐在井里看天，只能看到天的一部分，就说天小。不是天小，是你所看见的小。做学问，要宏观、微观结合。要能真实的看到整个社会，才能认识你看到那一部分社会和问题。研究任何一点一面的社会，必须有全面的观点，认识了社会的全面，才能真正认识你所见的部分。

自古以来，研究学问，往往出现这两者的偏差，不是重宏观、重理论，就是重微观、重材料。

我们编撰这套丛书，要重视历史上所走过的弯路，重视这种偏差。一本书也可能材料多些，也可能理论多些；一本书可能重在宏观，也可能重在微观。但我们希望整套书，是在理论、材料并重，宏观、微观并重的思想指导下完成的。这是中国社会和政治史研究的正路，是做学问的正路，也是我们编这套书的指导思想。

上世纪80年代后，随着改革开放，海外商品经济、技术和资本涌入中国，西方国家的学术、史学思潮和著作也涌入中国。辩证唯物史观一时有进入低潮的趋势。这是学术因素以外的人为原因造成的。辩证唯物史观还有极强的生命力，是先进的。

我们坚持辩证唯物史观，以辩证唯物史观推动中国社会和政治史研究，我们坚持理论、材料并重，宏观、微观并重的道路，避免偏颇，并决定从《中国中古社会和政治研究》丛书做起，以后再逐步扩展，我们希望这套丛书的出版，能推动中国历史学科的建设和发展，为中国学术走向世界做出我们应有的贡献。

目　　录

中编 租佃经济的历史进程

下编 赋役制度从双轨制向单轨制的转进

导　论

中华民族拥有悠久灿烂的农业文明，从新石器时代农业生产发端以还，农业一直是国民经济的主要部门。直至今天，若从社会身份上看，我国还有将近八亿农民（若依职业区分，其中已有二亿多农民从事第二、第三产业）。因此迄今为止的中华文明，主要是农业文明。当然，自 20 世纪 70 年代改革开放以来，中华农业文明正在加速向现代工商业文明转进。

本书以制度演进和社会变迁的互动关系为视角，着重考察中唐至明清中国农村的土地制度和赋役制度的演进轨迹及其对社会变迁的诸般影响。按照日本京都学派的说法，中国传统社会在经历唐宋变革期以后，已经迈入“近世”社会，而中国大陆学界一般称之为“前近代社会”。在这个历史阶段中，农业依然是国民经济最主要的生产部门，但在发达的农业经济之上，已经生长出纸币和贵金属货币、城市和市镇、雇佣劳动和商业信用、国内区域市场和海外市场、人数众多的工商业阶层等一系列工商业文明因子，处于向近代社会转进的前夜。众所周知，中国传统社会虽然积聚了众多的可现代化因素，但是其社会转进历程却显得格外迟滞、曲折。这是一个难解的“谜”。本书的任务就是对这一时段的中国农村经济进行制度分析，希望能为学术界研究中国传统社会的转型问题提供一个简要的学术背景。

如果说在小小的商品中隐藏着近代工业社会的全部秘密，那么在土地所有制关系中至少隐藏着古代农业社会的主要秘密。马克思说："土地是人类伟大的实验场所，是提供劳动工具和劳动材料的仓库，是社会的住处和基础。"[①]特别是在前资本主义社会中，"土地财产和农业构成经济制度的基础"[②]；而所有制关系则"为社会的全部结构，君主和臣属的政治形式，简言之，各个时期的特殊的国家形态，找出内部的秘密，它们隐藏着的基础"[③]。因此土地制度不仅是解释中国传统社会的关键一环，而且是认识现当代中国社会，进而把握其未来走向的一把钥匙。

根据时下学者的研究，中华农业文明最基本、最突出的特征有三：一是兼容并包，对周边部族的多种文明具有强大的吸纳能力和同化作用；二是生生不息，中华文明是世界上唯一起源既早，成就又大，虽有跌宕起伏，但始终没有中断的农业文明；三是灵活变通，正式制度随时可同非正式制度互相转化，具有强烈的实用主义色彩。

先说兼容并包。在960万平方公里的广袤疆域上，沿400毫米等降水量线，从东北到西南有一条长达数千公里的农牧交错地带。这条线以北以西，几乎集中了我国所有的沙漠、戈壁、石山和冰川，其主要资源是宜牧草地，因此历来是我国游牧民族（从东胡、

---

① 《政治经济学批判大纲》第三分册，人民出版社1963年版，第91页。

② 《政治经济学批判》，《马克思恩格斯全集》第46卷，人民出版社1980年版，第482—483页。

③ 《资本论》第3卷，人民出版社1976年版，第1033页。

匈奴到契丹、女真、蒙古等族)的繁衍生息之地。这条线以东以南的中原和江南地区,则是以汉族为主体的农耕文明发源地。东起山海关、西到嘉峪关的万里长城,就是我国游牧区和农耕区的大致分界线。随着时间的推移和周边游牧民族的数度入主中原,农耕文明向周边地区浸透扩展,及至宋辽夏金时期终于越过长城一线,而在白山黑水、蒙古草原和今天的新疆地区落地生根、开花结果。所以农业史专家李根蟠认为,我国古代农业存在着两种类型的文化交流:即国内各民族、各地区之间的交流和国内外之间的交流[①]。历史上入主中原的少数民族,几乎都被中华农业文明所同化(只有蒙古族情况有所不同),这个事实有力地说明了中华民族具有巨大的包容性和亲和力。因而在制度演进中,不仅是汉族文化基因在起作用,周边少数民族(特别是契丹、女真、蒙古、满洲等族)的文化基因在特定时期也产生了很大影响。

再看生生不息。中华农业文明发生在北起辽河、南到珠江的辽阔地域内,因地理、气候、温差等自然条件的不同,在长期的历史演进中发展出两种不同类型的农业:黄河流域基本上是以粟麦栽培为主的旱作农业,长江、珠江流域是以水稻栽培为主的水作农业。邹德秀指出,中国传统农业内部因此而具有较大的异质性,对一个地区、一个地方来说,经常有新因素出现和新文化引进,可以互相交流和提高[②]。两宋之际北方麦豆等旱地品种向江南经济区

① 参见李根蟠:《中国农业史上的“多元交汇”——关于中国传统农业特点的再思考》,《中国经济史研究》1993 年第 1 期。

② 邹德秀:《中国的传统农业技术对新农业改革的启示》,《农业考古》1985 年第 1 期。

的大范围传播和明清时期玉米番薯等美洲作物传来我国就是影响极大的两个交流事件。因此建立在自然经济基础上的农业文明，自然难免有封闭、保守的一面，但其内部包含着异质文化，同时又能够吸纳、包容外来文化，所以又具有发展和创新的内在动力。这是中华文明得以持续发展、长明不灭的深厚根基。美籍华裔学者杜维明也认为传统农业文化在与草原游牧文化的抗衡和交流中增加了生命力[①]。

灵活变通是中华农业文明的第三个重要特征。按照樊纲先生的说法，中国历来“是重视非正式的社会关系和非正式的制度安排，而不重视建立与实施‘理性化’的正式制度”[②]。所谓“非正式的制度”，指的是习俗、惯例、伦理、道德、传统、意识形态等东西，所以又称“无形制度”或“不成文的制度”。有形制度与无形制度在本质上都是调节人际关系的准则，它们在实际生活中共同起着社会规范和行为约束的作用。因此进行制度研究，当然要把重点放在由多种法律、规章、组织所构成的正式制度上，但也必须留意由风俗习惯、伦理道德、价值体系所构成的非正式制度。我们从先秦时期的“三代井田”到宋元明清的“摊丁入亩”，随处可见民间惯例和正式制度纠缠扭结、彼此渗透和相互转化的情景。例如三代井田就是由遗留至文明社会初期的农村公社的农田使用习惯演变而来的，诸如“三年一换土易居”之类规定，无疑是氏族社会原有惯例的延续，此中浸透了原始社会的平均、平等精神。而摊丁入亩趋势在

---

① 参见薛涌：《中华文化纵横谈——杜维明教授采访记》，《社会科学》1986年第8期。

② 樊纲：《中华文化、理性化制度与经济发展》，《二十一世纪》1994年4月号。

两宋时期的发轫及其逐步制度化的曲折进程，同样与各地在均平赋役负担中的种种创新密切相关①。南宋中叶成为正式制度的“义役”（又称“义田”），最初是浙东婺州东阳县长仙乡十一户大姓的自发组织，后被地方、中央官府作为正式制度，全面推广，长仙乡也因此被赐名“循理乡”②。

然而另一方面，“一切正式成文的法律，都可以随时因特殊的需要而‘改写’和放弃，从而使得所谓成文的正式制度，事实上也不同程度地等同于非正式的制度”③。这种实用主义态度具有较高的灵活性，对不断变化的外界环境有较强的适应性，从而使渐进式的改革方式较易被人接纳。北魏至隋唐的五朝均田制就是一个极好的例证。为了适应社会经济条件的变化，三百年间，五朝均田令文不断被改写，土地兼并之门越开越大，其变化方向具有内在的逻辑一致性④。然而从摧制兼并到不抑兼并的政策转变，也花去了更多的时间。更重要的是，“制度没规范，法制薄弱，其结果一定是以人治为主导，导致一人可以‘兴邦’，一人也可以‘丧国’，制度总是依人事更迭而变化”⑤。这是强权政治赖以存在的一个制度原因。所有这些特征，均在制度和制度演进的轨迹中烙下过或深或浅的印痕。

本书上编叙述晚唐至清前期的土地所有制演进轨迹。晚唐以

---

① 参见拙文《两宋摊丁入亩趋势论析》，《中国经济史研究》1988 年第 3 期；《两宋摊丁入亩趋势补证》，《暨南大学学报》1991 年第 3 期。

② 参见本书第十一章第二节。

③ 樊纲：《中华文化、理性化制度与经济发展》。

④ 参见本书第一章第三节。

⑤ 樊纲：《中华文化、理性化制度与经济发展》。

后，以“田制不立”、“不抑兼并”为标志，历史进入了大土地所有制占据优势、合法地位的时期。此后国家官田在金元时期和明初、清初虽曾再度膨胀，但土地私有化潮流已势不可挡。从总趋势看，国家土地所有制和小农土地所有制的地盘不断缩小，只有大土地所有制一直处在曲折膨胀的过程中。国家政策随之发生方向性转折：宋以后的历朝政府放弃了此前调整土地所有制结构的努力，转而关注租佃关系并企图解决日趋严重的赋役不均问题。在笔者看来，明清两朝的皇庄、王庄，明代的江南官田、清代的旗地均非国有土地（参见第四章第一、四两节），因此对该时期的官田数量和比重不能估计过高。而金元时期由周边部族带入中原的前封建制因素，则在明清社会的各个方面打下了深深的烙印；这些烙印之所以迟迟不能消退，是因为遇上了专制皇权空前强化这个历史条件，因此明清时期地权转移中的暴力因素反而有所增加，皇庄、旗地上的农奴制经营方式死灰复燃，世役世籍制、配户当差制再次出现，社会前进步伐受到严重阻碍。鸦片战争后虽有少量的富农、经营地主和农牧垦殖公司出现，但封建土地所有制仍旧占据主导地位；近代小农则在重重困境中深陷于贫农经济的泥淖之中不能自拔[①]；苦难深重的近代中国终于明显落伍，陷入被动挨打、割地赔款的屈辱地位。第五章专门讨论两种具有共同体外壳的特殊地产——寺田和族田。笔者以为这两种地产都是具有封建质核的集体土地所有制，不过一则是以法缘为联系纽带的僧侣经济共同体（寺田），一

---

① 参见柳平生、葛金芳：《对江南农村“过密化”问题的微观分析和统计验证》，《浙江学刊》2011 年第 6 期。

则是以血缘为联系纽带的宗族经济共同体(族田)。由于土地流入寺院和宗族之后,很难再进入流通领域,寺田、族田的产权处于僵化凝固状态,因此这是我国封建社会中最为腐朽、顽固的两种土地所有制形式。

中编讨论租佃制度的历史行程。我国最早的租佃关系可以上溯到秦汉时期,但是当时少量的古典租佃关系很快就淹没在小农的依附化潮流之中。汉唐时期,豪强地主的部曲庄园经济与均田小农的中古田制经济并存共处,此消彼长。此时封建租佃关系虽然有所生长,但是局限在国家官田之上和均田小农之间,因而形成了两种不同的类型:国家官田上的是隶属性的租佃关系,均田小农之间的是互佃型租佃关系。

中唐均田制瓦解后,租佃关系的发展得到加速,至北宋中叶租佃经济已是我国封建生产方式的主要表现形态。租佃经济要确立自身的主导地位,必须具备这样三个前提条件:一是大土地所有制优势、合法地位的确立;二是佃农、半佃农成为农民阶级的主体构成;三是超经济强制的弱化必须达到多数佃农获得迁徙和退佃自由的程度。这三个条件正是在唐宋之际地权关系的变动过程中逐步达成的。因此将中唐以前的封建社会描绘成地主和佃农的世界显然是不符合历史实际的。

在此后的历史行程中,租佃经济因周边部族一再入主中原而不断受到冲击,其发展历程历尽曲折,但从总体上说其主导地位未曾移易,直至20世纪中叶土地改革完成之时才最终退出历史舞台,享祚千年之久。明清时期随着“一田两主”和“一田三主”惯例的滋生蔓延,在佃农的永佃权之旁,又出现了佃主的永佃权。前者是佃农土地使用权长期化的成果，是佃农对抗地主增租划佃的有力手段，后者则是封建性质的毒瘤，因为佃主的出现在某些情况下割断了地主与生产的联系（如佃主成为二地主），在某些情况下又割断了地主与国家赋税的联系（如佃主连同税负买入田面权）。这是两种性质截然不同、作用亦大相径庭的永佃制，不可不加分辨。就地租形态而言，我国一直是以定额实物地租为主，这是因为在地主制经济下地权变动频繁，在地权集中而地块分散的情况下，地主无法顾及每块土地的实际收成，他们乐于采取租佃方式和定额实物租制来保证自己的收入。而注重人际关系调节的伦理型文化则为地主调节他们与佃农的关系提供了莫大的帮助，宋以后的“主佃相资”、“贫富相恤”等议论由是而起。地租剥削率一直维持在土地收获量的50%左右，这大致反映了榨取佃农剩余劳动所能达到的一个极限。笔者以为，地租率的高低应和土地所有者的赋役负担联系起来考虑，专制主义中央官僚体制过度的赋役榨取是租率过高的根本原因。

下编勾勒赋役制度的演进轨迹。我国赋役制度有一个从赋役并征的双轨制向摊丁入亩的单轨制转进的演变过程。大致而言，中唐以前以人头税（含徭役）为主，以役重赋轻为特征；中唐以后以土地税为主，向赋重役轻方向转变。由晚唐北宋发轫的摊丁入亩趋势，中经明中叶一条鞭法，至清初康雍之际而最终达成。下编还对近代各阶级的土地赋役思想及其政策主张试作简要评述。农民阶级对于土地的要求有一个逐步发展的过程。中唐以前，起义农民反对的主要是国家机器的残酷压榨，中唐以后以“等贵贱、均贫富”为标志，农民群众的斗争矛头逐步指向封建的财产关系和土地关系。太平天国的《天朝田亩制度》代表了作为小生产者的旧式农民所能达到的最高思想境界，为小农描绘了一个以绝对平均主义为指归的人间乌托邦。这套设想在天国革命实践中碰得头破血流，其悲剧性结局对今天仍具警示意义。在历代封建王朝的赋役政策和赋役改革中，甚至在现代新式农民革命中，也时时可见绝对平均主义的种种影响。

结语从制度演进看社会变迁，认为自北宋中叶以降，我国江南经济区已经跨入农商社会的门槛。拙见以为“农商社会”是处在古代农业文明和现代工商业文明之间的一个历史阶段。这个阶段最为重要的特征是：商品经济的再度盛行及其对自然经济的瓦解，而这又是在农村基本的生产方式（小农经营和租佃经济）没有发生根本性变革的前提下发生的变化，于是形成农商并重这样一种与以往不同的世相来。这种商业氛围比较浓烈、商品经济比较发达的情形，尤以太湖流域为中心的长江三角洲地区最为典型。制度演进和社会经济变迁形成鲜明反差，极大地阻滞了中国经济和社会实现近代转型的步伐，其中所蕴涵的种种经验教训，值得今人深长思之。

上编　土地制度的演进轨迹

第一章 中唐以降：均田制瓦解和“中古田制时代”的终结

自公元前216年秦始皇“使黔首自实田”，标志着土地私有制在全国范围内正式确立，直到20世纪50年代农业合作化完成后土地私有制退出历史舞台，在这两千余年间，我国的土地所有制关系大致可以看作是由各种名目的国家土地所有制（从园囿苑池到屯田、营田），由各种不同身份所体现的大土地所有制（从贵族、军功、豪强、门阀、形势、缙绅到平民地主）和以个体自耕农为主体的各种小土地所有制（从黔首、良家子、占田户、均田户、主户到封建后期的自耕农）这三种主要成分所组成的一种三级结构。土地所有制在总体结构上的重大变动和地主身份地位的嬗递变化，是我们藉以划分古代社会发展阶段的主要依据；而大土地所有制的盛衰消长则是影响这个三级结构的主要因素。秦汉四百年间正处在这个三级结构确立的初期，我国古代土地所有制的主要特征及其变动趋势均已显现。北魏到隋唐，“均田制”成为我国戮力推行的主要土地制度。

第一节 均田制的背景分析

一、十六国和北朝前期黄河流域土地关系的变动

在十六国和北朝时期,北方黄河流域的一个突出现象就是坞堡林立。坞堡历来被认为是汉魏以降大土地所有制的主要表现形式,实际情况并不如此简单。据目前资料,至少可以看出地主田庄型和自卫聚落型这两种类型。以坞、壁、屯、堡等军事建筑形式出现的地主田庄,最早见于西汉末年。汉魏之际,战祸频仍,兵荒马乱,大族右姓纷纷筑坞自保,其中不少坞堡是由原来的地主田庄加筑防御设施改建而成。东汉墓葬中出土的地主庄园模型,四周有高墙环绕,四隅有角楼,前后大门上设置门楼,门楼下有手执兵器的武士护卫。而在坞堡外面则是大片田野,其中有穿长服的地主、监工在监视赭衣短裤的农民进行劳动①。河北省平安县东汉墓葬的壁画中,可以看到规模宏大的多重院落,也是周绕围墙并筑有用于瞭望警戒的高耸望楼②。把这种坞堡称为地主田庄没有问题。

但是还有另外一些坞堡,虽然也是在豪强地主控制之下,其中的土地关系却比较复杂。西晋末年,中原再度陷于战乱之中,各级地方行政机构基本瓦解,坞堡数量急剧增加,形成一个个兵农合

---

① 夏鼐:《新中国的考古收获》,文物出版社 1981 年版,第 85 页。

② 中国社会科学院考古研究所:《新中国的考古发现和研究》,文物出版社 1984 年版,第 450 页。

一、耕战结合的居民区。其中有些当然仍然属于地主田庄性质,但也有一个或几个村庄联结而成的自卫性组织①。延及十六国、北朝前期,坞堡首领大多称为"坞主",军事意味比较强烈;也有称为"宗主"的,宗族色彩比较浓厚。其实不少豪强率领宗族宾客择地避乱,流移至山深林险处筑坞居停,不仅有乡里百姓随同前往,而且吸引了不少流民。

此类自卫聚落型的坞堡,史载例证不少。较为著名的有东汉末年河北人田畴,为避战乱,"率举宗族,他附从数百人……遂入徐无山中,营深险平敞地而居,躬耕以养父母。百姓归之,数年间至五千余家。"(《三国志·魏书·田畴传》)。坞堡周围是无主荒地,移居之人可以各自占地开荒,"躬耕以养父母"。田畴转化为坞主后,管辖的是一个个以小自耕农为主的新聚落点。当然这并不排斥田畴自家因人多势众占有更多一些土地,而归附他的5000余家与他也有某种或深或浅的依附关系。他如汉魏之际韩融"将宗亲千余家,避乱密西山中"(《后汉书·旬彧列传》),杨俊"扶持老弱,诣京、密山间,同行者百余家"(《三国志·魏书·杨俊传》)等。

西晋末年,颍川鄢陵大姓庾衮所建坞堡,当是自卫型乡里共同体的一个典型。他"率其同族及庶姓保于禹山……于是峻险阨,杜蹊径,修壁坞,树藩障,考功庸,计丈尺,均劳逸,通有无,缮完器备,量力任能,物应其宜,使邑推其长,里推其贤,而身率之"(《晋书·庾衮传》)。庾衮为首的这个坞堡,因规模较大而分设邑、里,邑、里

---

① 林甘泉:《中国封建土地制度史》第1卷,中国社会科学出版社1990年版,第309页。

之长由推举产生；坞堡修筑和内部公共事务采取按家服劳役的办法来解决（“考功庸，计丈尺”）。这显然是一个以宗族成员为核心，以乡里关系为纽带而建立起来的自卫性质的乡里共同体。而宗族宾客、乡里庶姓必定会通过开荒垦辟而占有一小块土地，所以史称西晋末年此类坞堡“多者不过四五千家，少者千家、五百家”[①]。若按数十家至百余家为一个居民聚落计，这种坞堡势必是由数个甚至数十个自然聚落所组成；而在各个聚落中既有大土地所有制，也有小土地所有制。不过这种小土地所有制往往依附于大土地所有制而存在罢了。

豪强地主利用宗族、乡里关系筑坞聚居的情况一直延续到北魏前期。公元386年，道武帝拓跋珪君临中原以后，即将这些筑坞自保、聚族而居的豪强地主任命为“宗主”，让他们担负起地方行政长官的职责“督护百姓”。《北史·李灵传》说，赵郡的世家大族李灵之孙李显甫“集诸李数千家于殷州西山，开李鱼川方五六十里居之”。李显甫即被立为当地宗主。在鲜卑族初入中原、尚未站稳脚跟之际，这不失为一种仓促中的明智之举。然而在“宗主督护”制下，宗主荫庇户口之做法因取得国家认可而愈发猖獗，所以当时“民多隐冒，五十、三十家方为一户”（《魏书·李冲传》）；“瀛、冀诸刘，清河张、宋，并州王氏，濮阳侯族，诸如此辈，一宗近将万室，烟火连接，比屋而居”（《通典·食货典》引宋孝王《关东风俗传》）。以致形成了“或百室合户，或千丁共籍”（《晋书·慕容德载记》载尚书

---

① 《鸣沙石室佚书》所收伯希和2586号写本《晋史》。转引自周一良：《魏晋南北朝史论集》，中华书局1963年版，第18页。

韩之卓语）的局面，大批小农合法地成为地主依附人口，不纳国家赋税。史称：“魏初不立三长，故民多荫附。荫附者皆无官役，豪强征敛，倍于公赋”（《魏书·食货志》）。大土地所有制肆无忌惮地与国家争夺劳动人手。

这种状况既使国家赋役没有着落，又使北魏政府对地方的控辖受到威胁。必须找到一种办法，使地主的“苞荫之户”转入国家手中。自小农诞生以来，他们梦寐以求的基本愿望，就是拥有一块自己的土地。而当时黄河流域荒土弥望，国家缺的不是土地而是劳动力。因此若能作出有利于农民占田的安排，就有可能争取到更多的小农登上国家户籍。

二、拓跋族向农业经济的转进及其“计口授田”的传统

北魏是拓跋族建立的政权。拓跋族本属鲜卑族部落联盟，原来居住在今东北嫩江流域、大兴安岭一带。东汉初年北匈奴西迁，草原上出现真空状态，拓跋族“南迁大泽，方千余里”（《魏书·序纪》）。这个大泽可能就是今天内蒙古的呼伦贝尔湖①。后来拓跋族继续向南迁移，势力逐步强大，公元258年拓跋力微举行“祭天”大典，“诸部君长皆来助祭”（《魏书·序纪》），拓跋部正式取得部落联盟的领导权。西晋末年，即公元3世纪末4世纪初，拓跋部的势力已向南扩展到今天的河北和山西北部一带。308年，力微之子猗卢总摄三部，“控弦骑士四十余万”，成为塞上一支强大力量。西晋封他为“代公”（310年）、“代王”（314年），于是“西兼乌孙故地，

① 王仲荦：《魏晋南北朝史》下册，上海人民出版社1979年版，第50页。

东吞勿吉以西，控弦上马，将有百万。”其后虽被前秦灭国（376年），但至386年，拓跋珪又纠合旧部复国，改国号为“魏”，史称“北魏”（又称元魏）。396年，后燕慕容垂病死，拓跋珪乘机进兵中原，攻取晋阳、中山、邺等重镇，尽有今山西、河北两省之地。两年后（398年），拓跋珪定都平城（今山西大同市），即皇帝位。到439年，北魏统一黄河流域。

拓跋族原是游牧民族，但在南徙过程中，农业经济成分逐步增加。391年，拓跋珪“既定中山，分徙吏民及徒何种人、工伎巧十万余家，以充京都，各给耕牛，计口授田”（《魏书·食货志》）。这是拓跋族计口授田制度的最早记载，有点类似于战国时期带有村社共同体印痕的国家授田制。394年，拓跋珪下令“离散诸部，分土定居”（《魏书·贺讷传》），把氏族组织改变为地域编制。天兴初年（398年）北魏把东起代郡（今山西大同），西及善无（今山西左云县），南及阴馆（今山西山阴县），北尽参合（今山西阳高县）的地区划为“畿内之田”。而畿外四方鲜卑族居住区则设“八部大夫”（又称“八部帅”），负责“劝课农耕，量校收入，以为殿最”（《魏书·食货志》）。就在这一年，又下令“给内徙新民耕牛，计口授田”（《魏书·太祖纪》）。永兴五年（413年），复在大宁和大宁川实行“计口授田”（《魏书·太宗纪》）。太平真君年间（440—450年）下令：“有司课畿内之民，使无牛家以人牛力相贸，垦殖锄耨……各列家别口数，所劝种顷亩，明立簿目：所种者于地首标题姓名，以辨播殖之功”（《魏书·恭宗纪》）。有牛之家与无牛之家相互换工，显然是村社共同体互助习俗的遗存；而在每家地头立牌“标题姓名”，固然是为了地方官员考核农功之便，但在土地私有制早已产生的中原地区，则不难被等同于划分各家地界的封埒、界石。到太和元年(477年)计口授田进一步制度化，规定“一夫治田四十亩，中男二十亩。”(《魏书·高祖纪》)。太和九年均田令中一夫“受露田四十亩”的规定即源于此。

三、三长制的推行、农民斗争的推动和中原本土井田思想的影响

但是“均田制”并不能被认为是周边少数部族带进中原的东西。提出均田制实施蓝图的李安世是时任主客给事中的赵郡汉族士人，李安世指出实施均田制的目的是“盖欲使土不旷功，民罔游力。雄擅之家不独膏腴之美，单陋之夫亦有顷亩之分”。他在奏疏中说：“今虽桑井难复，宜更均量，审其经术，令分艺有准，力业相称。细民获资生之利，豪右靡余地之盈”(《魏书·李孝伯附李安世传》)。可见作为均田制之理论基础的，仍是儒家的井田学说。其实，北魏初年拓跋族转入农业经济生活后，一面“离散诸部”，一面“计口授田”，本是农业民族在阶级社会初期均要经历的一个常规阶段。中原地区虽说早在木石器时代就带着氏族血缘关系进入阶级社会，但到井田瓦解的战国时期，亦有授田制行世①。

从国家角度来看，实施均田制的目的是通过遏制大土地所有制的过分膨胀，来扩大小农农村的生存空间，也就是扩大国家赖以

① 参见拙著《中华文化通志·土地赋役制度志》，上海人民出版社1998年版，第56—61页。

生存的赋役基础。因此均田制实际上是国家与地方豪强争夺劳动人手的工具。为此，均田制的推行必须以中央政府的权威为后盾。太和十年(486 年)，孝文帝接受汉族地主李冲的建议，在乡村中每五家立一名邻长，五邻立一名里长，五里立一名党长。三长的职责是检核户口，监督耕作，课征赋役(《魏书·食货志》)。三长制取代宗主督护制，为均田制的推进提供了乡里行政方面的支持。在朝廷关于三长制利弊的争论中，文明太后说："立三长，则课有常准，赋有恒分，苞荫之户可出，侥幸之人可止，何为而不可?"(《魏书·李冲传》)可见从豪强地主手中挖出更多的依附人口转归国家控制，确是三长制的实施目的。

从 398 年拓跋珪进兵中原到 485 年实行均田制，北魏统治中原已近一个世纪。在这个世纪中，中原汉族人民及留居中原的匈奴、羯、丁零、乌桓、氐、羌和卢水胡等各族人民不断起义，反抗拓跋族的统治。在孝文帝即位的延兴元年(471 年)到太和五年(481 年)的十年中，先后相继的十多次起义遍及青州高阳、朔方、齐州平陵、光州、洛州、豫州、冀州、秦州略阳、怀州、雍州、徐州兰陵等中原各地。据此，王仲荦指出："北魏均田制的实施，是在当时紧张的阶级斗争形势下被迫进行的。"[①]前仆后继的农民斗争，迫使北魏统治者进行制度创新，以达到把农民固着在土地上的目的。

更重要的是均田令文的内容。均田令通过限田来稳定小土地所有制的规定，这与西汉中叶董仲舒用"限民名田"来扶植小自耕

① 王仲荦:《魏晋南北朝史》下册，第 524—525 页。

农的强大传统一脉相承。日本学者崛敏一说均田制思想是井田制的复活固然失之偏颇，但他认为均田制的思想根源可从先秦诸子的井田说、汉代的限田思想和王莽的“王田”中去寻找，却是正确的[①]。铃木俊也认为北魏均田制与三国屯田、西晋的占田课田制有密切的联系[②]。先师赵俪生指出，北魏均田制和西晋占田制“这二者间的连续性和继承性，是较明显的。均田制是明文规定的一种授田（并加还田）制和限田制，占田法则是未经明文规定的一种授田制和明文规定的限田制……西晋占田是北魏均田的直接的前行者；北魏均田则是西晋占田的完整化了的成熟的后果”[③]。武建国也持类似看法，他说：“概而言之，均田制是对历史的、传统的土地制度的总结，它第一次把过去国家授田制和占田限田制两套制度分别施行的状况，改革和发展为将授田与限田统一于同一土地制度中，紧密结合为一体。”[④]

第二节 均田制的实施状况及其运行机制

从北魏孝文帝太和九年（485 年）颁布第一个均田令，到唐德宗建中元年（780 年）杨炎两税法宣布“不抑兼并”和“据地出税”，均田制前后延续近三个世纪，历经北魏、北齐、北周、隋、唐五个朝

① 〔日〕崛敏一：《均田制研究》，岩波书社 1975 年版。

② 〔日〕铃木俊：《均田租庸调制的研究》，刀水书房 1980 年版。

③ 赵俪生：《中国土地制度史》，齐鲁书社 1984 年版，第 93 页。

④ 武建国：《均田制研究》，云南人民出版社 1992 年版，第 2 页。

代。在这300年中，史书所载比较详细的均田制令文，至少有七个，分别颁布于北魏太和九年(485年)(载于《魏书·食货志》)、西魏恭帝三年(556年)(载于《隋书·食货志》)、北齐河清三年(564年)(载于《通典·田制下》)、隋文帝开皇二年(582年)(载于《隋书·食货志》)、唐高祖武德七年(624年)(载于《旧唐书·食货志》，又载《唐会要》卷八五《租税上》)、唐玄宗开元七年(719年)(载于《唐六典》卷三《尚书户部》)、唐玄宗开元二十五年(737年)(载于《通典》卷一二《田制下》)。为篇幅计，原文不俱引。

通观上引均田令文，虽说各朝规定详略不同，其间亦有因革变易，但其主体部分，无非是(1)按什么标准向农夫授田；(2)如何进行土地还授；(3)各级官僚该给多少公田、职分田、公廨田，可占多少永业田；(4)对各类土地的买卖作出一定限制。由于均田制深受儒家井田理想的浸润，高举"均给天下之田"的旗帜，但同时它又诞生在土地私有制早已深深扎根的中原大地，所以不仅令文中有自相矛盾之处，如一面申明"田里不鬻"的古老原则；一面又有限度地允许土地买卖。而且实行中亦不免走样，甚至出现与令文精神相冲突的情况，如令文不准"占田过限"，但北朝、隋唐占田过限者比比皆是等。因此，必须从均田制的实施状况入手，进而把握其运行机制，才能理解均田制的真谛，避免许多无谓的争论。

一、均田制的实施状况——两种截然不同的授田规定

关于均田制的实施状况，如果径直根据均田制的令文词句展开讨论，这当然与历史实际相去甚远；但若认为均田令文只是一纸

空文,根本未曾实行[1],亦失之偏颇。应该说均田制在不同地区还是得到了不同程度的实施,尽管实施状况与令文规定在不少方面有很大出入。这里的关键在于区分两种性质截然不同的授田规定。

(一)大打折扣并带有课耕色彩的小农百亩授田制　田令规定,一个小农家庭可受140亩(北魏)或100亩(隋、唐)耕田,20亩是不必还受的桑田(隋唐称“永业田”),其余是身死必须还官的“露田”(隋唐称“口分田”)。事实上,授田受到国有荒闲田土资源的限制。出土文书反映,就是宽乡也往往授田不足额,狭乡农户得到的政府授田当然就更少了。但是,这恰恰说明授田确实是实行过的。北魏源怀在巡行北边六镇后向宣武帝元恪报告说:“然主将参僚专擅腴美;瘠土荒畴分给百姓”(《魏书·源贺附(源)怀传》)。东魏初年,高隆之任并州刺史,到任后发现他的前任“时初给民田,贵势皆占良美,贫弱咸受瘠薄”。高隆之报告朝廷,要求纠正,在得到批准后,“悉更反易,乃得均平”(《北齐书·高隆之传》)。就是当年对北齐均田制持批评态度的宋孝王也承认:“虽有当年权格,时暂施行”

---

① 此说以日本学者铃木俊为最早的代表,1935—1936年他发表《关于唐均田制和租庸调制的关系》(《东亚》第8卷第4期,1935年),《敦煌发现唐代户籍和均田制》(《史学杂志》第47卷7期,1936年)二文,发现敦煌民户的“已受田额”远远低于“应受田额”,据此认为这种授田与国家颁给制度相距甚远,故均田不曾实行。但此说立即遭到仁井田陞的反驳,见仁井氏《唐宋法律文书的研究》,东方文化学院东京研究所1937年版。二次大战后,山本达郎通过介绍大英博物馆所藏西魏籍帐,以《敦煌发现计帐样文书残简》(《东洋学报》第37卷2、3期,1954年版),《敦煌发现户制调制关系文书十五种》(《东洋文化研究所纪要》1956年第10期),证明了均田制的实施。但时至今日,仍有人坚持认为均田令只是一纸空文,北魏并没有把荒田分给农民,均田制定义应当改写。说见周健:《荒田说难以成立》,载《许昌师专学报》1989年第2期。不过持此种看法的人已不多见了。

(《关东风俗传》,引自《通典·田制下》)。

隋唐荒土资源更少,但据文献记载,授田仍在进行。隋文帝开皇十二年(592年),"帝乃发使四出,均天下之田。其狭乡,每丁才至二十亩,老小又少焉"(《隋书·食货志》)。唐太宗于贞观十八年(644年),"幸灵口,村落偪侧。问其受田,丁三十亩"(《册府元龟·帝王部·惠民一》)。武周时,狄仁杰上疏,也说到彭泽等县"百姓所营之田,一户不过十亩、五亩。"[①]只不过在授田额上,狭乡较之宽乡打的折扣更大一些而已。这当然不是统治者的恩赐。前引五朝田令中有"乐迁者听逐空荒","诸土广民稀之处,随力所及","官借民种莳"之类规定,明显是鼓励无地农夫开垦荒地。凡按田令受田者,必须按照规定植桑种树,"限三年种毕",否则就要由官府强制收回,其课耕色彩暴露无遗。然而正因为小农百亩授田制中,隐藏着政府对小农的课耕意图,不管他们是否种足百亩,均要按人丁负担国家的赋役义务,因此在有荒地可供分配的地方,这种授田或多或少还是要实行的。

(二)名为授田、实为限田的贵族、官僚等级授田制　在令文中,贵族、官僚的授田额高达数十顷甚至上百顷。其实,政府并不按照数额向其授田,而应理解为对其土地占有规模的一种限制。北朝时期,奴婢数量相当可观,奴婢来源大多是战争中的俘获人口。也有不少奴婢用于生产领域,所以当时有"耕则问田奴,绢则问织婢"(《魏书·邢峦传》)的谚语。耕牛则是仅次于土地的重要生产资料。因此,北朝田令中有向奴婢、耕牛授田的条文。但出土

---

① 《全唐文》卷一六九狄仁杰《乞免民租疏》。

文书说明，这种授田并未实行。西魏大统十三年籍帐载，有一名叫“来花”的婢女为规避租调而“诈小”的事例，其原因即在于此婢被计为授田口后，徒增该户赋役负担而不会得到哪怕是少量的授田。杨际平据此认为：“均田制所规定的奴婢应受田额也只是允许奴婢所有者垦辟土地的限额，而不是按照均田令的规定标准实授土地。”[①]对耕牛受田额的规定也如奴婢一样，虽不实行授田，但可起到提高地主占田限额的作用。而正史中对不少达官贵人清廉为政“不立田业”的赞扬，和朝廷根据不同情况常向官僚赐田的记载，则从侧面反映了田令中关于文武官吏应按品级授予不同数额永业田的规定，并未得到实行。

根据唐代田令，各种等级的爵位、职事官、散官和勋官应当授予 100 顷到 60 亩的“永业田”。但现存敦煌户籍、手实中所见 89 户勋官中，只有索思礼（19 亩）、卑德意（5 亩）、程什柱（9 亩）、程仁贞（14 亩）、卑二郎（10 亩）这五户有少量勋田，远远低于规定限额。杨际平认为，“这些小额勋田实际上并不是勋官按品级所应受的永业田，而只是对于某些立功勋官的特别奖赏。”[②]而文武职事官和散官中，确有不少达官贵人广占田土，但他们的田宅或来自赐田，或来自祖传，或来自兼并，也不是来自政府的授田。据杨际平的研究：“从现存敦煌户籍资料也可看出当时职事官并未按官品实授永业田。”[③]因此，官员勋田、永业田之类，实际上只是一种允许占田的限额，并非据此实授土地，只有职分田的给授是确凿实行了的。

---

① 杨际平：《均田制新探》，厦门大学出版社 1991 年版，第 125 页。

② 杨际平：《均田制新探》，第 205 页。

③ 同上，第 210—212 页。

这种职分田作为官吏俸禄的补充，同西晋南朝的州郡公田是同一性质，兹不多言。

二、均田制的运行机制——土地还授的两种方式

土地还授工作的正常实施，是均田制确在运行的最重要的标志。武建国把均田制下的土地还授归纳为簿籍授受、户内通分、官荒田授受和对共给授这样四种方式[①]。这四种方式其实可简化为两类，一是涉及地权转移的实际授受，一是不涉及地权转移的账面调整。

（一）账面调整方式："簿籍授受"和"户内通分"　均田制绝不是要把各类私有土地先收归国有，然后再按制度规定重新分配。西汉末年，王莽王田制的失败早已宣告此路不通。因此各朝推行均田制时，首先就会碰到如何处理人户已有土地这个问题。史实表明，对于多数民户来说，已受田只是他们原有的私田，并非从国家手中得到的。元初马端临早就指出，"桑田必是人户世业"（《文献通考·田赋二》），农户世代相传的地产，当然是他们的私有财产。所以田令规定，户主死后不必还官，所谓"身终不还"，"不在还授之限"。如果人户原有世业之数量超过田令规定之限额，也不必拿出来重分，可以算作本户的"倍田"，但在账面上要与露田区分开来，不能混淆，所谓"不得以充露田之数"。这仍是尊重农户土地所有权的表现。如果此户田产超出限额很多，国家也不没收，只是鼓励出卖。所谓"盈者得卖其盈，不足者得买所不足"。但也不一定

---

①　武建国：《均田制研究》，云南人民出版社 1992 年版，第 123—152 页。

非卖不可,因为田令中对于不卖其所盈者,并没有规定处罚的办法。这样,农民超过桑田限额的原有地产以及地主的大地产都可以原封不动地保留下来。直至唐代,仍然是“先永业者,通充口分之数”(《通典·田制下》)。因此对于“世业”之田超过百亩限额的农户来说,他们既不受田,也不还田,只是按照“田令”规定,把自家土地分为“桑田”、“露田”、“倍田”等分别登记在国家计账上就可以了。这就叫做“簿籍授受”。敦煌户籍残卷反映的各户受田状况千差万别,甚至多丁之户的已受之田还少于单丁之户,初看甚不可解,似与田令规定背道而驰,其实这是人户原有田产就多少有别所使然。杨际平引吐鲁番出土文书证明,就是在荒土较多的唐西州地区,“各户的‘已受田’基本上仍旧是各户的原有土地”[①]。

户内通分也是一种账面调整方式。均田制下人户受田普遍不足,因此除非绝户即“死退”,绝大多数民户在减丁时是无田可退的。因此田令中虽有“进丁受田”的规定,可地方官手中却无已退之田可供授受,所以执行中只能作账面上的调整,即把该户原有土地按照新的成丁人口进行均分,这就是“户内通分”方式。

杨际平以敦煌出土户籍所载程大忠与程大庆二兄弟,程什柱、程仁贞和程大信三兄弟分家析籍的两个例子,证明兄弟分家也只是平分原先的已受田[②]。这种办法并非地方官员的权宜之计,而是有法律依据的。唐朝《户令》规定:“诸应分田宅者及财物,兄弟均分……兄弟俱亡,则诸子均分。”注称:“其父祖永业田及赐田亦

① 杨际平:《均田制新探》,第224页。

② 同上,第240—241页。

均分。口分田即准丁中老小法。若田少者,亦以此法为分。”①这种分家析居情况则是一种扩大了的“户内通分”方式。

如前所述,不少农户的永业田和口分田,原本就是被强制纳入均田制中的农户祖传之“世业”。唐朝田令规定:“世业之田,身死则承户者便授之”(《旧唐书·食货志》),不必(也不可能)还官;就是少数得之于官授荒土的永业田,既然可以作为承户者的永业田,当然也不必还官。所以唐人杜佑干脆就说:“诸永业田,皆传子孙,不在授受之限”(《通典·田制下》)。如此,则永业田一经授予,便实际等同于私有土地,至少经过一代人之后就会转化为私有土地。

(二)地权转移方式:官荒田授受和“对共给授” 在各朝施行均田制的初期,因初承大乱之后,荒土资源较多,向无地农户的授田还是执行过的,只是打了折扣而已。而在无地农民从狭乡迁往宽乡的场合下,他们必然也会从官府手中分到一小块荒闲土地,否则他们绝不肯背井离乡,就道远行。此外,还有根括限外占田以给百姓的记载,如初唐永徽五年(654年),贾敦颐调任洛州刺史,“时豪富之室,皆籍外占田,敦颐都括获三千余顷,以给贫乏”(《旧唐书·贾敦颐传》)。少帝唐隆元年(710年)检括出帝陵寺院的限外占田,也是“在京并令司农即收,外州给贫下课户。”②开元九年(721年),宇文融括户后也曾“检括剩田以授客户”(《文献通考·田赋三》)。这些情况表明,除了账面调整外,在均田制实行的三百年中,确实曾有部分农户从官府手中得到过数量不等的土地。这

① 《宋刑统》卷一二《户婚律》引唐《户令》,中华书局1984年标点本,第197页。

② 《唐大诏令集》卷一一〇载唐隆元年七月十九日《诫励风俗敕·又》。

种土地，在王朝初年，主要来自于官荒地；此后荒地不足时，也有用没官田来进行分配的。

所谓“对共给授”，主要见于唐代。按照均田令规定，在每年十一月和十二月，县令把应退田人户和应受田人户召集起来，当面实施田土产权的户间转移。《唐律》卷一三《户婚》载：“诸里正，依令授人田，课农桑。”《疏议》说：“应收授之田，每年起十月一日，里正预校勘造簿，县令总集应退、应受之人，对共给授。”武建国利用日本学者池田温《中国古代籍帐研究》①附录中高昌县出土文书，进行了“对共给授”的实证研究，指出高昌出土的大谷 2912 号、2886 号、2891 号三件文书相联，是欠田文书；大谷 2913 号、2914 号、2885 号等件是退田文书；大谷 1238 号、2604 号二件相联，是给田文书；大谷 3149 号、3150 号二件分别是请田牒和请田辞。这些文书正是为“对共给授”而造，“编造过程，由里正依田令‘预校勘造簿’，写成文牒申报于乡，乡编造成乡簿申报于县，县总汇之，编成县簿，最后由‘县令总集应退、应受之人’，签署实行‘对共给授’”。同时，“作为欠田人户，要求补授欠田，本人还必须向官府提出申请……即欠田人户递交请地牒、辞后，经官府审核批准，方能补授欠田”②。这就以出土文书为证，说明了“对共给授”方式的实施程

---

① 〔日〕池田温：《中国古代籍帐研究》（东京大学出版社 1970 年版）分为“概观”和“录文”两大部分，“概观”部分已有龚泽铣的同名汉译本，中华书局 1984 年版；“录文”部分是在我国唐长孺主编的十大册《吐鲁番出土文书》出版之前，学界所能见到的敦煌吐鲁番出土文书之最为完整的总集。诚如乌廷玉所言：“这是均田制度研究史上起里程碑作用的著述。”语见乌廷玉：《六十年来日本学者均田制研究综述》，载《中国史研究动态》1985 年第 6 期。

② 武建国：《均田制研究》，第 146—148 页。

序。王永兴根据《吐鲁番出土文书》第七册所载《唐神龙三年(707年)高昌县崇化乡点籍样》,指出每户退田绝大多数是一二亩,可见"收多补欠"是在民户原有土地的基础上进行的①。两位的研究成果从不同角度说明了这一史实。

在实施均田制的三百年中,账面调整式的土地还授居于主导地位,涉及地权实际转移的土地还授方式处于辅助地位,相对而言,要少得多。如前所述,这主要是由民户受田普遍不足所决定的。其时,各类土地私有制的存在与发展,缩小了土地还授赖以实施的必要空间,也是重要原因(详下)。

三、均田制与其他各类土地所有制的共存关系

需要强调的是,从北魏到隋唐,均田制并不是唯一的土地所有制形式。在均田制之旁,不仅存在小农的"自田"、"籍外田"和"买田",而且大土地所有制亦可安然无恙。

(一)均田制时期大土地所有制的合法存在　均田制最早出现于北魏。如前所述,北魏统一北方之时即五世纪初,黄河流域存在着强大的地主宗族势力。豪强地主以坞、堡、壁、垒为据点,控制着周围的大片土地和依附农民。均田制的颁行,没有触动这种大土地所有制。《魏书·李安世传》明揭实施均田制的目的,是使"雄擅之家,不独膏腴之美;单陋之夫,亦有顷亩之分"。好像要重新分配土地,其实不然。封建国家根本不可能在地主农民之间实行土地的平均分配。根据《魏书·源怀传》的记载,当时的实际情况是:

---

① 王永兴:《论唐代均田制》,《北京大学学报》1987年第2期。

“主将参僚专擅腴美，瘠土荒畴分给百姓。”明显反映出北魏政权分给贫民下户的土地，大多是原本无主的荒地旷土。实施这种荒土分配的目的，是要把农民固着在土地上，为国家提供其赖以运转所必不可少的赋役基础。因此国家也没有必要去剥夺地主的土地重新分配。这说明均田制推行伊始，就无意否定地主土地私有制。隋初苏威建议：“以为户口滋多，民田不赡，欲减功臣之地以给民。”但隋文帝却采纳了另一位官员王谊的意见：“百官者，历世勋贤，方蒙爵土。一旦削之，未见其可”(《隋书·王谊传》)，仍旧大赐土地给功臣。初唐武德均田令颁行不久，朝廷又明确宣布：“其隋代公卿以下，爰及民庶，……所有田宅并勿追收。”[①]这既表达了封建国家欲与地主阶级共享土地所有权的强烈欲望，又是中古田制与大土地所有制和平共处的法律依据。英国剑桥大学崔瑞德教授也看到了这一点，他说：“均田法有许多漏洞，它们容许官户和贵族成员相当合法地积累大量田产。”[②]

据胡如雷的研究，不少地主在受田之外还拥有大量的不入籍土地[③]。如《敦煌资料》第一辑所载伯希和 3354 号天贵六载《敦煌县龙勒乡都乡里户籍》中，程思楚一户 18 口人，户主一人有 3 妻；程什柱户，户主有 2 妻 1 妾；程仁贞、程大忠均有 2 妻，显然都是地主，但这几户田产簿上都只有几十亩土地，连糊口都不够。其秘密即在于他们在“受田”之外另有大量私田，户籍簿上多次出现“自

① 《唐大诏令集》卷一一四《隋代公卿不预义军者田宅并勿追收诏》。

② 《剑桥中国隋唐史(589—906)》，中国社会科学出版社 1990 年版，第 25 页。

③ 《也谈自田兼论与唐代田制有关的一些问题》，载《中国经济史研究》1986 年第 2 期。

田”就是明证。这就以出土文书为据，确凿无疑地证明了均田制与各类私有土地的共存关系。

再从唐初均田制的推行程度来看，敦煌、吐鲁番地区因资料齐全而最为典型；江南虽有零星资料反映均田制亦在不同程度上推行过，但具体情况不详。仅就中原地区而言，是关东的推行程度较关中为高。造成这种差异的真正原因，在我看来即是由于两个地区土地所有制结构的不同。关东地区，经过隋末农民战争风暴的扫荡，高门世族受到沉重打击。史载“燕赵右姓，多失衣冠之绪”，“名虽著于州闾，身未免于贫贱”（《唐会要·嫁娶门》）。“关东魏齐旧姓，虽皆沦替，犹相矜尚，自为婚姻”（《旧唐书·李义府传》），这里已透露出世族门阀地主的大土地所有制大为削弱的重要信息。加之战乱后人口减耗，故唐初的关东地区存在着大量的无主荒地，因此在大土地所有制的废墟上，已有不少农民实现了梦寐以求的小块土地所有权。正是这些因素构成了关东地区均田制实施程度较高的客观基础。

与此相反，唐初的关中地区，大土地所有制反而有所加强。这是因为，该地区没有怎么经受农民战争风暴的洗礼；李唐王室对周、隋官僚贵族土地所有权又着意保护；而为唐室奠定王业之基的新贵们，则在京畿四周广占田宅。所以唐初开国不过十年，太宗李世民就萌动过让“地狭户盈”的关中民户迁往宽乡的念头（《旧唐书·太宗纪》）。百余年后唐玄宗即位，更是“京畿地狭，人户殷繁；计丁给田，尚犹不足”（《旧唐书·玄宗纪》）。其实，至少在北宋（其时版图缩小，人口则增至八九千万）以前，全国人口五六千万，人口增长尚未超过耕地面积的承受能力。因此关中地区的“地狭户盈”，在很大程度上是地主土地所有制占据了大部分耕地，小农土地所有制受到极大挤迫的结果，因而均田制的推行必然大打折扣。十分明显，均田制不仅没有否定大土地所有制的存在，其实施程度倒是处处受到大土地所有制的强烈约束。

(二)“自田”和均田小农的性质判别　事实上，在实施均田制的北魏、北齐、北周和隋唐这五个朝代中，找不到一条私田充公、然后由国家重新分配的记载。相反倒是在均田令文中可以见到允许宽乡民户限外多占田产的条文[①]；在赋役令文中可以找到官府设青苗簿来按亩积征收土地税(即义仓税)的规定；在出土的大量文书计账中可以发现“自田”、“买田”、“籍外田”的普遍存在。这又表明，在均田制之旁，不仅大土地所有制可保无虞，照样存在；而且均田小农在受田之外还往往保有自己的小块土地。《通典·选举·考绩》载“大唐考课之法”，称州县官“其劝课农田，能使丰殖者，亦准见地为十分论，每加二分，各进考一等(原注：此谓永业、口分之外，别能垦起公私荒田者)。”这是均田制之外民户可以另有私田的法律依据。1951年，日本学者西川正夫指出：“自田”不包括在均田之中，是公认的私有地[②]。后有山本达郎又用出土文书再次证明“自田”即是均田户的私有土地[③]。我国侯绍庄、杨际平亦作如

① 《唐律·户婚律》在规定了对占田过限者的惩戒办法后，又说“若于宽闲之处者，不坐”即是明证。

② 〔日〕西川正夫：《敦煌发现的唐代户籍中所出现的自田》，《史学杂志》第64卷第10期。

③ 〔日〕山本达郎：《关于敦煌地区均田制末期田土和四至记载的考察》(一、二、三)，《从敦煌发现的帐籍中所见的自田》，均载《东方学论集》第46—56期。

是观[①]。宽乡地区官府允许民户限外多占的田亩，民户在口分、永业之外陆续开垦的荒闲旷土等等，构成了均田小农在均田制之外拥有的小块私田的部分来源。

20世纪五六十年代，学术界对于均田小农的性质问题，曾经有过一场有趣的争论。部分学者（以土地国有制学派为主）称之为国家佃农，部分学者（以土地私有制学派为主）称之为自耕农。双方各有所据，相持不下。其实，"国家佃农"说与"自耕农"说，均含有部分之真理性。如前所述，均田户的土地私有权确实存在，至少可以说是打有折扣的存在，这是国家佃农说者无法逾越的障碍。不仅如此，史料还表明，均田户对于自己分内的土地，确实具有牢固的使用权——包括口分、永业两部分，部分的继承权——只限于永业田，受限制的买卖权——永业田和某些情况下的口分田，以及可靠而又完整的收益权，因而基本具备了自耕农的主要特征。

然而，同样不可否认的是，这种均田户身上，确实套着田制框框，并承受着租庸调的沉重负担；对于部分曾从国家手中得到过小块官荒地的均田户来说，他们身上更是程度不同地带有一些国家佃农的意味。因而"自耕农"说又面临着均田户土地私有权并不完整、纯粹这一困难。马克思说："土地所有权的前提是，一些人垄断

① 侯绍庄：《"自田"考释》，载《社会科学》1981年第2期。杨际平：《从唐代敦煌吐鲁番户籍资料看均田制下私田的存在》，载《厦门大学学报》1982年第4期。杨先生在《均田制新探》（第189页）中指出，现存唐代敦煌户籍中，永业、口分田的四至记载完整无缺者共有44户，可以确定拥有私田的有38户，占总数的86%以上。而其余6户还不能断定他们没有私田。这就以出土文书为证，证实了多数小农在均田制之外另有私田。

一定量的土地,把它作为排斥一切其他人的,只服从自己个人意志的领域。”[①]“土地所有者可以像每个商品所有者处理自己的商品一样去处理土地。”[②]用这一点来衡量,均田户确实不够自耕农标准。“国家佃农”说者正是抓住这一点来责难“自耕农”说者。

历史地看问题,上述矛盾状况是土地私有权自幼稚向成熟、自浅化向深化、自不自由向自由、自不纯粹向纯粹前进过程中所必经的阶段。因为土地所有权本身有一个历史发展的过程。“在每个历史时代中所有权以各种不同的方式,在完全不同的社会关系下面发展着。”[③]这一点是我们理解均田户确有土地所有权(尽管这种所有权还不够完整)的关键。前引马克思关于土地所有权的定义,指的主要是资本主义经济关系下的土地所有权,马克思在上述定义之后紧接着说:“这种关于自由私有权的法律观念,在古代世界,只是在有机的社会秩序解体的时期才出现;在现代世界,只是随着资本主义生产的发展才出现。”[④]就是证明。而在封建社会中,土地所有权尚处浅化状态,故而并不完整,其中还有不少“政治的社会的装饰物和混杂物”[⑤],这正是封建时代土地私有权所必然具有的历史特点。如果没有这样一个特点,反而不成其为封建的土地所有权了。因此,均田户与封建制度解体时期的自由自耕农固然不能相提并论,同时我们也不能用资本主义时期关于纯粹的、

---

① 《资本论》第 3 卷,人民出版社 1975 年版,第 695 页。

② 同上,第 696 页。

③ 《哲学的贫困》,《马克思恩格斯选集》第 1 卷,第 144 页。

④ 《资本论》第 3 卷,第 696 页。

⑤ 同上,第 697 页。

自由的土地所有权之定义来硬扣中古田制时期的均田户。

基于以上认识，我们主张把均田户称为“中古自耕农”。这个术语，抓住了均田户确有土地所有权这一主要特征，同时又点明了这种土地所有权还不够深化、不够完整的时代特点。

第三节 从五朝均田令文的变化看均田制的演进轨迹

依据唐朝杜佑的说法，均田制度是齐依魏制，隋遵北齐，唐则“因元魏、北齐制度而损益之”（《通典·田制下》）。仔细比较一下各朝均田令的具体规定及其实施情况，可以看到其间有不小的变化，而且这些变化带有明显的内在逻辑上的一致性。现试析如下：

一、农夫受田数额的不断降低

五朝均田制下，农夫受田数额逐步降低。北魏男夫年十五以上受露田 40 亩，妇人 20 亩，“所受之田率倍之”（《魏书·食货志》），再加桑田 20 亩，一夫一妇可受田 140 亩。北齐虽遵魏制，但不采北魏“三易之田再倍之”的做法，取消了限额以上的浮动幅度。北周，妇人受田仍为 40 亩，但已改“妻”为“室”，排除了对于多妻制的照顾，所以实际限额又较北齐为紧。唐制只给男丁受田，限额一顷，狭乡口分减宽乡之半，同时老男、笃疾只有 40 亩，妇人已被排除在外（《通典·田制下》）。实际授田更是每每不足，如隋文帝开皇十二年（592 年）：“发使四出，均天下之田，其狭乡每丁才至二十亩”(《隋书·食货志》)。唐贞观十三年(639年),太宗巡幸至灵口(今陕西临潼),“村落偪侧,问其受田,丁三十亩”(《册府元龟》卷一一三)。在资料保存最为完整的敦煌地区,据统计已受田只占应授田的28.7%,每户只43亩[①],与关中地区相差无几。近据鲍晓娜的考证,唐代《吐鲁番文书》第四册所载“壹丁合得常田肆亩,部田式亩”;“老寡人得常田式亩,部田一亩”,很可能就是当时西州地区的实际授田标准[②]。按此,则农夫授田额的下降就是十分惊人的了。应该说随着生产力的发展,耕地面积只会逐步扩大。因此,这种越到后来耕地越是不足的情况,除了人口增长的影响之外,的确反映出小农土地所有制的渐趋萎缩。

二、奴婢受田数额的减少及其取消

田令对奴婢受田数及允许受田之奴婢数的限制日益严格。初行均田制的北魏时期,奴婢受田是与农夫同等对待的,“奴婢依良”。北齐开始限制受田之奴婢数,自亲王300名到八品官60名,“奴婢限外不给田”;奴婢受田数也略有减少,只给口分,而无永业(《隋书·食货志》)。北周武帝数次下诏释放奴婢与杂户。唐代“贱口”在一般情况下不再授田,“口分、永业不预焉”(《唐六典·户部尚书》)。这说明,随着北朝鲜卑贵族封建化程度的加深,他们拥有奴婢数量逐步减少,农奴制色彩日渐减退。而均田制对使用奴

---

① 胡如雷:《也谈自田兼论与唐代田制有关的一些问题》,载《中国经济史研究》1986年第2期。

② 鲍晓娜:《唐代西州均田制的实际授田标准考》,载《中国社会经济史研究》1985年第4期。

婢劳动的庄园经济的照顾愈是式微，其作为调整国家编户之土地关系的倾向也就愈加明朗。

三、官僚占田限额的大幅度放宽

各级官吏所占之田，名目日多，数量激增，田令对官僚地主的占田限额呈放宽趋势。魏制官吏受田只“公田”一顷，最高者刺史限 15 顷(《魏书・食货志》)。北齐官员在公田之外，又可请“垦田”，“名为授田”(《隋书・食货志》)。隋唐时期，增至永业、职分、公廨田三项，其中仅永业田最高限额即达 100 顷，为北魏的 6 倍多。如果考虑到隋唐之官僚机器已远较北魏复杂，官员数量亦非往日可比，高宗显庆年间(656—661 年)即达 1.3 万多人；唐中叶时，官吏已“不胜其滥”(《新唐书・食货志》)。各级官员占田数量的激增一望即知。事实上历朝皇帝往往突破田令限额，将大批田土赐予官僚。《关东风俗传》说：“北齐自宣武出猎以来，始以永赐……比武平以后，横赐诸贵及外戚佞宠之家，亦以尽矣”(《通典・田制下》)。而且一经赐予，即为永业，永不还公。此外，他们往往还凭借权势，广占良田美宅，照样逍遥法外。

这些情况说明，均田制对于大土地所有制的限制实际上远不像令文中表述的那样严格和有效，而且该时期大土地所有制仍在逐步扩大之中，北魏以后的历朝政府对此显然采取了妥协退让的态度。

四、对土地买卖限制的逐步减少

越到后来，田令对土地买卖的限制就越是宽松。魏制“公田”

不准买卖，而要随官员换届“更代相付，卖者坐如律”(《魏书·食货志》)。北齐初年沿用北魏田令，但在河清三年(564年)重颁田令之后不久，就出现了“帖卖者，帖荒田七年，熟田五年，钱还地还，依令听许”(《通典·田制下》)之记载，说明此时均田小农已可典质原授田产，只是还不许卖断。隋朝授予官吏之田分为永业、职分、公廨田三类，为其中的一部分(即永业田)进入交换领域提供了依据。唐代不仅有限度地允许永业田买卖，如家贫无以供葬，卖田以供庄宅、碾磑、邸店之用等情况可卖永业田；口分田如系自狭乡迁往宽乡者，亦可出卖；而且明文规定：“其官人永业田及赐田，欲卖及帖赁者，皆不在禁限。”(《唐六典》卷二)

土地买卖的禁律越放越宽，其实质就是土地兼并之门越开越大。事实上，均田令文原本就未禁绝土地买卖。北魏太和九年均田令说：“盈者得卖其盈，不足者得买所不足”(《魏书·食货志》)，从一开始就有限度地允许土地买卖存在。北齐土地交易更盛，史载“自迁邺之始，滥职众多，所得公田，悉从货易”(《关东风俗传》)。不仅公田突破了禁令，而且“露田虽复不听买卖，买卖亦无重责，贫户因王课不济，率多货卖田业”(《关东风俗传》)。可见无论地主还是小农，在一定条件下都可进行土田买卖。而土地买卖的存在，恰恰是土地私有制社会的主要特征之一。

五朝均田令及其实施状况所表现出来的上述演进趋势，说明在均田制实行的三百年间，中古法权加在土地所有权之上的种种附加物在逐步减少，土地所有权在逐步深化，大土地所有制在不断膨胀。在土地私有化潮流的持续侵蚀之下，国家法权步步退让，均田小农备受挤迫，中古田制日趋萎缩。一言以蔽之，在中古田制时期，土地私有制不仅未被否定，相反还在曲折前进之中。所以中唐开、天之际有人惊叹“兼并之弊有逾于汉成、哀之间”，不久即有杨炎所创的建中两税法诞生。

第四节 五朝均田制对小土地所有制的维护及其在中唐的弛解

一、均田制作用评述：维护小土地所有制的强制性干预措施

从485年第一个均田令出台，到780年杨炎两税法宣告均田制最终瓦解，近三百年间田制框架一再崩解又一再重建，这是因为均田制在加强小土地所有制的生存能力，从而在维护国家赋役基础方面发挥着重要作用。

首先，对于多数小农来说，均田制本来就是建立在民户原有私田的基础上，绝非打乱原有的土地占有关系来重新分配。北魏规定：“诸桑田皆为世业”（《魏书·食货志》），一直是历朝均田制的主要原则。宋元之际的马端临说：“然观其立法，所受者露田。诸桑田不在还授之限。意桑田必是人户世业，是以栽植桑榆其上。而露田不栽树，则似所种者，皆荒闲无主之地”（《文献通考·田赋一》）。桑田、永业田至少在大部分情况下，本是农民的祖传私田，并非官府所授。因此这类田土是可以由子孙来继承的。“诸桑田不在还授之限”，“身终不还”（《魏书·食货志》），“世业之田，身死则承户者授之”（《唐会要》卷八三《租税》）云云，就是这个意思。如

果该户祖传世业的数量超过了均田令文规定的限额,官府也不能随便剥夺,可以放在露田名下,“无受无还”(《魏书·食货志》),一仍其旧。显而易见,均田制的实施,没有剥夺小农的原有田产,而是以改称桑田、永业田的方式将其揽入田制框架,予以曲折承认。当然,也有部分农户的永业田是由官府授予的,但据武则天时狄仁杰的上疏,其数不过五亩、十亩(见《全唐文》卷一六七),敦煌吐鲁番文书所提供的丰富实例,也证实了这一点。也有部分农民是靠买田来凑足自家永业田份额的,这种做法既有法令依据,即如《魏书·食货志》所云:“诸桑田……盈者得卖其盈,不足者得买所不足”,也有实际例证,如《敦煌资料》第一集所载索思礼户,以买田14亩记入籍帐。小农永业田,无论是祖传世业,还是通过官府授予或自家买入而得,总之是可以享受“身终不还”、由子孙继承之待遇。此点之有利于小农与土地的结合和小农土地所有制的稳定,当无疑问。

其次,露田、口分田的还授同样稳定了小农阶层,从而加强了小农土地所有制的生存能力。均田小农的露田、口分田中有一部分是“受之于公”的国家官荒田,所以要“死后还公”,亦不准买卖,违者有罚。《唐律疏义》卷一二《户婚上》:“口分田,谓计口授之,非永业及居住园宅,则卖者。《礼》云‘田里不鬻’,谓受之于公,不得私鬻卖。”因此在一般情况下,均田小农对“受之于公”的口分田既无继承权,又无买卖权。吐鲁番给退田文书中的“死退”、“剩退”、“逃走除退”和“出嫁退”等类名目,反映出均田小农的还公地,除户绝、逃田和农户因田块相距遥远而求官府改授以便耕作外,主要是官府针对民户人丁的变动情况，让少数无力承担官府税役之户，交还原授田块以供改授。需要强调的是，这些“还公地”本来就是官府所有，国家有权按照自己的意志来决定其处理办法，因此口分田的还授并未侵犯小农原有土地的私有权。恰恰相反，若从整个小农阶层的角度看问题，应该说小农由于得到了一辈子可以任其耕作的口分田，其结果自然是壮大了他们承受赋役和应付不测的经济力量，因而是对农民小块地所有制的有力支撑。当然，也有个别种类的口分田可以突破死后还公的规定，例如身任府兵的均田户如死于“王事”，其子孙可以不退田。反过来说，只要该户有后承嗣，官府一般不得改变该户地产状况。这种口分田事实上已经等同于永业田，子孙可以累世相承，永久使用了，其加强小农土地所有制的意义更为明显。

再次，对于地主阶级来说，均田令文按其官爵品级的高低，规定了数额不等的占田限额，不准超过即“不得逾于令式”①。如果超过这个限度，就被视为“籍外剩田”(《旧唐书·食货志》)，属“占田逾制”性质(《新唐书·贾敦颐传》)，国家有权检括，所谓“有剩追收”(《通典·田制下》)、“其有余者，仰官收”②，就是这个意思。虽然这种限制往往是软弱的，但是对于均田小农来说，有限制总比无限制好，因为这种限制多少有助于控制一下大地产膨胀的势头，从而有助于小农阶层的稳定和生存。

最后需要强调的是，在均田令文中真正对土地私有制产生较

---

① 《册府元龟》卷四九五《邦计部·田制》。

② 同上。

大影响的,是那些关于土地买卖的限制性规定。因为地产能否买卖,确是土地私有权能否成立的主要标志之一。无论北魏还是隋唐,露田、口分田一般不许买卖,除非由狭乡乐迁宽乡者,永业田买卖亦受一定的限制。这些限制虽说损害了小农土地所有权的完整性,但其目的,则是企图通过限制地权转移的速率,来防止小农土地过多、过快地流入地主之手,以免小农大量破产,从而危及封建王朝的赋役基础和府兵来源。其精神实质与限制地主占田规模是一脉相承的。不难看出,均田制实施的根本意图,是通过国家干预来减缓地权流通的速率,以收抑制豪强兼并之效,使小土地所有制在当时土地所有制的三极结构中维持一个较大的比例。因此,北魏至隋唐长达三个世纪的五朝均田制,其实质是封建王朝在承认各类土地私有制的前提下,对土地所有制关系所进行的强制性干预措施。但是这种干预本身,依照马列经典作家的解释,却是“私有财产本身的权力,是私有财产的已经得到实现的本质”①。因此这种干预不能简单地解释为是对土地所有权或土地私有制的否定。

二、均田制瓦解机制:土地兼并和人口流移

均田制在较长时期内的维持,需要两个基本条件:一是国家对于人口的严密控制,二是地权流转速率的相对迟缓。因为不仅田业授受要以确凿详尽的户籍资料为其依据,更重要的是租庸调这种以人丁税为本的赋役形态,要求国家能够牢固地控制全国人丁,

---

① 《黑格尔法哲学批判》,《马克思恩格斯全集》第1卷,第369页。

这是稳定税收和征发力役的基本前提。而在封建社会，国家要把人口和劳动力牢牢抓在自己手中，其办法只有一条，那就是尽可能把农民固着在土地上。北朝人宋孝王说，自北齐后主武平（570—576年）以后，“比来频有还人之格，欲以招慰逃散。假使暂还，即卖所得之地，地尽还走。虽有还名，终不肯住。正由县听其卖帖田园故也”（《隋书·食货志》）。充分说明了农夫“地著”的必备条件是拥有赖以生存的小块耕地，否则任何法权强制力量都无济于事。秦汉以来的历史经验证明，对于小农经济的主要威胁来自土地兼并。换言之，只要听任小农帖卖田产，就无法限制小农流移。因为田园故宅一旦帖卖净尽，均田小农便失去了在原地生存的基本条件，更承担不起租庸调和兵役之类的沉重负担，只有逃亡一条生路。所以，土地兼并是均田制的大敌。既然土地私有制自战国以降已经存在了近千年之久，是一种既无可更改又无法逾越的社会现实；而在以土地私有制为基础的社会中，土地兼并又是一个既取缔不了又无法回避的必然现象，那么稳定小农阶层的办法，就只剩尽可能地迟滞地权转移的速率，以求较长久地维护小农土地所有制这一条了。

五朝均田制正是这样做的。无论北魏还是隋唐，不仅没有剥夺小农的祖传世业，而且还承认其“自田”、“买田”和“籍外田”的存在；不仅没有触动地主阶级的大土地所有制，反而给予种种照顾。除去这些，均田制还剩下什么呢？我们认为还剩下两条主要内容：一是用法令形式将农民固着在土地上。北魏太和均田令率先规定：“其地足之处，不得无故而移”（《魏书·食货志》）。北齐河清三年令有：“男子二十五已上，皆布田亩”，“使地无遗利，人无游手”等语(《隋书·食货志》)。至唐,农民流移仍有限制。武则天时风阁舍人李峤说:“军户之地,户不可移;关辅之人,贯不可改”(《文献通考·户口一》)。李唐王室还制定出详尽的奖惩办法,督促州县官员乃至里正、家长去严密控制人口,如“诸脱产者,家长徒三年”,“里正不觉脱漏增减者,一口笞四十”,“县内十口笞三十”等(《唐律疏义·户婚上》)。二是国家在可能条件下,由各地官府对民户进行少量的田业授受,与此同时对地主的占田限额以及民田的转移、典卖和继承用一系列令式加以限制,这是防止小农流移的基本措施。这就是说,国家对于土地所有权的种种限制和干预,不是为了否定、而是为了维护小农土地所有制的生存。但是国家虽可凭藉法权和暴力在一定时期内迟滞地权流转的速率,却最终不能遏止土地兼并日趋盛行的势头,个中奥秘即在于均田制并未否定土地私有制的存在,而土地兼并则是土地私有制这棵树上的必然之果。《旧唐书·杨炎传》说:“玄宗修道德,以宽仁为理本,故不为版籍之书。人户寖溢,堤防不禁。丁口转死,非旧名矣;田亩移换,非旧额矣;贫富升降,非旧第矣。户部徒以空文,总其故书,盖得非当时之实。”这明显反映出,无论农夫流移,还是地权转移,时至中唐,均已失去基本控制,均田制赖以维系的两个基础条件动摇了。

其实,人口流移问题,在均田制实施的三百年间始终存在,不过各个阶段程度不同而已。北魏实行均田不过二三十年,人户逃亡已相当严重,魏孝明帝时(516—528年在位)“饥馑积年,户口逃散,生长奸诈,因生隐藏”(《魏书·昭成子孙列传》),其中大部分沦为豪强地主的部曲私属。东魏、北齐户籍制度之混乱自不待言，北齐时宋世良河北括户，“所括得丁倍于本帐”，孝庄帝（528—529年在位）称赞他“更出一天下也”（《北齐书·宋世良传》），可见逃户几与编户相等。北齐后主（565—576年在位）时，“贫户因王课不济，率多货卖田业，至春困急，轻致藏走”（《通典·田制下》）。隋朝开皇年间（581—600年），史称“君子或乐其生，小人各安其业”，誉为“开皇之治”，但仍可见到“百姓多流亡”（《隋书·皇甫诞传》），“曹土（按：指曹州，治左城，今山东曹县）旧俗，民多奸隐，户口簿帐恒不以实”（《隋书·乞伏慧传》），“时山东承齐之弊，户口簿籍类不以实”（《隋书·令狐熙传》）。大业五年（609年），在裴蕴主持下进行全国范围的“大索貌阅”，“计帐进丁四十四万三千，新附一百六十四万一千五百口”（《隋书·食货志》），可谓战果卓著，但于此亦可看出农夫逃亡漏籍的严重。初唐武后统治时期，“天下户口逃亡几半”（《旧唐书·韦嗣立传》）。稍后局面逐渐稳定，但玄宗开元进士柳芳在《食货论》中说：“人逃役者，多浮寄于闾里，县收其名，谓之客户。杂于居人者，十一二矣”（《全唐文》卷三七二）。由此可见，开元盛世时，均田小农迫于重赋繁役，仍在逃离流移。

逃避赋役的另一种办法，就是诈伪诡名为“鳏寡”、“废疾”、“奴婢”、“品官”等不课户。据安史之乱前一年即天宝十四载（755年）的统计数字，全国891万户中，不课户竟达356万余户，难怪马端临要感叹：“然天下户口，岂容鳏寡、废疾、品官其三之一有奇哉！”（《文献通考·田赋三》）而中唐以降接踵而至的社会动荡，主要是长达七年之久的“安史之乱”和随之而来的小规模农民起义，进一步破坏了唐代的版籍制度。当时独孤及在《答杨贲处士书》中所云：“又况遭安史之乱，丁口流离转徙，版籍徒有空文，岂堪按以为额。”[①]即其真实写照。故至杨炎行两税法前夕，已到了“乡居地著者百不四五”(《旧唐书·杨炎传》)，“编版之户，三耗其二；归耕之人，百无其一”[②]的地步。总之，越到均田制后期，版籍漫漶、户口流移就越严重，到中唐安史之乱后，已经病入膏肓，无可救治了。

为什么均田制下历朝控制农夫流移的努力最终都付诸东流了呢？原因是多方面的。国家赋役过重，遭逢天灾人祸，社会发生动荡以及手工业和商业的繁盛等，都会导致小农离开土地。然而屡禁不止、愈演愈烈的土地兼并，应是迫使小农流移的主要力量。既然均田制并未否定土地私有制的存在，那么土地所有权势必会在不同所有者之间互相转移，大土地所有制亦定将凭藉自身的力量优势(包括政治上的和经济上的)无情吞噬小农土地。所以尽管五朝均田令文对于土地买卖作过诸多限制，但成效日趋式微，土地买卖的暗流始终涌动。前文曾经述及北齐时露田“买卖亦无重责”，“贫户因王课不济，率多货卖田业”，甚至“三正卖其口田，以供租课”等情况。演及唐代，均田小农同样是“剔屋卖田，人不为售”(《旧唐书·狄仁杰传》)。天宝十一载(752年)敕云：“爰及口分、永业违法买卖，或改籍书，或云典帖，致令百姓无处安置。”[③]可见玄宗时土地兼并已十分激烈。肃、代之际，“百姓田地比者多被殷富之家、官吏吞并，所以逃散，莫不由兹”[④]。大历年间(766—779

① 《文献通考》卷三《田赋三》。

② 《全唐文》卷四三〇载李翰《苏州嘉兴屯田纪颂碑》。

③ 《册府元龟》卷四九五《邦计部·田制》。

④ 《全唐文》卷四八载代宗《禁富户吞并敕》。

年)更是"宿豪大滑,横恣侵渔,致有半价倍称,分田劫假,于是弃田宅,鬻子孙,荡然逋散,转徙就食,行者其众"①。所以马端临说:"(唐)中叶以后,法制隳弛,田亩之在人者,不能禁其买易,官授田之法尽废,则向之所谓输庸调者,多无田之人矣。乃欲按籍而征之,令其与豪富兼并者一律出赋,可乎?"(《文献通考·田赋三》)可见,无论是朝廷敕文,还是学者所见,都把小农流移视为土地兼并之必然结果。这是当时社会状况的正确反映。所以,国家制定的中古田制欲与大土地所有制和平共处的想法,只是北魏至隋唐历朝统治者的一厢情愿而已。无情的现实是大土地所有制凭藉自身的经济力量,确曾数次颠覆均田制的统治,迫使每个朝代不得不重建田制框架。至中唐杨炎两税法出,中古田制一蹶不振,地权转移的正常渠道畅通无阻("不禁买易"),私家地主扩占田亩已无限制("不抑兼并"),大土地所有制终于取得了自身的合法存在。这是土地私有制在唐宋之际渐臻成熟的重大标志之一。

① 《文苑英华》卷四三四《放京畿丁役及免税制》。

第二章　晚唐两宋：土地私有化潮流的扩大和地权结构的变动

第一节　土地私有化潮流的扩大和官田私田化政策的推行

一、"土地私有化潮流"释义

"土地私有化潮流"这个术语，是对晚唐以降土地关系变动趋势的一个概括，涵盖的是大土地所有制经过千余年的持续膨胀之后，终于在数量上超过其他各种土地所有制之和，而在比重上独占鳌头；小土地所有制逐步挣脱中古田制框架的种种束缚而日趋独立，其经济权威明显增长；急剧衰落中的国家官田在数量上已微不足道。这样一些趋向，在唐宋之际，其表现大致有如下几个方面[①]：

一是小农土地所有权因中古田制的崩溃而较前巩固，不仅地

① "官田私田化"现象，赵俪生师在《试论两宋土地关系的特点》一文（载《东北师大学报》1979 年第 1 期）中曾予论列，拙文《关于北宋官田私田化政策的若干问题》（《历史研究》1982 年第 3 期）亦可参阅。

主阶级一般不能对之随意凌夺，就是封建国家也不能将其套上田制框框，重新纳入授受领域。北宋太宗至道年间“陈靖田制”（详下）很快夭折的历史命运就是明证。

二是各类荒闲田土通过借荒置牧、许民请射、奖励垦辟等方式加速向私家民田转化。

三是各地官庄、屯营田通过土地使用权向所有权的深化而自然转化为民田。

四是地主阶级对各类系官田土的蚕食吞并使之成为地主私田。

五是官田私田化政策，不仅减少了原本不多的官田数量，而且对土地私有化潮流无疑起着一种明显的鼓励作用。

到宋神宗元丰三年（1080 年），政府直接经营的官庄统共不过 6.3 万余顷，仅占当时簿载垦田面积 460 万顷的 1.37%（《文献通考·田赋四》）。若将屯田、营田、职田、学田、户绝田产等加在一起也只有 44.7 万余顷（《文献通考·田赋七》），亦只占垦田总数的 9.7%，绝大部分耕地已是民间私田性质。

二、国家官田种类及其经营状况

宋代官田，也称“公田”，主要有屯田、营田和官庄这三种形式。职田、学田也属官田性质，但数量甚微，无足轻重。屯田，“因兵屯得名，则因以兵耕”（《文献通考·田赋七》），与汉代以来的军屯一脉相承。营田，“募民耕之，而分里筑室以居其人，略如晁错田塞之制，故以营田名。其实用民而非用兵也”（《文献通考·田赋七》）。但是各地在实际执行中，屯田也在募民耕种，营田也在调兵营作，“兵民参错，固无异也”（同上），所以常常统称为“屯营田”。又由于屯营田在转化为民间私田之前,往往经由“招民承佃”这个阶段,等同于官庄所取之出租方式,所以屯田与官庄又可混称,文献中常把官庄称作屯田。如《文献通考·田赋七》载:“诸路惟江西乃有屯田,非边地,其所定租课比税亩特重。”这种招民承佃又课取租额的所谓屯田,显为官庄无疑。江淮、两浙的所谓“屯田”,也是“多赋于民输租,第存其名”(同上)。由于土地私有化潮流的不断扩大,宋代屯营田已不可能大面积兴办。真宗天禧末年(1021年),“诸州屯田总四千二百余顷”(同上),不到官田面积6万余顷的十分之一和在籍垦田460万顷的千分之一,为数甚微。

更重要的是,终宋一代官田经营很不景气,弊端丛生。在晚唐以来超经济强制趋向松弛、人身依附关系大为减弱的历史环境中,各地屯营田皆缺人耕种。不仅“戍卒皆惰游,仰食县官”,不习耒耜;而且主事之武臣“亦耻于营葺”(同上),不谙农事。于是差拨内地厢军赴边屯垦者有之;将刺配流放之囚犯发充边地、顶替戍卒者有之;更有甚者,差借民夫及耕牛作务营田。例如真宗咸平年间(998—1003年),襄唐二州之营田“每岁于属县差借人户、牛具,至夏又差耨耘人夫六百人,秋又差刈获人夫千五百人。”[①]神宗元丰年间木瓜原屯田“役耕民千五百,雇牛千具,皆强民为之”(《文献通考·田赋七》)。

缺人少地,强民代耕,必然导致生产率低下。真宗咸平年间,

① 《宋会要辑稿·食货》六三之七一。

京西路营田才人耕 10 亩地[①]，显然在当时小农人耕三、四十亩的平均水平之下[②]；英宗治平年间，“河北屯田有田三百六十七顷，得谷三万五千四百六十八石”[③]，平均亩产不到一石，亦低于当时一般产量[④]。

在上述种种客观条件的限制下，各地屯营田普遍入不敷出。仁宗天圣年间，陕西“缘边屯田军马支费甚多，所入课利全然不足”[⑤]。神宗熙宁年间，河北屯田“丰岁所入亦不偿费”(《文献通考·田赋七》)。荆湖北路沅州屯田务自兴置以来，“所收未偿敷额”[⑥]。襄州营田至仁宗天圣年间收支相抵，亏损 4 万余贯，相当于总支出 13 万贯的三分之一左右，约亩亏 1 贯[⑦]。所以各地屯营田多数寿命不长，短者二三年，长者二三十年，不是变为官庄，“召人请佃”；便是“赐民永业”，转为民田。故《文献通考》作者马端临对宋代屯营田有如下评价：“前后施行或以侵占民田为扰，或以差借耨夫为扰，或以诸郡括牛为扰，或以兵民杂耕为扰，又或以诸路厢军不习

① 《宋会要辑稿·食货》六三之六九。

② 劳动生产率的高低取决于每个小农的耕地面积及每亩单产。关于宋代小农的耕种面积，据方回《续古今考》卷二《计佃户岁入岁出》条载：“一户可耕三十亩。”据郑亶《吴郡志》卷一九《水利》条载：“国朝之法，一夫之田为四十亩。”故《龙川集》卷一六《记寺田》条云：“一夫耕田三、四十亩。”《宋会要辑稿·食货》六一之八四载南宋高宗绍兴年间劝农垦辟事中亦云：“招诱人户十家，耕田三顷”，“二百五十家，耕田七十五顷”，平均每户耕田 30 亩。故大致而言，南、北宋之小农生产率不过户均耕田 30—40 亩之间。

③ 《宋会要辑稿·食货》六三之四四。

④ 宋代平均亩产可以 2 石计。参拙文《北宋官田私田化政策的若干问题》，《历史研究》1982 年 3 期。拙著《中国经济通史》(第五卷)六章三节“宋代粮食生产的分区考察和农业生产率”有详细讨论。湖南人民出版社 2002 年版，第 206—226 页。

⑤ 《宋会要辑稿·食货》六三之一七七。

⑥ 《宋会要辑稿·食货》六三之四七。

⑦ 《宋会要辑稿·食货》六三之七二。

耕种、不能水土为扰。至于岁之所入,不偿其费,遂又报罢”(《文献通考·田赋七》)。这是一点也不过分的。

与此形成鲜明对照的是,屯营田等系官田地一旦下放为民田,其经济状况顿时改观。后周广顺二年(952 年),“悉罢户部营田务,以其民隶州县,其田、庐、牛、农器,并赐现佃者为永业,悉除租牛课。是岁,户部增三万余户。民既得为永业,始敢葺屋植木,获地利数倍”(《资治通鉴》卷二九一)。这里明确反映出民田经营较之官田经营具有毋庸置疑的优越性。北宋神宗熙宁年间,京西路转运司的一个请示报告中说:“许州长、杜等县,有牧马草地四百余顷。先为不堪放牧,权令人租。今相度可以拘收入官,次邢山溪河、石限等水溉种稻田。”①牧马草地原属政府牧马监管辖,是为官田性质,因经营不善而致地力减退、禾草无收,不得已而招人承佃,交由佃户作务。一段时间后,竟可以辟为水田,地力显已恢复。牧地转为官庄已具偌大效果,若再转化为佃户的私有土地,其变化定会更大。

三、有偿转化与无偿转化:官田转化为民田的两种途径

显而易见,官田经营对于当时政府来说,已经成为沉重的包袱。于是唐宋之际的历届政府把大量官田或本应转化为官田的各类荒闲、无主田地,通过种种方式下放为民田,交由私家地主和个体农民直接经营,以赋役征调代替官租课取。这些方式,概括起来,无非是有偿转化(出卖)与无偿转化(赐、赋)两大类型,而以有

---

① 《宋会要辑稿·食货》六〇之九八至九九。

偿转化为其主要形式。无论是有偿转化还是无偿转化，晚唐均已有之。据杜牧《樊川集》卷十《杭州新造南亭子记》所载，唐武宗(841—846年)灭佛运动中，全国毁寺4600座，得良田数千、万顷。15万寺院奴婢，“口率与田百亩，编入民籍；其余贱取民值，归于有司”。《新唐书·食货志》亦载此事：“腴田鬻钱送户部，中下田给寺家奴丁壮者，为两税户，人十亩。”每口赋田数似更为可信。显然，这种籍没田已不再作为政府对均田小农进行田业授受的物质手段，而是通过肥田鬻值(即有偿转化)和瘠土赐民(即无偿转化)两种方式，转化为由私人直接控制和经营的民田了。

后周广顺三年(953年)，周太祖郭威下令：“京兆府耀州庄宅三百、渠使所管庄宅并属州县，其本务职员、节级一切停废。除见管水硙及州县镇廓下店宅外，应有系官桑土、屋宇、园林、车牛动用，并赐见佃人充永业”(《册府元龟·邦计部·田制》)。除去系官水硙、镇廓邸店外，这里的官田私田化，几乎包括了官田上所有的动产和不动产，较之晚唐更为彻底。

到了北宋，这种无偿转化虽然继续存在，但已非主流；有偿转化即官田出卖成为官田私田化的主要方式。“天下系官田产在常平司有出卖法，如出纳、抵挡、户绝之类是也”[①]。

以户绝田为例。所谓户绝田，是因人户绝嗣、无后承继而形成的无主之田，其处置权自然转归官府所有。北宋初年，此类田土依照惯例是按“均与近亲”方式处理的。到了真宗祥符年间，即11世纪初，变为部分出卖。祥符八年敕：“户绝田并不均与近亲，卖钱入

---

① 《宋会要辑稿·食货》一之三一。

官；肥沃者不卖，除二税外召人承佃，出纳租课”[①]。四年后又重申此令[②]。这种部分出卖的方针执行不到十年，到仁宗初年又为全部出卖所取代，令民间“全户收买”[③]。其实，此前已有局部地区先走一步了，“川界户绝田土，昨准敕除二税外悉定租课，召人请佃，切虑租赋稍重，望且许依旧估直货鬻。从之”[④]。

促成这一变化的原因有二：一是留官招佃部分因“租赋稍重”、“送纳不办”[⑤]，结果反亏失原额赋税；二是沃壤请佃之后，“兑下瘠土已远，无人请买”[⑥]，以至荒芜熟田，反而影响土地垦辟。针对这两个原因，天圣五年（1027 年）又规定，无人承买之瘠土，“如已有人租佃者，并给原见[现]佃人，更不纳租课，只依元[原]税供输出户为主。如无，即许无田产户全分请射”[⑦]。此后仁宗天圣六年，至和二年，嘉佑二年，英宗治平四年，神宗熙宁元年、四年、七年多次重申户绝田的全业出卖方针[⑧]，显示出自北宋以后，有偿转化已是官田私田化的主要渠道。同时表明，随着时间的推移，官田私田化之条件日益苛刻——以有偿转化为主；然官田私田化之政策亦日趋坚定——以全业出卖为主。土地私有化之门，开得越来越大了。

---

① 《宋会要辑稿·食货》六三之一七一。

② 《宋会要辑稿·食货》六三之一六六。

③ 《宋会要辑稿·食货》六三之一七二。

④ 《宋会要辑稿·食货》六三之一六八。

⑤ 《宋会要辑稿·食货》六三之一七二。

⑥ 同上。

⑦ 《宋会要辑稿·食货》六一之五八。

⑧ 依次参见《宋会要辑稿·食货》六一之五九、五三之八，六一之五九、五三之八，《文献通考》卷二六《国用四·赈恤门》，《宋会要辑稿·食货》六三之一八二，六一之六。《宋史·神宗纪》，《宋会要辑稿·食货》六一之六一、六一之七三至七四、六九之四四。

与此同时，由地方政府直接经营的各地官庄，也在以有偿转化方式转化为民田。试以较为典型的福州官庄的下放过程说明之。

福州官庄源起五代闽南割据之时。到北宋仁宗初年，福州十二县"共管官庄一百四，熟田千三百七十五顷八十四亩，佃户二万二千三百人"①。其规模大致是一县9官庄，一庄10余顷，人均6亩地即一户30亩(按小农一户5口计)的样子。但这时的官庄，早被土地私有化蛀空了内脏，只剩躯壳而徒具虚名了。据天圣三年监察御史朱谏所言，"福州屯田，耕(田)[佃]岁久，虽有屯田之名，父子相承，以为己业。"②朱谏所言福州屯田，实指福州官庄，说明系官佃户对于官庄田土的使用权("耕佃岁久")，通过继承权之中介("父子相承")，深化而为所有权("以为己业")，只是其法律形式尚欠完备而已。故早在太宗初年，即"准敕差朝臣均定二税，给帖收执"③。这种所谓官庄，在同其他官田一样享受"复免差徭"(《文献通考，田赋七》)的同时，又与私田一样只纳税米，"中田亩钱四文，米八升；下田亩钱三文七分，米七升四勺"④，显为国税性质。事情十分明显，除"复免差徭"这一点还留有官田的痕迹外，福州1300余顷官庄田土，既依民间体例只有二税之征，复有官授券书以为地权之证，其私田化过程，应当说早在北宋初年即告完成。

就是此类已经私化的官庄，仍然逃不脱有偿转化之命运。真宗天禧四年(1020年)，福州路转运使方仲荀向朝廷建议：将福州

---

① 《宋会要辑稿·食货》六三之一七五。
② 《宋会要辑稿·食货》六三之一七六。
③ 《宋会要辑稿·食货》六三之一七五。
④ 同上。

官庄“差官估价,令见佃人次买,与限二年送纳”[1]。其实质是对此已经私化的官庄田土,再由政府补收地价。当时朝廷走得更远,“诏福州官庄,更不出卖……。依漳、泉州例,均定租课”[2]。此欲变税为租,重新恢复福州官庄的官田性质。这样,二万余系官佃农通过几辈人的辛勤劳作,终于使土地使用权经由逐步深化而自然形成的土地所有权,就会被剥夺殆尽。这种违背土地私有化潮流的措施,势必受到官庄佃户的抵制与抗拒,所谓“别定租课,增起升斗,经久输纳,不易兼从”[3]即其反映。故仅仅时隔四个月,就被迫退回原地,令“福建佃官庄户依旧佃莳,更不均定租课”[4]。

但是,问题只是暂时搁置,中央政府坚持有偿转化的想法并未消失。仁宗天圣三年(1025 年),朝廷对“福州官庄只依私产纳税,复免徭役”仍不甘心,又采取“相均米数,依州价折纳现钱,铜铁中半”[5]的办法。此乃加税性质,是五年前变税为租这一倒行逆施的缓和形态。然而也行不通,于是方仲荀再次坚请出卖福州官庄。鉴于上述两次碰壁的教训,这次仁宗同意了方之建议,“诏屯田员外郎辛惟庆乘递马往彼,与本州出卖,不得亏损官司”[6]。为了防备佃户拒付地价,诏书中特别提出了采取有偿转化的根据,此即太宗当年所给券书上有“宫中却要,不得占吝”[7]字样,以剥夺土地使

---

① 《宋会要辑稿·食货》六三之一六七。
② 同上。
③ 《宋会要辑稿·食货》六三之一七五。
④ 《宋会要辑稿·食货》六三之一六七。
⑤ 同上。
⑥ 《宋会要辑稿·食货》六三之一七五。
⑦ 同上。

用权和占有权相威胁，迫使2.2万余佃农为早已私化、形同己业之所谓官庄，倾其所有来支付地价。

欧洲封建后期有过出钱赎回农奴身份而成为自由民的事实，我们在这里看到，北宋的系官佃农是出钱赎回土地所有权而取得编户身份的。付出地价之后，随着土地使用权和实际占有权升格为所有权，其身份亦由系官佃农升格为自耕农。

从上述分析中，我们至少可得出三点认识：

（1）官田私田化政策的实质是对土地私有化潮流的被迫承认。虽然封建国家极不愿意，但因无其他道路可走，只好顺水推舟，采取顺应潮流的现实政策。

（2）真宗时逆潮流而动，企图恢复福州官庄已经消退了的官田性质，几度碰壁后不得已而回复原状，表明土地私有化潮流确已不可逆转。

（3）仁宗朝退而求其次，迫使官庄佃户补交巨额地价，否则就要剥夺其土地所有权，这无疑是一种强制性的变相掠夺，有偿转化日益成为官田私田化政策的主要方式这一点也就因之而更形明显。

四、土地私有化潮流的“流向”分析和土地私有化政策的性质判断

唐宋之际的土地私有化潮流，固然造就了一批稍有田宅的小自耕农（详本章第三节），但大量事实表明，处在私有化过程中的各类荒闲、系官田土，主要流入了地主阶级手中，壮大了大土地所有制。让我们先看有关事实，然后对其原因略作条析。

前面提到，关于户绝田的处理方针，起先曾有肥壤留官召佃、瘠土出卖取值的规定。但是此类规定在实际生活中的执行却像是故意要与规定本身作对似的，常常是"官司以户绝田肥沃者市于人，而以瘠土租课"[①]，这当然是一种蔑视中央条文的作弊行为。显而易见的是，能够和主事之胥吏通同作弊者，非豪户势家莫属。就是官田出租部分，亦多由私家地主承佃，所谓"伏见没纳、欠析、户绝庄田不少，自来州县形势、乡村有力食禄之家假名占佃，量出租课"[②]即其反映。

不仅如此，这些权势之家佃买到系官田土后，又往往以二地主身份驱逐现有的系官佃农，另觅劳动人手，所以官田下放常常闹到"豪强兼并、佃户失业"[③]的地步。这种情况自然加剧了土地与劳力的分离趋势，反而不利于封建统治的稳定。

作为防止此类现象的再度发生及其严重化之对策，真宗时有"从来无田税者方许请射系官荒田及远年落业"（《文献通考·田赋四》）之限制；仁宗上台又作出现佃户在承买下放官田中享有优先权之规定[④]。但是，这些新增条文并没给佃户和小农带来什么实惠。自建中两税法提出"兼并者不复追正"的著名原则之后，历史已经进入了大土地所有制取得合法膨胀地位的新时期，系官田土在私有化过程中主要转变为地主私田具有不可遏止的势头，因而

① 《宋会要辑稿·食货》六三之一六六。

② 《宋会要辑稿·食货》六三之一七七。

③ 《宋会要辑稿·食货》六三之一九三。

④ 《宋会要辑稿·食货》六三之一七二载仁宗天圣元年七月诏书："若见佃户无力收买，即问地邻；地邻不要，方许中等以下户全户（'户'疑为'业'之误）收买。"

上述规定和限制事实上形同具文。天圣五年(1027年),陕西路转运使杜詹说:“(系官田土)见佃人多是豪幸之辈”[①]。可见就在上述限令刚刚发布的几年之内,此类禁令对于地主阶级也不发生什么实际效力。发展到北宋末年,情况就更为严重了。徽宗政和元年(1111年)五月有臣僚言:“天下系官田产……往往荒废不耕。虽间有出卖、请佃之人,又为豪右侵冒,输官税赋十无一、二。”[②]如果说农民阶级在五代和北宋初年曾从官田私田化政策中得到过一些好处的话,那么至迟到北宋中叶以后,这种好处已微不足道了。

官田下放中,官府条令对于地主阶级的诸多限制,为什么并无些微效果?除了上面提到的大土地所有制在唐宋之际已经确立自身的优势合法地位这一根本原因外,各级官府和当地豪势的同情欺幸亦是一因。如徽宗时期“王羲叔在宣和中因缘后宫,遂叨待从。……落职放罢,后居江州。买没官田,价三万余贯,只作一万六千余贯,又只纳一千二百贯入官”[③]。该王虽已罢官赋闲,但其买官田不仅折价一半,而且实纳只及原价的4%,没有主事官吏与其沆瀣一气、串通作弊是不可能办到的。南宋孝宗时,“浙西所管营田、官庄共一百五十九万余亩,内有未承佃六十七万余亩。缘上件田产皆系肥饶,多是州县公吏与形势之家通同管占,不行输纳租课,乞委官根括出卖”[④]。约占浙西官田总额二分之五左右的67

① 《宋会要辑稿·食货》六三之一七七。

② 《宋会要辑稿·食货》六三之一九一。

③ 胡寅:《斐然集》卷一五《缴王羲叔、黄愿、李膺复职》。

④ 《宋会要辑稿·食货》六一之二九至三〇。

万亩系官肥壤,既然尚未承佃,“通同管占”的形势地主当然不输租课;而在官府根括出卖之前,亦未交付分文地价;由于这是冒佃侵耕而来的非法私田,所以又无赋役负担。这就是说,上述67万亩肥田实际上是无代价地转入了形势地主手中。

当然私家地主亦非一文不花就能得到如许好处的。据宋代著名史家李心传言,南宋关外营田之私化过程中,“仰民户自陈增垦之数,……独豪民大姓,则密赂行遣,胥吏以为无侵,给公据与之,由是有‘鬻公据’之谤矣”[①]。这是地方官吏在慷国家之慨,以中饱私囊。只是地主为此而付出的代价落到了监司与州县胥吏的手中。

同情欺幸而又往往得计的情况,反过来势必进一步刺激地主阶级串通胥吏的舞私弄弊行为。因而北宋中叶以后,随着官田私田化以有偿转化为其主要途径,官田私田化之流向亦为地主阶级所完全控制。徽宗宣和三年二月一日诏书所云:“请佃人多是权势之家,广占顷亩,公私请求”[②],即其写照。《文献通考·田赋七》对北宋一朝的官田下放有如下评价:“盖买产之家,无非大姓。估价之初,以上色之产轻立价贯;揭榜之后,率先投状;至于拆封,往往必得。”地方官与豪户大姓配合默契,这是各类官田在私化过程中多入地主之手的直接原因。

从农民阶级的角度看问题,由于官田私田化是以有偿转化为其主要方式的,官庄佃农迫于本身有限的经济力量,多半无力承纳

---

① 《建炎以来朝野杂记》乙集卷一六《财赋·王德和括关外营田》。

② 《宋会要辑稿·食货》六三之一〇六。

沉重之地价，这是影响官田私田化流向的第三个因素。前述福州官庄出卖中，1375 顷之官庄田土，索价 35 万贯，亩价 2.54 贯；后又“三分减一”，亩价亦达 1.7 贯，且“限三年纳足”[①]。按平均数小农一户五口、佃地 30 亩计，三年内一户农家须付地价 51 贯。这个数目远远超过了当时第五等户的全家资产总值 38 贯 499 文[②]。佃农的经济状况一般不及下户，除少数佃富农外，他们常年处在捉襟见肘、啼饥号寒的境地中。51 贯地价不啻是个天文数字，显然超越了佃户的支付能力。在当时关于官庄出卖的文件中，我们往往遇见“昨拘籍田产估卖，缘中下之家无力承买”[③]，或“见佃人无力收买，即问地邻”[④]等话头，就是明证。

不仅如此，各地州县出卖户绝、没官庄田，在“检估之时……多高起估钱”[⑤]，刻意盘剥。神宗熙宁年间，宋廷又让各地推行“实封投状”[⑥]之法，让承买官田者自行出价投标，官府拣价高者卖之，利用佃户之间的竞争来抬高地价。这种掠夺已达敲骨吸髓之程度了。

政府逼迫佃农对所耕土地“竭产买充永业”，不堪承受的沉重地价往往将其推向倾家荡产、被迫逃移的深渊。仁宗天圣五年(1027 年)，密州户绝田出卖中，甚至在一年之内，催纳三重，“人户

---

① 参见《宋会要辑稿·食货》六三之一七六。

② 关于宋代划分户等的标准见《梅溪先生后集》卷二五《定夺余姚县和买》和《宋会要辑稿·食货》七〇之七五至七六。

③ 参见《宋会要辑稿·食货》六一之四。

④ 参见《宋会要辑稿·食货》六一之五九。

⑤ 参见《宋会要辑稿·食货》六一之一七四。

⑥ 参见《宋会要辑稿·食货》六一之六〇。

请射之初田各荒废，才入佃莳未及一年，续许承买。催纳价钱并是卖牛破产，竭力送纳未足，又更勒纳租课”[①]。在此类场合，官田私田化政策不仅没有给佃农带来土地使用权向土地所有权转化这一好处，倒是在逼纳地价的过程中将他们剥夺殆尽了。这样，本来是一项顺应历史潮流的政策，在其演进过程中，便走向了自己的反面——当然，这主要是就其剥夺佃农使之破产，从而加剧了土地与劳力的分离趋势这一点而言的。北宋末年，有人分析“鬻荒田久而不售”的原因时说：“兵、旱之后无上户、无现缗钱、无耕庸牛，此百姓不能售也。不愿买必至于抑配，立近限必至于鞭笞，经界不明必至于讼诉，输直久欠必至于逃移”[②]。既然因无上户而田不售，则官田的承买者必多为上户无疑；既然逼勒地价闹到了抑配、鞭笞、诉讼甚至被迫逃移、流离失所的程度，受害者必多为佃农与下户无疑。

十分明显，官田私田化政策的主导方面，是壮大了地主阶级的大土地所有制。这当然是由这一政策所固有的阶级属性所决定的。但若停留于此，就不免有用公式图解历史的嫌疑。若将这一政策与中唐均田制瓦解以来总的历史发展趋势联系起来考虑，就会看出，这一政策还体现了国家将土地交由地主阶级直接经营的意向，这种隐藏于诏令条文背后的内在意向，可视为影响土地私有化流向的第四个因素。

---

① 《宋会要辑稿·食货》六三之一七八。

② 《斐然集》卷二六《右承事郎谭君墓志铭》。

这样看来，官田私田化政策是一种带有两重性的政策。它在扩大与增强小土地所有制的独立性，从而为农业小生产者展现了更为广阔的发展前景的同时，也给他们带来了财力拮据、上升速度减缓甚至失去土地、离乡背井等灾难。因此，这个政策既有顺应历史潮流，调动直接生产者的劳动积极性之积极的一面；又有打断土地使用权向土地所有权的深化进程，加剧土地与劳力分离趋势之消极的一面。当然，这两个方面不是静止的、平起平坐的，而是变动的、有主有次的。大致而言，在晚唐至北宋初年的两个多世纪中，这个政策的积极面占主导地位；北宋中叶以后，其消极面明显地在增长和扩大之中。

第二节　大土地所有制优势、合法地位的确立和小土地所有制的逐步萎缩

一、大土地所有制的膨胀和“不抑兼并”的推行

如前所述，最终颠覆均田制的主要力量，来自大土地所有制的土地兼并。晚唐以降，随着日益增多的自耕农被抛出土地沦为官私佃户，随着大量官田和原本属于国家的荒闲田土流入豪户大姓手中，大土地所有制的膨胀确已达到了一个新的临界点，这就是地主阶级第一次实现了自其诞生以来梦寐以求的如下目的：即由其占有的耕地面积，在数量上压倒其余各类官私田土的总和，而在比重上独占鳌头，遥遥领先。晚唐五代分裂割据，全国性的统计文献阙如，有待日后钩沉汇总。北宋仁宗初年臣僚奏称：“天下田畴半

为形势所占”[①];稍后,秦观又说:“一邑之财十五六入于私家”[②];马端临竟认为宋代有十之六七的田亩被豪户隐瞒不纳赋税(《文献通考·田赋四》)。至南宋,“今郡县之间官户田居其半”[③],“一都之内,膏腴沃壤半属权势”[④],“今百姓膏腴皆归贵势之家,租米有及百万石者”(《宋史·食货志上一》),“今天下之田,已为豪民所私矣”[⑤]等等记载,更是俯拾皆是。要之,当时耕地之大部,确已集于地主阶级手中了。

在大土地所有制的优势既不可改变、又无法逾越的现实面前,国家土地政策被迫作出重大调整。这就是魏晋以来历代王朝奉为治世圭臬的摧制兼并政策只得忍痛委弃,而代之以不抑兼并政策。该政策的主要内涵是取消原来对于私家地主占田限额的种种限制,实行只要按地纳税,即可听任广占的原则。这表明大土地所有制凭藉其优势地位所提供的经济力量,终于迫使国家对其合法存在加以正式确认。唐德宗建中元年(780年),杨炎建策以两税法代租庸调制。与此同时,国家宣布停止履行对均田小农进行田业授受的传统职责,私家地主的占田限额亦随之统统取消,此即“兼并者不复追正,贫弱者不复田业”(《文献通考·田赋三》)。这可视为不抑兼并作为国家土地政策的第一次正式表述。

唐德宗时陆贽所谓“恣人相吞,无复畔限”[⑥],就是当时国家不

---

① 《宋会要辑稿·食货》六三之一六九。
② 秦观:《淮海集》卷一五《财用上》。
③ 《建炎以来系年要录》卷五一,绍兴二年正月丁巳条。
④ 《宋会要辑稿·食货》六五之九二。
⑤ 陈亮:《龙川文集》卷二七《郎秀才墓志铭》。
⑥ 陆贽:《陆宣公集》卷二二“均节赋税恤百姓”条。

抑兼并的真实写照。后唐明宗长兴二年(931 年)规定,乡村有力人户只要“肯出剩田苗补贫下”,即可“不追顷亩”[①]。所谓“剩田”,即国家赋税无所着落之隐税田。地主只要按地纳税,不致亏空政府赋入,即可不计顷亩,听任广占。五代时期大致沿袭这一政策,这从后周以中唐元稹均田图为模式,在均田旗号下大力推行均税政策可以推知。北宋太祖“杯酒释兵权”之举,公然鼓励石守信等拥兵诸将“市田宅以遗子孙”(《宋史·石守信传》),让他们交出兵权以后,去过“择便好田宅市之,为子孙立永远不可动之业,多置歌儿舞女,日饮酒相欢,以终其天年”[②]的地主生活。这种放任、纵容土地兼并的做法,说明不抑土地兼并至北宋已达登峰造极的地步。

与此同时,宋廷又令各地:“许民辟土,州县无得检括,止以见佃为额”(《宋史·食货志上一》)。这个规定固然有扶植小农经济的一面,但是,唯有乡村上户才有辟土所需之财力、物力。对于“自来无钱作本”之赤贫小户,并无多少实惠可言;能从“许民辟土”中捞取最大好处的,只能是地主阶级了。

能够说明这一点的,是反映太宗统治期间(11 世纪初叶)土地政策的一条材料:“乱亡之后,田庐荒废,诏有能占田而倍入租者与之。于是,腴田悉为豪右所占”(《宋史·谢绛传》)。只要国家租赋增收,就可允许任意占田,表明专制政府确已放弃了对于土地占有关系的干预和调整,而将注意力几乎全部集中在赋役

---

① 《五代会要》卷二五“租税门”,《文献通考·田赋三》,《旧五代史》卷一四六《食货志》。

② 《续资治通鉴长编》卷二建隆二年七月条。此事《邵氏闻见录》、《王曾笔录》、《渑水燕谈录》、《涑水纪闻》等均有记载,惟字句略异。

征调之上了。

北宋中叶,仁宗奉行的仍然是"田畴邸第,莫为限量"[①]的政策。所谓仁宗限田,其矛头所指已非昔日的土地兼并,而是要解决赋役不均这个新问题。

神宗熙宁年间,又放手让不断繁衍的赵氏宗室参与土地兼并,熙宁诏书:"袒免以下许随处置产业,其出官即置田宅,一如外官之法"[②]。南宋孝宗年间,甚至有地方官吏"劝编户裒金买田"(《宋史·宗室传四》),如昌国县主簿赵善誉之所为。

更为重要的是,不抑兼并的适用范围,到北宋时期已从土地推及陂湖渊泽。如浙东越州鉴湖,原"溉田八千顷,食利者万家,前守建言'听民自占',多为豪右所侵"(《宋史·蒋堂传》)。"听民自占"而又"莫为限量"的结果,便是地主阶级疯狂地涸湖为田,竞相争盗林麓陂池之饶。据文献记载,当时江淮、两浙、安徽一带的溪涧沟渠、泉源陂塘几乎无一幸免。短短数十年间,江南一带的古塘名湖,如镇江府的练湖、新丰塘,越州鉴湖,浙东鄞县的广德湖,萧山的湘湖,杭州的西湖,安徽境内的丹阳湖等均遭围涸,湖面急剧缩小。故北宋末年,已有"东南地濒江海,旧有陂湖蓄水以备旱岁,近年以来尽废为田"[③]之说;范成大《四时田园杂兴六十首》中亦有"无力买田聊种水,近来湖面亦收租"之吟。这就打破了中唐以前"山泽陂湖,物产所植,所有利润,与众共之"[④]的旧格局,继南北朝

---

① 秦观:《淮海集》卷一五《财用上》。

② 《宋朝事实》卷八《徽宗朝增神宗教养选举法》。

③ 《宋会要辑稿·食货》六一之一〇七。

④ 《唐律疏义》卷二六《杂律上》。

饩山封水(所谓“富强者兼岭而占,贫弱者薪苏无托”)和中唐强占荒田(所谓“借荒者皆有熟地,置牧者唯指山谷”)之后,地主阶级又在吞食原供灌溉、舟楫之用的陂塘湖渠这块肥肉了。

就对于农民乃至整个社会农业生产的威胁而言,涸湖为田之害远甚于地主阶级对于土地的兼并。因为土地兼并的影响只限于直接受害者,而陂湖兼并的破坏性,则往往扩及周围的灌溉和泄洪地区:“涝则水为之增益,旱则无灌溉之利”①,“时雨稍衍,即成灾伤”②。特别是江淮流域的植稻地带,从涸湖围田中获利的只是区区之形势豪右,而受害面积往往扩及数县甚至数州。其时“两州被害,民户例多流徙”③之类记载俯拾皆是。清初学者顾炎武说:“商鞅决裂阡陌,而中原疆理荡然。宋政和以后,围湖占江而东南水利亦塞。于是十年之中荒恒五、六,而较其所得反不及于前人”④。这既是符合历史实际的正确观察,又是对于历史教训的宝贵总结。

作为一种国家政策,它必须具有某种权威性、普遍性和连续性。我们看到,不抑兼并这一土地政策的权威性可由上引诏书和有关法令得到证实;其普遍性可由适用范围从土田推及陂泽得到证实;其连续性可由晚唐以来之历代封建王朝奉行不替得到证实。南宋初年林勋所谓“国朝兵农之政,大抵皆因唐末之故”(《宋史·食货志上一》),可谓一语破的之论。

综上所述,不抑兼并政策至少包括如下三层含义:

---

① 《宋会要辑稿·食货》六一之一〇七。

② 《宋会要辑稿·食货》六一之一〇四。

③ 《宋会要辑稿·食货》六三之一九六。

④ 顾炎武:《日知录》卷一〇《治地》。

(1)取消原来对于私人地主占田限额的一切限制，其原则是只要按地纳税，便可听任广占。这表明封建国家基本上放弃了对土地所有制关系进行干预这一传统职能。

(2)这一政策发展到北宋前期甚至表现出鼓励、纵容土地兼并的倾向，这只能被认为是大土地所有制的合法地位确获国家正式承认的必然反映。

(3)土地兼并取得合法承认后，其势头越发不可遏止，很快殃及陂塘湖泊，连农业社会命脉所系的公共水利设施亦不能幸免，这就进一步破坏了生态平衡，大大加剧了后期封建社会的农业生产危机。这是该政策的制定者始料所不及的必然趋势。

不抑兼并之政策，推行到这般程度，这在占田过限者分等治罪①的中古田制时代，是根本不可想象的事。宋人王明清引其父王铚所作《祖宗兵制》有云："[本朝]不抑兼并，富者连我阡陌，为国守财尔。缓急盗贼窃发，边境扰动，兼并之财乐于输纳"(《挥麈录·余话》)。这是符合历史实际的正确归纳。

从摧制兼并到不抑兼并，这不能不说是我国封建社会土地政策的一个根本性转折。如果说，战国中叶商鞅变法的意义，在于对井田小农份地使用权的长期化加以确认，从而宣告了村社共同体时代的结束；那么中唐以来不抑兼并政策的出现，便是对于土地私有制诸形式中最主要的一种，即大土地所有制的合法地位加以确认，从而宣告了中古田制时代(以北魏至隋唐的五朝均田制为其典

---

① 《唐律疏义》卷一三《户婚律(中)，占田过限》条云："诸占田过限者，一亩笞十；十亩加一等，过杖六十；二十亩加一等，罪止徒一年。"

型形态，西晋占田制亦可包括在内）的终结。

二、宋代“下户”阶层属性的判别和小土地所有制的逐步萎缩

在五朝均田制下，对于封建经济的繁荣具有举足轻重之影响的，乃是以均田户为主体的中古小农经济。贞观之治的实质，是小农经济的恢复；开元盛世的获致，更是均田户劳动血汗的累积。不难看出，中唐以前以均田户为表现形式的小土地所有制，还占有很大分量。建中两税法后，处在“法制隳弛”（《文献通考·田赋三》）、“田制不立”（《宋史·食货志上一》）、“官无闲田”（《困学纪闻·考史》）、“授田之法尽废”（《文献通考·田赋三》）、“[本朝]不抑兼并”（《挥麈录·余话》）的历史环境中，自耕农经济的生存空间日趋缩小。

但是，与此同时，随着均田制的瓦解，小农的土地所有权更加巩固，无论国家还是私家地主，一般均已不能对之随意凌夺。因此，处在大土地所有制重重包围中的自耕农经济，虽然前途暗淡，但仍在拼死据守；由于忧心忡忡而更加生生不息。不仅有相当部分的小自耕农依靠着尽量扩大其内部潜力而得以继续生存下来，而且佃、雇农上升为佃富农、自耕农的事例也多了起来（详后）。更重要的是，在商品经济高涨、贫富升降激烈，以及大户分烟析产、宗法家族瓦解的过程中，富家大姓破落为自耕农的际遇也不断增加。上述情况使自耕农阶层得以持续维持并得到适当补充。所以自耕农数量虽呈减少趋势，但是作为一个阶层，他们仍维持着一个相应的比例。

对于这个比例，学者们历来有着不同估计。据我看来，宋代自耕农的数量大致在总户数的三分之一上下浮动。宋初，这个比例要略高一些，大致是在二分之五左右。但是好景不长，北宋中叶，随着客户比例的上升和下户中假五等户的增多与真五等户经济地位的下降，北宋自耕农经济日渐萎缩，其比例约当总户数的三分之一左右。到了南宋孝宗以后，就连三分之一也不足了[①]。

宋代乡村民户按照有无田产的经济原则，区分为主户和客户两大集团。主户依据田产广狭、资财多寡又分为五等，其中第一、二等是占田数百亩以上的地主，称为“上户”；第三等称为“中户”，又称“中产之家”，其中有中小地主，也包括一些富裕的自耕农；第四、五等户属于“下户”，拥有多少不等的小块地产。

由于宋代五等版簿虽将乡村民户分为五等，但从未作过分等统计，因而今天无法从官方文件中找到上、下户的各自比例。散见于私家记载中的一些推测估计，又因撰述者认识、经验和各地实际情况的种种差异而不尽一致。这些，对于我们分析上、下户比重之变动趋势，造成了无确定数字可资比较的极大困难，只好到当时文献记载的“夹缝”中辗转以求作为替代办法了。

北宋中叶，大官僚张方平在上、下户比重问题上先后说过两段不同的话：“天下州县人户，大抵贫多富少。逐县五等版簿，中等以上户不及五分之一，第四、第五等户常及十分之九……”[②]；“至于五等版簿，万户之邑，大约三等以上户不满千，此旧制任差役者也；

---

① 请参见拙文《唐宋之际农民阶级内部构成的变动》，《历史研究》1983年第1期。

② 张方平：《乐全集》卷二一《论天下州县新添弓手事宜》。

四等以下户不啻九千，此旧制不任差役者也”[①]。这两段话对上、下户比重的估计是有差异的。由于这是同一个人在不同时期的观察结果，因此这种差异因排除了不同个人的主观偏差而具有了可比性；加之此人历仕仁、英、神三朝，具有比较丰富的从政经验，所以这种可比性又因其具有一定的实践基础而显得比较靠得住。考诸原书，第二段话当为神宗熙宁变法期间的言论无疑。第一段话又见《续资治通鉴长编》卷一三一“仁宗庆历元年二月”条。

从庆历到熙宁近30年间，在同一个人的估计中，上户比例从接近20%（“五分之一”）下降到不足10%（“万不满千”）；下户比例从不足90%（“十分之九”）到超过90%（“不啻九千”）。这就确凿无疑地告诉我们，北宋中叶以后，下户比重确在不断增长之中。

不只张方平一人看到了这一趋势。神宗年间，苏辙说：“盖天下郡县，上户常少，下户常多”[②]。苏轼说：“今大姓富家，昔日号为无比户者，皆为市易所破，十无一二矣”（《文献通考·国用五》）。刘挚说：州县“上户常少，中下户常多”（《文献通考·职役一》）。熙宁三年（1070年），知谏院吴充说：“……又近年以来上户寖少，中下户寖多。”[③]南宋孝宗时，董煟说：“今之乡落，所谓上户亦不多矣”（《救荒活民书》卷二）。这些言论，反映的均是同一变化趋势，即宋代下户比例一直在持续上升。

以往，学术界一般认为，上三等户属于地主阶级范畴，下户即四、五等户是以自耕农、半自耕农为主。主户集团中上户比重下

---

① 《乐全集》卷二六《论率钱募役事》。

② 苏辙：《栾城集》卷三五《制置三司条例司论事状》。

③ 《宋会要辑稿·食货》六五之二；《宋史·食货志上五》。

降、下户比重上升这一趋势,似乎表明宋代自耕农阶层在增长之中。近年来已有学者指出:“乡村下户和客户中多是佃农和半自耕农”①,这是很有见地的论断。因此下户比重的上升,很可能反映的是佃农阶层的扩大。

笔者亦曾撰文分析过宋代下户的阶层属性②,认为在北宋最初的数十年中,多数下户作为自耕农还是名副其实的。但是北宋中叶以后,下户的经济地位与佃农阶层日趋接近。下户中的第五等户处在主户与客户的分界线上,向有真假之分。所谓“假五等户”,就是“产去税存”的“无产税户”。他们“田产已去”而“割税不尽”,只好年年输纳无地之国税,实质上已完全沦为佃农,他们约占全部五等户的三分之一左右。所谓“真五等户”,其所有田产一般均在 20 亩以下,多有五、七亩至十来亩者。笔者曾就这些五等户的田亩、产量、消费及赋役负担等算过一笔收支账,发现宋代五口之家非有二三十亩地则不能维持最低限度的生活。正如宋人吕祖谦所说:“(五等下户)虽名为有产,大率所纳不过尺寸分厘,升合秒勺,虽有若无,不能自给。”③在某些情况下,他们的境况还不如无田客户,其因盖在于“所占之地,非能给其衣食,而所养常倚于营求,又有两税之徭,此其所以不如客户”④。所以真五等户中的大部亦靠租入土地来维持生计,他们与租佃经济已经发生或浅或深的种种关联。

① 王曾瑜:《宋代阶级结构概述》,《社会科学战线》1979 年第 4 期。
② 葛金芳:《唐宋之际农民阶级内部构成的变动》,《历史研究》1983 年第 1 期。
③ 吕祖谦:《吕东莱集》卷一《代张严州作乞免丁钱状奏》。
④ 吕南公:《灌园集》卷一四《与张户曹沦处置保甲书》。

事实说明，随着下等户队伍的扩大，下等户本身的经济状况也在相对恶化之中。因此，北宋中叶以降下户比例的上升，并不像表面看来的那样，似乎是自耕农队伍的扩大；恰恰相反，倒是意味着佃农队伍的扩大。

辨析过下户的阶层属性后，我们就可以来估算宋代小自耕农的比例了。一种算法：北宋真、仁之交，有“且以三千户之邑，五等分算，中等以上可任差遣者约千户”[①]之说。此千户中除去文武官员、形势将吏一二百户和同等数量的乡役人（这二项合计三四百户，约占 3000 户的 10％左右）外，其余六七百户中的大部——约四五百户——似可视为自耕农，主要存在于中等户中。所谓“中人之家，一有吉凶之事，则卖田畴、鬻邸第，举倍称之息犹弗能给”[②]；“中产之家赈贷之所不及，一遇水旱，狼狈无策，只有流离饿莩耳”（《救荒活民书》卷一）云云，就是此类中等户中有不少自耕农的明确反映。

而在约 2000 下户中，除去各占 30％左右的假五等户和薄有艺业的实际佃农，还剩 40％即 800 户左右的自耕农。两项合计自耕农达一千二三百户，约占总户数的 40％左右。这种算法因未涉及客户这个因素，所以自耕农比例不算小，可以看作北宋前半叶的大致情况。

另一种算法：客户比例以占总户数的 50％上下计。文献记载表明至迟到北宋中叶，客户比重已经超过主户。太宗时，宰相赵普出镇邓州，曾说“验彼人家，三分内二分是客”[③]。仁宗时，李觏说：

---

① 《宋会要辑稿·食货》六三之一六九；《通考·职役一》。

② 秦观：《淮海集》卷一五《财用下》。

③ 徐梦莘：《三朝北盟会编》卷一，《邵氏闻见前录》卷六。

“今之浮客，佃人之田，居人之地者，盖多于主户。”[①]神宗时，吕南公说：“大约今之居民，客户多而主户少。”[②]哲宗时，吕陶说：“天下自耕而食，为天子之农者十无二三，耕而食于富人而为之农者盖七八矣。”[③]上户以前述张方平的估计为准，约占主户数的10%即总户数的5%。剩下45%的下户中，作为实际佃农的真、假五等户共占下户的30%，即总户数的13.5%。扣去上述各项，自耕农约占总户数的31.5%左右。这可看作是北宋中晚期的大概情况。这个比例一直维持到南宋，这从叶适所言“大抵得以税与役自通于官者不能三之一”[④]可以看出。叶适的这个估计，得到马端临的认可（《文献通考·户口二》），故可视为当时之公论。

在小农因失去田制庇护而比重下降的同时，小农土地所有权的经济权威却在增长之中。这首先表现在各类荒闲田土已不再纳入国家的授受轨道，而是采取谁垦谁有的现实政策，来鼓励农民开荒。如晚唐、五代、两宋都曾鼓励农民垦荒。唐武宗会昌元年敕：“荒闲、陂泽、山原，百姓有人力能垦辟耕种，州县不得辄问”（《文献通考·田赋三》）。五代后晋宣布：“应所在无主空闲荒地，一任百姓开耕”（《册府元龟·邦计部·田制》）。北宋初年太祖赵匡胤下诏：“有能广植桑枣、开垦荒田者，并只纳旧租，永不通检。”[⑤]宋太宗一即位就宣告：“所垦田即为永业，官不取其租”（《宋史·食货志

---

① 李觏：《直讲李先生文集》卷二八《寄上孙安抚书》。

② 吕南公：《灌园集》卷一四《与张户曹论保甲书》。

③ 《历代名臣奏议》卷一〇六载吕陶《奏议》。

④ 《叶适集·水心别集》卷二《民事中》。

⑤ 《宋会要辑稿·食货》六三之一六一。

上一》)。这是北宋初年自耕农数量较多的一个促成因素。

其次表现在国家对于各类民田的土地所有权,较之以往更加尊重,呈现出土地私有制渐臻成熟时期所独具的历史特点,此点留待下节再叙。

第三节 土地关系中国家干预的方向性转折

唐宋之际,随着土地所有制在总体结构上的变动迭出,国家干预也表现出一系列新的特色。不抑兼并政策的提出,中古田制模式的放弃,田土买易限令的取消,各类国家官田的下放,以及对于民间土地私有权表现出更多的尊重等,均是晚唐以降出现的新现象。这些现象表明,国家权力对于土地所有制关系的调整和干预能力,较之中唐以前是明显下降了。

一、对土地所有制结构:放弃调整

不抑兼并政策的提出,标志着地主阶级的大土地所有制,终于挣脱了中古法权的种种拘束,取得了合法膨胀的权力。与此同时,国家的注意力从原先的“均田”向此后的“均税”转移,这表明国家权力已不再把调整土地所有制结构作为自己的重要职责了。此点本章第二节已经述及。

二、对小农土地所有权:维护尊重

中古田制模式的放弃,标志着农民阶级的小土地所有制,基本摆脱了对于封建国家的依附地位,国家对于小农土地所有权,不得不表现出更多的尊重。

以小农逃田所有权的处理为例。在中古田制时期，如果农民逃移流亡，其田土处置权自然转归各级官府，或重新被纳入田土授受过程，或被里胥出卖以偿税债。建中两税法后，逃田上的土地私有权开始予以保留。赵宋朝廷继承了这个政策。真宗时规定，"（原田主）实曾流移，今来归业，虽已请佃，依条还给"①。在招垦荒地中，又明确提出："系帐逃户庄园、有主荒地，不得误有给付"（《文献通考·田赋四》）。

值得注意的是，逃田所有权的保留期限，自晚唐以来一直在延长之中。唐武宗会昌年间（841—846年）为2年（《文献通考·户口一》），唐宣宗大中年间（847—859年）延长为5年（《文献通考·户口一》），五代后周时仍为3—5年②，北宋仁宗时增至10年，后又宽限百日③。对于流落辽、夏统治区域的"陷蕃者"、"剑外人"，期限更宽，其田宅私有权在宋初即明文规定保留15年④。真宗时再延长5年，随后干脆"不限年月，检勘给还"⑤。

如果说在处理逃田、没蕃田所有权的问题上，国家权力对小农土地所有权的维护还是间接的（通过保留逃田所有权、尊重土地使用权而表现出来），那么在屯营田和水利用地问题的处理上，这种

---

① 《宋会要辑稿·食货》六一之五六。
② 《五代会要》卷二五《逃户》。
③ 《宋会要辑稿·食货》六三之一七八。
④ 《续资治通鉴长编》卷七太祖乾德四年八月丙寅条。
⑤ 《宋会要辑稿·食货》六一之五七。

维护便是直接的了。五代后唐长兴二年(931年),下令"应诸州府营田务,只许耕无主荒田及召浮客"[①],不准侵扰民田。五代末年,南唐政权在楚州、常州等地兴建营田,"夺民田甚众,民愁怨无诉"(《资治通鉴》卷二九一)。受任前往两州察访的徐铉,将"应非理迁入屯田之产业,尽还本户百姓"(《徐公文集·行状》)。北宋仁宗时,有人投告廉州刺史石元孙在屯田开发中"擅污民田",朝廷即"遣使按视"[②]。可见政府对屯营田兴置不准侵占民田之禁,在一定程度上是认真的。对于兴修水利工程而不得不占用的民田,此时一般均由政府给予不同形式的补偿。北宋神宗熙宁年间大兴水利,因而各路占用民田之事剧增。政府的对策是:"以官田计其顷亩,拨还田户;如无田可拨,即计田给值。"[③]为确保田户权益,规定如系官田抵拨,则"不得将瘠薄不堪耕佃田土,只以步亩抵数还民";如官田薄于民田,则"两倍其值,纽计步数,准折拨还"[④]。总之,是要防止侵犯田户土地所有权的情况出现。

这些条文无疑不会得到彻底的实行,在受害者多系下户小农的情况下就更是如此。如扬州雷塘,原为汉代江都之雷陂,经千余年之淤积,湖底抬高,民间逐步垦为耕地,"自唐以来耕种其中"。宋初江淮漕司决定弃田还水,"旧田主二十六家皆夺业失职。官始议以它田偿之,竟无与也"[⑤]。但是上述诏令条文的颁行,对于侵

① 《册府元龟》卷二九一。
② 《宋史》卷二五〇《石元孙传》。
③ 《宋会要辑稿·食货》六一之九九。
④ 同上。
⑤ 《三朝名臣言行录》卷四之四。

犯民田所有权的行为，终究是一个有力的约束。

三、对地主土地所有权：干预减弱

前面说过，大土地所有制的盛衰消长，是影响土地所有制结构变动的主要因素。因此，国家权力既已放弃对于土地所有制结构的调整职能，那么它对地主土地所有权的干预和否定，也就没有必要像以前那样强烈了。事实正是如此。自晚唐至北宋的三个世纪中，此类干预虽有发生，但已不多见。就北宋而言，涉及较大范围的有如下几种情况：

一是仁宗时期富弼处理河北流民问题时，对地主山林河泊之收益权和处置权的剥夺。他一到河北，便出榜宣示："应是山林河泊有利可取者，其地主不得占却，一任流民采掇。"[①]结果私家地主山林河泊之收益权和处置权，经由国家干预这个中介环节，而暂时地转属流民集团。

二是北宋后期大臣韩琦对地主贱市流民田土的追缴。神宗熙宁年间，天灾人祸接踵而至，河朔之民大规模向黄河以南流徙。韩琦在召集流民还归故土的过程中，"皆先令(兼并之家)还地。宽以岁月，归厥值"[②]。私家地主只得被迫交出贱市流民田土而获取的土地所有权。

三是北宋中后期对疆吏豪右兼并陂塘湖泺的过头行为的纠正。晚唐以来，地主阶级对于陂塘湖泺的兼并，导致湖塘面积遽

---

① 董煟：《救荒活民书》卷三。

② 韩琦：《韩魏公集》卷一六《家传》。

减,“雨者易以溢”,“霁则易以涸”[①],引发出水旱灾荒频仍、下户流移转徙、国家亏失税额、社会动荡不宁等一系列社会问题。仁宗至和二年(1055 年),宋廷要求剥夺地主在非法围涸中占有、经长期使用而深化的土地所有权,“虽经岁深,亦不得占护”[②]。

两宋之交,此类干预仍时有发生,但多数禁令形同具文,涸湖围田之风不稍衰息。究其底蕴,即在于上述干预是在“田制不立”的历史环境中和“不抑兼并”的政策前提下实施的,因而不能不受到这个环境的极大限制和上述前提的强烈制约。

上述针对地主土地所有权而进行的国家干预,其共同特征有:(1)它们一般发生在非常时期。富弼、韩琦之所为发生在阶级关系渐趋紧张或阶级斗争已臻激烈之日;宋廷对陂塘私有化的干预发生在整个社会的农业生产、从而封建国家的赋役基础受到严重威胁之时。(2)虽然范围较广,但仍是有限的——或仅限于山林河泊,或只涉及陂塘浅滩;暂时的——或仅限于流民期间,或只涉及灾荒年份;明显地具有局部干预和权宜之计的性质。这就是我们所说的国家权力对于地主土地所有权的干预大为减弱的理由所在。

四、对土地所有权的转移:畅通渠道

中唐以降,随着小农土地所有权的独立性增长而来的,是贫弱下户因失去中古田制的庇护而加速破产;随着国家权力对地主土地所有权的干预减弱而来的,是大土地所有制因取得国家的鼓励

① 李觏:《直讲李先生文集》卷六《国用五》。

② 《宋会要辑稿·食货》六一之九五。

而加速膨胀。在国家官田和小农私田日益增多地流向地主阶级手中的同时,地主阶级自然希望开放土地买易之禁,以求进一步畅通地权流通的渠道。这一要求亦因中古田制模式的废弃而得到满足。建中两税法后,“法制隳弛,田亩之在人者,不能禁其买易”(《文献通考·田赋三》)。此禁一开,堵塞地权流通渠道的中古法权障碍物被基本清除,土地买卖遂成为地权流通的主要渠道。北宋以来“有钱则买,无钱则卖”[①],“版图更易,田税转移”[②],“贸易之际,不可复知”[③],“贫富无定势,田宅无定主”[④],土地“买卖之柄归于民”[⑤]之类记载,屡见不鲜,这是土地转移率急剧提高的反映。笔者曾经估计,宋代每年进入流通领域的土地占耕地总面积的20%上下[⑥]。近有周龙华对我的估计作出修正,认为地权转移率在8.5%—10%之间[⑦],更为近实。

如果说,建中两税法敞开兼并大门,是对土地等级世袭制的致命一击;那么开放土地贸易之禁,则是对妨碍地权流通的中古法权的大体廓清。原来“贵者有势可以占田”的兼并方式明显削弱,现在“富者有赀可以买田”的方式成为主流[⑧]。这就是说,晚唐以降,地主阶级置田扩产,主要是通过土地买卖这一经济途径来实现了。

---

① 《袁氏世范》卷三《治家·富家置产当存仁心》。

② 《宋会要辑稿·食货》七〇之五。

③ 《宋朝事实》卷一五《财用》。

④ 《袁氏世范》卷三《治家·富家置产当存仁心》。

⑤ 吕祖谦:《历代制度详说》卷九《田制》。

⑥ 参见拙文《对宋代超经济强制变动趋势的经济考察》,《江汉论坛》1983年第1期。

⑦ 《从两则土地税税额材料看宋代的土地买卖》,《贵州社会科学》1992年第2期。

⑧ 参见赵俪生:《试论两宋土地经济中的几个主流现象》,《文史哲》1983年第4期。

宋代及其以后,“其分烟析产,典卖割移,官给契,县置簿”(《文献通考·田赋四》),成为正常、合法的社会现实。南宋叶适看出了其时地权转移方式的巨大变化:“自汉至唐,犹有授田之制……盖至于今,授田之制亡矣。民自以私相贸易,而官反为之司契券而取其直[值]”①了。

土地转移率的提高动摇了大地产稳定占有的局面,晚唐以后贫富升降日趋激烈,荣辱盛衰变幻莫测,往日之豪门权贵、富姓大家,转眼间家道中落者比比皆是。当时有不少士大夫对此骤变不免感慨万端。北宋张载说:“今骤得富贵者,止能为三四十年之计。造宅一区及其所有,既死则众子分裂,未几荡尽。”②南宋初年胡宏说:“历观前世名公巨卿,辛勤立门户,不旋踵而败坏蔑有闻焉者多矣!”③袁寀说:“富贵盛衰,更迭不长……或昔富而今贫,或昔贵而今贱。”④不难看出,建中两税法后,家道顺折与财况丰杀,在很大程度上已系于后代之“善恶贤痞”,这就是当时“莫言家未成,成家子未生;莫言家未破,破家子未大”⑤及“富儿更替坐”⑥之类民谣得以产生的社会背景。

五、土地兼并大门的敞开——两宋土地买卖法规分析

当然,宋代仍然存在着一些对于土地买卖的限制性规定,这些

① 《叶适集·水心别集》卷二《民事上》。
② 《张载集·经学理窟·宗法》。
③ 胡宏:《五峰集》卷三《题刘忠肃公帖》。
④ 《袁氏世范》卷一《睦亲·男女不可幼议婚》。
⑤ 《袁氏世范》卷一《睦亲·家业兴替信子弟》。
⑥ 《袁氏世范》卷二《治家·兼并用术非悠久计》。

规定大致可以分为三类。

一类是限制田亩种类的,例如宗族墓地、五代皇室的庙垣内地、南方某些兄弟民族的土地,北方沿边诸路由宋廷所赐之“归明人”田宅等类土地,均不许进入流通领域。如太祖开宝三年(970年),“禁河南府民耕晋、汉庙垣内地”[①]。哲宗元祐六年(1091年)刑部言:“墓田及田内材木土石不许典卖及非理毁伐。”[②]此后又有“(朱崖军)除旧系黎人地不许请射外……”[③]和“恩赐归明人田宅,毋得质卖”[④]之类规定。

一类是限制买田者身份的,仍有某些个人和集团或不准买田,或不准卖田,或对其置产之地点作出限制。如“见任官不得于所任州县典买田宅”[⑤],州县亲民官“秩满不得寄寓于部内”[⑥],“罢任未及三年者同(见任官之禁)”[⑦],“禁内外群臣市官田宅”[⑧],“禁寺观毋得市田”[⑨],后夫“不得衷私破卖”前夫庄田[⑩]等。

再一类是关于土地买卖本身的,主要是依买方身份的不同对其承买田土的优先权作出排列。如“应典卖物业,先问房亲,房亲不要问四邻,四邻不要他人并得交易”,“不得割留舍屋及空

---

① 《续资治通鉴长编》卷一一。
② 《宋会要辑稿·食货》六一之六一。
③ 《宋会要辑稿·食货》六三之一八八。
④ 《宋会要辑稿·食货》六一之六一。
⑤ 《宋会要辑稿·刑法》一之二八。
⑥ 《宋会要辑稿·刑法》二之四至五。
⑦ 《宋会要辑稿·刑法》一之二八。
⑧ 《宋会要辑稿·刑法》二之一一。
⑨ 《文献通考》卷四《田赋四》。
⑩ 《宋会要辑稿·食货》六一之五八。

地称为自置，卖与他人”，出卖已典之田“先须问见典之人”①之类条文。

通观此类条格限令，可知宋廷对土地买卖的限制，大致遵循如下四条原则：

一是经济原则——如在典田卖断之情况下，现典人享有优先权的规定，这是照顾形势豪右的兼并利益。因为他们往往利用典权在握的有利条件，尽量压低地价。下户迫于条令，不得不“忍痛委弃”，于是豪右“贱市民田”的现象就大量出现了。之所以要禁止各级官员承买官田，是怕妨碍系官佃农和民庶地主认购所佃官田，这是在维护国家的赋役收入。因为民庶地主至少在理论上没有优免特权，实际上其承担赋役的表现亦较官户为好。

二是宗法原则——如卖田先问房亲、墓地不准出卖、入赘之后夫无权变动前夫所遗园宅地产的所有权等规定，旨在维系和增强地主宗族集团的稳定性，作为其巩固乡村统治基础的重要一环。

三是保持地块完整的原则——如卖田先问房亲，继问四邻，在拟售地块上不准割留房产、空地之类规定，明显反映了私家地主尽量使自己田产连片成段的强烈意向。

四是维护地权正常流通的原则——这是处于支配地位的一个原则。因为正是这个原则体现了上述限令的基本精神，代表了契约租佃经济之下地主阶级对于土地流通的基本要求。之所以不准现任官在其辖区、亲民官在罢任处买田置产，正是为了预防此类地

① 《宋会要辑稿·食货》六一之五六。

方官吏利用职权之便或昔日权势来横占豪夺小民田产。之所以要禁止庵寺道观之广置田产，因为“观寺得之，无复更入民间”[①]，往往使地权转移走进死胡同，会影响土地所有权的正常流通，而使“为农者受其弊”[②]。

不言而喻，这四条原则之间的关系并非总是和谐一致、并行不悖的。在具体执行过程中，原则和原则之间有时不免发生抵牾冲突。在这种时刻，国家权力一般是按照牺牲其他原则来维护第四条原则即保持地权正常流通这一精神进行处理的。且以三、四两项原则间的冲突为例。

按照第三项原则，为了使同一地权所有者的土地尽量连成一片，宋廷规定卖地者不准割留舍屋及空地，这是太宗雍熙三年（986年）的规定[③]。但是屋舍宅基、园圃空地，对于薄有艺业的农民下户和官私佃客来说，显然是最后的安身立命之所，往往借贷称息、鬻儿典妻也要拼命保住这三五亩祖传世业。所以上述不准割留的规定反而迟滞了地权的正常流通，所谓“自有此诏颇难交易”[④]，即其反映。故一年之后即雍熙四年，又从侍御史李范所请，“如委实业主自要者，并听业主取便割留”[⑤]。虽说新规定仍然不准将一块土地分成数份售于不同买主，这是维护地块完整性原则精神的体现，但在“业主自要”的前提下，终究是取消了雍熙三年“不准割留”

① 《宋会要辑稿·食货》六三之一九二。
② 同上。
③ 《宋会要辑稿·食货》六一之五六。
④ 同上。
⑤ 同上。

的规定，这正是为了消除“颇难交易”的人为障碍，以维护第四项原则，亦即保证土地买卖得以正常进行。因此，上述种种关于土地买卖的条格限令，就其主导方面看，不仅不是堵塞，反而是疏通田土买易渠道所必需的规定。

对于这些法令在实际生活中的效力，当然不宜作绝对的理解。现实的地权运动错综复杂，因而上述原则时被突破。“有今日解秩而明日立券殖产者”[①]，这是对罢任官寄居令的突破；“有一意以附托权势为计，委之营缉田产”者[②]，这是对现任官置田令的突破；还有身为亲民官而通过“娶富人女，厚纳婚田”[③]来增殖田产的，这是试图绕过宋廷限令的又一种手段。能否据此认为上述限令形同具文、毫无作用呢？恐怕不能。因为一方面上述行为属于法外行奸性质，是法令本身所要防止、纠正的非正常现象；另一方面也有材料说明此类禁令确曾实施过。北宋中叶会稽知县曾公亮“坐父买田禁中，谪监湖州酒”（《宋史·曾公亮传》），就是一例。神宗熙宁年间，在变法派内部的相互攻讦中，反王安石一派揭出吕惠卿“使华亭知县张若济借豪民朱华等钱置田产”一事，吕惠卿险些因此丢官[④]，又是一例。徽宗时期的蔡京在户部尚书任上，为后戚向氏造慈云寺而“奏拓四邻田庐”，被开封府尉范正平奏准“罚金二十斤”（《宋史·范纯仁传》），又复一例。因此，宋廷在运用国家权力干预土地买卖的过程中表现出来的维护地权正常流通的愿望是认真

---

① 《宋会要辑稿·刑法》一之二八。

② 《宋会要辑稿·刑法》二之八三。

③ 胡寅：《斐然集》卷一五《檄郭东知台州》。

④ 《宋文鉴》卷五七载苏辙《论吕惠卿》。

的,而不是虚假的。

在国家权力对土地所有制结构放弃调整职能的同时,国家干预的方向转向契约租佃关系,此点留待中篇“租佃经济的历史行程”中再叙。

第三章 辽金元：官田的畸形膨胀和土地关系中的前封建制烙印

在我国土地和赋役制度演进史上，辽、金、元应是自成一个段落的。因为一则这个时期入主中原的契丹、女真、蒙古等周边部族，强度不同、幅度不等、时间长短不一地带入了各自的民族特征和一些前封建制的因素；接着又和中原地区的固有传统发生着或强或弱、或深或浅的排斥与融合的交错关系，在其影响所及地区使得情况变得复杂起来，并在一定程度上迟滞、延缓了中原地区的发展进程；再则随着中原汉族百姓或被迫，或自愿、半自愿地大量迁入周边地区，农耕文明在那里又结出了丰硕的果实，中原的文物制度也随之扩散到这些地区。比较而言，辽只占有燕云16州，地盘最小。金占据整个中原地区，比较深入。元则占领了整个中国，其统治的年代却最短，不到一个世纪。个中奥秘，即在于"蒙古统治者只驱使蒙古人充当镇压各族人民的工具，保护他们的政权，而不引导蒙古人学习先进文化"。①

---

① 韩儒林主编：《元朝史》上册《前言》，人民出版社1986年版，第11页。

第一节　辽金带入内地的前封建制因素

一、"斡鲁朵"和"投下州军"：带有封建领主制色彩的辽朝土地关系

契丹建国(916年)前后，新兴的氏族部落贵族们把战争俘获的大批汉族和其他少数部族的百姓迁往契丹草原，筑城居之。史称："又以征伐俘户，建州襟要之地，多因旧居名之，加以私奴，置投下州"(《辽史·地理志一》)。辽太祖阿保机将属于自己的投下州编入"宫卫"，契丹语称"斡鲁朵"[①]，这是契丹皇室的直属领地。据《辽史·营卫志》统计，在12个皇室直属领地中，共有汉人、渤海人"宫户"20.5万户，40万余丁。他们世代为帝室服役，是领地上各项生产事业的主要承担者，没有离开领地的自由，显系农奴身份。其余诸王、大臣和军事首领也分别拥有自己的投下州城[②]，这是各级贵族的领地，因大小不等而分别被称为州、县、城、堡。《辽史·百官志》记载：

> 其间宗室、外戚、大臣之家，筑城赐额，谓之头下州军，惟节度使朝廷命之，后往往皆归王府。不能州者谓之军，不能县者谓之城，不能城者谓之堡。

---

① 斡鲁朵，《金史》作斡里朵，《元史》作斡耳朵，《元朝秘史》作斡儿朵，《长春真人西游记》作兀里朵、窝里朵，《黑鞑事略》作窝里陀，其实是同一词汇的不同音译。在突厥语、蒙古语和通古斯语中，其义均为"中央"。

② 投下，又作"头下"，当时文献中是通用的，意义相同。详下。

据乌廷玉统计，见于文献记载的辽代贵族领地至少有55处之多[①]。投下主在属于自己的州军、城堡中享有极大的权力。《辽史·地理志(一)》：

> 头下军州，皆诸王、外戚、大臣及诸部从征俘掠，或置生口，各团集建州县以居之。横帐诸王、国舅、公主许创立州城，自余不得建城郭。朝廷赐州县额，其节度使朝廷命之。刺史以下，皆以本主部曲充焉，官位九品之下。及井邑商贾之家，征税各归头下，惟酒税课纳上京盐铁司。

可见投下州军的官吏，除节度使由朝廷任命外，一律由领有该州军的头下主委派。除酒税上缴中央外，其余收入全部归头下主所有。头下主们俨然一方最高长官，享有官吏任命权和财政收益权，其身份类似于西欧的封建领主。樊树志称之为"分地分民、领地领民制度"[②]。领地上的头下户起初只是头下主的私奴，后来又要向国家交纳课税，所以有"二税户"之称。

> 初，辽人掠中原人，及得奚、渤海诸国生口，分赐贵近或有功者，大至一二州，小亦数百，皆为奴婢。输租为官，且纳课给其主，谓之二税户。[③]

具有深厚封建传统的燕云地区，自938年归入辽境后，立即成为辽朝农业生产的重心地区，为了避免引起震动和打乱原有的生产秩序，辽朝统治者从生产方式到经济制度全盘保留了当地先进

---

① 乌廷玉：《中国历代土地制度史纲》下册，吉林大学出版社1987年版，第77—79页。

② 樊树志：《中国封建土地关系发展史》，人民出版社1988年版，第295页。

③ 元好问：《中州集》卷二《李承旨晏》。

的封建农业经济。

二、"牛头地"制和猛安谋克屯田：金代中原土地关系的变动

12世纪初，处于契丹统治之下的女真各部发展速度明显加快。1115年，女真完颜部统一各部，建立金国。此后灭辽（1125年），灭北宋（1127年），黄河流域成为金国辖区。

女真族最初在本族内部实行"牛头地"制，《金史·食货志二》："其制，每耒牛三头为一具，限民口二十五，受田四顷四亩有奇，岁输粟大约不过一石。"牛头地只分配给女真族的猛安谋克户，这是与女真族中盛行的父系大家族相适应的。随着统治区域的扩大，女真族的牛头地急剧增加。金世宗（1161—1189年在位）时，牛头地总数约有170万顷，占当时耕地总面积的37%左右①。三四个世纪后东北女真——亦即满洲族也实行过与此大同小异的"拖克索"制②。

为了加强对中原地区的统治，金太宗（1123—1134年在位）和海陵王（1149—1160年在位）先后两次掀起民族迁徙高潮，把原居东北的大批女真人户，以屯田军的形式迁到华北地区。《大金国志》卷八《太宗纪》天会十一年（1133年）条：

> 秋，起女真国土人散居汉地。女真一部族耳，后既广汉地，恐人见其虚实，遂尽起本国之土人，棋布星列，散居四方。

---

① 梁方仲：《中国田代户口田地田赋统计》，第290页。

② 李洵：《公元15世纪到17世纪中叶建州女真社会性质问题的探讨》，《吉林师范大学学报》1978年第4期。

令下之日，比屋连村，屯结而起。

有学者估计，在这期间至少有100余万女真族从东北移居中原①。与此同时，金政府大量圈占中原汉人的土地，用来设置猛安谋克村寨，使内迁之女真人"自为保聚"，于是形成女真人的村寨与汉族原有的州县犬牙交错的情况。《大金国志》卷三六《屯田》称：

自本部族徙居中土，与百姓杂处，计其户[口]，给以官田，使自播种以充口食。……今屯田去处，大名府、山东、河北、关西诸路皆有之，约一百三十余千户。每千户止三[四]百人，所居之处，皆不在州县，筑寨处村落间，千户、百户虽设官府，亦在其内。

拨给猛安谋克的土地，名义上称官田，实际上是圈占的中原汉人民田。中原地区的土地私有制受到极大冲击，但并未被废除，更未消失。在女真人村寨以外的广大区域中，金朝明确宣布，"民田业各从其便，卖质于人无禁。但令随地输租而已"(《金史·食货志二》)。这是对民田私有权的明确承认，土地买卖渠道也并未关闭。因此在黄河中下游地区，大土地所有制和小土地所有制依然存在，不过其地盘自然是大为缩小了，小农经济受到的摧残尤为严重②。

1214年，蒙古军围攻燕京，并分兵劫掠河北、山东等地。"两河、山东数千里，人民杀戮几尽。金帛、子女、牛羊马畜，皆席卷而去，屋庐焚毁，城郭丘墟矣"③。从公元十世纪初至此的300余年

① 乌廷玉：《中国历代土地制度史纲》下册，吉林大学出版社1987年版，第86页。

② 参见拙作《宋辽夏金经济研析》，第399—401页。

③ 李心传：《建炎以来朝野杂记》乙集，卷一九《鞑靼款塞》。

间,在契丹、女真、蒙古铁骑的再三蹂躏下,黄河流域的农业生产和社会经济残破已极。两年后金宣宗因河北残破,迁都汴京(今河南开封),各级地方政权纷纷瓦解,各地地方武装竞相占地称雄,其首领被入主中原的蒙古人授予百户、千户、万户等称号。在这种地方武装割据的混乱局面下,大土地所有制自会乘机扩张自己的地盘,这是不难想见的。

第二节　“裂土分民”和官田膨胀:元朝统治在中原土地关系上打下的烙印

蒙古汗国自1206年诞生以来,便向周围地区大举扩张。1234年灭金,控制了黄河流域。1276年灭亡南宋,统一全国。和女真一样,大批蒙古人民随着征服区域的扩大而迁移到华北、华南甚至中亚、东欧等地。在多半个世纪中,圈地狂潮再次席卷中原大地,后又波及到江南地区。

一、“裂土分民”和“投下”、“食邑”:领主分封制的统治方式

蒙古汗国建立之初,蒙古草原上实行的是领主分封制。成吉思汗把开国功臣、宗族、驸马等封为95个千户,他们领有数量不等的牧地和牧民。大汗自己的直属领地叫“大斡鲁思”,皇后、诸子、诸弟的领地叫“斡鲁思”,和女真族的“斡鲁朵”性质相同。灭金以后,汗国统治者照搬草原上的领主分封制度,把中原地区的州县民户分赐给诸王贵戚。《元史·木华黎传》称:“丙戌(元太祖二十一年,1226年)夏,诏封功臣户口为食邑,曰十投下,孛鲁居其首。”仅

丙申年(1236年)分封给诸王、贵戚和功臣的中原诸州民户就达76万多户①。据《元史·食货志》,从元太宗到元世祖的半个多世纪中,共分封大小"投下"159处。与辽朝的"头下"一样,蒙古汗国时期,黄河流域的众多"投下"也是封建领地性质。不仅元代诸王的领地是世袭的,而且领地上的各级官员也由投下主自己的家臣担任,官位世袭。领地内的居民归投下主所有,投下主在自己的领地内不仅有征税权,而且有治民权。

领地内各级领主还有自己的直属庄田,数额巨大而且多在数万至数十万亩之间。据《元史》各传记载,河南王察罕在河南怀、孟等州的直属庄田有145万亩,太平王燕铁木儿在太平路的直属庄田有10万亩,浚宁王伯颜在河南有庄田50万亩。这种土地关系仍然带有浓厚的封建领主制色彩,与契丹、女真所为一脉相承。

二、官田的膨胀及其经营方式

元朝官田的急剧膨胀主要表现在牧场的众多和屯田的广设上。蒙元统治者入主中原后,还保留有浓厚的游牧习惯,往往占夺民田作为草场。"王公大人之家,或占民田近于千顷,不耕不稼,谓之草场,专放孳畜"②。全国统一后,牧场、草地更是遍布全国。《元史·兵志三·马政》:"东越耽罗,北逾火里秃麻,西至甘肃,南暨云南等地,凡一十四处;自上都、大都以至玉你伯牙、折连怯呆儿,周回万里,无非牧地。"仅安西王领地内,被圈作牧场的农田就

① 详情参见韩儒林:《元朝史》上册,第222页所载《丙申年(1236年)分土分民一览表》。

② 《历代名臣奏议》卷六载赵天麟《太平金镜策》。

达 30 万顷[①]。

屯田的规模也超过了以往各个朝代。《元史·兵志三·屯田》称:“国初,用兵征讨,遇坚城大敌,则必屯田以守之。海内既一,于是内而各卫,外而行省,皆立屯田,以资军饷……由是而天下无不可屯之兵,无不可耕之地矣。”据梁方仲统计,自 1262 年到 1331 年的 70 年间,元代屯田共 17.4 万余顷,其中军屯 8.3 万余顷,占 47%;民屯 7.68 万余顷,占 44%;其余为军民屯掺杂者[②]。军屯主要分布在岭北、江浙、辽阳、征东、甘肃、河南等行省和中书省辖地。在其他行省,则以民屯为主[③]。民屯上取租佃制剥削方式:“种者有牛,官给种,税十四;牛、种皆官,税其半,皆复其家。”[④]这是分成制。《元史·成宗纪》载:“人给地五十亩,岁输粮三十石。”这是定额制。

官田的另一大项是职田。元代官吏除俸银外,还按其官职大小,享有从 1 顷到 16 顷的职田(《元史·食货志四》),职田或由投下户、附属户耕种,或出租,其收益归现任官员所有。

为了明了官田在全部耕地中所占的比例,必须先对史籍失载的元代纳税田总数作出估计。元仁宗延祐元年(1314 年),平章政事章闾建言在全国实行“经理大事”,即普查全国垦田面积。先在河南、江西、江浙三省实行。后经文宗天历初年(1328—1329 年)“尽革虚增之数”后,得到三省官民荒熟田亩数是河南 118 万余顷,

① 袁桷:《清容居士集》卷三二《郑制宜行状》。

② 梁方仲:《中国历代户口、田地、田赋统计》,第 332—337 页,乙表 26。

③ 王颋:《元代屯田考》,《中华文史论丛》1983 年第 4 辑。

④ 许有壬:《至正集》卷三七《两淮屯田打捕总管府记》。

江西 44.7 万余顷，江浙 99.5 万余顷。又据《新元史·食货志十一》和《续文献通考·田赋一》所载，这三省一年税粮依次为 259.1 万余石，115.7 万余石和 449.4 万余石。由此可知，河南省每顷负担税粮 2.2 石，江西省 2.4 石，江浙 4.5 石。江浙省官田比重特大，官租特重，其田亩负担较河南、江西两省多一倍左右。又泰定帝泰定二年（1325 年）的岁入税粮是 1211.4 万余石[①]。以岁入粮数除以江西每顷 2.4 石的负担数，即得元代全国原簿载垦地面积为 505 万顷；如以河南每顷负担 2.2 石计之，亦不过 550 万顷。元代官田总数约在一百三四十万顷左右[②]。如此官田所占比重当在 23.6％（以 550 万顷计）至 25.7％（以 505 万顷计）之间，即约当全国垦田面积的四分之一上下。无论数量还是比重，不仅超过两宋，就是明朝亦未达到这个程度，所以名之为“畸形膨胀”。

元代官田膨胀的原因大约有以下几条：一是元朝政府继承了金、宋两朝大量的官田。金、元两朝都是起自北方的游牧民族，据《金史·食货志》载，仅南京和陕西两路之牧场就有 10 万顷，若加上其他各路，金代牧场当在 20 万顷以上。南宋官田，据程溯洛先生估计也有 20 万顷[③]。两项合计达 40 万顷。二是将大量荒田和逃田变为屯田。自 755 年安史之乱以后，北方地区的战火就没有真正熄灭过，时间长达 500 年之久。大片的良田沃土荒芜了，大量

---

① 《古今图书集成·经济编·食货典》卷一二八《赋役部汇考之十五》。又《元史·食货志一》和《新元史·食货志一一》亦载岁入粮数，与《古今图书集成》一致，可证此数不误。

② 参见陈贤春：《试沦元代农业经济内在矛盾的形成与发展》，《湖北大学学报》1986 年第 4 期。

③ 《南宋的官田和农民》，《历史教学》1953 年第 8 期。

的人民死亡了。南方虽不像北方那样严重,但在蒙元帝国对南宋的长期战争中,人民逃散,土地荒芜亦较普遍,这就为元代统治者扩充牧地、屯田提供了条件。三是元朝政府利用政治权势频频籍没官僚贵族的家产,同时还强买民田为官田。所有这些,使中原汉地的土地私有制在辽金元三代受到极大冲击。

三、官田向私田的转化和大土地所有制的扩展

元朝官田的急剧膨胀是统治者政治权力和军事权力蛮横干预的结果。这种干预既然发生在土地私有制已渐趋成熟的时代,就必然会受到土地私有制的浸润和腐蚀。元初一度急剧增加的官田,到元中叶以后,通过赐田大量转化为官僚地主的私田。与此同时,屯田的全面废弛也壮大了大土地所有制。

有元一代赐田之盛,规模之大,实为历史上所罕见。如文宗天历元年(1328 年)赐燕铁木儿平江(今苏州)官田 500 顷,赐西安王阿剌忒纳失里平江田 300 顷及嘉兴芦地。第二年(1329 年),拨还笃麟帖木儿旧赐平江田百顷。至顺元年(1330 年)又以平江等处官田 500 顷赐鲁国大长公主。正如泰定元年(1324 年)平章政事张珪所说:“天下官田,岁入所以赡卫士,给戍卒。自至元三十一年(1294 年)以后,累朝以是田赐诸王、公主、驸马及百官、宦者、寺观之属”(《续文献通考·田赋一》)。

一度声势浩大的屯田到世祖以后亦渐告废弛。惨重的官租剥削迫使屯田军丁和民户大批逃亡。屯田土地被主管将领、官吏和当地豪强侵占为私田。至元二十三年(1286 年)中书省报告说:“江南隶官之田,多为强豪所据”(《元史·世祖纪一一》)。此后,

各地侵吞屯田的事例层出不穷，屯田私有化浪潮汹涌澎湃。至武宗至大元年(1308年)，多数地方屯田已遭破坏，时中书省言："天下屯田百二十余所，由所用者多非其人，以致废弛"(《元史·武宗纪》)。

就全局而言，元朝土地兼并和土地集中现象一直十分严重。蒙古贵族进入中原之初大肆圈占各类民田以为牧马草场，已如前述。大批汉族百姓被蒙古将领没为驱口、家奴或部曲，一朝沦入农奴地位。《元史·张雄飞传》说：阿里海牙在荆湖"以降民三千八百户没入为家奴，自置吏治之，岁责其租赋。"《元史·宋子贞传》说："东平将校占民为部曲户，谓之'脚寨'，擅其赋役，几四百所。"

值此兵荒马乱之际，一些汉族官僚地主背靠蒙元统治者趁火打劫，"积粟帛、金具、子女以为己有者，断阡陌、占屋宅、跨州连郡以为业者"，数以万计①。因此在蒙古汗国和元朝统治时期，确有部分汉族官僚、地主遭到严重挫折，但更多的汉族地主、官僚反而扩大了自己的占田规模。江南地区的土地兼并较之华北有过之而无不及，史称："富室有蔽占王民奴使之者，动辄百千家，有多至万家者"(《元史·武宗纪》)。不少地主"一年有收三二十万石租子的，占着三二千佃户"②。有的甚至"收谷岁至数百万石斛"③。

更为严重的是，一些邀功好利的歹徒将有主之田诈称荒地，呈献给蒙元贵族和各级官僚；又有不少民户为了躲避杂泛差徭而把自己田土忍痛投献给贵族豪门；因而有元一代影占兼并之风日盛

① 郝经：《郝文忠公陵川文集》卷二六《万卷楼记》。
② 《元典章》卷二四《户部·赋役·差发》。
③ 余阙：《青阳集》卷九《宪使董公均役记》。

一日。正如邱树森所说,元朝中央曾经屡下禁令限制贵族官僚地主的土地兼并,"可是禁止之令尽管十分严格,影占兼并之风仍是滋长不已。而已位居显要的大贵族、大官僚倡行于上,州县级中小贵族、官僚效尤于下,上行下效,相率成风,终元之世,未尝有一日稍戢。"[①]

---

① 韩儒林主编:《元朝史》上册,人民出版社1986年版,第368页。

第四章　明清：封建土地所有制的衰变

明清时期，我国封建社会进入其自身的晚期。一方面，疆域空前扩大，中华民族基本形成，传统文化也进入成果迭出的总结阶段；另一方面，从政治、经济到文化各方面都无奈地显露出其垂暮气象。作为当时基本生产关系的封建土地所有制，更是衰象毕露。

第一节　两次圈地运动和领主农奴制的死灰复燃

经过元末农民战争的扫荡，蒙元贵族从统治宝座上跌落下来，但辽金元以来中原地区一度盛行的俘奴、驱口、头下军州、分封食邑等领主制因素，却不会随政治权力的更迭而突然消亡。这些落后的生产方式在明清土地所有制关系的各个方面均烙有深深的印痕，而明清的皇庄、王庄则是这种落后方式的集中体现。

一、明代皇庄、王庄的设立及其对民田的掠夺

明代皇庄、王庄的设立及其扩大，自始至终充满了暴力掠夺和政治特权的威逼，因而虽无圈地之名而有圈地之实。

顾名思义，皇庄是指直属于皇室所有的庄田，包括皇帝、太子、

后妃及在京未出藩诸王的庄田。明初仁宣之际(1425—1435 年)已有仁寿、清宁、未央等宫庄,这是后妃庄田。天顺八年(1464 年),宪宗即位后没收太监曹吉祥在顺义县的土地归皇室所有,“皇庄”之名自此始。成化后,皇庄越设越多,到正德年间(1506—1521 年)共有 21 所,占地 3.7 万余顷(《续通典 · 食货三》),此后续有增加。据嘉靖元年兵科给事中夏言等人在顺天等八府的勘查,30 多处皇庄,占地 22 万余顷,退除侵占的民田后,还有 19 万余顷(《皇明嘉隆闻见记》卷一),这还只是畿辅地区数字。明人陆容《菽园杂记》卷七说:“今所谓皇庄者,大率皆国初牧地及民田耳。”嘉靖初年慑于民众反抗,皇庄的扩展势头稍有抑制,但不久变本加厉,继续广占民田,只是“改称官地不复名皇庄”(《明史 · 食货志一》)而已。这种情况一直持续到明朝末年。

明室诸王在各地拥有的田产称“藩王庄田”。朱元璋有 26 个儿子、16 个女儿,除 3 子早死外,其余 23 人都分封为王,年长建藩就国,称“亲王”或“藩王”。此后,藩王长子世袭王位,余子例封郡王,郡王长子亦得世袭王位,其余子分封将军。《明史 · 食货志一》称:“太祖赐勋臣、公侯、丞相以下庄田,多者百顷,亲王庄田千顷。”公主、郡主(公主之女)也分赐庄田,由数十顷至数百顷不等。

这些皇室贵胄还通过“请乞”、“投献”、“逼勒”等手段,把大片良田占为己有。洪武五年(1372 年)朱元璋《铁榜文》中例举的公侯、功臣之家,“强占官民山场、湖泊、茶园、芦荡及金银场、铁冶”,“倚恃权豪,欺压良善,虚钱实契,侵夺人田地、房屋、孳畜”(《明洪武实录》卷七四)之类行为,就是当时真实情况的写照。明中叶以降,各地藩王竞相强占民田扩大庄园:英宗时长沙吉王有鸡鹅田13万亩,嘉靖时景王在封国安陆(今属湖北)占地数万亩,万历时潞王在湖广有田5万亩,福王庄田多达2万顷,河南、湖广、山东等地膏腴之田几乎搜括殆尽①,都是人所熟知的例子。王毓铨先生曾对云南黔国公沐氏庄田作过专题研究,沐成父子初有庄田360区,其后用"受投献"、"勒契券"、"谋财夺产"、"劫掠乡村"等手段扩大自己的田产,到万历十六年(1588年)已掠夺云南各族人民土地8000余顷②。

请乞设庄之风,很快在太监、外戚、勋臣、官僚中滋长蔓延。永乐以后,宦官开始设庄课租。正统年间御马监刘顺以钦赐、自置等方式拥有"庄田、塌房、果园、草场共二十六所。其蓟州草场等十所,计地四百六十八顷"(《明正统实录》卷七七)。弘治时,明孝宗一次赐给外戚张延龄1.67万余顷土地③。以致时有"中州地半入藩府"④,湖南长沙善化之田,"入吉藩者十之五"⑤之类记载。如此巨额田地,如不侵占民田,便无由凑集。"惟余芳草王孙路,不入朱门帝子家"(《中州杂俎》卷一)的诗句,就是朱明皇室疯狂掠夺民田的形象写照。

皇庄、藩王庄田均设庄头进行管理,因有政治特权为后盾而显

---

① 参见傅衣凌:《明清封建土地所有制论纲》,上海人民出版社1992年版,第18页。丁易:《明代特务政治》第三章"全国经济的大搜括",群众出版社1983年重印本,第146—147页。

② 《明黔国公沐氏庄田考》,《历史研究》1972年第2期。

③ 《国朝献征录》卷三载邱浚《庄肃张公墓志铭》。

④ 汪介人:《中州杂俎》卷一。

⑤ 堵元锡:《堵文忠公全集·附年谱》。

得特别蛮横强暴。如皇庄,“则有管理太监,有奏带之旗校,有跟随之名下,每处动辄三四十人”[①]。王庄设有“管庄内使”,下有当地无赖之流充任的“庄头伴当”作为随从打手。这些人依仗皇室、王府的权势,到处强占民田,勒索钱财,鱼肉乡民,奸污民女,几乎是无恶不作,人民极为痛恨。弘治二年(1489年)户部尚书李敏奏称:“管庄官校,招集群小,称庄头、伴当。占地土,敛财物,污妇女,稍与分辩,辄被诬奏,官校执缚,举家惊惶,民心伤痛入骨”(《明史·食货志一》)。弘治十七年,“时以庄田故,遣缇骑逮民二万余人,畿辅骚动”(《明通鉴》卷四〇),以致畿辅之民“荡家产,鬻儿女,怨声动地,逃移满路”[②]。因此皇庄、王庄几乎就是暴力特权的同义语。

二、清初圈地及其对农业生产的破坏

顺治元年(1644年)五月,清军占领北京,当年年底清廷即将京畿一带的“无主荒地”及明代皇室、驸马和太监的各类庄田,“尽行分给(满洲)东来诸王、勋臣、兵丁人等”(《清世祖实录》卷一二)。第二年九月,又将河间、滦州、遵化等京东南土地,分拨给八旗贵族和官兵。顺治四年(1647年)正月,掀起第三次圈地高潮,下令在近京各府县内,“不论有主无主地土,拨换去年所圈薄地,并给今年东来满洲”(同上书,卷二〇)。而且范围扩大,“三百里内不足,则远及五百里”[③]。结果“近畿土地皆为八旗勋旧所圈,民无恒产,皆

---

① 夏言:《谏垣集》卷二。

② 王世贞:《弇山堂别集》卷九四《中宫考五》。

③ 《故宫掌故丛编》第六辑载向玉轩《畿地圈拨将尽本》。

仰赖租种旗地以为生"[①]。与此同时各地驻防旗人同样进行圈占，圈地范围迅速扩展到山东、河南、陕西、山西、宁夏等地。

圈地数量，据乾隆《钦定八旗通志》卷六九《土田志八》统计，经此三次大规模的圈地，前后拨给京城满、蒙、汉八旗的土地，共达233.5万余垧，按一垧6亩计，共1400万亩，合14万顷[②]。此后大规模圈地虽然停止，但小规模的圈地仍时有发生，康熙二十三年(1684年)才完全废除圈地令。截至康熙五年(1666年)，圈地加上汉人投充达16.6万余顷(嘉庆《大清会典事例》卷一三五)。此外，各地驻防旗人圈占土地6万顷(康熙《大清会典》卷二一)，合计圈地22.6万余顷[③]，接近当年全国耕地面积539万余顷(《清圣祖实录》卷二〇)的5%。

战争尚未停息，又继以圈地狂潮，北方地区原已残破不堪的社会经济再次受到重大打击。一方面大批农民因土地被圈丧失生计，成为衣食无着的流民；另一方面满洲贵族及八旗兵丁虽然分到土地却因无人耕种而大量荒芜。更为严重的是，落后的农奴制剥削方式在大范围内死灰复燃。清初所圈土地，除皇室所占外，其余按满洲贵族地位高低进行分配。他们占有大量的包衣、壮丁为之耕种。为补充满洲贵族田庄上的劳动力，入关伊始摄政王多尔衮即允八旗贵族"收投充贫民为役使用"[④]。后又规定亲王得有投充

---

① 昭梿：《啸亭杂录》卷七《孙文定公》条。"笔记小说大观"本。

② 光绪《畿辅通志》卷九五《经政略·旗租》、魏源《圣武记》卷一四《军储第四》篇补注、王庆云《石渠余记》卷四《圈地》、《清史稿·食货志(一)》等书所载均为14万顷稍多一点，只是尾数不同，可证此数可信。

③ 参见乌廷玉：《中国历代土地制度史纲》下册，第276页《清初圈占民田面积表》。

④ 吴振棫：《养吉斋余录》卷一。

人576人，郡王100人，贝勒80人，贝子60户，下至宗室公爵20户（雍正《大清会典》卷二八）。被圈农民"无处栖身，乃投充以种地"[①]。不少汉族地主"带地投充"，充任满洲贵族庄园的"庄头"（《东华录》顺治卷一七）。此外还有"逼勒投充"："距京师三百里外，耕种满洲田地之处，庄头及奴仆人等，将各州县庄村之人，逼勒投充。不愿者即以言语恐吓，威势迫胁"（《清世祖实录》卷一五）。投充人的身份降为满洲贵族的奴仆，与"壮丁"、"包衣"同列，完全丧失人身自由。李文治估计，仅直隶一省，投充农奴以男丁计有66万余人，若将妇女老幼计算在内，当为此数的数倍[②]。投充人不堪忍受农奴地位，相率逃亡。

清廷制定了严厉的"逃人法"，罪及窝主及邻里，规定初逃者鞭一百，刺字；再逃者鞭一百外，再枷四十日；三逃者处死；窝主正法（后改为流徙），家产入官（《清世祖实录》卷一〇七）。处刑如此严重却仍未能遏止逃亡浪潮，史称直隶南部逃亡人丁十居六七，"一望极目，田地荒凉，四顾郊原，社社烟冷"[③]。山东"荒多丁少"，"有一户之中止有一二人，十亩之田止种一二亩者"（《清世祖实录》卷一三）。加之顺治初年扬州、嘉定、江阴等地的屠城，顺治十八年（1661年）开始的东部冀、鲁、江、浙、闽、粤六省惨绝人寰的迁海运动，大半个中国顿时陷入地狱之中，社会生产遭到极大破坏。

---

① 孙家淦：《孙文定公奏疏》卷六《覆王岐编入内府疏》。

② 李文治：《论清代初期的土地占有关系》，《历史研究》1963年第5期。

③ 《皇清奏议》卷一载卫周允《痛陈民苦疏》。

三、清代皇庄、王庄的农奴制经营方式

清代皇庄由内务府管辖，故称“内务府庄田”。早在顺治元年，内务府庄田即有132所，按其贡纳物品的种类，分别称作银庄、粮庄、稻庄、豆秸庄、菜园、果园、瓜园等。纳银庄分布在顺天、保定、永平、河间、天津、正定、宣化等府的53个州县。除内务府庄田外，关外还设有盛京户部官庄、盛京礼部官庄等，以供皇室陵寝祭祀之需。康熙元年到三十年(1662—1691年)，内务府在盛京设粮庄84所①。据《东华录》雍正元年(1723年)六月条载，当年东北三省“自山海关以至广宁，皇庄三百有奇”。这些皇庄主要集中在奉天省(今辽宁省)内。此后关外皇庄一直保持在300余所的水平上。清中叶，内务府所辖关内外庄田总计达1000余所，占地近400万亩(嘉庆《大清会典》卷七六)。此外，满族的发源地吉林几乎全境都被划为皇室的封山和围场，较为著名的有吉林围场、伯都纳围场、阿拉楚喀围场和四合霍伦贡山、龙岗贡山等。宗室王公也有庄田，简称“王庄”。清中叶，东北和直隶各地的王庄共计占地133万亩(嘉庆《大清会典事例》卷一三五)。皇庄与王庄两项合计626万亩，合6.26万顷，较之明代规模小些。

皇庄和王庄上的生产者主要是“包衣”(家奴)、“壮丁”和投充人这三种。他们世代被束缚在土地上，可以随土地而被主人转卖给他人，身份相当于农奴。吴振臣《宁古塔纪略》记载吉林官庄的

---

① 原东北档案馆藏奉天省公署档，民国元年十二月，转引自张博泉主编：《东北地方史稿》，第432页。

情况比较典型:“每一庄共十人,一人为庄头,九人为庄丁,非种田即随打围、烧炭,每人名下麦粮十二石,草三百束,猪一百斤,炭一百斤,石灰三百斤,芦一百束。凡家中所有,悉为官物。衙门有公费,皆取办官庄”(《中外舆地图说集成》卷一〇)。横暴严酷的农奴制经营方式不可能长期维持,乾隆以降逐步转取租佃方式(详第八章第二节),辛亥革命后皇庄才被最后废除。

顺便说及,常见有人把明清皇庄、王庄列入国家官田之列予以论述,窃以为不妥。我国古代社会由家国同构现象导致家国一体观念,皇室私财和国家公财在某些情况下也可相互转化,但两者之间毕竟是有畛域的。明清皇庄、王庄的收入全归皇室享有,和中央财政基本上没有关系,因此把皇庄、王庄认定为皇室和宗室的私产,更符合历史实际。

四、清代旗地及其性质辨析

(一)从“牛录屯田”到“计口授田”　清朝旗地含义广泛,泛指分给有旗籍者(主要是满族)的各类土地。因此上述皇庄、王庄自是旗地,八旗官员庄田、八旗兵丁屯田以及关外的流人官庄等也属旗地。

旗地起源于清朝入关以前的“牛录屯田”,又称“牛录旗地”。万历十六年(1588 年),努尔哈赤统一建州诸部,后于苏子河畔建赫图阿拉城,“定国政”。万历二十九年(1601 年),努尔哈赤把原有的村、部编为牛录(300 人),5 个牛录为一甲喇(1500 人),5 个甲喇为一固山(7500 人),即旗。共有黄、白、红、蓝四旗(3 万人)。“诸申”(即村落居民)成为牛录旗丁,他们耕种的土地就叫旗地。

村落内的土地分配、人口调查、赋课徭役等，由牛录额真及其副手屯拨什库之类管理①。万历四十一年（1613 年），“令每一牛录出男丁十人，牛四头，耕种荒地，多获谷物，充实粮库”（《满文老档》卷四）。据朝鲜李民寏说，“自奴酋及诸子下至卒胡，皆有奴婢（互相买卖）、农庄（将胡则多至五十余所），奴婢耕作以输其主。”②

天命六年（1621 年）七月，清太祖努尔哈赤进入明代辽沈地区后得到面积广大的农田，随即实行“计口授田”：

> 海州一带有田十万日③，辽阳一带有田二十万日，共三十万日，宜分给驻扎该处之军士，以免闲度……自谕之后，本年所种之粮，准其各自收获。嗣后每一男丁给地六日，以五日种粮，一日种棉，按口均分……其纳赋之法，因古人彻井遗制：每男丁三人，合耕官田一日；又每男丁二十人，以一人充兵，一人应役。④

（二）入关后八旗官兵的旗地分配 入关后，八旗兵丁的土地分配标准有所变化，大体上是一丁五垧即 30 亩的样子。顺治元年（1644 年）规定：“民间无主田地拨给八旗壮丁，每人三十亩。”顺治六年题准：“新来壮丁每名给地五垧。”⑤这五垧即 30 亩土地，被称为一个标准“壮丁地”。《广阳杂记》卷一载：“当日原圈地，每人六赏（垧），一赏六亩，共地三十六亩。如家有壮丁二名，该地七十亩，

---

① 参见刁书仁：《略论八旗土地制度形成的条件》，《北方文物》1990 年第 2 期。

② 李民寏：《建州闻见录》，辽宁大学历史系编《清初史料丛刊》第九种，第 43 页。

③ 日，或称“晌”、“垧”、“赏”，为东北女真之土地面积单位，一日约当六亩。

④ 《满文老档秘录》上编，第 22—23 页。

⑤ 乾隆《钦定八旗通志》卷六九《土田志八》。

人多者照数加增。”此段记载常被称引,似乎入关后仍旧维持了关外时期一丁六垧的分配标准。其实这里所指的是王公官员所属壮丁的分配标准,此点陈锋考之甚详[①]。当然在实际推行中,各地标准并不一致。

各地八旗驻防官员的分配标准远高于八旗兵丁,如顺治四年首次题准:“江宁驻防旗员,给园地三十垧至十垧不等;西安驻防旗员,给园地四十垧、三十五垧不等。”[②]除园地外,各级将领还可以分得两个“壮丁地”。实际上八旗将领多半突破规定,按自己实际拥有的私属壮丁的数量参与计口授田。《清世祖实录》卷一二七载,顺治十六年翰林院学士折库纳之言:“我国家初定中原,凡官属壮丁俱计丁授田,富厚有力之家得田每至数百垧;满洲披甲人或止父子,或止兄弟,或止一身,得田不过数垧。征役甚烦,授田甚少,殊为可怜。”八旗贵族显然是按私属壮丁人数占田,与北魏均田制下官僚地主可以按奴婢人数占田同出一辙。

(三)东北流人官庄　此外,东北还有流人官庄,以流徙罪犯充庄丁,垦荒生产粮食。顺治朝宁古塔“有十官庄”,将内地发遣罪犯“编入农籍,拨地责垦”[③]。到康熙年间,官庄增至 90 处(乾隆《盛京通志》卷三八)。这些官庄历嘉、道、咸、同诸朝,一直维持到清末。

(四)旗地性质辨析　旗地性质问题,不少论著将旗地归入官田一类加以论述,过细审察,方知不妥。初看之下,旗地来自国家

---

① 参见陈锋:《清代军费研究》,武汉大学出版社 1992 年版,第 28 页。
② 《八旗通志・土地志(一)》,东北师范大学出版社 1985 年影印本。
③ 徐世昌:《东三省政略》卷七,吉林文史出版社 1989 年版。

授予，旗人领受之后要向国家尽服兵役的义务，自备马匹军械；而且不准自由买卖，违禁者有轻重不等的处罚，确实类似于国有土地。续修《清会典》卷二〇载："凡旗地，禁其私典私卖者，犯令则入官。"[①]后又屡次重申八旗地产"止准卖与旗人，不准卖与民人"[②]的禁令。清廷的原意，是以土地代替薪饷，将八旗田制（旗地）作为维系八旗兵制的经济基础，因此设置之初即是"按旗分处，各有定界"（《清通典·田赋三》）。并且不隶旗者不给土地，土地只许旗人使用。但入关不久，随着按月放饷的推行，旗地即失去服役薪酬的意义，而转化为八旗官员和兵丁的私有产业。所谓"其地增丁不加，减丁不退；官员升迁不加，已故降革不退"（《乾隆户部则例》卷一〇），"将在官地亩散给旗人，永为世业"（《大清会典事例》卷一一一八）之类规定，以及当时文献中把旗地称为"世业"、"恒产"，把旗地拥有者称为"世主"、"业主"，均反映出旗地的私有性质。因此和均田制下一样，禁止土地买卖的禁令一开始就是留有余地的，所谓"不许越旗交易"，就是可以在本旗内买卖；所谓"不准卖与民人"，就是允许卖给旗人。

更重要的是，八旗官员和兵丁或因人口繁衍而入不敷出，或因奴仆逃亡而旗地抛荒，因此典卖旗地的事从一开始就所在多有，而且愈演愈烈。乾隆四年（1739 年）民典旗地已达数百万亩，买入旗地的汉族百姓至数十万户（嘉庆《大清会典事例》卷一二五）。乾隆

① 《清会典》卷二〇《户部》，万有文库本，第 3 册，第 213 页下。

② 《清会典》卷二〇《户部》，万有文库本，第 3 册，第 214 页上。《清文献通考》卷五《田赋（五）·八旗田制》雍正九年（1731 年）条有类似记载："令官员、兵丁地亩，不许越旗交易；其兵丁本身种地，不许全卖。"

十年,御史赫泰奏称:"旗地之在民者,十之五六矣。"[1]关外旗地同样是"(旗人)原有产业半皆转相典售",以致"租赋册簿仍属旧名",而"地在典户手中"[2]。可见在实际生活中,无论关内关外旗地不仅可以作为世业传之子孙(继承权),而且的确处在流通过程之中(买卖权),只是卖于外旗或汉族百姓时,需将卖契写为典契,以绕过法律条文的限制而已。1739 年乾隆皇帝对户部说:"朕思我朝定鼎之初,将近京地亩圈给旗人,在当日为八旗生计,有不得不然之势。其时旗人所得地亩,原足以资养赡而无缺乏。嗣因八旗生齿日繁,恒产渐少;旗人又或因事急需,必不得已,将地亩渐次典与民人为业。虽民人不许私行典买旗地,向有成例,但历年久远,辗转相售,已成民产。"[3]到乾隆三十五年(1770 年),干脆承认此前假卖为典的事实,"凡从前典契,……令改典为卖"(《总管内务府现行则例·会计司》卷四)。因此旗地从总体上看应该说基本具备了私有性质。

(五)清廷旗地回赎政策的失败　卖地之后,八旗兵丁不仅无力自备马匹、军械,而且无法维持家庭生计,直接影响清政府的统治。所以雍正、乾隆时执行旗地回赎政策,即对"典卖与民"的旗地和"老圈旗地",由清廷付给原买主一定地价,强制取赎。从乾隆十年到二十五年(1745—1760 年),前后四次大规模回赎旗人私典旗

---

① 《清经世文编》卷三五载赫泰《复原产筹新垦疏》,中华书局影印本,中册,第 869 页上。

② 《东三省政略》卷八《旗务》。

③ 《清高宗实录》卷一〇四,乾隆四年十一月纪事。

地3.9万余顷(《清续文献通考·田赋七》),再让卖地业主交纳一定地价于官府后,即可领回耕种[①]。回赎政策执行的结果却如当时孙家淦所说:

> 查贫乏兵丁,不止无从措价;假使措置,亦不能多。所买不过数十亩至一二百亩而止。身在京城,不能自种,有限之地,不可以设庄头。差人讨租,往返盘费,所得租银,随手化消,实无管业之方。虽立法以均之,终至尽归富户,此必然之势也。[②]

由于八旗兵丁无力支付官府地价,纵使回买少量土地,自己并不亲自耕种,设庄不够资格,出租又因旗人远在京城而所得无几。因此清廷为赎地糜费大量经费,其结果却不如人愿。于是改变政策,已经回赎的旗地不再回卖旗人,而是由政府出租经营。这就是"八旗公产"(详本章第四节)。

第二节　绅权的扩张及其削弱:明清大地产性质的部分嬗变

一、明代地权转移中的暴力因素

皇庄、王庄还有勋戚、宦官的赐乞庄田是明清时期最为腐朽的大土地所有制形式,但是构成当时大地产之主体的,还是数量更为

---

① 参见乌廷玉:《中国历代土地制度史纲》下册,第298页。

② 《清经世文编》卷三五载孙家淦《八旗公产疏》,中华书局影印本,中册,第875页下。

庞大的官僚缙绅地主。广义的缙绅地主由各级现任官僚、致仕乡居官僚（通称乡官）和虽未出仕但具有功名（如生员、贡生、监生、举人、进士）的乡绅这三大部分组成。他们在政治上拥有“官爵功名”，致仕还乡后仍旧权势炙人。除了政治特权外，他们还享有依照品级免除徭役和部分税粮的待遇。明洪武十五年（1392 年）规定：“自今百司现任官员之家，有田土者，输租税外悉免其徭役，著为令”（《明太祖实录》卷一一一）。嘉靖二十四年（1545 年）规定：京官一品免粮 30 石、人 30 丁，依次递减至九品官免粮 6 石、人 6 丁。地方官则按品级各减京官一半，有功名的散官、监生、举人亦可免粮 2 石、人 2 丁[①]。正德、嘉靖之际，随着内阁权力的扩大，官僚缙绅地主势力大为扩展，有人说致仕乡官之权势甚至“大于守令，莫敢谁何”。他们是明代地主阶级的当权派，是兼并土地的主要力量；而其兼并方式，则以强取豪夺为主。明人王邦直说：

> 官豪势要之家，其堂宇连云，楼阁冲霄，多夺民之居以为居也；其田连阡陌，地尽膏腴，多夺民之田以为田也。至于子弟恃气凌人，受奸人之投献，山林湖泺夺民利而不敢言。当此之时，天下财货，皆聚于势豪之家。[②]

史籍中此类材料俯拾皆是，如明中叶浙江富阳地主俞克明“既宦而贪，家有田，与他人塍相连，每岁令人侵其畔，乡人苦之”[③]。江苏吴县缙绅盛明卿指使爪牙，伪立契券，在县衙支持下霸占张木

---

① 万历《大明会典》卷二〇《户口二》。

② 《明经世文编》卷二五一，王邦直《陈愚衷以恤民穷以隆圣治事》。

③ 《全浙诗话》卷三六引《客座新闻》。

匠地数十亩，并逼死田主[①]。正德年间的大学士梁储之子梁次摅在原籍广东顺德为争百余顷民田而杀害200余人(《明史·梁储传》)。更有不少农户迫于重赋繁役，或者卖田避役，"卖者急于鬻，而买者故抑之，往往以重为轻，苟图速售。"[②]或者"籍其产于士大夫，宁以身为佣佃而输之租，用避大役，名曰投献"[③]。大量耕地因此而迅速集中到缙绅地主手中。清人赵翼在《廿二史札记》卷三十四中有《明乡官虐民之害》一条，专列缙绅地主恃势侵夺小民田土之事例，并说："前明一代风气，不特地方有司私派横征，民不堪命；而缙绅居乡者，亦多倚势恃强，视细民为弱肉，上下相护，民无所控诉也。"清初《明史·食货志》的作者，也承认明代"中叶以后，庄田侵夺民业，与国相始终"。明代虽有"田宅无分界，人人得以自买自卖"的说法，但是显而易见，以势占田的现象较之宋代明显上升了，这不能不说是金元以来周边各族入主中原所打下的烙印[④]。

需要强调的是，这种烙印在内地之所以起作用并消退缓慢，则是遇到专制主义中央集权的极度强化这个历史环境的缘故。换言之，明代绅权的扩张，主要是专制皇权发展到登峰造极地步的产物。明人王士性说："缙绅家非世奕叶科第，富贵难于长守"(《广志绎》卷四)。反过来说，长守富贵的一个必要条件是世守官品爵位。这反映出绅权支配下的大土地所有制，的确具有很强的特权性质。

---

① 张晦用：《风世类编》卷二。

② 王义祯：《操瑟迁谭》卷上《嘉兴府及海盐县廉吏序》。

③ 《海瑞集》卷下，附录黄秉石《海忠介公传》，中华书局1981年版。

④ 关于金元带有农奴制色彩的隶属制度给中原土地所有制关系带来的种种影响，吾师赵俪生在《中国土地制度史·论要编》第八章《金元两朝对中原土地关系所作出的变动》中述之甚详。见该书第134—151页。

二、清代绅权的衰削和庶民地主的成长

在明末农民战争、清初圈地以及雍正年间的江南奏销案中（详见第十三章第二节），明代缙绅地主连续遭受严重打击，乡村中绅权有所低落。但清初四十年统一战争结束后，随着社会经济的逐步恢复，时隔不久又形成了新的官僚缙绅集团。其中满族官僚地主按品级享有旗地并用壮丁、包衣耕作，已如上述。毫无疑问，这同样是满族固有的农奴制因素在内地的移植。随着时间的推移，一方面，旗地农奴制经营方式逐步向租佃制转化；另一方面由于商品经济的繁盛和土地买卖自由度的增加，特别是清廷一再严厉限制缙绅地主优免赋役、诡寄地亩、包揽钱粮等特权，满汉官僚地主通过土地买卖来积累土地财产的事例增多了，反映出地权转移中的暴力色彩有所减退。康熙年间刑部尚书徐乾学"买慕天颜无锡田一万顷"（《东华录》康熙朝卷四四）。雍正年间，直隶总督李卫在原籍砀山有田 4 万多亩（《清乾隆实录》卷七三八）。嘉庆四年（1799 年）抄没大学士和珅家产，内有田产 80 万亩（薛福成：《庸庵笔记》卷三）。官僚地主的地产规模仍旧十分庞大。

地方上的举贡生员在土地兼并上亦不稍让，缙绅地主享有优免徭役的特权，乃是他们在土地兼并上捷足先登的主要原因。如湖南祁阳的何北辰、张大山"当明季小民苦赋役，各以田寄廪贡名下，张田约万五六千余亩，何田三万四五千余亩，家产各数万金"[①]。根

① 李馥：《祁阳县志》卷一〇《货殖志》。

据李文治的研究，清代缙绅地主的特点之一，是财富积累快，占地规模大；而且官爵越大，收入越多，土地增殖率就越高[①]。这说明以缙绅地主为代表的明清封建大土地所有制仍然具有特权性质。其离“自由地产”的距离，较之宋代如果没有扩大的话，至少也没有缩小。

清代大土地所有制的另一个变化是庶民地主（含商人地主）的势力有所发展。自雍正摊丁入亩推行之后，缙绅地主不再像以前那么容易转嫁规避赋役负担了，农村庶民地主和城市商人地主赔纳赋役的顾虑得以消除，他们购买土地的愿望较之以前更加强烈。而经济作物种植面积的增长和粮食商品化的扩大则提高了土地收益，进一步刺激了人们追求土地的欲望。加之人口繁衍，人均耕地面积直线下降（详本章第五节），这一切刺激了地价上涨，土地成为各项生产要素中的紧缺资源。地主、商人或通过高利贷，或乘灾荒饥馑之机，竞相兼并小农土地。在农民战争和清初统一战争没有波及的地区，土地占有关系较少得到调整，兼并势头出现得较早、较猛。其他地区，到雍正乾隆年间，土地权集中速率也明显加快[②]。

乾隆十三年（1748 年）杨锡绂奏称：“近日田之归于富户者，大约十之五六，旧时有田之人，今俱为佃耕之户。”[③]洪亮吉说：“又况有兼并之家，一人据百人之屋，一户兼百户之田。”[④]钱维诚说：“一家而有数千百家之产，则以一家而致失业者数千百家也。”[⑤]从这

① 李文治：《论清代时期的土地所有制关系》，《历史研究》1963 年第 5 期。

② 戴逸主编：《简明清史》第二册，人民出版社 1984 年版，第 327—342 页。

③ 《清经世文编》卷三九《陈明米贵之由疏》，中册，第 958 页上。

④ 《卷施阁文》（甲集）卷一《意言·治平篇》。

⑤ 《清经世文编》卷一一，载钱维诚《养民论》，上册，第 280 页上。

些言论中可见贫富分化和土地兼并的激烈。据李文治的研究,在清代前期,“庄田旗地地主逐渐衰落;缙绅地主虽仍然占着优势地位,对明代而言已度过他们的极盛时代;商人地主逐渐增多;非绅非商的庶民地主有所发展。”[①]所见甚是。方行指出,明清时期拥有货币财富的商人羡慕“不忧水火,不忧盗贼”的土地财产,使自己的商业利润和高利贷利息转化为地租;地主希冀货币财产而经商放债,使地租转化利润和利息。这样,地产、商业资本和高利贷资本互相转化,地主、商人和高利贷者成为“通家”,这就逐渐形成了“三位一体”的剥削体系[②]。

三、清中叶土地买卖渠道的进一步畅通和地权流转频率的提高

前述宋代土地买卖限令中的宗法原则,在清初仍在起作用,表现为宗亲和邻里有优先购买权。这种习俗的广泛存在,在一定程度上妨碍了地权的流通,与庶民地主的兴起、商品经济的兴盛等极不适应。雍正三年(1725 年),河南巡抚田文镜率先宣布废除这种习俗,“嗣后不论何人许买,有出价者即系售主”(《抚豫宣化录》卷四)。五年后,清廷规定,如有人土地已经绝卖,仍旧“执产动归原先尽亲邻之说,借端掯勒希图短价者,俱照不应重律治罪”(光绪《大清会典事例》卷七五五)。这就从法律上否定了亲邻优先权的合法性。此后,土地转移频率有所加快。如山东栖霞县,在康熙后

---

① 李文治:《论清代前期的土地所有制关系》,《历史研究》1963 年第 5 期。

② 《中国资本主义的萌芽》,第 688 页。

期，“土地则屡易其主，耕种不时”（康熙《栖霞县志·序》）。大约同时，福建安溪李光坡说：“人之贫富不定，则田之去来无常。”[①]雍正十二年（1734 年），河东总督王士俊奏：“地亩之授受不常”（《东华录》雍正朝卷一二）。嘉道之际，钱泳说：“俗语云：百年田地转三家。言百年之内，兴废无常，必有转售其田至于三家也。今则不然，农民日惰，而田地日荒，十年之间已易数主”（钱泳：《履园丛话》卷四）。

第三节　明清小土地所有制的短暂繁盛及其再度萎缩

一、明代小农经济的成长途径

（一）明前期的垦荒小农及其比重　元末明初战乱之后，人民大量死亡流徙，全国簿载户口只有 161 万余户，到处荒地弥望，这为小土地所有制的恢复和生长提供了条件。为了尽快恢复农业生产，明初鼓励农民占田垦荒，“许民垦辟为己业”，并把狭乡之民移往宽乡就垦，“以所种田为己田”（《续文献通考·田赋二》）。洪武五年（1372 年）五月诏令：“天下四方既定，流民各归乡里，其间有丁少田多者，不许仍前占据他人之业；若有丁众田少者，许于附近荒田内，官为验其丁力，给与耕种”（《太祖实录》卷七三）。北方州县近城之地“召民耕，人给十五亩，蔬地二亩，免租三年，有余力者

---

① 《清经世文编》卷三〇载李光坡《答曾邑侯问丁米均派书》，下册，第 742 页下。

不限顷亩”(《续文献通考·田赋二》)。梁方仲据《明太祖实录》统计，洪武一朝总共垦地达180万顷[①]，占洪武二十四年(1391年)民田总数387万余顷的46％。明初的政策是：“不问何处，惟犁到熟田，方许为主，但是荒田俱系在官之数”(《续通典·食货三》)。因此这180万顷中的大部分当属自耕农开垦的土地。若加上非垦区的自耕农土地，其比例极有可能达到总耕地面积的60％以上。

(二)明中叶小农经济的萎缩及其在局部地区的复苏和再生

正德(1506—1521年)以降，官僚缙绅“竞营产谋利”，地权集中速率明显加快。在沉重的赋役负担和疯狂的土地兼并之双重夹击下，破产小农大量逃亡，流民问题日形严重。“迨至宣德、正统、天顺、成化年间，民困财竭，一遇大荒，流移过半”[②]，反映出小土地所有制的急剧萎缩。

明中叶流民的一个主要去向是地广人稀的开发中地区。早在元末，荆襄地区即是北琐红军和南琐红军的根据地，明初朱元璋“命邓愈以大兵剿除之，空其地，禁流民不得入”[③]。荆襄地处鄂、豫、陕、川四省交界之处，北接秦岭，南邻大巴山，东有熊耳山，中有武当山、荆山，汉水及其支流贯穿其间，“皆深山大箐，穷谷茂林，其中土地肥美，物产丰饶”[④]，于是成为无地流民的天然聚居地。据

---

① 《中国历代户口、田地、田赋统计》，第331页，乙表28。
② 《明经世文编》卷六三载马文升《抚流移以正版籍疏》。
③ 《鸿猷录》卷一一《开设郧阳》。
④ 《明经世文编》卷六一载余子俊《地方事》，中华书局影印本。

《宪宗实录》，至成化四年（1468 年），“四方流民屯聚荆襄者，已二三十万”。流民大多来自陕西、两湖、江西、江苏、四川、山东等人多地少之处。樊树志指出，这反映了已开发地区相对过剩的农业人口必然向开发中地区和未开发地区流动的客观规律[①]。大批无地可耕的流民在荆襄及其邻近地区开荒屯种，搭棚居住，故时称“棚民”[②]。垦荒棚民既找到了赖以谋生的土地，又暂时逃脱了沉重的赋役负担，一时四方云集，人口激增。据成化七年（1471 年）项忠所言，当时“‘流贼’啸聚山谷百五十余万”[③]，较之三年前激增 5 倍。

明廷起初采取强制遣散政策，在天顺八年（1464 年）和成化六年（1470 年）两次激起大规模的流民起义。起义被镇压后，无地流民复归荆襄地区垦荒谋生。成化十二年（1476 年）明廷采纳了原杰、周洪谟的建议，“听其附籍，而设州县以抚之。置官吏，编里甲，宽徭役，使安生理”[④]。上百万的流民在当地陆续附籍，当年设立郧阳府，以郧县为府治，辖郧县、竹山、竹溪、上津、郧西、房县、保康七县之地。原先大批流民成为“纳粮当差”的自耕农。明中叶以降，荆襄地区的开发和小土地所有制的有限发展，显然是几代农民前赴后继，用生命、鲜血和汗水换来的。

而在江南地区，据吕景琳先生的研究，明代中后期江南商品经济的繁荣，一方面加速了自耕农的分化，另一方面又在很大程度上

---

① 樊树志：《中国封建土地关系发展史》，第 442 页。

② 《三省边防备览》卷一二《策略》。

③ 《明经世文编》卷四六载项忠《抚流民疏》。

④ 嘉庆《郧阳志》卷一《地理·风俗》。

增加了自耕农经济抵御压力支撑危局的力量。因此尽管当时江南的土地占有关系极为紧张，但自耕农依然是一个有能量的阶层[①]。

二、清代小农经济的三种类型：垦荒小农、更名地小农和买地小农

明末清初，长达半个多世纪的战争，又一次造成人户锐减，耕地荒废，为小土地所有制的恢复提供了条件。这首先表现在垦荒小农的增多上。从顺治六年(1649 年)起，清廷反复下令各地广招流民开垦荒地，政府不仅承认垦荒者的土地所有权，而且头五年免税。只是当时统一战争尚在进行，加之招徕无资、科差太急等原因，垦荒效果不佳。据彭雨新先生的统计，顺治十四年至十八年(1657—1661 年)垦荒 33180 余顷[②]。陈锋统计额稍多，也只有 5.8 万余顷[③]。康熙十二年(1673 年)将垦荒小农的免税期延展至十年；平定三藩之乱后，政府又向垦户发放银两、借贷牛种，垦荒速度明显加快。“湖广民人往四川开垦”，“山东民人往口外种地”，均有数十万人(《清文献通考·田赋二》)。至康熙五十六年(1717 年)，总共垦荒 437934 顷[④]。虽说不到明初垦荒面积的四分之一，但是由于清初旧的地主豪强势力已被打倒，新的地主势力的崛起尚有一个过程，因此至少在荒地较多的山东、四川、湖广等地自耕农还

① 吕景琳：《明代自耕农简论》，《江海学刊》1993 年第 6 期。

② 彭雨新：《清代土地开垦史》，农业出版社 1992 年版，第 32 页。

③ 陈锋：《清代军费研究》，第 311—312 页。

④ 乌廷玉据《清实录》统计，见《中国历代土地制度史纲》下册，第 246 页。

是比较多的。像清初湖南永州府，“其民皆由乱定招徕而至，垦辟荒土，久而富饶，人皆世农，不言他事”[①]。这种自耕农社会，在饱经战祸、残破特甚的地方，为数不少[②]。

清代自耕农阶层的又一个渊源是“更名地”小农。清朝初年，明代藩王庄田部分已被佃农占耕，部分抛荒。康熙初年曾下令将此项土地“分荒孰(熟)田地，酌量变价”出卖(《清圣祖实录》卷二八)，但遭到原佃户的抵制。康熙八年(1669 年)，清廷被迫改变政策，将之无偿给予原耕种者作为“世业”：“将前明废藩田产给予原种之人，改为民产，号为更名地，永为世业……与民田一例输粮，免收租银”(《清通典·田制一》)。此前已经收取的部分小农的地价，“许抵次年正赋”；尚在抛荒之中的“招民开垦”，“按亩承粮”(《清圣祖实录》卷三二、卷二四)。据《光绪大清会典》卷一七统计，仅陕西、山西、河南、湖北、湖南五省合计，就有更名地 16.9 万余顷。如再算上数字未详的山东、江西、四川等处的更名地，汪士信估计总数当超过 20 万顷[③]。至此，明代的王庄佃农，正式取得了所种土地的所有权，成为清初自耕农的又一个组成部分。

此外，也有一些通过买地而成为自耕农的情况，这可名之为“买地小农”。清初地价比较低廉，顺治初年江南每亩值银二三两，康熙初年渐增至四五两。李文治利用清初刑档抄卡，统计了康熙至嘉庆四朝(1673—1820 年)涉及土地买卖的案卷共 561 件，其中

---

① 道光《永州府志》卷五《风俗志》。

② 参见江太新：《清初垦荒政策及地权分配情况的考察》，《历史研究》1982 年第 5 期。

③ 《中国资本主义的萌芽》，第 52 页。

一次买地在20亩以上的只有73件,其余488件均在20亩以下。李文治认为:“这类小面积土地买卖主要是农民之间的相互买卖”①。由此可见买地小农的广泛存在。

和明代一样,清代也有不少“棚民”。清中叶以后,随着人口压力的增加,棚民数量激增,迁入地域亦扩大,主要分布在闽、浙、赣、湘、川、粤等沿边山区。他们大多是失去土地的贫苦农民,赤手空拳入山谋生。但与明代不同的是,其中除少量的自耕农外,大部分受佃于土著人户,成为佃农。其中也有少数租种山地数岭数沟,又转招客佃而成为佃富农者,留待下章一并介绍。

三、明清小农经济的规模及其比重

明清自耕农的最低土地占有量,在中原旱作区和江南水稻区是有差别的。在北方地区,一户自耕农的经营规模大致是在20亩上下。所谓“盖一夫一妇,大约种田五千步。五千步者,古之二十亩也”②。“上农耕田二十亩”③。江南地区因亩产量更高,大致是一户十来亩的样子。明宣德时周忱言,江苏太仓,“洪武年间,见丁授田十六亩”④。明末浙江乌程,“一夫终岁勤动,可耕拾亩。一亩米弍石亦称有年,计米弍拾石。”⑤

清代前期,大致也应是这个样子。康熙年间,据时人方苞说:

---

① 李文治:《明清时代的农业资本主义萌芽问题》,中国社会科学出版社1983年版,第117页。

② 明万历《通州志》卷二《疆域·风俗》。

③ 《清经世文编》卷三九载章谦《备荒通论上》,中册,第951页下。

④ 《明文衡》卷二七载周忱《与行在户部诸公书》。

⑤ 崇祯《乌程县志》卷三《赋役》。

“计一州一县，富绅大贾，绰有余资者不过十数家或数十家。其次中家，有田二三百亩以上者，尚可挪移措办。其余下户，有田数亩或数十亩，皆家无数日之粮，兼采樵负贩，仅能糊口。”[①]可见清前期小农土地所有制占有相当比重，但是这个比重到底有多大，现在尚无全国性的统计资料可供利用。清初康熙、雍正年间直隶获鹿县载有农户土地占有状况的《编审册》，是现存的少数几份有确凿数据可供定量分析的资料之一，海内外学者多所称引，弥足珍视。现据江太新提供的数据[②]分类整理如下：

表 4—1　康熙四十五年(1706 年)直隶获鹿县二十五甲各类农户占地状况统计表

序号	类别	户数	比例(%)	土地亩数	比例(%)	每户平均(亩)
1	赤贫户(无地户、不足一亩之户)	1441	21.8	120.9	0.1	
2	贫困户(1—10 亩户)	2256	34.3	11950.0	12.2	
3	自耕农(10—40 亩户)	2515	38.2	49041.6	50.0	
4	富裕自耕农(40—80 亩户)	262	4.0	14015.8	14.3	
5	中小地主(80—200 亩户)	76	1.2	9293.4	9.5	
6	大地主(200 亩户以上)	31	0.5	13696.4	14.0	
	合计	6581	100	98118.1	100	15

以上六类，可以合并为三大类。10 亩以下的赤贫户和贫困户，共占总户数的 56%，只拥有总耕地的 12%，仅靠自有土地无法谋生，其中绝大部分当属佃农。有地 10 亩到 80 亩的自耕农和富裕自耕

① 方苞:《方望溪全集·集外文》卷一《请定征银两之期札子》。

② 《编审册》原件藏北京档案馆。江太新:《清初垦荒政策及清前期地权分配情况的考察》,《历史研究》1982 年第 5 期。

农占总户数的42%,占有耕地的64%,显然是该县农村社会的基本经济成分。占地80亩以上的最后两类均属地主,占总户数的1.7%,占有耕地百分之23.4%。

还是这个获鹿县,据三社四甲的统计资料,从康熙四十五年(1706年)到乾隆元年(1736年),30年间10亩以下的赤贫户和贫困户占总户数的比例从56%上升到61%,拥有耕地的比例从12%下降到11%。占地10至80亩的自耕农占总户数的比例从42%下降到37%,所占耕地比例从64%下降到56%。而占地80亩以上的地主占总户数的比例则从1.7%上升到2%,所占耕地比重也有所上升①。反映小土地所有制的逐步萎缩和大土地所有制的逐步膨胀。但截至此时,小土地所有制仍然占据着统治地位,这可看作是清初北方地区大致情况的反映。

南方以安徽休宁县为例。据中国社会科学院经济研究所藏《休宁县三都十二图(上)编审册》,康熙五十五年(1676年)该县的土地占有状况如下表②:

表4—2　清初安徽休宁县各类农户土地占有状况统计表

序号	类别	户口		土地	
		户数	比例(%)	亩数	比例(%)
1	无地户	11	4.7		
2	不足一亩	58	24.9	24.7	2.4
3	1—5亩	83	35.6	221.5	19.5
4	5—10亩	39	16.7	273.1	24.1

① 此处数据依据前引江太新《清初垦荒政策及清前期地权分配情况的考察》一文。

② 前引江太新《清初垦荒政策及清前期地权分配情况的考察》一文。

续表

5	10—15 亩	29	12.4	351.8	31.0
6	15—20 亩	7	3.0	117.6	10.4
7	20—25 亩	4	1.7	85.3	7.5
8	25—30 亩	2	0.9	57.5	5.1
	合计	233	100.0	1131.5	100.0

以上八类总共233户，耕地1131.5亩，平均每户5亩地。占地最多也只20—30亩，一共6户，可算上等农户，其余227户占地全在20亩以下。其中占地5—15亩者可以视为自耕农阶层，他们占户数的约30%，却占有约55%的耕地。可见这里还是一个自耕农社会。当然，这并不排斥占地1亩以下户和无地户（共69户，占总户数的29.6%）在外村佃种。石奇、方卓芬认为，从全国来看，清前期自耕农占有全国耕地的40%—50%，到乾嘉之世，这个比例下降到30%左右，即地主占有全部耕地的70%左右[①]。

四、从李调元的《卖田说》看清中叶自耕农的破产原因

乾隆年间，四川罗江人李调元的《卖田说》[②]记述了作者乡居时与小农、佃户的一席谈话，反映出多子多福观念支配下的诸子均分继承制和官府的税役摧残是小农破产的两大原因。对于为什么中小业主乐于“卖己田，而佃人之田哉”这个问题，佃户王泽润回答是：

> 予家曾祖父以来，置田不下千亩，而蜀俗好分，生子五人，

① 《中国资本主义的萌芽》，第217—218，220页。

② 载《童山文集补遗（一）》，《丛书集成初编》本，第11516册。下引《卖田说》皆见此处，不再出注。

> 而田各二百亩矣。子又生孙五人,而田各五(四)十亩矣。孙又生孙五人,而田各十亩矣。……而十亩五分,各耕不过二亩,田之所入不敌所出,故不如卖田以佃田。

王家在四代之内(不过百年),由良田千亩的大地主,下降为中小地主、自耕农乃至半自耕农、佃农。若是占田一二百亩的中小地主在诸子均分这把利刃的切割下,一二代即可沦为自耕农或佃农。不特四川如此,全国亦然。

国家的重赋繁役加上里正乡胥的敲诈勒索,对自耕农经济的破坏更为严重。王泽润又说:

> 计十亩之田,不足以食十口之家,又称贷而益之,犹可支也。吾邑地当孔道,征徭俱按粮加派,每十(按,十为衍字)亩征银三分,每分加平三分三厘,则一钱矣。虽各家应完,犹可支也。而官府每遇大役,则按粮令乡保加派,每钱加至一两,犹可支也。每岁加派十次、二十次不等,则叠至十两、二十两矣。凡遇过差、公馆、驿马、洒水、门包、长随、书吏、衙役、夫轿,皆于是乎出。而乡约又借官私派,凡自用、置田、修屋、饮食、衣服,亦于是乎出。

附加税高于正税数倍至数十倍,再加上乡里保正的日常生活乃至买田盖房皆取自小农阶层,于是卖田以避税役就成了中小业主的唯一出路。据王泽润说,如果卖去田产,

> 计值每亩五十千缗,十亩可得五百千缗,可作压佃。每五千缗可压田一亩,五百千缗可压田一百亩。既足食,以免家室之饥寒;又无粮,以免官役之追呼。业主虽与平分,佃者尚余

小半。终岁勤劳，撙节之外，积储粟豆花布；茅屋之中，畜养鸡鸭猪犬。冠婚丧祭，量力为之；稍有余财，买牛生犊。奚为而不乐也。

相比之下，佃农经济反而相对稳定。一则，卖田之资可充压佃之本；二则，既付押租，则佃期肯定较长；三则，可以免去税役重负、胥吏追呼，而让业主与官府去打交道。两害相较取其轻，于是不少小农情愿卖掉田产去当佃农。正如傅衣凌所说：明清时代“农家经济是长期负债的，佃耕者不用说，就是小自耕农们也朝不保夕，日趋没落。农民的大量流亡，是明清农村社会一个突出的现象，形成农民与地主之间的深刻矛盾，时在酝酿并准备着各种形式的斗争”。①

李调元听了佃户王泽润的一席话后说：“既有此乐，则予亦将卖田佃田矣。”王佃户回答：“是又不然。君尝为达官，有直声，官犹待以礼也。租有家丁代完，粮差不敢追也。又例免差徭，里正不敢及门也。所冀者，须世世子孙读书做官耳，若一日无官，诚恐亦与我辈等也。”

缙绅地主具有免役特权，粮差、里正不敢追呼勒索，只要完纳税粮，即能平安无事，其中多数还能勾结官府规避税役，因此他们兼并土地，以租佃方式经营是有大利可图的。这说明直至清朝中叶，仍然是“只有贵，才能富”的逻辑在起作用。我国土地所有制关系的封建特质，于此得到充分体现。

---

① 傅依凌：《明清封建土地所有制论纲》，上海人民出版社 1992 年版，第 97 页。

第四节　明清官田比重的变动及其向私田的转化

一、明清官田比重的重估

明朝由于继承了元代的官田遗产,所以官田比重较宋代为大。据弘治《大明会典》卷一七《户部·田土》的数字,弘治十五年(1502年),全国簿载耕地为422.8万余顷,其中官田59.84万余顷,占14.2%,但此后再趋缩减。

在明初,官田主要是指宋元时期的入官田地,此即“古额官田”。此后又有“还官田”(宗室、功臣的赐田,因夺爵、绝嗣或超过限额等原因而还给国家者)、“没官田”(因触犯法令、籍没家产等各种原因而由官府没收的田产)、“断入官田”(民间夺产争讼,产权不明,由官府断为官田者)以及“草场”、“苜蓿地”、“屯田”、“庄田”、“学田”、“职田”、“边臣养廉田”等名目(参《明史·食货志》)。其中江南地区的没官田是徒有官田之名,其实仍是民田,只是赋额特重而已(详下)。若扣除江南地区应天、苏州、松江、常州、镇江五府官田17.7万余顷[①],则官田只有42.1万余顷。但此数不含屯田,嘉靖年间全国屯田尚有64万余顷,两项合计超过100万顷,约占明中叶全部耕地面积的1/5。较之宋代,增幅惊人。

---

① 此五府官田数据前引梁方仲:《中国历代户口、田地、田赋统计》,乙表40,第351页所载合计而得,尾数未计。

清代官田，据孙毓棠、张寄谦的统计，雍正二年(1724年)，官田、旗地与屯田合计约54万顷，约占当时全部耕地面积的7.4%[①]。其中皇庄、王庄实际上是清朝皇室和贵族的私产、世业，已如前述。清代官田，主要是屯田。此外还有少量学田和回赎旗地之后所设的八旗公产。屯田在雍正二年(1724年)、乾隆三十一年(1766年)均是39万余顷；学田从雍正二年的3886顷上升到乾隆十八年(1753年)的11586顷；八旗公产至清末仍近4万顷[②]。三项合计45万余顷，数量不及明代的一半。这本身就是国家官田不断衰削的一个反映。

二、多样化的屯田形式及其向民田的转化

明清屯田有军屯、民屯、商屯、回屯、犯屯、旗屯等多种形式，但构成屯田之主体的，仍是军屯与民屯。

(一)颇具成效的军屯　洪武年间，太祖朱元璋多次下令籍民为军，按卫所编制，在边境和驻防之地屯田戍守，所以又称“卫所屯田”。成祖朱棣一再重申官给牛具、免收子粒等优惠条件，故至永乐年间(1403—1424年)，卫所屯田臻于极盛。据《明实录》所载，这20年间全国屯田所获粮食少者一年五六百万石，有十个年份超过1000万石。洪武、永乐之际，卫所屯田在90万顷上下[③]。

---

① 孙毓棠等:《清代垦田与丁口的记录》,《清史论丛》1979年第1期。

② 屯田、学田数引自梁方仲:《中国历代户口、田地、田赋统计》,乙表84、乙表85,第420页、422页。八旗公产据光绪《畿辅通志》。

③ 傅维麟:《明书》卷六七《土田志》载,洪武三十六年(1403年)为90.33万顷。据万历《大明会典》卷一八《户部·屯田》载,永乐时为893194顷,两数接近。

宣德、正统以降,屯田弊端丛生。到嘉靖四十一年(1562年),屯田面积锐减三分之一,只剩64万余顷[①],其原因一是官府任意调遣军士承担杂役,妨碍屯垦,屯军负担过重,所以弘治以后,屯军大量逃亡,卫所制度日趋弛解。二是军官将校乘机侵占屯田,作为弥补俸禄不足的一种手段。早在宣德六年(1431年)正月据参谋固原所说:“今卫所腴田,皆为官豪之家所扰。屯军所种多是沙地,以致子粒多歉”(《宣德实录》)。正统以后,蒙古也先部不断骚扰北方边境,卫所制度受到冲击,当地官员、将校乘机“将口外附近各城堡膏腴田地占作庄田……每岁役使军夫耕种,收利肥己”[②]。至明中叶据马文升说,约有一半屯田已成私田:“不知始自何年,屯田政废,册籍无存,上下因循,无官查考,以致卫所官旗、势豪、军民侵占盗卖,十去其五六,屯田有名无实”[③]。三是屯军典卖份地。正统二年(1437年)下令屯军正粮不再入仓,只需交纳6石余粮,于是屯军视屯田如私产,私相典卖。正如清初孙承泽《春明梦余录》卷三六所说:“今免其交盘,则正粮为应得之物,屯产亦遂为固有之私,典卖迭出,顽钝丛生,不可收拾。”

清朝初年,清廷裁撤卫所,把原先的卫所屯田并入州县。又调整屯地的赋税科则,实行屯丁银摊入地粮,使明代以来军户和民户、军地和民地之间的差异,事实上趋向泯灭。但承担漕运任务的64个卫所得以保留,这些卫所共有屯田七八万顷的样子[④]。

---

① 万历《大明会典》卷一八《户部·屯田》。

② 《明经世文编》卷三八商辂《边务疏》。

③ 《明经世文编》卷六三马文升《请屯田以复旧制疏》。

④ 参见郭松之:《清朝政府对明军屯田的处置和屯地的民地化》,载《社会科学辑刊》1986年第4期。

但是清朝仍有屯田之设。清军入关伊始，清廷即定《荒地屯种例》："每佐领拨壮丁十名，牛四头，于旷土屯田"(《清文献通考・田赋十》)，但局限于明代卫所屯区。康熙六年(1667年)，为了安置携家带口的大批降兵，采纳湖广道御史萧震的建议："每投诚若干兵，应给荒田若干亩，岁省饷银若干两，行之三年，照田起科，是既省饷而又增赋"(《清圣祖实录》卷二二)。自此，军屯发展到湖广、四川、贵州等省。

从康熙中期至乾隆中期，清廷与准噶尔部多次构兵，西北地区的屯田由是而起。先自哈密办起，逐渐向西推进，直至伊犁、塔城。康熙五十四年(1715年)，拨土默特兵1000人，在新疆察罕、托辉、扎卜罕河、特斯河一带驻军地区屯田(嘉庆《大清会典事例》卷一五一)。雍正末年，柳林湖、毛目城、三清湾等地屯田16.3万余亩[①]。乾隆二十四年(1759年)平定准部后，屯田全面展开。在巴里坤、济尔玛台、济木萨、乌鲁木齐、罗克伦、玛纳斯、安济哈雅、精河、伊犁等地均有屯田区设置(光绪《大清会典事例》卷一七八)。据庄吉发统计，当时屯田兵丁增至1.7万余名，平均每名种地15—20亩不等，合计垦田约30余万亩[②]。

从总体上看，兵屯效果良好。乾隆二十六年(1761年)军机大臣奏称：伊犁回部军兵"共一万七千余名，所需粮食料豆八万二千八百余石，俱于屯田支给"。[③] 对此，林显恩给予高度评价："在广义方面，新疆垦务之进行，不仅增加农业生产，军粮足，省民费。且

① 彭雨新：《清代土地开垦史》，第203页。

② 庄吉发：《清高宗十全武功研究》，(台湾)《故宫丛刊》1982年版，第59页。

③ 《平定准噶尔方略》续编卷一五，乾隆二十六年十二月丙寅条。

对于巩固国防，加强边备；平衡土地开发，平均人口发展；国家财政，人民收入；发展交通，繁荣经济；民族融合，文化交流等均有相当的贡献。”①

在东北地区，为反击入侵雅克萨等地的沙俄势力，清朝在黑龙江流域的八旗驻防兵丁与日俱增。为解决军需供应，遂划拨土地让驻军开垦。到康熙末年（1721—1722年），兵丁及其家属垦地125879垧②，约合75.5万余亩，成效巨大。与此同时，清廷又在黑龙江要地设19个驿站，拨壮丁屯田。雍正时，驿站屯田7098垧，约合4.25万余亩（据《八旗通志》卷七三、卷七一合计）。据《东三省政略》卷三的记载，到乾隆年间，包括军屯、驿站屯田和流人官庄（详下）在内的“实在”旗地（即实际垦种的旗地），仅黑龙江地区已达172719（垧），合10万余顷。这对加速东北地区的开发及其内地化过程无疑具有积极意义。

（二）从内地向边疆扩展的民屯　以军事部落的形式，调发罪犯屯垦、招募流民垦荒等，均为民屯。《明史·食货志》说：“其制：移民就宽乡，或招募或罪徙者为民屯，皆领之有司。”洪武年间迁徙山后民1.7万余户屯北平；令罪当戍两广者，悉发临濠屯田；宥杂犯以下及官犯私罪者，谪凤阳输作屯种；徙山西及真定民无产者，屯田凤阳等。当时在河南、山东、河北、陕西、山西等地都有民屯。民屯兴盛的主要条件是大量无主荒地的存在，故至明中叶即趋衰落，其因盖在于土地私有制的发展·特别是大土地所有制的膨胀。

---

① 林显恩：《清代乾隆年间新疆垦务之研究》，（台湾）《政治大学学报》第24期，第219页。

② 鄂尔泰：《八旗通志》初集卷一八、卷二一《土田志》。

清代民屯由地方官招徕民户进行屯垦，时称“户屯”。乾隆初年京郊井田试验失败后，固安、新城、霸州、永清等县的井田改为屯田，每户给田 125 亩，每年交租 12.5 石，租额每亩 1 斗。为了解决旗人生计问题，此后又在通州、昌平、三河，武清、滦州、清苑、任丘、玉田等 28 县设置屯田，先后安置屯民 1264 户。但其效果不佳，“遣赴屯庄之人，力田谋生者甚少，并有冒领官地官银，任意化销，逃回京城者”[1]。

乾隆中期以后，清廷采取招徕民户、资助盘费，分给土地、赏给农具籽种等优惠政策，在西北地区大力发展民屯。据徐伯夫的统计，截至乾隆四十年（1775 年），新疆乌鲁木齐当地民屯人数为 7.2 万余人，屯田面积为 27.82 万余亩[2]。据彭雨新的统计，截至乾隆三十七年（1772 年），乌鲁木齐等地的民屯面积已超过 30 万亩，乾隆四十八年达 46 万余亩，乾隆五十三年达 90 余万亩[3]，增长速度惊人。

（三）商屯、旗屯、回屯和犯屯　所谓商屯是由商人在边地出资雇人垦荒屯种而成，始于明代。为充实边地军需，洪武三年（1370 年）令商人运送粮食至边境赡军，以换取政府特许其行销食盐的盐引，史称“开中法”（《明史·食货志》）。后来商人为减免粮草运输的困难，利用边境荒地，出资募民耕种，就地纳粮，商屯由是而兴。弘治五年（1492 年），用户部尚书叶淇之议，让商人纳银于运司换取盐引，不再输粮于边，商屯随之废罢，前后施行达一个世纪。

---

① 参见《清高宗实录》卷二九二乾隆十二年，卷二九七乾隆十六年条。

② 徐伯夫：《清代前期新疆地区的民屯》，《中国史研究》1985 年第 2 期。

③ 彭雨新：《清代土地开垦史》，第 229 页。

所谓旗屯是以八旗兵丁及其家属为生产者的屯田,主要设在东北。乾隆九年(1744 年),清廷将关内丧失生计的 2000 名旗人迁往吉林的拉林和阿勒楚喀两地屯田[①]。然而旗人将百余两"立产银"用尽后,又陆续逃回北京。从道光二年(1822 年)开始,在吉林将军富俊主持下,又在双城子搞"京旗还屯",计划每年移驻京旗 200 户,15 年内移驻 3000 户。但实施六年只移入 316 户[②],京旗还屯基本上是失败的尝试。

此外,清代还有"回屯"和"犯屯"。"回屯"是专招回族农民参加屯田,也属民屯性质。"犯屯"是各种罪犯发配流放到边境地区从事屯田。这两种形式主要实行于新疆地区,规模很小,不起重要作用。因此从总体上看,清代屯田以兵屯、户屯最为重要,直至晚清同治、光绪年间还有屯田 54 万余顷[③]。此外,漕屯(即由漕运兵丁耕种的屯田,属军屯性质)亦有 7 万余顷[④],二项合计 61 万余顷,约占当时全国垦田 900 万顷的 7%。

(四)屯田经营方式　明代边地屯田,军士三分守城,七分屯种;内地卫所,二分守城,八分屯种。每一名军人受田 50 亩,给予耕牛农具,也有给 100 亩、70 亩、30 亩、20 亩的,视土田肥瘠为差(《续文献通考·田赋五》)。1402 年明成祖即位后,始定屯田科则:每名田军年纳正粮 12 石,收贮屯仓,听本军支用;余粮 12 石,

---

① 《东华录》乾隆朝卷九,乾隆九年五月乙丑条纪事。

② 张博泉据《皇朝政典类纂》卷一三《吉林外纪》等书统计,见《东北地方史稿》,吉林大学出版社 1985 年版,第 447 页。

③ 乌廷玉:《中国历代土地制度史纲》下册,第 312 页。

④ 李文治:《中国近代农业史资料》第 1 辑,第 32 页。

给本卫军官充俸粮(《明史·食货志》)。按一丁 50 亩,纳余粮 12 石计,每亩官租 2.4 斗。永乐十二年(1414 年),减为自用 12 石外,余粮只纳 6 石,每亩官租 1.2 斗。

清代每个(户)屯田劳动者耕种面积大致是 30 亩上下。前述八旗兵丁“每名给地五晌”[①],这是军屯。乾隆六十年,新疆懋功等五屯“每户例给地三十亩”(《清朝续文献通考·田赋十五》),这是民屯。四川、陕甘也是一户 30 亩的标准(《清朝文献通考》卷一一)。因各地情况、条件不同,也有高于或低于这个标准的。屯田民户要向国家交纳地租。据《清朝文献通考》记载,实物地租大多在每亩 3 升到 6 升之间,少数有高达 1 斗者;货币租每亩大多在 1 钱上下,低者 2 分,如云贵高原上的蒙城;高者二钱一分,如浙东严州,相差悬殊。屯田兵丁有额定的粮食生产任务,完不成者要受罚。嘉庆《大清会典》卷一三〇称:“伊犁屯田丁如收获不及十三石,乌鲁木齐收获不及十石者,官员分别降革,兵丁重加责处。”梁方仲先生据《清朝文献通考》卷一〇《田赋十·屯田》所载乾隆三十一年的数字,算出每亩屯田负担屯银 2 分(2/10 钱),屯粮 4.32 升,负担额与民田相差无几。但是明清两代屯田兵和屯田户对于国家均有比较强烈的依附关系,一旦成为屯田兵丁,便“父死子代,永无已时”;民屯人户同样不得脱籍。乾隆元年规定:“八旗改屯人户,嗣后身故,有子者,自应顶补”(《清高宗实录》卷三一)。他们是身份不自由的国家佃农。

---

① 乾隆《八旗通志》卷一八《土田志一》。

三、明代江南官田性质辨析

有明一代沸沸扬扬的江南官田和重租问题,起源于明初的没官田。朱元璋力挫群雄之后,先籍"伪吴(按指张士诚政权)勋戚之田",又籍"诸豪之田"[①]。洪武三十年,除云南、两广、四川外,在浙江等9个布政司,直隶、应天等18个府州,共籍得有田7顷以上的富户1.43万余户[②]。运用国家权力把大量民田变为"官田",向承种者征收高额地租。为维持这笔巨额收入,明廷一再严令禁止买卖官田。《明律条例·问刑条例》户律二《田宅》规定:"典卖官田五十亩以上,卖主、买主如系军户,发充边卫充军;如系民人,发口外为民。"由此之故,在一段时期内,学界一直将之视为官田。

但考诸实际,对于这些来自"籍没"的所谓官田,政府只是在征税中把"民田科则"调高为"官田科则"。"将籍入田地一依祖额征粮,每亩四五斗、七八斗至一石以上"[③]。明廷这样做的目的,带有惩治当地张士诚集团及其支持者和当地豪富的意味。这些土地的所有权、经营权实际上仍在原来的富豪手中,他们将此种"官田"大多出租给农民耕种,亦可买卖转让,"其更佃实同鬻田,第契券则书承佃而已"[④]。因此是"官田"其名而"私田"其实。当地"官田"与民田的区别,实际上只是重赋田与轻赋田的区别而已。清朝乾隆

---

① 《廿二史札记》卷二〇《元代以江南出赐臣下》,中国书店1987年版,第440—441页。

② 《太祖实录》卷二五二,洪武三十年四月癸巳条。

③ 正德《松江府志》卷七《田赋》。

④ 顾起元:《客座赘语》卷二《条鞭始末》。

年间,《续文献通考》的作者对此有明确的认识,谓《明史·食货志》中的没官田、断入官田等,"盖多指苏、松、嘉、湖言之,名为官田,实民田耳"(《续文献通考·田赋六》)。今人樊树志亦辨之甚详,可以参看[①]。

第五节　明清时期人口数量的激增和人均耕地面积的急剧下降

影响明清地权分配的一个重要因素是人口激增,特别是清代。让我们先从耕地面积开始考察。

一、张居正丈田和明代耕地面积的落实

明代在洪武和万历年间有过两次全国性的耕地清丈。《后湖志》卷二《黄册事产》载洪武二十四年(1391 年)的全国耕地面积为 880 万顷,弘治十五年(1502 年)是 422 万余顷,嘉靖二十一年(1542 年)为 436 万余顷。当今学者多认为洪武年间 880 万顷的数字过高,不可信。美国学者帕金斯估测,明初耕地面积为 425 万余顷[②],美籍华裔学者赵岗、陈钟毅修订为 522 万顷[③],樊树志估计洪武时期耕地大体在 4 亿亩至 5 亿亩(即 400 万顷到

---

① 樊树志:《中国封建土地关系发展史》,第 394—408 页。

② 〔美〕德·希·帕金斯:《中国农业的发展(1368—1968)》,上海译文出版社 1984 年版,第 225 页。

③ 参见赵岗、陈钟毅:《中国土地制度史》,(台湾)联经出版事业公司 1985 年版,第 126 页表 2—7。

500万顷）之间①。这是明初的数据。隆庆六年（1572年），穆宗病逝，神宗继位，任张居正为内阁首辅。针对当时极为严重的土地兼并和赋役不均问题，张居正自万历八年（1580年）始②，雷厉风行地推行丈田运动，清丈的目的是"止期均赋，不期加额"，对清出的隐田一律科税，同时对重则田实行减征。此即明人所言，"丈田之法，地则缘丘丈量，税则计亩均分"③。从万历九年到十一年（1581—1583年），清丈工作在各地陆续完成。据樊树志统计，全国新增耕地182万余顷④，相当于万历六年耕地总面积518万余顷的35%，成效显著。两项合计，明中叶耕地面积是700万顷，即7亿亩。

明代簿载人口一直在五六千万上下浮动⑤，显然偏低。汪士慎据明初4‰的人口增长率推算，嘉靖朝人口超过1亿，万历朝至少应有1.2亿⑥。即使此数属实，明代人口仍然维持在宋金时期的水平线上⑦。如此算来，明代人均耕地在7—10亩之间。

二、清代人口的激增和人均耕地面积的下降

清代全国簿载耕地在大部分时间内仍在7亿亩上下浮动。但自雍正年间摊丁入亩、赋役并轨之后，人口数量直线上升。自顺治

---

① 樊树志：《中国封建土地关系发展史》，第375页。

② 张居正开展丈田运动的时间，诸书记载不一，有万历五年、六年，七年、八年等说法。此从唐文基的考订。见唐撰《张居正的丈田运动》，《福建师范大学学报》1988年第4期。

③ 顾炎武：《天下郡国利病书》第一五册，《山东》上。

④ 《中国封建土地关系发展史》，第431—434页。

⑤ 梁方仲：《中国历代户口、田地、田赋统计》，甲表65，第200页。

⑥ 《中国资本主义的萌芽》，第39页。

⑦ 参见拙著《宋辽夏金经济研析》，表6、表7，第123页、125页。

八年(1651年)到宣统三年(1911年)的260年中,人口由8300万增加到40800余万,平均年增率为5.2‰[①]。其中增长最快的是乾隆时期,乾隆六年(1741年)为14000万,乾隆二十年(1755年),人口增至2亿,至乾隆五十五年(1790年)突破3亿。乾隆六十年间平均年增长率为14.5‰,到道光十四年(1834年)突破4亿大关[②],以致清代在鼎盛时期已经出现"人满为患"的危机。与此同时,耕地面积却一直在7亿多亩上下浮动,因此人均耕地面积急剧下降。具体情况见下表。

表4—3 清代人均耕地面积下降表

年代	人均耕地	资料来源
顺治十八年(1661年)	26.07亩	梁方仲《中国历代户口、田地、田赋统计》乙表70,第391页
康熙二十四年(1685年)	25.96亩	(同上书)乙表71,第392页
雍正二年(1724年)	27.04亩	(同上书)乙表72,第393页
乾隆十八年(1753年)	6.89亩	(同上书)乙表73,第394页
乾隆三十一年(1766年)	3.53亩	(同上书)乙表74,第396页
嘉庆十七年(1812年)	2.19亩	(同上书)乙表76,第400页

清人洪亮吉《意言生计篇》曾言:"率计十岁,一人之食,约得四亩。"以人均4亩地为温饱常数,则江苏、安徽、福建、四川等主要产粮省份约在18世纪中叶到达这个人地比例的临界点[③]。就全国而言,人均耕地面积则在1766年(人均3.53亩)跌破人均4亩这个温饱常数。这是一个具有重大意义的历史性转折:我国传统农

---

① 周源和:《清代人口研究》,《中国社会科学》1982年第2期。

② 据梁方仲:《中国历代户口、田地、田赋统计》,第251—253页,乙表76。

③ 何清涟:《清代的人口压力和租佃形态》,《江淮沦坛》1987年第6期。

业经济自此背上了沉重的人口包袱,其运行轨迹在日益沉重的人口压力下发生扭曲和变异。由于物质和人口两种再生产的比例严重失调,增长过快的人口终于超出劳动生产率的提高速率和社会经济的承载能力,而使小农经济日益普遍地陷入"贫农经济"的泥淖。美籍华裔学者黄宗智指出,自 18 世纪的乾隆时代以来,中国的农业经济从单位面积产量看仍有提高,但人均耕地占有量却急剧下降,所以劳动生产率以人均年产粮食为指标反而有所下降,黄先生名之为"过密型(involution,又译内卷化)增长"。甚至直至 20 世纪 80 年代,绝大多数人还在搞饭吃,这是一种"糊口农业"①。日本学者岸本美绪针对小农家庭经济规模越来越小、人口却持续上升的情形,称之为"劳动力浪费体制"②。这种因人口激增而形成的低效率经济体制,既然无法实现资源配置的优化,当然会拖住工业化的步伐。

---

① 黄宗智:《中国经济研究史中的悖论现象与当前的规范认识危机》,《史学理论研究》1993 年第 3 期。

② 转引自许檀《岸本美绪评清代物价史研究现状》,《中国经济史研究》1991 年第 3 期。

第五章　寺产和族田：具有经济共同体形式的两种地产

除了国家、地主、小农这三种土地所有制之外，我国古代还有一些名目不同的"公共土地"。不仅春秋战国时期的村社公有土地在汉唐时期还有若干遗存，直到民国时期，少数基层乡政府还握有些许"公田"。然而延续时间长、分布地域广的公共土地要以宗教性的寺院地产和宗族性的祠堂族田最为典型。寺院地产按照佛教经律的规定，属该寺院僧徒集体所有；族田至少在族规表述中属同族人共有。寺产、族田都具有经济共同体的形式，不过一则是以法缘相联系的宗教经济共同体（寺产）；一则是由血缘相联系的宗族经济共同体（族田）而已。

第一节　东晋以降寺院经济的发生和发展

一、寺院经济的产生：从消费共同体向经济共同体的转进

"南朝四百八十寺，多少楼台烟雨中"。透过唐代杜牧的诗句，我们仿佛在烟雨凄迷中又望见了那香烟缥缈、红楼林立的一幢幢寺庙。《南史》卷七〇《郭祖深传》："都下佛寺五百余所，穷极宏丽。

僧尼十余万,资产丰沃。所在郡县不可胜言。道人又有白徒,尼则皆畜养女,皆不贯人籍。天下户口,几亡其半。"可见东晋南朝寺院之盛。

寺院起初只是以法缘关系相联系的消费共同体。在早期的"无尽藏"制度下,各僧的化斋收入要上交寺院共同保管,共同消费("同饮同食")。所谓"出家同道,以法为亲"[①]。然而佛教既被统治阶级接受而成为统治思想的主要补充("佛教国教化"),它就必然会同经济基础和封建生产关系发生联系,作为一种独立的力量参与财产和权力的再分配。东晋时期,僧众增多,寺院开始自行组织生产活动,寺院由消费共同体逐步转化为经济共同体,寺院经济由是产生。一方面,寺院经济作为大土地所有制的一种形态与世俗地主经济同样具有"封建"这个质核;另一方面,寺院经济又是以法缘为纽带、以寺院为单位的集体土地所有制形式。

二、寺产来源:从被动接受到主动掠夺的飞跃

寺院地产最初来自皇室的赐予和官僚富豪的施舍,这是被动接受田产。历朝历代此类记载史不绝书,如北朝:"西魏文帝于京师立大中兴寺,尊为魏国大僧统。又于昆池之南,置中兴寺庄,池之内外,稻田百顷,并以给之,梨枣杂果,望若云合"(《续高僧传·护法篇》)。唐太宗李世民对少林寺"赐地四十顷,水碾一具"(《金石萃编》卷七七)。唐肃宗至德二年(757年),玄宗避乱益州,赐大圣慈寺田产1000亩(《佛祖统纪》卷四二)。

---

① 东晋高僧法朗语,见《高僧传》卷四《康法朗传》。

宋元以后，赐田数量极为巨大。据清人赵翼统计，从世祖至元六年(1269 年)到顺帝至正元年(1341 年)的 70 年间，各地寺院共获赐田 33.87 万余顷[①]。明朝开国皇帝朱元璋，对首都南京附近的灵谷寺、天界寺等六七处名刹都赐有土地，其“赡僧田近五百顷”；另又赏赐江滨湖畔之芦洲，其数“亦几其半”[②]；两项合计 700 余顷。又如北京慈寿寺，万历时曾得到皇帝赏赐的“园一区，庄田三十顷”(《宛署杂记·志遗一》)。

各级官僚和平民百姓的施舍也是寺产的一大来源。南北朝时，寺院普遍享有免税免役的特权。为了躲避国家的繁役重赋，下层百姓竞趋佛门，“竭财以赴僧，破产以趋佛”[③]。而贵族、官僚地主向寺院奉献财产，则象征着舍身赎罪。北魏末年河阴之变后，“朝士死者，其家多舍居宅，以施僧尼。宗邑第舍，略为寺矣”(《魏书·释老志》)。南朝萧梁时何胤病笃，立遗书说：“田畴馆宇，悉奉众僧”(《南史·何尚之传附何敬容传》)。唐代也有不少“官人百姓将庄田宅舍布施”于寺院[④]。此类事例历朝均有，不胜枚举。

随着社会财富源源不断地涌入寺院，寺院凭藉其政治特权和经济实力开始主动地掠夺财产。《魏书·释老志》中就有各地佛寺“侵夺细民，广占田宅”，“翻改券契，侵蠹贫下”之类记载。唐代高宗、武后“擢用方士，崇奖僧道”。睿宗时，各地寺院“广占田地及水

① 据《陔余丛考》卷一八《元时崇奉释教之滥》条所列数字累计而得。

② 《金陵梵刹志》卷一六载葛寅亮《八大寺定租碑记》。

③ 《梁书》卷四八引范缜《神灭论》。

④ 《全唐文》卷一九《申劝礼俗敕》。

碾硙,侵损百姓”[①]。两京地区,名刹林立,个个寺院都是“膏腴美业,倍取其多;水碾庄园,数亦非少”(《旧唐书·狄仁杰传》)。

一般说来,在寺院创建初期,以被动接受田产为主;在寺院经济此后的发展途程中,则主动掠夺地产显得更为突出。遗留至今的《唐昭成寺僧朗谷果园庄地亩幢》[②]为我们提供了比较两种土地获得方式的具体例证。据幢文所载,从唐代宗广德二年(764 年)至德宗贞元二十一年(805 年),在这 41 年中,从接受施主 30 亩地开始,一直发展到占地 1791 亩,其中施地 811 亩,买地 980 亩,所买之地大多穿插在寺田及施地之间,看来寺院欲使果园庄田土地连成一片而用强买、债买等方式购入。由此看来,至少在中唐以后,倚仗权势主动掠夺是寺院地产不断扩大的主要途径。

三、“三武之厄”:从逃避税役的“法外之地”到“照章纳税”

北魏孝文帝前,度僧权掌握在寺院手中,愿为僧者便可诣寺出家,大批百姓遁入沙门。寺院成为“法外之地”,俨然是一个半独立的封建王国,它广占田宅,荫庇户口,与国家争夺土地和劳动人手,影响国家的兵役调发和赋役课征,导致“国给为此不充,王用因之取乏”(《广弘明集》卷二四),极大地损害了封建国家和世俗地主的利益。太和十六年(492 年),孝文帝下令对度僧加以限制,每年

---

① 《全唐文》卷一九《申劝礼俗敕》。

② 此碑始刻于唐贞元八年(792 年),继刻至贞元二十一年(805 年),现存河南荥阳县广武区桃花峪。全文有 4000 余字,收录在《河阳县志·金石考》中。荆三林先生据原石补葺校正后的碑文发表在《学术研究》1980 年第 3 期上。僧朗是东晋高僧,曾来此“别立精舍”,故该地自北魏到隋唐称为僧朗谷。唐宋以后此地改名桃花峪,似与此果园庄大种桃、梨等果树有关。

“四月八日、七月十五日听大州度一百人为僧尼，中州五十人，下州二十人”。灵太后于熙平二年(517 年)又下诏禁止私度奴婢为僧尼(《魏书·释老志》)。度僧权自此从寺院手中收归国家掌握。

度僧权虽收归国家，然而寺院与国家的利益冲突并没有真正得到解决。于是就有北魏太武帝、北周武帝和唐武宗时三次大规模的禁佛运动，史称“三武之厄”。北魏灭佛，凡“土木宫塔，声教所及，莫不毕毁”(《魏书·释老志》)。北周武帝时，“毁破前代关西、山东数百年来官私所造一切佛塔，扫地悉尽。八州寺庙，出四十千，尽赐王公，充为第宅；三方释子，减三百万，皆复军民，还归编户”(《历代三宝记》)。9 世纪中叶唐武宗灭佛，在全国拆毁佛寺 4600 余所，还俗僧尼 26 万余人，并收寺院奴婢为二税户共 15 万人(《新唐书·食货志》)。

中唐，特别是武宗灭佛后，封建国家逐步取消寺院享有的经济特权。两宋政府在承认寺院经济利益的同时，规定寺田须同民田一样交纳二税，同时承担和买、和籴之类附加税，僧侣也要交纳助役钱、僧道免丁钱等杂税。至此，寺院经济正式纳入国家赋役轨道。

明清两朝对于佛、道两教，大体上仍取限制发展政策。“景泰三年(1452 年)，令各处寺观田土每所量存六十亩为业，其余拨与小民佃种纳粮”(《明会典》卷二二六)。僧道势力已不如前代之盛，但寺院经济仍具相当规模。明成化末年(1486—1487 年)，据倪岳所说，当时全国有度僧 50 余万，那些“私自披剃而隐于寺观者”尚不在内[①]。嘉靖时人说：“今公署或圮陋不支，而仙宫佛殿乃蔽日

① 《明经世文编》卷七七，载倪岳《青谿漫稿》(一)。

造云,士人无百亩之入,而僧道之田遍布天下。”[①]到清朝乾隆初年“各省度牒部照三十四万一百十有二纸。”[②]这只是官度僧道徒众。乾隆三十九年(1774 年)山西道御史戈源奏:“自(乾隆)四年至今,其私自簪剃者,恐不下数百万众”(《清高宗实录》卷九四六)。

如此众多的僧道尼姑赖以维持生活的经济基础,仍是数量可观的寺院田产。例如,历史上的佛教圣地南京,据明人葛寅亮《金陵梵刹志》的著录就有 3 个大寺、5 个次大寺、32 个中寺、120 个小寺。其中仅灵谷寺就拥有 10 多处庄田,合计 3.4 万余亩。其他如杭州灵隐寺、定海普陀山寺、当阳玉泉山寺、衡山南岳寺等亦拥有数千至数万亩土地[③]。嘉靖年间(1522—1566 年),福建“建宁一府,寺观之田半于农亩”[④]。而且寺院所占大多是肥田腴地,如“福建一省,膏腴田地多属僧寺,一寺之田乃至万亩”[⑤]。宣德八年(1433 年)广东按察司奏:“今广东、浙江、江西等处寺观田地,多在邻近州县,顷亩动以万计,谓之客庄,止纳秋粮,别无科差”(《明宣宗实录》卷一〇〇)。嘉靖年间,聂豹指出:“福建一省,总官民田粮计八十四万九千有奇,内寺观田粮已计有十二万八千有奇。”[⑥]寺田竟占七分之一强,比例惊人。

寺田地租主要用于殿堂修缮、常住事务公费和僧道的薪俸与口粮,并向政府交纳田赋役银。寺院宫观除少数被特许免征税徭

---

① 嘉靖《太平县志》卷八。

② 《大清会典事例》卷五〇一《礼部·方伎·僧道》。

③ 傅贵九:《明清寺田浅析》,《中国农史》1992 年第 1 期。

④ 嘉靖《建宁府志》卷一九《寺观》。

⑤ 同上。

⑥ 《明经世文编》卷二二二载聂豹《应诏陈言以弭灾异疏》。

外，多数均有赋役负担，“输官税，供里役，一如民间”（崇祯《泉州开元寺志·田赋志》）。

四、寺产经营方式：从庄园制向租佃制的过渡

寺院经济的经营方式是判断寺产所有制性质的重要依据。从总体上看，它是随着世俗经济经营方式的变化而变化的，受到当时社会上占主导地位的生产方式的强烈制约。具体说来，可以看出庄园制与租佃制两个阶段的明确分野。

在寺院经济产生之初的南北朝时期，随着小农依附程度的逐步加深，带有农奴制色彩的部曲庄园经济是当时大土地所有制的主要存在形式，因此寺院经济也采取了庄园制的经营方式。当时寺院地产多半由寺院自己经营，主持寺产经营的是以寺主为首的主持僧阶层，包括寺维那、典录、典坐、香火、门师等神职人员。下层普通僧众多系“逃役之流，仆隶之类”（《广弘明集》卷六），入寺后从事耕作、洒扫等各种劳役，而以耕作为主。此外寺院还拥有为数众多的佛图户和僧祇户。佛图户是国家分赐给佛教寺院的仆役，《魏书·释老志》载：“民犯重罪及官奴以为佛图户，以供诸寺扫洒，岁兼营田输粟。”僧祇户是北魏文成帝时，将身份低于编户齐民的平齐户、军户、吏户、镇户等划归主管佛教事务的僧曹，每户每年须向僧曹交纳六十斛粟（《魏书·释老志》）。这与当时屯田户（“大田武吏”）的负担量相同。如果说屯田户是国家的依附农，那么佛图户和僧祇户则是寺院的依附农。据北齐人刘昼估计，北齐一代寺院各种附户约在200万以上（《广弘明集》卷六），数量惊人。

中唐以后，随着契约租佃关系的浸浸流布，寺院也改取租佃方

式经营自己的地产。宋代盛行禅宗,僧尼的世俗化倾向极为明显。除了田产不多的部分寺院由本寺僧侣耕种外,占有大量田产的寺院多取出租方式经营。有些大寺还拥有自己的子寺,子寺向母寺提供劳役和地租。详情细节可参见游彪《论宋代佛教寺院的土地占有及其经营》①一文。

明清时期,佛寺中的大住持、住持、首僧、堂主,道观中的提点、提举、住持以及名目众多的执事僧道属于僧道上层,他们掌管寺院宫观的财产,负责寺田出租和租课征收等重大事务。如南京《各寺僧规条例》规定,每年十一月终对执事僧进行考核,其内容是:"一、征租有无拖欠,一、给众有无足数,一、官粮有无完纳,一、公费有无合例,一、芦洲有无拨佃,一、公债有无揭借。"②

南京天界寺在溧阳县有明太祖朱元璋钦赐的近4000亩没官田,全部出租经营,按田土肥瘠分三等收租,上等每亩租米七斗九升,中等七斗五升,下等七斗二升,"各佃自运,付[赴]本寺交纳。"③一直到民国时期,稍具规模的寺院地产大多采取租佃经营方式,这与当时世俗地主经济的经营方式是一致的。

中唐以前役使佛图户、僧祇户的"寺庄"和宋元以降取出租方式经营的"寺田",都是当时地主经济的一个组成部分。在这个意义上,可以把由各类执事僧组成的上层僧侣归入地主阶级,寺院地产是具有封建质核的大土地所有制的一种表现形式。

---

① 游彪:《论宋代佛教寺院的土地占有及其经营》,《中国经济史研究》1992年第2期。

② 《金陵梵刹志》卷五二。

③ 《金陵梵刹志》卷二《钦录集》。

五、寺院“常住田”的属性：封建质核和它的集体所有制外壳

寺院地产具有它的特殊性。我们必须看到，包裹在封建质核之外的，是一层集体所有制的外壳。这个外壳与其质核之间，既有扞格抵触的一面，又有相辅相成的一面。在多数情况下，寺院地产集体所有制的外壳维护强化了它内在的封建质核，从而使其成为传统社会中最为腐朽、又最为顽固的一种大土地所有制形式。

作为寺院公产的土地，通常称作“常住田”，因供僧尼“常住岁用”而得名。在佛教经律所称的“三宝物”——即佛物（如佛像、殿堂等）、法物（如经卷、纸笔等）和僧物（如田宅、园林、谷物、衣钵等）中，田产是僧物中的大项[①]。按照佛教经律的规定，包括常住田在内的僧物所有权属于本寺僧众集体，而“不通余寺”[②]，所以又称“众僧田地”（详下）。任何个人，哪怕他是寺院主持，也无权随意处分寺产，更不准分割和出让寺院地产的产权。唐代高僧释道宽所撰《行事钞》卷下（四）《诸杂要行篇》[③]称：

> 僧有五种物不可赏，不可分。一地，二房舍，三须用物，四果树，五华（花）果。《僧祇》，众僧田地，正使一切僧集[众?]亦不得卖，不得借人。若私受用，越毗尼。

这是佛语所谓“体通四方，不可分用”[④]的最好注脚。因此，就

---

① 参见何兹全：《佛教经律关于寺院财产的规定》，《中国史研究》1982年第1期。
② 释道宣：《量处轻重仪》，见《大正藏》卷四五，第八八四页上。
③ 《大正藏》卷四〇，第一四六页上。
④ 《行事钞》卷中一《随戒释相篇》，《大正藏》卷四〇，第五五页下。

佛教经律的规定来看,寺产归佛所有,而站在佛背后的,则是本寺僧众这个集体而非个人。

到唐代,仍然是任何人都不准“将田地移坵、换段及盗卖”[1]。寺院财产的继承者更非个人,而是该寺僧侣集体,住持僧如移住他寺或云游四方,一寸土地也不能带走。白文固指出,这些情况表明,在寺院这个共同体内,具有绝对产权的是僧众这个集体[2]。

宋元以降,寺田已有常住庄与私庄之别。私庄是僧道个人私产,买卖转让与一般民田无异,姑且不论。常住庄乃是寺院公产,招佃出租所得之租课用作僧众口粮和寺院开支,照样不准买卖。用明朝文献《金陵梵刹志》的话来说,就是“僧不得售,人不得市,庶有常食”。各寺均设有管庄僧二至三人,专司催讨租米及土地租佃事务。可见宋明时期的寺院地产仍旧维持着集体所有制的外壳。这种集体所有制即是寺观赖以成为宗教共同体的物质基础。诚如明代南京的《忍草庵志》所说:“庵以僧兴,僧以食聚,斋田之设,庵之兴替系焉。”《建隆寺志》亦称:“山林、田地虽无关于法道,诚有系于隆废。”

六、宗教性集体经济的一个范例:民国时期临潭道堂经济实体[3]

清光绪十六年(1890年)西北回民马启西在甘肃临潭创建“金

---

① 《全唐文》卷七九三《大赦庵记》。

② 白文固:《试论唐前期的寺院经济》,《兰州大学学报》1983年第4期。

③ 此段文字据高占福《马明仁与西道堂的经济发展》一文写成,载《西北民族研究》1993年第1期,谨此致谢。

星堂”，自 1907 年改名“西道堂”，这是伊斯兰教门宦制度的产物。马启西在建堂初期，就重视鼓励教民发展集体经济。在集资兴办商业贸易的同时，还建立了太平寨、长川、卓洛三个农场，资金多由教民自愿捐献。后因与甘肃地方军阀发生冲突，创始人马启西和第二任教主丁全功先后被杀，马明仁于 1916 年接任第三任教主。

为了重振教门，马明仁把主要精力放在发展西道堂经济上，确定了农、林、牧、畜、学同时并举的方针。《西道堂组织章程》规定：“所有属于道堂经济，均为公有，悉用于本道堂建设、教育及一切公共事业。”“西道堂所有集体经营的农、商、林、牧、副业的收支，统一经营，统一管理，统一分配。”马明仁把农庄扩建到 13 个，共有耕地 7700 余亩，拥有耕牛骡马 643 头，羊 2000 余只，年产粮油 200 多万斤。

据《中国伊斯兰教派与门宦制度史略》介绍：“西道堂的土地来源，1/3 是教徒原有祖业，2/3 是民国 18 年至民国 34 年(1929—1945 年)间，由马明仁主持购置的。”有人认为：“在教主领导下，合作务农，集团经商，集体生产，共同生活，统一管理，统一分配，没有私有财产，是带有封建庄园性质的经济实体。”[①]近有张承志对西道堂经济作出了充满激情的高度评价，说西道堂“实践着孔孟大同思想和伊斯兰早期穆斯林公社思想”，“使世界发现，居然在中国荒芜的山区确实成功和存在过一个乌托邦。这对于哲学和人类进步的意义是极为重大的。后世只要有人类对公社思想的追求，西道

① 《甘肃民族贸易史稿》，第 57 页。

堂的历史就会继续给他们以启示。”①

第二节 宋元明清时期的宗族地主:宗法、理学和族田

一、族田溯源:汉代为“利子弟”而设的“宗家田庐”

族田,顾名思义是指家族共有之田产。《汉书·刘屈氂传》载,西汉武帝丞相公孙贺,“倚旧故乘高势而为邪,兴美田以利子弟宾客。”这也许是事涉族田的最早记载。

东汉末年应劭在《风俗通义·过誉》中评论戴幼起让财与兄而自己租官田耕种时说:“宗家犹有羸[赢]田庐,田可首粥力者耳,何必官池客舍。”②林甘泉认为,“这种宗族内部的田产,当即是后代所谓的族田。”③

然而,此后族田便销声匿迹了,直到宋代才又重新兴起。在汉唐这个时段内,宗族血缘关系并未销声匿迹,而是体现在部曲庄园经济之中。

二、需要与可能:族田义庄在宋代兴起的背景分析

宋代首先创设族田者,是著名儒相范仲淹。宋仁宗皇祐元年

---

① 张承志:《学科的黄土和科学的金子》,《读书》1988年第4期,第26页。

② “田可首粥力者耳”,疑应为“田可粥身者耳”。“粥”即“鬻”;说见吴树平:《风俗通义校释》,天津人民出版社1980年版。

③ 林甘泉:《中国封建土地制度史》第1卷,第321页。

(1049年),范仲淹“于其里中买负郭常稔之田千亩,号曰义田,以养济群族。族之人,日有食,岁有衣,嫁娶凶葬皆有赡。”[①]捐田赡族,一时被看作是恢复、乃至重建已趋瓦解的宗法家族关系的最佳办法,赢得了士大夫们的交口赞誉。

此后,官僚地主争相仿效。或捐割己产,或出资买田,或族人共同筹田立庄。韩贽“推所得禄赐,买田赡族党,赖以活者殆百数”(《宋史·韩贽传》)。向子谭“置义庄以赡宗族贫者”[②]。汪大猷“率乡人为义庄二十余亩以为倡,众皆欣劝”(《宋史·汪大猷传》)。吴奎“以钱二千万,买田北海,号曰义庄,以赒亲戚朋友之贫乏者”[③]。江西新淦县有郭氏义庄,临江府有向氏义庄[④]。梁庚尧在《南宋的农村经济》一书中曾专辟一节介绍义庄在南宋的普遍化过程[⑤],可以参看。

宋代族田的兴起基本上不是当时经济自然演进的结果,而是人为培植的产物,此点意义重大。如前所述,中唐以降,随着均田制的最终瓦解和门阀世族日趋式微,土地所有权的转移速度大为提高。随之而来的新现象是贫富升降日趋激烈,荣辱兴衰变幻莫测。往日之豪门权贵、富家大姓,转眼间家道中落者比比皆是。正如北宋中叶张载所言,不少达官贵人崛起于贫贱之中,但“止能为三四十年之计”,人“既死则众子分”,所有地产家财“末几荡尽,则

---

① 《范文正公文集·褒贤祠记》卷二载钱公辅《义田记》;又《中吴纪闻》卷三《范文正公还乡》亦载此事。

② 汪应辰:《文定集》卷二一《向公墓志铭》。

③ 刘攽:《彭城集》卷三七《吴公墓志铭》。

④ 李文治:《论明清时代的宗族制》,《中国社会科学院经济研究所集刊》第4辑。

⑤ 参见梁庚尧:《南宋的农村经济》,台湾联经出版事业公司1984年版,第304—325页。

家遂不存"(《张载集·宗法》)。自宋代开始，科举制成为入仕的主要途径，门第的作用大为削弱，所以"五代以还，不祟门阀；谱牒之学，遂绝不传"[①]。宗族宗法关系的紊乱必然导致血缘宗法伦理观念的淡薄，所谓自"谱牒又废，人家不知来处，无百年之家，骨肉无统，虽至亲恩亦薄"(《张载集·宗法》)。在这种情况下，以敬宗收族为宗旨的族田义庄，便成为维系和加强宗族内聚力、弘扬封建宗法伦理观念的强有力的经济手段。

以上是说需要。族田设置之所以可能，则是与聚族而居相联系的。李文治指出，战国以下，一个族姓长期住在同一个村落，同姓民户多至数十、上百户的村落比比皆是，这种聚族而居的情况为族田义庄的设置提供了便利条件[②]。唐人白居易诗："一村唯两姓，世世为婚姻。亲疏居有族，少长游有群。"就是这种情况的写照。中唐以后特别是宋代，由于多数佃农已经取得退佃和迁徙自由，"无宗族、田产之累"的"四方浮浪之人"[③]日益增多，聚族而居的习惯已经有所松动。然而，族田设置的推广，反过来又使聚族而居的习惯得以巩固和长期延续。这就是直至20世纪的中国农村仍有不少村庄由二三个大姓民户集团所构成的重要原因。

三、宋明理学：族田创置、推广的指导思想与推动力量

早在北宋族田初创之时，就在当时的官僚士大夫中赢得了一

---

① 胡厄麟：《少室山房笔丛·庚部》卷三九《华阳传议》下。

② 参见李文治：《明代宗族制的体现形式及其基层政权作用》，《中国经济史研究》1988年第1期。

③ 司马光：《传家集》卷四九《乞罢免役钱依旧差役札子》。

片叫好之声，认为这是强化宗法纽带、巩固封建统治的好办法，竭力提倡标榜。前引《张载集·宗法》篇中，就有"管摄天下人心，收宗族，厚风俗，使人不忘本，须是明谱系世族与立宗子法"之类建议。在程颐、程颢、朱熹等人以及明代理学家的文集中，无不存有宣扬宗法关系的篇目。在宋明理学家的倡导之下，自宋至清的九百余年之中，以官僚缙绅为核心的地主纷纷编修族谱，兴置族产，制定家法家规，创办族塾义学，举行宗族祭祀，大力渲染尊尊、亲亲、敬宗、睦族的社会风气。

元朝统治集团虽以蒙古族为主体，但程朱理学却正式取得官方哲学地位，因此，族田义庄仍旧有所发展。例如前述范仲淹创建的苏州范氏义庄，在宋元之际因遭战争劫难一度荒废，但入元不久又得到恢复。此外，河南太康县韩元善"效范文正公遗规，置田百亩，为义庄以周贫族"(《元史·韩元善传》)。族田在宋元时期的逐步兴起，其间一个主要原因，就是理学家们的鼓噪与倡导。在族田制度的泛滥扩散中，力主加强宗法血缘纽带的理学家们明显起了推波助澜的作用，遗存至今的各种《义庄规约》无可辩驳地说明了这一点。无需赘述。

四、政府扶植：族田制度的守护神

在私有经济的汪洋大海之中，宗族共有经济就像国家官田一样，同样会受到侵蚀和消解。因此各地的族规、义庄规约中，一般都有防范性规定，不准族人私自分割转让族田产权，但是族人分割族产、典卖义田的现象时有发生。例如北宋范仲淹之子范纯仁曾因范氏义庄"五七年间，渐至废坏"而上奏英宗，要求对诸房子弟违反义庄规矩者“许令官司受理”,得到英宗批准(《范文正公文集·义庄规矩》)。范氏义庄的状况说明,一旦失去国家保护,族田就会受到私有制的侵蚀走上瓦解之途。

如前所述,朱元璋建立明朝后,对苏、松、杭、嘉、湖等江南地区的富户采取没产和迁徙政策,以“资饶”和“族盛”的富户作为打击重点。洪武十七年(1384 年),朱元璋下令没收范氏义庄的 2000 亩地[①]。在政治强权的钳制下,族田义庄在明前期一直处于停滞状态。这再次说明,没有国家的扶持与保护,族田是不可能得到发展的。

自明中叶起,族田、义庄又有重新恢复发展势头,其间契机是宣德、景泰年间(1426—1457 年)苏州官府为范氏义庄所进行的清理工作,清理之后,将此前被侵占资卖的土地统统归还给范氏义庄[②]。此举为义庄族田的恢复发展开了绿灯,意义重大。弘治八年(1495 年),大学士徐溥在原籍江苏宜兴置徐氏义田,并上奏明廷,孝宗批示:“置义田赡族深有补于风化,便行,本管有司严为防护,俾其子孙永远遵守。其义庄户内差役,仍与蠲免。”[③]此后,政府对族田制度一直采取维护态度,这是明清时期族田义庄风行全国的重要原因。清初雍正帝积极阐扬康熙帝的《圣谕十六条》,鼓励各地家族“立家庙以荐蒸尝,设家塾以课子弟,置义庄以赡贫乏,修族谱以联疏远”。乾隆皇帝南巡到苏州,亲赴范仲淹祠堂察看[④]。

---

① 吴宽:《匏翁家藏集》卷五《书陈氏复义庄记后》。

② 《范氏家乘》卷一六《义庄岁记》。

③ 《明弘治实录》卷九九弘治八年纪事。

④ 王先谦:《东华录》乾隆朝卷三三。

乾隆二十一年(1756年)刑部制定条例,严禁盗卖宗族公产,违者处以重罚:"凡子孙盗卖祖遗祀产至五十亩者,照投献、捏卖祖坟山地例,发边远充军。"[①]因此,明清两朝各地宗族在捐置族田时,多将本族族产的数量、种类、分布情况报官备案,以求得官府的保护。清政府还优免义庄族田的赋役负担:"义田如逢歉收,一概停捐;义田应完钱粮,州县垫捐"(《度支省例》卷六)。

正是在国家政权的鼓励、守护和推动下,义庄族田在明清两朝进入极盛时期。李文治说,他所接触到的族田资料,宋元两代约400年间有70多宗,明代276年间,多达200宗左右,而且还远非全貌[②]。清代的情况,据陈康琪《燕下乡脞录》卷四说:"自北宋范文正公以来,士大夫多仿为义庄。本朝崇尚风义,凡以义田义产敬宗收族上闻者,岁不下十百家。"许多早已衪废的宋元两朝义庄、族田,在明清时期不仅得到恢复,而且续有扩展。范氏义庄,据《范氏家乘》所载,在初建时有义田1000亩,南宋时陆续增至3000余亩,明初受到打击,仅存1000亩,至明末天启、崇祯年间恢复到2000亩,到清代道光朝更增至8000余亩。据李文治的不完全统计,江苏南部187姓宗族拥有族田21.14万余亩,其中吴县35姓即有族田4.8万余亩,常熟80姓有族田近5.8万亩[③]。按此推算,每一处族田大致拥有千亩上下的田产,这在人众地狭的江南水乡,是一个十分巨大的数字。

---

① 《大清律例汇集便览·户籍·盗卖田宅》。

② 李文治:《明代宗族制的体现形式及其基层政权作用》,《中国经济史研究》1988年第1期。

③ 李文治:《论明清时代的宗族制》。

一直到20世纪中叶的土地改革前夕,族田义庄仍然所在多有,江苏、安徽、浙江、福建、广东等地尤为突出。毛泽东在《湖南农民运动考察报告》一文中说,中国农民受到政权、族权、神权、夫权四大绳索的束缚,其中族权赖以横行的经济基础就是族田。

五、性质判定:具有封建质核的宗族经济共同体

学术界认为,族田一般以土地出租的方式来经营,是地主经济的附属物。同寺田由上层僧侣支配一样,族田管理权往往掌握在地主族长手中。这一切说明,族田同样具有封建的质核。这里要强调的是族田的特殊性,即族田至少在名义上是一个族姓的公产,具有同族共有制的形式。套用佛教经律对于寺田的表述,族田一般也是"体通族众,不假外族",因而表现为一种宗族经济共同体。这种共同体色彩集中表现在族田的管理形式上。

据张研的考察,清代的族田管理主要有五种方式。一是族人以房或户为单位受田分管,二是由建置族田的地主本家自管,三是设置义庄机构专管,四是由宗祠统管,五是族人轮管。头二种方式易流于私田,较少采用,后三种方式较为普遍[①]。

族田经营多取义庄方式。义庄专为管理族田而设,总理庄务的多称"庄正",由族中公举产生,入选标准是"子姓,殷实者"[②],任期一般长达二三十年,负责收存族田田契、本族户口,审核族人的受恤资格,稽查义庄田租收入与支出等重大事务。在庄正之上还

① 张研:《清代族田经营初探》,《中国经济史研究》1987年第3期。

② 李兆洛:《养一斋文集》卷六《常熟庞氏宗祠记》。

有负责监临庄务的族长、宗长，他们多半是始建义庄者的嫡系子孙，有权审核批准庄正、庄副的人选。在庄正、庄副下面还设有"会计"（又称"典籍"、"司仓"、"司庄"）和"催租"（又称"司直"、"司事"）等办事人员。为防本族人串通作弊，不少义庄专门规定，办事人员要延请外族人。庄正、庄副和会计、催租等人都从义庄领取薪俸。

也有不少族田不设义庄，而由本族宗祠统一管理。由宗子、支长、分长等宗职组成的宗祠管理机构负责族田管理和经营。

无论何种管理方式，族产所有权都不属于管理者本人或本户，而是属于先世祖宗，这在宗族法中有明确规定。浙江《续修山阴张川胡氏宗谱》的《祭祀规则》中称："田亩捐在宗祠，即系祖宗之产。"祖宗将族产的占有、使用和收益权传给由后代子孙组成的这个宗族共同体，由义庄、宗祠等宗族机构代表宗族共同体执行管理职能。江苏吴江县《施氏义庄汇录》的《赡族规条》规定，"义庄房屋田亩以及器具物件，施氏子孙世世永当保守，不得有变卖损坏等事"。这也是先世祖宗在以族产所有人的身份来训诫子孙。乾隆四十五年（1780 年）江西南昌魏氏宗族对侵吞族产者有严厉的家法处置："如有将醮产自肥者，一经发觉，俱赴祠重责三十，追价。"[①]嘉庆时，浙江嘉兴《姚氏家乘·赡族规条》要求本族子孙："世守族产，不准变卖、抵押。"清代山东济宁潘氏《义田章程》规定，潘氏义田不得擅卖，族外人不得擅买，"永为不动产，世世保存，不准分析典卖"[②]。

① 《豫章黄城魏氏宗谱》卷一一《宗式》。

② 民国《济宁县志》卷四引《潘氏义田章程》。

海宁查氏义庄族田明确规定："不准将义庄田亩及所存银钱擅自变卖妄费，如有犯者听合族公举惩罚。"[①]这些规定表明，族田主持者和族田管理机构对于族田只有管理权、经营权，而无分割、出让、买卖等独立处分权。这是我们把族田视为宗族经济共同体的主要根据。

六、族田特征：族田产权的僵化凝固

宗族产权具有极大的稳定性，往往能够相传数世、数十世之久。例如前述北宋苏州范氏义庄，据日本学者天野元之助的调查，直至民国 28 年(1939 年)仍然存在，前后延续达九百余年[②]。在此过程中，多数族田还能不断增殖、扩大规模。如无锡过氏义庄，雍正年间过人秀首创之时只有 100 亩，乾隆初年其子过廷栋时，增至 1000 亩，扩大十倍；无锡安氏义庄开始时只有 300 亩，20 年后即嘉庆初年也超过 1000 亩[③]。正如光绪《奉贤县志》卷六《祠祀志》所说："人情莫不私其所欲，莫不思置美田宅以利其子孙，不数传而荡然无存。而义庄之设往往可久，即其子孙亦往往能自树立。"显而易见，宗族经济共同体较之一般地主所有制更为强固持久，这是宋以后地主土地所有制抗拒变迁、长期延续的重要因素之一。

现在我们要问，这种抗拒变迁的能力到底来自何方？

首先是多样化的来源保证了族田的长期延续。族田一经捐田

---

① 海宁《查氏族谱》卷一六。

② 《中国农业史研究》，东京御茶之水书店 1962 年版，第 212—234 页。

③ 据李文治：《明代宗族制的体现形式及其基层政权作用》，《中国经济史研究》1988 年第 1 期。

设置，在其后的运行过程中，又有按例添置、罚没设置、占田共置、捐资买置等方式加以补充。南宋朱熹《家礼》规定，族内子孙各出己田 1/20 以供祭祀。此后不少宗族加以仿效，捐田比例各不相同。这就是“例置”。有些族田管理人因租入拖欠亏空等因而被罚没田产，充为族田，这是“罚置”。有些大姓宗族利用兵荒马乱之际，将荒地插标占垦，认纳税粮，这些被占土地遂成为该族之公产，这是“占置”。但族田增殖的主要途径还是“买置”。买田之资或由族内各房各户自愿认纳，或者出仕捐官者按一定之规交纳银两入祠，也有按本族人丁、地亩摊派征集的[①]。

其次来源于族田产权的僵化凝固。如前所述，族田产权在先世祖宗手中，后世子孙只有经营、收益权，而无须“诸子均分”，这样就免去了后世子孙析产分居之反复切割，故而得以保持其完整性。更有一些宗族规约要求，族产收支相抵后的盈余则必须用来扩大田产，不许挪作他用。这样就为族产规定了一条单向流动渠道：只能买进而不能卖出，这就说，田产一旦变为族产，随即失去了它在私有社会的自由身份，而被排斥在自由买卖的流通市场之外。朱勇因此将宗族喻为土地流通领域中的一个“黑洞”，自由地产一旦陷入便永世不得翻身[②]，族田产权处于半冻结状态。

再次是来源于族田恤族功能对宗族经济共同体的维系作用。一般说来，族田收入在完纳国课税粮和支付族田管理人员的薪俸之后，其开支不外如下几项：一是供奉祭祀，二是赈赡族人，三是积

---

① 张研：《清代族田经营初探》，《中国经济史研究》1987 年第 3 期。

② 朱勇：《论清代江南宗族法的经济职能》，《中国经济史研究》1987 年第 4 期。

储仓库，四是资助学费，有余则用来买置族田或存典生息。族田收入对于本族族众的有限顾恤，不仅换取了宗族首领对于族人的控制权，而且有助于缓和贫富分化，减弱社会动荡，从而增强了宗族经济共同体的内聚力。在此过程中，血缘宗族观念、纲常伦理教条得到广泛传播，又从意识形态和社会习俗方面强固了宗族经济共同体的内聚力和生存力。

最后，族田经营管理办法周详严密，“义庄规约”作为宗族法规的重要组成部分，具有仅次于国家法律的威慑力量；历朝政府对于族田义庄的扶植保护等，也是宗族经济共同体得以长期维系的主要原因。这几点上文已略有述及，不再赘言。

中编　租佃经济的历史进程

第六章　租佃经济溯源及其主导地位在唐宋之际的确立

第一节　租佃类型和两汉古典租佃制

一、古典租佃制、封建租佃制和近代租佃制

根据我的研究，契约租佃经济全面取代中古田制经济和部曲庄园经济而成为封建生产方式的主要形态，是在唐宋之际[①]。在此之前，租佃关系之存在虽然由来已久，却始终未占主导地位。

秦晖指出，“租佃”这个“符号”所表达的“语义”有广狭之分[②]。广义的租佃制指独立经营者向别人交纳剩余产品或劳务，这种交纳或基于土地所有权，或基于人身权利、政治特权、宗教特权等等。直接生产者的有酬劳动和无酬劳动在时间、空间上都是分开的。在这个意义上，有私有经济（家庭）的劳动者向剥削者交纳产品或劳务的经济形式，包括我国三代的贡助彻、斯巴达的希洛制、古罗

---

① 参见拙文：《中国封建租佃经济主导地位的确立前提》，《中国社会经济史研究》1986年第3期。

② 秦晖：《古典租佃制初探》，《中国经济史研究》1992年第4期。

马的“索贡巡行”制等，都可以称之为“地租”。

狭义的租佃制是建立在土地所有权基础上的经济关系，其实质是土地所有权或土地资本的有息借贷，也可以理解为土地定期使用权的买卖。作为自由人的佃户以等价交换方式租赁作为自由财产的土地，只能是商品经济发展的产物，只有在存在着自由人与自由私有财产的时代，亦即古典古代和近代才能存在。而在封建社会，它只有作为农奴化以前的古典私有制遗存，或作为人身依附关系瓦解后的近代私有制的历史前提而存在。

从我国的实际情况看，先后出现过三种类型的租佃关系，最早是西汉时期古典商品经济下以经济契约为基础的租佃关系，此即古典租佃制；然后是自然经济下以人身依附关系为基础的租佃关系，它在中唐以前即有零星存在，到宋代成为我国地主制经济的主要存在形态。最后是近代资本主义性质的租佃关系。第一种和第三种都比较微弱，只有第二种即封建租佃制从宋代开始，一直延续到 20 世纪中叶土地改革完成之前，在近千年中其主导地位一直未曾移易，在世界历史中堪称封建租佃关系的典型范例。

二、两汉不甚发达的古典租佃关系

租佃关系得以发展的历史前提是地权与经营相分离，或者地权集中而经营分散，或者地权分散而经营集中，因此租佃关系最初是随着私有土地的出现而来到这个世界上的。我国古典租佃制与古罗马一样，是在“份地永占”过渡到土地私有的时代亦即两汉时期发展起来的，至魏晋又随着中世纪人身依附关系的盛行而衰落。

汉代租佃称为“假田”，假训为“借”，即古典小农向地主（国家或私人）“借用”土地。“假”又通“贾”、“价”，意为通过支付货币、劳务或产品来换取土地使用权。这种关系最初出现在国有土地上。《史记》中关于“假田”的材料有两条，一是《宁成传》中谓传主“贯贷买（‘买’疑为衍字）陂田千余顷，假贫民”；二是《匈奴列传》出现的“北假”，《集解》云：“北假，北方田官，主以田假与贫人，故云北假”。公田租额很低，与“三十税一”的田赋相差无几，《盐铁论》有“假税殊名，其实一也”的说法。

《汉书》中方出现私田租佃的记载。租佃方式多种多样，有“或耕豪民之田”的自耕者，也有通过“公田转假”而谋取地租差额的转租者，还有商品化的农业经营者。汉武帝时，董仲舒讲“或耕豪民之田，见税什五”时，说这些佃农要服更卒、正卒和屯戍之役，有田租、口赋、盐铁负担（《汉书·食货志》）。可见他们是承担国家赋役（公民义务）的编户齐民，并无其他特殊身份。这些佃农可以是“贫民”，由国家“假”于公田，贷给种、食；也可以是豪民，如武帝时通西南夷，曾“募豪民田南夷，入粟县官而内受钱于都内”（《汉书·食货志》）。佃农可以当兵，如正卒、戍卒；也可以为官，如东汉杨震、郑玄都曾当过佃农，有过“假地种植”（《后汉书·杨震传》）、“假田播植”（《后汉书·郑玄传》）之类经历。在“公田转假”者中，贵族和官吏更多，时有“公家有障假之名而利归权家”（《盐铁论·园地》）之论。

地租支付或与收成相联系（“见税什五”），或与土地面积相联系（“以顷亩出税”），而且从这种分成制租佃中很快产生了新的人身依附关系，西汉如《汉书·宁成传》谓酷吏宁成“贯贷陂田千余顷，假贫民，役使数千家”。东汉如马援“役属数百家”，“宾客多归附”(《后汉书·马援传》)。

因此在我国古代,这种古典租佃制未能得到充分发展。《史记》一书列举致富门路上百项,却唯独没有提到土地出租者,而提及奴婢与雇佣劳动之处却很多。两汉的大部头文献《太平经》之现存部分频频出现“奴婢”与“流客”(雇工),却一次也没涉及到租佃制。另外两部古典时代的经济巨著《管子》和《盐铁论》,也绝口不提私有土地的租佃。更重要的是,我们现在所知的秦汉法律,包括睡虎地、张家山出土的秦汉律简,正史刑法志以及沈家本《汉律摭遗》所搜集的丰富材料在内,都未见到关于租佃制的条文。秦晖据此认为:“把汉代农村描绘成地主与佃农的世界肯定是不符合实际的。”①

三国以降,边疆地区的“北假”田制为军事农奴制的屯田所取代;内地的“假名公田”自安帝以后不复再见,到三国亦为屯田所取代。至于私田租佃,则在“奴的客化、客的奴化”之进程中演变为自给自足庄园中的徒附、私属、部曲制,“假田”之名也消失了。作为一种生产关系的古典租佃制至此寿终正寝。

第二节 汉唐之间封建租佃关系的两种类型及其缓慢生长

一、国家官田上的隶属性租佃关系

严格地说,在部曲庄园制下,租佃关系不可能得到发展。这时

① 秦晖:《古典租佃制初探》,《中国经济史研究》1992年第4期。

土地所有权呈僵化凝固状态，构成农业劳动者主体的是部曲、私属、奴婢，他们与地主间存在着严格的人身依附关系。早在汉代，"并兼豪党之徒以武断于乡曲"（《汉书·食货志》），有的地主"使民威重于郡守"（《史记·酷吏列传》），而农民下户则"父子低首，奴事富人，躬率妻孥，为之服役"（崔寔：《政论》）。魏晋南北朝时期，以佃客、部曲为主体的依附农民，身份地位进一步下降，魏晋的荫佃客制度以及此后的"客皆注家籍"（《隋书·食货志》）的制度，表明他们已沦为地主的私属。直到唐代，不少客户仍然是"依托强家，为其私属，终岁服劳，常患不充"，或"依富室为奴客，役罚峻于州县"（《新唐书·食货志》）。这种"豪党"、"强家"与"奴客"、"部曲"之间的关系，与其称之为"隶属型的封建租佃制"[①]，不如称之为部曲庄园经济更为妥帖。

在这个时期，带有人身依附关系的封建租佃关系其实是在"禄田"、"职田"之类国家官田上逐步发展起来的。西晋以降的历朝政府，以官田租入作为官吏俸禄的补充，"因品而授地，计田而出租"[②]。这种"禄田"、"职田"均以出租方式经营。两晋南朝的禄田收入称为"公田奉米"、"秩米"。禄田上的直接生产者是由政府强行指派的马刍卒、文武吏、僮等，他们往往是全家服役，世代相袭，依附性很强[③]。

唐代职田"借民佃植，至秋冬受数而已"（《通典·田制下》），亦取租佃方式。李唐开国前夕，李渊给外官职田，"每十斛给地二十

---

① 林甘泉语，说见《中国封建土地制度史·序言》，《中国史研究》1988 年第 4 期。

② 《文苑英华》卷四九五《问议百官职田》。

③ 李文澜：《两晋南朝禄田制度初探》，《武汉大学学报》1980 年第 4 期。

亩”，每亩地租5斗，后来明确规定职田地租“无过六斗，地不毛者亩给二斗”[①]，是实物定额租。较之每亩5升的地税，要高5—10倍，大致相当于当时亩产一石的20%—60%之间。其余各种官田如公廨田（以租入充各司及州郡公廨的办公费用）、驿田（驿马之牧田）、宴设田（专供官府宴请所费）、悲田（为赈济贫民而设）、屯田、剩田也多由农民佃种，按亩积征收“地子”，亦即地租。这叫“配地出子”（《册府元龟·邦计部·田制》）。官田承租者，主要是户籍上有名的“居人”、“百姓”。史籍和出土文书称为“佃民”、“佃人”、“佃户”、“贫户”、“浮客”等。

唐前期官田承佃基本上贯彻了“并取情愿，不得抑配”（《通典·职官十七》）的原则。到后期由于“差税至重”，农民多不愿承种，于是贪官狡吏往往将荒闲瘠薄之地充作职田，“抑令贫户佃食”[②]，或“配与浮客佃食”[③]，强制抑配性质日趋明显。存在于国家官田上的这种租佃关系，佃民与官府间存在着强烈的人身依附关系，这可称之为“隶属性租佃关系”。

二、均田小农间的互佃型租佃关系

与此同时，在均田小农之间，一种比较自由的契约租佃关系也在逐步生长，此点在出土文书中反映得特别明显。20世纪50年代末，西嶋定生发表长篇力作《从吐鲁番出土文书看均田制的施行

---

① 《唐会要》卷九二《内外官职田》。

② 《唐会要》卷九二《长庆元年七月敕》。

③ 《文苑英华》卷四二三《会昌二年四月二十三日上尊号敕文》。

情况——以给田文书·退田文书作为中心》[①]，指出由于每户授田数额非常零散，多在10亩上下，并且往往散布在遥远的地方，因此受田者不可能用自己的劳动去耕种这些土地，农民间相互代耕是必要的，这种代耕采取互佃方式进行。周藤吉之《吐鲁番出土的佃人文书研究——唐代前期的佃人制》[②]一文，通过对佃人文书的形式、内容的研究，指出吐鲁番地区不仅绝大部分官员土地都由农民或奴婢佃种，并且农田中土地占有者自种与招人佃种的比例已充分表明了佃人扮演了很重要的角色。

在吐鲁番阿斯塔那五〇六号墓出土两件唐代均田小农的互佃契约，一件是唐天宝七载(748年)杨雅俗与马(?)寺互佃田地契，一件是张小承与某人的互佃田地契[③]，都是立契双方互为田主又互为佃人，立契目的在于便利营种，故互换田地。吴震名之为"互佃型"租佃文书。

均田制的制度性缺陷为均田小农之间的互佃型契约租佃关系提供了生长空间。由于"每年退田户('户'疑为衍字)人户的居住远近不等，退田数额多寡不均，不少退田户(以意增)的退田户('户'疑为衍字)额只有一二亩，或几十步，所以，经过几代人、上百年的'对共给授'后，就必然造成一县、一乡之内人户占有的土地犬牙交错、地段分散、距离悬远、地亩畸零的状况"[④]。这种

---

① 收录于作者《中国经济史研究》，东京大学出版社1966年版。

② 原载《西域文化研究》1959年第2期；后收录在《唐宋社会经济史研究》，东京大学出版社1965年版。

③ 载于《吐鲁番出土文书》第10册。吴震《吐鲁番出土的两件唐人互佃契》作过详细考释，文载《新疆社会科学》1987年第2期。

④ 武建国：《均田制研究》，第149页。

占田状况给人户耕作带来的困难是比较普遍的，因此吐鲁番租佃文书中保留了较多的均田农户彼此交错互佃的文书契约。据赵文润统计[1]，吐鲁番出土文书中的租佃契约，有44件，其中属于高昌麴氏王国（499—640年）的17件，唐贞观时期的15件，高宗时期的8件，武则天时期的2件，玄宗时期2件。保存在国内的有41件，绝大部分已收入唐长孺主编的《吐鲁番出土文书》第二、三、四、五册。而据吴震统计，这种互佃契约共有不下百件之多[2]。

唐宋之际日渐成为封建生产方式之主要表现形态的契约租佃关系，就是由这两种租佃类型发展而来的。

第三节　唐宋之际契约租佃经济主导地位的确立

契约租佃关系发生虽早，但在汉唐之间只是一种次要成分，并非如往常描述的那样发达。这是因为租佃经济赖以确立自身主导地位的诸种条件亦即历史前提尚未出现的缘故。

从生产资料所有制、农民阶级内部构成和劳动力所有制这三个方面考察，契约租佃经济要取代中古田制经济和部曲庄园经济成为封建生产方式的主要表现形态，必须具备如下三个基本条件。

---

① 赵文润：《隋唐时期吐鲁番地区租佃制发达的原因》，《陕西师范大学学报》1987年第1期。

② 吴震：《吐鲁番出土的两件唐人互佃契》，《新疆社会科学》1987年第2期。

一、第一个前提：大土地所有制优势合法地位的确立

在当时土地所有制的总体结构中，地主阶级的大土地所有制必须确立自己的优势（在比重上独占鳌头）、合法（法律上得到承认）地位，并且敞开兼并大门，使土地所有权得以在私家地主间自由流通，从而为租佃经济主导地位的确立，提供必不可少的地权基础——这是从生产资料所有制的角度看问题。此点前已述及[①]，不再详论。

随着土地兼并大门的敞开，堵塞地权流通的中古法权障碍基本消失。所谓“中古法权障碍”，主要是指田制经济下限制土田买卖的各项法律规定。朝廷的横赐滥赏、官僚的等级占田、豪门大姓的巧取豪夺等，亦属妨碍地权流通的封建法权性质。由于契约租佃经济的本质在于主佃双方的出租承佃关系是依靠契约形式建立起来的，契约佃农并不像庄园经济之下的部曲徒附那样牢固地、长期地依附于某一特定主人。依据土地与劳力的结合存在一定数量比例的原则，私家地主的土地占有量及其经营规模会随佃农的增减而盈缩，反之亦然。虽说田主抛出还是买进田土，是以财力为主的多种因素（例如赋役轻重、社会治乱及其他投资领域的宽窄）共同作用的结果。但是，劳力的增减、佃客的多寡、招佃的难易等等，肯定亦是影响田主决定田产规模的参与因素。越是人口增殖，耕地的人均占有量下降，佃户的争佃就越是激烈，私家地主因有利可图越是疯狂地吞噬土地。由此可见，土地所有权的转移和流动，亦

---

① 参见本书第二章第二节。

是契约租佃经济内在逻辑所决定的强烈要求。如前所述，地权流转渠道至北宋已经基本畅通[①]。

二、第二个前提：佃农、半佃农成为农民阶级的主体构成

农民阶级的主体构成，必须完成中古自耕农向无地客户的过渡（中间往往经由二税户、少地下户、假五等户、客户这样一些阶段），亦即均田户要从田制框框的束缚下挣脱出来，从而满足租佃经济对于劳动人手日益增大的要求——这是从阶级构成的角度看问题。任何生产方式的实现，均要求生产资料与活劳动相结合，契约租佃经济当然也不例外。地主阶级在解决土地所有权问题的同时，还必须面对失去土地的广大农民，以供招佃。不难想象，在多数农民不是依附于国家田制，便是束缚于豪强庄园的时代，即便私家地主控制了全国耕地的大部分（当然这是不可能的），契约租佃经济也是无从建立起来的。因此，土地与无地或少地农民，这是租佃经济不可缺的两个轮子。

唐宋之际历史环境对于租佃经济劳力要求的满足，在中唐即已略显端倪。此即人所共知的均田户破产与不课户激增这个事实。据统计，唐玄宗天宝十四载（755 年）全国总户数为 891 万户，而不课户竟有 356 万户，占总数的 40％（《文献通考·田赋三》）。“不课户”之下固然有着不少名堂，但其中一个基本情况应是均田小农失去田地，转而依附豪富大姓，而不再承纳国家赋役。因此，不课户激增的过程，实际上就是均田小农沦为无地佃客的过程。

---

①　参见本书第二章第三节第四目和第五目。

建中两税法后，均田户和部曲奴婢向无地客户转化的速率明显加快。这主要表现在两个方面：一是部曲庄园经济的衰落导致大批奴婢私属转化为契约佃农或近古自耕农。所谓近古自耕农是指建中两税法后，自有自种小块土地，承纳官府赋役的国家编户，如晚唐两税户之大部，宋代主户中的大部分三等户（即中户）和部分四等户等。其与均田户的主要差异，一方面是他们身上已无田制框框的束缚，本来就极淡薄的国家佃农意味，此时已基本消退完毕，例如9世纪中叶的唐武宗灭佛运动中，15万寺院奴婢每人获田10亩为"两税户"①；另一方面表现为均田小农在失去中古田制框框的传统庇护之后，加速破产，沦为无地客户。唐宋之际，处在"法制隳弛"，"田制不立"，"官无闲田"②，"受田之法尽废"（《文献通考·田赋一》），"[本朝]不抑兼并"③的历史环境中，大土地所有制更加理直气壮地无情挤压小土地所有制，故自耕小农向无地佃客的转化，已是其不可避免的历史命运。《通典》卷四〇载德宗初年"土户与客户共计约三百余万，就中浮客乃五分之二"。同书卷一七更揭出具体数字，称建中初年，"约都得土户百八十余万，客户百三十余万"，无地客户比例显已超过40％。

北宋无地佃客数量的增长，可用宋代户籍统计数字的两个长期性演变趋势说明之。这是指：(1)在总户数中，主户集团比重下降而客户比重上升的趋势；(2)在主户集团中，上户比重下降而下

---

① 《新唐书·食货志》。又《樊川集》卷一〇亦载此事，云人赋百亩。此从《新唐书》。

② 王应麟：《困学纪闻》卷一六《考史》。

③ 王清明：《挥麈录·余话》。

户比重上升的趋势。

所谓客户，是指“无产而侨寓者”①。然在户籍实施过程中，那些虽非土著而自有田产者，通常是被划入主户集团的，故而客户中绝大多数应是无地佃农。日本岛居康一等学者亦认为宋代主客户的区别在于不动产（此处主要指土地）的有无②。因此，客户集团比重的上升，也就是佃户队伍的扩大。我国学者华山、王曾瑜等认为，宋代官方关于客户比例未曾超过40%的记载不甚可信，并具体指出了官方客户数少于实际数的诸般成因，颇有见地③。笔者亦曾撰文稍作补充，进行了粗略的定量分析和动态研究④。

根据上述研究结果，至迟在北宋中叶，客户比例已在总户数中超过一半而压倒主户。太宗时，宰相赵普出镇邓州，曾说：“验彼人家，三分内二分是客”⑤。仁宗时李觏说：“今之浮客，佃人之田，居人之地者，盖多于主户矣”⑥。神宗时吕南公说：“大约今之居民，客户多而主户少。”⑦陈舜俞说：“千户之乡，耕人之田者九百户。”“天下之民，耕而自为者十无一二。”⑧哲宗时，吕陶说：“天下自耕而食，为天子之农者十无二三；耕而食于富人，而为之农者盖七八矣。”⑨又

---

① 《宋会要辑稿·食货》一二之二〇。

② 〔日〕岛居康一：《宋代的佃户和主客户制》，载日本《东洋史研究》30卷4期，1971年。

③ 华山：《关于宋代的客户问题》，《历史研究》1960年第1—2期合刊。王曾瑜：《宋代阶级结构概述》，《社会科学战线》1979年第4期。

④ 《唐宋之际农民阶级内部构成的变动》，《历史研究》1983年第1期。

⑤ 《三朝北盟会编》卷一《谏伐燕书》。

⑥ 李觏：《直讲李先生文集》卷二八《寄上孙安抚书》。

⑦ 吕南公：《灌园集》卷一四《与张户曹保甲》。

⑧ 陈舜俞：《都官集》卷二《厚生二》。

⑨ 《历代名臣奏议》卷一〇六。

举成都府为例，说此府“昔为十县，县之主户各二三万家，而客户数倍焉”①。

至南宋，客户比例上升之势头仍不见稍衰。孝宗时陆九渊说：“所谓农民者，非佃客庄则佃官庄，其为下户自有田者亦无几”②。叶适所言更为精确：“大抵得以税与役自通于官者不能三之一，有田者不自垦，而能垦者非其田”③。叶适这个估计，被精详宋代典籍的马端临采入《文献通考》(见卷一一《户口二》)，故可认为是当时之公论，比较接近实际。不难看出，从 11 世纪中叶到 12 世纪中叶的一百余年中，客户比重扶摇直上，在北宋中叶约占总数的 1/2 以上，到南宋中叶，已经增至 2/3 左右了。

所谓“主户”，也叫“物力户”，是指宋代五等版簿制下拥有田产物力的民户集团。前已述及，约占主户百分之八九十的下户集团，其中大部分已经沦为佃农、半佃农④。因此历史实际表明，租佃经济对于劳动力的要求，此时亦已得到满足。

三、第三个前提：超经济强制的弱化和多数佃农迁徙、退佃自由的获致

超经济强制的松弛与弱化，必须达到多数佃农争得迁徙与退佃自由的程度，亦即部曲庄园经济中的徒附、奴婢、私属、宾客之类，要从门阀世族和地主豪强的束缚中解放出来，从而迫使地主阶

---

① 吕陶：《净德集》卷四。

② 陆九渊：《陆象山先生文集》卷八《与陈教授书一》。

③ 叶适：《水心别集》卷二《民事中》。

④ 参见本书第二章第二节第二目。

级主要通过订立契约来实现土地和劳力的结合——这是从劳动力所有制的角度看问题。

长期以来，海内外学人对于宋代佃农的身份地位及其隶属程度的强弱变动趋势，持有分歧意见。笔者的思考角度是，超经济强制归根结底并不能超然于经济关系之外，而且它的来到世上，恰恰是一定的生产发展水平和经济关系所使然。若追本溯源则其演进趋势应与经济关系的相应变动密切关联。在研究唐宋之际地权结构和经济关系的过程中，笔者发现如下三个趋势确与超经济强制有着内在的因果关系：

一是土地转移率的急剧提高，导致累世相承的主仆名分趋于瓦解。

二是经济性大土地所有制的成长导致行政统辖权与土地所有权逐步分离。

三是地权集中而地块分散的背离状况导致部曲庄园制经营方式日趋衰落[①]。

在上述经济变革趋势的推动下，宋代客户之主体确已脱离了昔日部曲、宾客、徒附、私属、奴婢、佃仆之类的农奴地位，并日趋普遍地获得了迁徙、退佃等权利。所谓“民罕土著”（《宋史·食货志上一》）、“转徙无常”[②]、“徙乡易主”[③]、“去来无常”[④]、“流移他所”[⑤]、

---

① 参见拙文《对宋代超经济强制变动趋势的经济考察》，《江汉论坛》1983年第1期。

② 苏轼：《经进东坡文集事略》卷一七《均户口第九》。

③ 王之道：《相山集》卷一二二《乞止取佃咨札子》。

④ 沈遼：《云巢集》卷九《张思勋墓志铭》。

⑤ 张方平：《乐全集》卷二五《论免役钱札子》。

“起移不定”[①]、“作息自如，刑责不及”[②]，往往“舍其耒耜而游于四方，择其所利而居之”[③]等等记载，言之凿凿，不容置疑，这是宋代多数客户享有迁徙自由的真实反映。

北宋仁宗时文彦博说：“不数年间，租佃之户或退或逃……”[④]哲宗时王严叟称：“[佃户]一失抚存，明年必去而之他。”[⑤]徽宗政和二年诏书：“佃客多是贫民……不辞离即逃走，宜加以宽恤。”[⑥]李元弼劝诫佃户“待要移起，被人窥见所为”[⑦]，以及《清明集》卷九《争墓木致死》条“佃人洪再十二欲行退佃”等语，则是宋代多数佃户享有退佃权利，已可到期辞离、移起别居的明确记载。北宋仁宗《天圣法》明确声言：“如是主人非理拦占，许经县论详。”[⑧]南宋初年，户部重申：“如租户不伏，许令退佃。”[⑨]说明起码在法律条文上，此种退佃权利已受国家保护。日本学者宫崎市定先生甚至认为宋代“佃户(佃人)首次以完全自由人的身份走上历史舞台”[⑩]。这个估计稍稍偏高，但确实反映出宋代佃户与昔日“身系于主”、“刻多使役”的部曲已士别三日，当刮目相视了。史实证明，租佃经

---

① 《景定建康志》卷四〇《田赋志·序》。

② 《续资治通鉴长编》卷三九七元祐二年二月条。

③ 苏轼：《经进东坡文集事略》卷一七。

④ 文彦博：《文潞公文集》卷二一《论监牧事》。

⑤ 《宋会要辑稿·食货》一三之二一。

⑥ 《宋会要辑稿·职官》四八之三一。

⑦ 李元弼：《作邑自箴》卷六《劝谕民庶榜》。

⑧ 《宋会要辑稿·食货》一之二四。

⑨ 《宋会要辑稿·食货》六九之一三。

⑩ 《从部曲到佃户》下篇，《东洋史研究》30卷1期，1980年。事实上宫崎市定早在1952年就十分强调宋代佃户身份的自由，认为主佃之间只是通过土地的借贷而结成经济契约关系。见《宋代以后土地所有形态》一文，载《东洋史研究》12卷2期。

济的第三个前提，在唐宋之际亦已基本形成。

上述三个前提在唐宋之际逐步达成的过程，也就是租佃经济成分日趋增长，乃至最终确立自身主导地位的过程。至迟在北宋中叶已可明显看出，契约租佃经济已经成为当时封建生产方式之最主要的表现形态[①]。

---

① 参见拙文《我国封建租佃经济主导地位的确立前提》，《中国社会经济史研究》1986年第3期。

第七章　宋代官田包佃制度的诸般特征和本质属性

宋代官田包佃之所以值得重视，不仅因为包佃的日趋盛行，在当时土地使用、流民安置、赋役征取、乃至水利资源的保护等方面引发出一系列严重问题，而且由于包佃制度涉及到官田经营方式、土地所有制结构、阶级阶层关系以及契约租佃经济的各种表现形式等重大课题。数十年来，有华山、朱瑞熙、关履权、梁庚尧、周藤吉之等海内外学人于包佃一事多所涉及，然未展开[①]。近有杨康荪先生以其深厚功力，精心结撰《宋代官田包佃述论》[②]，对宋代官田包佃问题首次加以全面研究，在关于包佃发展过程与规模估计、包佃主身份的判断和差额地租的估算等问题上，提出了一系列正确的看法，其功不可没。然而杨文亦有一些论断似与笔者所见史料不够吻合，故此产生一些不同认识。这主要集中在以下四个问

---

① 参见华山《宋史论集》，齐鲁书社 1982 年版，第 31 页。朱瑞熙《宋代社会研究》，中州书画出版社 1983 年版，第四章第三节。关履权《两宋史论》第 136、168—169 页。梁庚尧《南宋农村的土地分配与租佃制度》，〔台〕《食货》杂志第七卷第十期；又见梁著《南宋的农村经济》第二章，台北联经出版事业公司，1984 年。（日）周藤吉之《宋元时代佃户的研究》，《中国经济》第二卷第四期。

② 《历史研究》1985 年第 5 期。下引此文不另出注，简称“杨文”。

题上:(一)怎样解释包佃成因;(二)怎样认识包佃形态;(三)怎样确定包佃性质;(四)怎样评价包佃作用。本章将依次提出宋代官田包佃制度的五个定义,力图从不同的侧面揭示这一制度的诸般特征和内在属性。

第一节 宋代官田包佃的特征

杨文指出,识认官田包佃材料的必备条件有二:一看承佃者是不是自己不实际耕作的包佃主,并指出包佃主多系形势豪右、权贵官吏,承佃量大,只能以转佃方式经营;二看这些承佃者是否交纳官田地租。应该说,这两个条件包含了包佃概念的讨论范围(官田)、行为主体(品官豪富)、经营方式(转佃取利)等要素,很有见地。据此,在最一般的意义上,官田包佃可简要定义为:

> 官府、形势豪右和佃农之间,分别以"业主"、"佃主"、"种户"身份构成的双重租佃关系。在这种关系中,土地所有权属官府,经营权归佃主,种户只有耕作权,三者是分离的【定义一】。

但是,若欲科学界定包佃概念的内涵和外延,这个简要定义显然是不够的,还有下列问题需予明确或补充。

一、官田包佃现象所涉范围

包佃现象不仅存在于官田经营,民田中亦有之。《唐律疏议》和《宋刑统》均载:"官田宅,私家借得,令人佃食;或私田宅有人借得，亦令人佃作”[①]。私田宅云云，即属民田包佃形态。既论官田包佃，自应不含民田在内。讨论中如不加区别地搅入民间承佃荒田而止输旧税的情况，就会扩大包佃概念的外延。因为此类荒土若取“任民耕垦”、“给帖输税”的政策，则将直接转化为民间私田，而逸出官田包佃范围。太祖赵匡胤立国不久，即命州县亲民官告谕百姓：“有能广植桑枣、开垦荒田者，并只纳旧租，永不通检”[②]。太宗时，重申“应州县旷土，并许民请佃为永业”[③]。宋初承晚唐五代战乱之弊，人户减耗，土地荒芜，故取止输旧税或不取其租之优恤政策，以招集流散，扶植小农，培其赋役之本。故真宗时，对于此类“耘耕官荒田，今成熟土”的农户，采取“首罪收税”之策，要求垦荒者如实呈报占垦面积，官府按地征税[④]。这些荒地经农民垦成熟土之后，显已转化为私田。如有形势豪右钻此空子，将荒地据为已有，再行出租，亦属民间租佃关系。因此在召民垦耕中被允许视作“已业”的荒土，应不在官田包佃形态之内。

另一种荒土是因“或避私债，或逃两税”，抛下熟土，流移他所而成，原有二税负担，实系逃田。晚唐以降，民户之逃田所有权并不立即被取消，往往保留一个期限，以待流移者归业。太宗太平兴国七年二月诏令规定，原田主如违期不归，其“桑土许他人承佃为永业，岁输税调亦始[仿?]复业之制”，即“只计每岁所垦田亩桑枣

---

① 《宋刑统》卷二七《杂律·地内得宿藏物》，中华书局标点本，第 445 页，《唐律疏议》第 521 页，中华书局标点本。

② 《宋会要辑稿·食货》六三之一六一。

③ 《文献通考》卷四《田赋四》。

④ 《宋会要辑稿·食货》六三之一六八。

输税，至五年复旧。旧所逋欠，悉从除免”[①]。这种止输旧税的逃田，仍是民田性质，只是改变了土田主人而已。真宗时又规定，原田主“实曾流移，今来归业，虽已请佃，依条给还”[②]。此类逃田形成官田包佃的可能性亦不大。官府虽召人请佃，实系暂代经营，所有权仍在原田主手中，仍属民田性质。其实，早在晚唐武宗会昌元年，就有如下规定：“自今以后，应州县开成五年(公元840年)已前逃户……仍勒长令切加简校，租佃于人，勿令荒废。据所得与纳户内征税，有余即官为收贮，待归还给付”[③]。逃田虽被租佃于人，但佃户所纳租课与原额两税之间的差额，还要归还返籍复业之原田主，官府只是“代为收贮”而已。这种逃田收益权的保留，实质上就是逃田所有权的保留。因此，在田主流移而所有权保留的这段期间内，不论官府是否“招佃承种”，此类逃田均未丧失其民田性质，不能视为官田。

此外，若逃田户主长期羁寓不归，遂致田土污莱，官府将之与荒土一并召佃，亦不一定全属包佃形态，因为承佃者中可能有无地客户与少地下户在内，他们是实际耕作者。这就牵涉到承佃者的身份问题了。笔者以为，在讨论官田包佃现象时，应剔除以上几种情况。

二、包佃主的身份判定

杨文认为，包佃主主要是被称为“强有力者”和“食禄之家”的

---

① 《宋会要辑稿·食货》六三之一六一。

② 《宋会要辑稿·食货》六一之五六。

③ 《册府元龟》卷四九五《邦计部·田制》。

权贵官吏、形势豪右(这是对的),但又说其中包含少量结保同状分请的“拣汰军人或五等人户”。笔者以为多数拣汰军人和所有真正的四、五等户是没有可能成为包佃主的,因为他们请佃官田是由自家耕作,并不转佃取利。

宋代募兵制下投身军伍者多是贫弱之家,或无田土(如客户)或有些许田土(如下户),佃到官田也是自家耕作。作为宋朝国策之一的荒年募兵政策,更将大量破产农夫、游手末作纳入军伍,一旦裁汰归农,因其无权无势也不可能佃进大量官田。《宋会要辑稿》食货六三之二〇七载绍兴二十八年(1158 年)知鼎州周揆言:“诸军拣罢离军使臣,许请佃官田,借支一年请受,收买耕牛、农具,又招至客户等。”这里拣汰使臣在承佃官田后又招致客户耕垦,似系包佃主身份。但是宋代“使臣”这个名目含义复杂,其中有军官,亦有士兵,尚须细察。王曾瑜先生指出[①],北宋时期“使臣”基本上是军中八九品武阶官的总称,后有士兵因军功升任使臣,约在北宋中叶逐步形成使臣和禁兵两个等级。南宋初年军中使臣级士兵增多,除部分确由战功升任外,亦有相当部分“或纽于亲旧之私,或迫于权要之势,甚至身未尝到,虚寄名籍,以资请给”[②]。因为使臣系“高级”战士,“一使臣之奉,实兼十人战士之费”[③],品官权要、军官将帅遂因亲旧之私、或受人之托,在军中安插使臣名额,骗取军俸。但此类使臣徒糜军饷,不堪战任,故宋廷多次拣汰之。前引周揆所言被裁使臣,或本人即系军中武阶官,或属将帅权要“亲旧子孙”一

① 参见王著《宋朝兵制初探》,中华书局 1983 年版,第 163—165 页。

② 张守:《毗陵集》卷三《论诸军效用使臣札子》。

③ 汪藻:《浮溪集》卷一《行在越州条具时政》。

类,既非一般禁兵,恐属形势豪右阶层。绍兴十九年(1149 年)十月,“用御史中丞汤鹏举言,离军添差之人,授以江淮、湖南荒田。人一顷,为世业。所在郡以一岁俸充牛、种费”①。这种拣汰军兵人给百亩荒地,多是自耕农身份。

至于四、五等户,就更不可能成为佃主了。皇祐二年(1050年)丁度对仁宗说:“蜀民岁增,旷土尽僻,下户才有田三、五十亩或五、七亩,而赡一家十数口,一不熟,即转死沟壑,诚可矜恻”②。神宗时四、五等户仍是“田业垄亩之多寡无甚相远。粗粝不充,布褐不备,均未免冻馁之忧”③。笔者曾推算过,五等户有田常在二十亩以下④。近有梁太济先生亦云在下户中“占田二十亩是一条重要界线”,过线者为四等户,线下者为五等户⑤。因此四、五等户亦属田土不敷使用之家,因无权势又不可能佃进大段田产,故承佃官田仍为自家耕作。那又为什么要结保同状分清呢?仁宗天圣元年的一个文件说:“应管逃田,许不问户下有无田业,并令全户除坟塋外请射充屯田佃种,依例纳夏秋租课,永不起税。若一户无力全佃,许众户同状分请。一户逃移,勒同请人均输”⑥。可见下户因受人力限制,无力耕佃某一逃户的全部田产,故让其同状分请。为防其逃移,亏失官课,又令结保请佃,以便官府将来均摊逃税于同

---

① 《宋史》卷一七三《食货志上一》。

② 《续资治通鉴长编》(下引此书简称《长编》)卷一六八仁宗皇祐二年六月条。

③ 《长编》卷三六二,元丰八年十二月丙寅条。

④ 葛金芳:《唐宋之际农民阶级的内部构成》,《历史研究》1983 年第 1 期。

⑤ 梁太济:《宋代五等下户的经济地位和所占比例》,《杭州大学学报》1985 年第 3 期。

⑥ 《宋会要辑稿·食货》六三之一七一。

请人户。

事实表明，拣汰军人和下户请佃官田的数量，一般是以其人力、耕牛、农具、籽种等要素构成的耕垦能力为限度的。换言之，他们一般不会、更不可能佃入超过自家耕作能力的田土，并无余田可供转佃取利，不具备成为包佃主的条件。

三、转佃取利并非认识包佃形态的充要条件

杨文认为，在史料未指明承佃者是形势豪右、权贵官吏时，如果承佃数量大，并向他人出租，则可认为是包佃形态。这就产生了一个问题：若有承佃到大段官田之后并不立即出租的情况能否看成包佃形态？因为包佃主佃入大额官田往往不能立即转租出手，此类情事实在是太经常、太普遍了。他们宁肯任其荒芜，也不愿放弃已经到手的官田承佃权，任凭官府以另行划佃、拘收入官、尽数鬻卖等策百般限制，仍然是凭藉权势、计嘱官吏、牢牢占据、死不松手。更有甚者，往往超出承佃数额，广包强占周围的荒闲田地，而妨碍他人对土地利用。例如仁宗时陕西路“没纳、欠折、户绝庄田不少，自来州县形势、乡村有力食禄之家假名占佃，量出租课”[①]。徽宗时浙东越州、明州围湖所造之地，“请田人多是新旧权势之家，广占顷亩，公肆请求”[②]。高宗时温州永嘉等四县的“户绝、抵当、诸色没官田产数目不少，并係形势户诡名请田”[③]。所以绍兴年间安丰军通判王理升说：“豪强虚占良田，而无偏耕之力；流民襁负而

① 《宋会要辑稿·食货》六三之一七七。

② 《宋会要辑稿·食货》六一之一〇六。

③ 《宋会要辑稿·食货》六一之二。

至，而无开垦之地”[1]。孝宗乾道五年(1169年)，两淮膏腴之田“多为官户及管军官并州县公吏诡名请佃，更不开垦，遂致荒闲”[2]。故淳熙年间著作郎袁枢亦言：“豪民所占之数不知其几，力不能垦，则废为荒墟；他郡之民或欲请佃，则彼以疆亩为词，郡县无以稽考，终不能予夺”[3]。这两段话，可谓一语破的之论。在官田承佃中，形势豪右凭藉权势，捷足先登，“虚占良田”，“不计其数”；而无地流民以及客户、下户若赴官请佃，则被包佃主们以“疆界为词”，拒之门外，遂“无开垦之地”。为求生存，只好通过向私家佃主转佃来取得官田耕作权，其代价便是被迫接受官租和私租的双重剥削。此即前文所言包佃主身份只有形势豪右方能兼任的根本原因。

不难看出，占与佃、包与佃、冒与佃、侵与佃，犹如连体婴儿，紧紧相连，所以史料中包佃、占佃、冒佃、侵佃每每连称并提，指其广包强占的恶劣行为。这就说明，包占顷亩与转佃取利，一是手段，一是目的，共同组成包佃这根链条的两个主要环节，很难将之分割开来。事实上，在契约租佃经济已占主导地位的时代，只要出现承佃到超出自身耕作能力的大段官田之情况，必然是为转佃取利，舍此别无其他经营方式可循。故此笔者以为官田承佃后未能立即转租这一情节，并不影响包佃形态的成立。换言之，转租这一中介环节是否达成，不是识认包佃形态的充要条件。

为什么在形势豪右承佃的大段官田上不能顺利实现土地与劳力的结合呢？一个至为明显的原因是包佃形态的蔓延滋长，往往

---

① 《宋史》卷一七三《食货志上一》。

② 《宋会要辑稿·食货》六一之八五。

③ 《宋会要辑稿·食货》六之二八。

与土旷人稀的局部环境相联系，自然劳力不易一时招致齐集。就是假以时日招集齐了，亦可因故中断。孝宗淳熙十四年（1187年），安丰军寿春、安丰、六安、霍邱四县以常昇为首的包佃主们联合上诉官府："开垦营运未几，因累岁旱伤，客户星散，是致荒废"①。这是荒年歉收，客户迫于私租重而流移逃散，转佃被迫中断。原淳熙七年宋廷曾限包佃主们五年垦熟承佃的系官荒土，后再展限一年，期满必须如实呈报并按亩纳租。所以常昇等以客户星散为由请求再展限三年，"立为定限，令边民恪意开耕，昇等情愿于三年限内，每年于见纳夏秋课子上增二分，俟耕遍日别听官中指挥"②。如果不是短期内能招到佃户再行出租，常昇等怎敢承诺三年耕遍所佃田土，每年增纳之二分租课又从何而来？只要觅到劳动人手，转佃过程之恢复是势在必行，这同样说明包占顷亩与转佃取利是无法截然割裂而分别研究的。

更为重要的是，建中两税法后，多数客户处在"来去不常"、"起移不定"、"民罕土著"、"徙乡易主"的状况中；特别是在宋代契约租佃经济结构之内，客户人身依附关系更为松弛，可以相对自由地挑选承佃的田主，"一失抚存，明年必去而之它"③；因此在多数地区内，广大佃农享有日渐增多的迁徙与退佃自由。作为田主，已经不能像六朝时期那样长期而又牢固地占有佃客人身，现在只能依据租佃契约，以一个或数个农业生产周期（一年或数年）为限，暂时地拥有劳动人手。一旦旧佃户逃散或辞离，新佃户又尚未招致齐集，

---

① 《宋会要辑稿·食货》六一之三八。

② 同上。

③ 《宋会要辑稿·食货》六五之四八。

转佃过程必将暂时中断。在这样一个历史环境中，上述种种情况既是必然发生的经常性现象，当然不能将之排除在包佃形态之外。这就是说，已经包佃然尚未转佃之情况仍应视作包佃形态。换言之，转佃取利只是包佃形态得以成立的条件之一，并非充要条件。

四、官田包佃者是否纳租亦非充要条件

杨文以“承佃者向政府交纳官田地租”作为识认包佃形态的第二个重要条件，并指出在官府规定的豁免官租的时限内，“不能因为包占者暂时豁免官租而否认其包佃性质”，因为这是公开的和合法的。这当然是对的，没有问题。但是，更为大量的情况，则是包佃主们不惜冒法干禁、因缘为奸来规避租课负担。这就迫使人们考虑，这种普遍存在的非法逃租行为是否妨碍包佃形态的成立？或者如多数形势豪右之所为，在承佃数额之外，又侵耕冒占系官荒土而欺隐租课的情况是否仍可视为包佃形态？提出这个问题的意义，亦在确定识认包佃形态的充要条件。

史料表明，有力之家“包裹宽余亩步，未曾起纳租税”①的情况与包佃发生、发展之全过程相始终，至南宋几乎遍及淮南、两浙、荆湖、广南等广大区域。如徽宗时天下系官田产“往往荒废不耕，虽间有出卖请佃之人，又为豪右之侵冒，输官租赋十无一二，欺弊百出”②。政和元年诏书说得更为直截了当：“诸路系官田舍，平日多为豪右侵冒，有亏邦计”③。在河东路宋辽交界之沿边州军，自北

① 《宋会要辑稿·食货》六三之二一五。

② 《宋会要辑稿·食货》一之三一。

③ 《宋会要辑稿·食货》六三之一二九。

宋中叶以来陆续设置了大批弓箭手田，然据徽宗政和五年提举河东路弓箭手司奏称："今体访得上件地土多是膏腴，尽被有力之家量出些小租课佃种，其硕斗不及弓箭手全纳租课十分之一二，亏损官课，大为侥幸"①。绍兴二十八年，高宗对辅臣说："江淮沙田为人冒占，所失官课至多"②。孝宗乾道六年，浙西、江东、淮东"诸处沙田芦场，多为有力之家请佃包占顷亩步"，多至二百八十余万亩，仍是"未曾起理租课"③。淳熙九年著作郎袁枢所言形势豪右"占田多而输课少"④，是符合历史实际的正确总结。

至于包占田土比重之大，可从襄阳府一例得到深刻的印象。据孝宗淳熙十三年该府通判说，"审实取见民户共实管田九百一十四顷二十三亩有奇，契据分书税苗、户帖内田共一百八十一顷三十九亩有奇，包占共田七百三十二顷八十三亩有奇"⑤。包占田土竟占全部耕地的百分之八十。若将如此大量的包佃现象因其非法逃租而排除在讨论范围之外，深虑或陷本题讨论于没有多大意义的困境。故此笔者以为，正像田主逃税不会妨碍民田经营中租佃关系的成立一样，包佃主们非法赖租也不致影响官田经营中包佃形态的成立。

根据以上辨析，是否可以认为官田包佃具有这样五个特征：

1. 从讨论范围看——只限于各类系官田土。虽然民田上亦有

① 《宋会要辑稿·兵》四之三三。
② 《宋会要辑稿·食货》六三之二〇六。
③ 《宋会要辑稿·食货》六一之三一。
④ 《宋会要辑稿·食货》六一之三六。
⑤ 《宋会要辑稿·食货》六之二八。

包佃形态，但官田包佃应与民田无涉。尚属民田性质的逃田和经垦熟给帖输税之荒闲旷土，均不在讨论之列。

2. 从行为主体看——只限于地主阶级的一个特权阶层。有资格兼任包佃主身份的，只有形势豪右、品官权贵，真正的拣汰军兵和四、五等户是无此“福分”的。

3. 从经营方式看——形势豪右承佃大额官田是不会自己耕作的，只有转佃取利之一途。但在转佃尚未实现、或实现之后又因故中断之时，所佃之田只要尚未退还官府，转佃出租就是其必然的发展趋势，不能据此否认其包佃性质。

4. 从经营目的看——以获取差额地租为其利益之所在。但无论包佃主是合法豁免、还是非法规避官租，均不改变包佃主榨取佃种客户剩余劳动这一本质，两者只是在规免官租的方式和包佃主与官府之间的剥削份额方面有所不同而已。既然合法豁免时可以认为属于包佃形态，那么非法规免时亦可认为属于包佃形态。

5. 从承佃数量看——私人承佃的官田数量，必须以一定幅度超过其家实有人口的耕作能力，以与那些家口虽大却系自身从事耕垦的大户人家承佃官田相区别。

据此，我们可将官田包佃形态规定为：

> 品官权贵、形势豪右之家，为转佃取利、谋取差额地租而承佃大段系官田产的行为【定义二】。

在官田包佃这个概念的外延上，与杨文给定的两个条件相较，这里给出的“定义二”有扩大也有缩小。缩小之处是排除了多数拣汰军人和全部下户成为包佃主的可能性，并将处在私有化过程中的荒闲田土和民田性质的逃田剔除在外；扩大之处是把私人承佃官田后未能立即出租或转佃之后又一时中断，以及非法逃免规避官租等诸种情况亦罗致在包佃形态的考察视野之内。

第二节　宋代官田包佃的成因

宋代官田包佃确实为时经久、规模可观，杨文认为成因有二，“（一）官府、民间共同接受的自由射佃官田制度的确立，是宋代官田包佃发展的前提”。国家因官田经营得不偿费而转取不费官本的自由射佃制度，民间则因私田赋役过重而产生宁佃勿有的意愿，两相结合便“形成了宋代官田包佃发展的前提条件”。（二）由于宋代商品经济发达，趋利倾向滋长，国家与私人均羡恋财货，而包佃既能保证官府的稳定收入，又可满足佃主的趋利意图，此即“宋代官田包佃发展的历史氛围”。

宋代屯营田、官庄均经营不善，入不敷出，是众所周知的。但是官田经营的诸多弊端，与其说是导致官田召佃的原因，毋宁说是导致官田鬻卖的原因。杨康荪先生和笔者均曾著文论列过宋代官田的没落和鬻卖政策①。自北宋中叶以后，官田鬻卖日益成为宋廷处理各类系官田土的主要方式。可见官田经营不善虽于包佃盛行有促成作用，但还不是唯一导致包佃形态的根本性成因。宋代商品经济发达亦是事实，但战国秦汉亦属商品经济之高涨时期。其时趋利倾向之强烈，可从司马迁《史记·货殖列传》“天下熙熙，皆为利来；天下攘攘，皆为利往”的话头中得到强烈的印象。但那

① 杨文见《中国史研究》1983 年第 1 期，葛文见《历史研究》1982 年第 3 期。

时并未因此而引起包佃的大发展。更为重要的是，史料说明，官田包佃不仅不能保证，相反倒是影响官府财政收入的重大因素。因此商品经济高涨带来的趋利倾向之滋长，亦非包佃盛行的根本原因。

我想，若能在当时的社会环境中，首先找到与包佃形态呈同步发展关系的重大相关趋势，再以此为事实基础，到这些相关趋势的背后去探寻包佃盛行的深层原因，可能会得出一些新的认识。

一、宋代官田包佃形态的发展，与土地私有化潮流的日趋强化相一致

诚如杨文所言，官田包佃有它的历史渊源。就宋代而论，北宋初年即已存在，真宗以后日益发展，至徽、高、孝、光、宁列朝形成高潮。这样一个时间序列，刚好和形势豪右涸湖围田之风的渐盛与日炽、政府鬻卖官田意愿的坚定与强烈、系官佃户土地使用权的稳固与深化等发展过程大致吻合。作为这样一些现象的理性综合，就是我们所说的土地私有化潮流。提出这一概念，是想更好地概括晚唐以来地主阶级的大土地所有制合法膨胀终在比重上独占鳌头（以“不抑兼并”为标志），农民阶级的小土地所有制逐步挣脱中古法权的层层束缚而日趋独立（以田制框架的崩解为标志），昔日享有举足轻重地位的国家官田急剧衰微（以各类系官田土大量下放为标志）这样一些历史趋向。诸如各类荒闲田土不再转入官府手中或纳入田制框架进行土地授受，而是通过鼓励垦辟、许民请射等方式转化为民间私田；各地官庄、屯营田、省庄田等系官田土在召民承佃中，通过使用权向所有权的深化而演变为私家民田；地主

阶级蚕食沙田、湖田、涂田及各类官田，将之变为田主私产；以及政府不断鬻卖在官田产，以赋役征调代替官租课取等等现象，均是土地私有化这个潮流的表现[①]。如果官田鬻卖是这个潮流在国家政策上的必然反映，那么官田包佃同样体现出国家将土地交给地主阶级直接经营的强烈意图。因为从国家角度看问题，包佃就是将官田经营权下放至民间，官府只是按亩积课取定额租课而已。

或许有人会问，既然土地私有化潮流推动着官田鬻卖，为什么国家不将豪右包佃的大量田土也一并出卖呢？这是因为无论私有化政策执行得如何彻底，总有一些官田会保留在官府手中。诸如沿边屯田因军事需要而长期维持，事涉一方水利的陂塘、渠畔之类官产不能出卖等。此外，还有部分民田因各种原因重新转入官府之手。例如，官府没收冒法抵罪户之全部田宅，职役户因失陷官物、揽纳户因亏欠税额而入田赔抵，以及户绝、天灾、战祸造成的无主、荒闲田土转归官府支配等，这些民田便失去了昔日的私有性质而成为系官田产。因此官私田土事实上处在互相对流之中。与以前不同的是，这些官田现已多半采取租佃方式，交由私家地主和小农阶层去经营、使用了。例如真宗咸平五年，“废襄州蛮河营田务，已召民承佃，量出租调，公私便之”[②]。高宗绍兴二十五年，又将都督府所置官庄“委转运司拘集现数，依旧令佃人承佃，据元（原）认纳租课输纳”。[③] 中唐以降，大土地所有制急剧膨胀，土地所有权

① 请参见拙文《关于北宋官田私田化政策的若干问题》，载《历史研究》1982 年第 3 期。

② 《宋会要辑稿·食货》六三之六九。

③ 《宋会要辑稿·食货》六三之一一九。

日趋深化，土地私有制渐臻成熟，且日益显示出它的优越性。在这样一种历史环境中，封建国家不得不将越来越多的土地转化为由民户直接占有（此即官田出卖政策）或直接经营（此即官田出租政策）了。因此，官田出卖与官田包佃，两者不仅在时间发展上是互相吻合的，而且在将经营责任交给民间承担这一点上，也是一脉相承，具有内在逻辑一致性，同是土地私有化潮流的重要表现。

事实上，国家采取租佃方式经营的各类官田，同样处在私化过程中。其私化程序大致是由屯田而营田，由屯营田而官庄，由官庄而召民承佃（含包佃），由承佃而省庄田，由省官庄而己业，这样一个逐步演进的序列所构成。

宋初兴办的屯田，至北宋中叶除沿边地区外，多数已取“赋民输租”方式经营，故“第存其名”。营田本是募民耕垦，以军伍方式相部勒，但宋代营田不独以民，屯田不独以兵，“屯营田兵民参错，固无异也”[①]，其间差别已趋泯灭。由于宋代官庄和屯营田一样，政府多半并不直接经营，亦取募民耕佃方式，如前引襄州营田和都督府官庄例。故在实际生活中，屯营田、官庄此类词汇原来意义上的不同已不易分别了，只剩泛指此类田土的官田性质这一个意义。系官田土发展到赋民输租、让佃户自行经营的阶段，必然会面临土地使用权的长期化的问题。例如四川资州属县所管营田，“自隋唐以来人户请佃为业，虽名营田，与民间两税田产一同。”[②]其土地使用权实际上已深化为所有权。至于常被引用的福州官庄，更是官

① 《通考》卷七《田赋七》。

② 《宋会要辑稿·食货》六一之三三。

田在召民承佃中日趋私化之显例。太宗初年已“差朝臣均定两税，给帖收执”，仁宗时臣僚即言“虽有屯田之名，父子相承，以为己业”[①]。这种屯田、官庄，既依民间体例止有两税之征，复有官授券书以为地权之证，除了“复免差徭”[②]这一点有些微官田色彩外，基本上已等同于民田性质了。

正因如此，宋代官方文件中又常以“省庄”指称官田。高宗绍兴时两浙转运使言：“申括到平江府省田一十六万六千七百二十八亩，每亩纳上供省苗三斗三升六合……”[③]川蜀地区亦有“官田号省庄者”[④]。所谓省庄，其实即“系省庄田”之简称，又名“省田”、“省庄田”、“省额屯田”等。五代以前是各政府部门对所管辖官田的总称，至宋因之，以“旧皆有省司管系”而得名。据《宋史·食货志》解释，“所谓省庄田者，虽蔬果、桑柘莫不有征，而邛、蜀民田至什税其五。”租重如此，似系官田。然而早在北宋初年已是“天下屯田、省田，皆子孙相承，租佃岁久”[⑤]，在实际生活中往往“有如己业”或“已成永业”。故南宋史家李心传说：“省庄田者，今蜀中有之。号‘官田’，自两税外仍科租……然其实皆民间世业，每贸易，官仍收其算钱。但世相沿袭，谓之官田，不知所始也。”[⑥]可见省庄田实系官田向民田的过渡形态。川蜀而外，他如河北、河东、陕西等路，官田承佃者不仅本人一辈子有使用权，而且死后亦不交还，

---

① 《宋会要辑稿·食货》六三之一七六。

② 《通考》卷七《田赋七》。

③ 同上。

④ 《建炎以来朝野杂记》甲集卷五《经界法》。

⑤ 《通考》卷七《田赋七》。

⑥ 《建炎以来朝野杂记》甲集卷十六《财赋三·省庄田》。

其子孙有继承权。哲宗元祐二年侍御史王岩叟说:“按[河北、河东、陕西]三路百姓佃官田者甚众,往往父祖相传,修营庐舍,种植园林,已成永业。”①

这种使用权既然发展到子孙相承的程度,那它或早或晚将像民田一样进入流通领域。宋代公私载籍中每每出现“立价交佃”、“随价得佃”、“酬价交佃”之类话头,说明此种长期化的承佃权已有交易价格,需通过买卖渠道方能获得。陆九渊在谈到其家乡江西路抚州金溪县的屯田官庄时说:“若系省额屯田者,则与前项事体迥然不同……岁岁浸久,民又相与贸易,谓之资陪,厥价与税田相若。著令亦许其承佃。明有资陪之文,使之立契字,输牙税,盖无异于税田。”②再如江东路(治江宁,今南京,辖今安徽、江苏的镇江、大茅山、长荡一线以西的长江以南及江西鄱阳湖以东地区)系官圩田,“见(现)今人户出纳租税佃种,遇有退佃,往往私仿民田,擅立价例,用钱交兑。”③所收价钱也与当地私田地价相仿,也叫“资陪”。不难看出,这些所谓的系官田土,在处置权(如“修营庐舍、种植园林”)、继承权(如“父祖相传”、“子孙相承”)、买卖权(如“随价得佃”、“用钱交兑”)等方面,均与民田无甚差异。

这种土地使用权日趋深化的情况往往得到官府的认可。如宁宗嘉定九年(公元1216年)在出卖诸州官田中特别规定:“若系绍熙四年(公元1193年)以前请佃之家不欠租课者,并免估价承买,止从官司明立赏榜,许令赍出佃帖,经官自陈,给据投印,各照等色

① 《长编》卷三九七,哲宗元祐二年三月条。

② 陆九渊:《象山先生文集》卷八《与苏宰》。

③ 《宋会要辑稿·食货》六三之二九五。

起立税苗，永为己业。”[①]承佃到一定年限（这里是 23 年），官府即承认承佃者对所佃田土拥有所有权，官田私化为民田了。

我们看到，将系官田土交给民间经营，确已成为当时不可逆转的历史潮流。官田鬻卖与官田召佃同是这个潮流的重要表现。只是一者是将其所有权与经营权同时下放，一者是保留所有权、下放使用权（在包佃中是下放经营权）而已。就是在保留所有权的场合，这种保留也是暂时的，官府手中的所有权，最终要经由经营权、使用权这个中介，演化为私人手中的民田所有权。正是在这个意义上，我们说宋代私人包佃官田制度日趋普遍的根本动因，是唐宋之际经济生活中日趋强大的土地私有化潮流的持续推动。

二、宋代官田包佃制度的发展与租佃关系的普遍化相一致

中唐均田制瓦解后，经晚唐、五代二百年的发展，至迟到北宋中叶，契约租佃关系已经成为当时封建生产方式的主要表现形式[②]。此时大土地所有制已经挣脱国家田制框架的束缚，确立了自身的优势、合法地位；在中古田制经济和部曲庄园经济的崩溃过程中，均田小农和部曲佃客逐步享有退佃和迁徙自由；这样私家地主和无地、少地农民之间，通过订立租佃契约来规定双方权利、义务的租佃方式便日趋普遍。这从下列史料中可以得到深刻印象。

北宋苏洵说：“田非耕者所有，而有田者不耕也。”[③]

---

① 《宋会要辑稿·食货》六一之四六。

② 参见拙文《我国封建租佃经济主导地位的确立前提》，《中国社会经济史研究》，1986 年第 3 期。

③ 苏洵：《嘉祐集》卷六《衡论下·田制》。

邓绾奏疏云:“富者所以奉公上而不匮,盖常资之于贫;贫者所以无产业而能生,盖资之于富。”①

南宋叶适说:“有田者不自垦,而能垦者非其田。”于是“小民之无田者,假田于富人;得田而无以为耕,借赀于富人……然则富人者,州县之本,上下之所赖也”②。

朱熹说:“乡村小民多是无田之家,须就田主讨田耕作……佃户既赖田主给佃生借,以养活家口;田主亦籍佃客耕田纳租,以供赡家计。二者相须,方能存立。”③

王柏说:“农夫资巨室之土,巨室资农夫之力,彼此自相资,有无自相恤,而官不与也。”④

袁采说:“人家耕种,出于佃人之力,可不以佃人为重?”并视客户佃作为田主“衣食之源”。⑤

宋元之际方回说:“予往在秀之魏塘王文政家,望吴侬之野,茅屋炊烟,无穷无极,皆佃户也。”⑥

上述诸家在主佃双方之作用孰轻孰重的认识上不尽相同,不少看法带有明显的阶级偏见,我们无意去作左、中、右的划分。但是,这些记载确从地权所有、佃户比例、主佃关系、社会观念等不同角度,透露出一个相同的信息,这就是封建租佃经济到宋代已经成

---

① 《长编》卷二六九,熙宁八年十月条。

② 叶适:《水心别集》卷二《民事(中)》、《民事(下)》。

③ 朱熹:《朱文公文集》卷一〇〇《劝农文》。

④ 王柏:《鲁斋集》卷七《赈济利害书》。

⑤ 袁采:《袁氏世范》卷三《治家》篇《存恤佃户》条。

⑥ 方回:《续古今考》卷一七。

为当时社会经济的主要成分了。如此看来，

> 私人包佃官田恰恰是在租佃经济结构中发展起来一种双重租佃关系。在这种关系中，官府作为“业主”掌握土地所有权；形势豪右作为“佃主”握有土地经营权，作为“种户”的佃农只有耕作权。所谓包佃就是品官权贵、形势豪右之家，为转佃取利、谋取差额地租而承佃大段系官田产的行为。【定义三】

由此可以得出关于包佃成因的第二个认识，即契约租佃经济占据主导地位是包佃形态得以发展的必备历史环境。

三、宋代私人包佃官田的盛行与荒闲田土的存在或扩大相一致

从时间和地域来看，北宋中叶包佃盛行于陕西、京西等路。众所周知，这是饱受宋夏战争蹂躏和官府赋役重压的地区。包佃在两宋之交盛行于淮南、湖北、陕西、四川等路，同样是宋金交界的拉锯战地区，以致人户逃散，熟土污莱，史载“两淮之田旧多荒芜”[①]。高宗绍兴二十五年诏令亦云淮南地区自“建炎兵火之后，人户抛弃已业逃移，并各荒废。”[②]孝宗乾道时还有臣僚要求招诱江浙、福建豪民至淮西“请佃荒田”。乾道五年淮南转运司更是将荒田弥望与豪民包佃直接联系在一起：“向缘兵火，民多逃移，蒙朝廷招诱归业，例以识认田土划时给付，多有包占亩步”。[③] 难怪两淮人口自

---

① 《宋会要辑稿·食货》六一之八六载乾道八年徐子寅言。

② 《宋会要辑稿·食货》六三之一一九。

③ 《宋会要辑稿·食货》六一之八五。

北宋神宗元丰年间的一百三十五万余户降至南宋仅只二十余万，不足北宋的1/6。荆湖北路同样如此，“诸州荒田多无人耕”[①]，“田莱之荆榛未尽僻，闾里之创残未尽苏”，“锄耰耘耨皆侨居之农夫”，“市井号为繁富者才一、二郡，大概如江浙一中下县尔；县邑至为萧条者，仅有四五十家，大概如江浙一小聚落尔。”[②]此类材料多至数十百条，恕不赘列。事实说明，包佃现象的繁盛流行与荒田旷土的大量存在，在时期与地域这两个方面均有相当程度的一致性。这一点连当时的任事官僚也看得十分明白。宁宗嘉定元年御史中丞章良能说：“今胡骑蹂践，数郡之民死于锋镝、死于转徙者十居八七，不耕之田处处弥望。若不乘此早加检核，刚强有力者必将强行包占，数月之后无复有在官者矣。”[③]极为明确地将荒田弥望与包佃盛行联系在一起，可见荒田旷土的大量存在确是官田包佃得以繁衍滋盛的外部条件。

基于上述关于包佃成因的分析，我们似可得出如下认识：

> 宋代官田包佃形态，是在契约租佃经济占据主导地位的历史环境中，在不可逆转的土地私有化潮流的持续推动下发展起来的一种官田经营方式。这种方式体现了封建国家将管理、经营各类系官、荒闲田土的责任下放给民间承担的强烈意图，因而在荒土、逃田大量存在的时期和地域内，包佃形态得到了最充分的发展。【定义四】

---

① 《宋会要辑稿·食货》六一之八五。

② 仲并：《浮山集》卷四《蕲州任满陛对札子》。

③ 《宋会要辑稿·食货》六三之六四。

第三节　宋代官田包佃的性质

杨文指出，包佃经济虽不具备农业资本主义的性质，但包佃主为垦荒而预付的资本，在混合地租中有“利润成份的增量”，虽未脱离封建经济的樊篱，但相对于旧日官田经营方式，仍是一种进步，因为其中“蕴含着某些否定封建法权的经济因素”。从这样一个认识出发，杨文对官田包佃的作用给了较高的评价，认为财势丰厚的形势豪右在包佃过程中参与垦荒，解决了官府垦荒资本的短缺问题，从而扩大了垦田面积，发展了农业生产力，既保证了国家收入的增益，又在客观上促成了土地与劳力的结合。总之是利大于弊，且具一定进步性，故应基本肯定。杨先生问道，如果不是包佃主垫支耕作资本促成了游散劳力与土地资料的结合，客观上起到了组织生产的作用，那么如何理解“客户情愿承受国家与包佃主的双重剥削而不直接承佃官田呢”？笔者以为，解决这个问题的关键，恰恰在于正确揭示包佃形态的本质特性。

一、从中央到地方的各级政府是垦荒资本的重要提供者

一般说来，私租远重于官租。在包佃制下，只有耕作权的种户们要同时承受官租与私租的双重剥削，绝不会情愿。孝宗淳熙十四年，安丰军寿春、安丰、六安、霍邱四县以常昇为首的包佃主们联名上诉官府：“开垦营运未几，因累岁旱伤，客户星散，是致荒废。”①

---

① 《宋会要辑稿·食货》六一之三八。

不难想见这些种户在重租之下艰难困顿的悲惨景况。杨先生认为种户情愿接受官私租双重剥削的主要根据，在于包佃主们垫支了种户垦田之必不可少的耕作资本。但历史事实是，包佃主并非垦荒资本的唯一提供者。在更多的场合，官府常是垦荒资本的重要提供者。两宋史籍中此类材料比比皆是，略举数例，以明大势。

太宗端拱二年(989 年)，陈尧叟建议，募民垦耕荒田，设屯管理，"每屯十人，人给一牛，治田五十亩"[①]，这是官给耕牛。

神宗元丰元年(1078 年)，京东体量安抚使黄廉言："澶州及京东、河北淤官地皆土腴，乞募客户，依其土俗，私出牛力，官出种子，分收。"[②]这是官出籽种。

高宗绍兴六年(1136 年)，"张魏公以都督出行边，乃奏改江淮屯田为营田，凡官田若荒田，并行拘籍，以五顷为一庄，募民承佃。其法五家为一保，共佃一庄，以一人为长。每庄，官给牛五具，种子、农器附之。别给十亩为菜田。又贷本钱七十千，分两年偿，勿取息。"[③]《宋会要辑稿·食货》二之一五亦载此事，所载数字更为详备：一庄五家，给耕牛五头；官给籽种，"如未有谷，即计价支钱"；贷钱七十贯分两次支给，"春耕月支五十贯，耨田月支二十贯；"又"每庄盖草屋一十五间"，"每一家给两间，余五间准备屯放斛斗"。朝廷并"诏从之"。这里不仅耕牛、籽种、农具全给，还给无息贷款，设想可谓周全。故时有"江淮置立官庄，贷以钱粮，可谓备矣"[④]

① 《古今图书集成·食货典》卷四四，《田制部》。

② 《宋会要辑稿·食货》六三之七八。

③ 《建炎以来朝野杂记》甲集卷一六，《财赋三·营田》。

④ 《宋会要辑稿·食货》六三之一一一。

之说。

绍兴二十五年(1155年),宋廷下令诸路,如系官佃户退佃、须另行召人承佃时,"其元[原]拨官屋、菜田、牛具亦并权行给付现佃人,免行收租。"[①]孝宗隆兴元年(1163年)措置州县营田官庄时,再令各地"官给牛具,借贷钱本"[②]。说明官府垫支垦荒资本确有相当的普遍性和持续性。

不仅如此,这些政策规定在实际生活中多半是得到实行的。如乾道六年(1170年)在募民垦佃泰州官荒地,"人户请佃一顷,与借给耕牛一头及农具,种粮随田多寡假贷,计元[原]价均以五年还官,更不收息。"[③]乾道八年官府在淮南曾"劝谕归正人一千五百八十人于楚州宝阴、山阳、淮阴县、高邮军高邮县、盱眙军天长、盱眙县、扬州江都县、泰州海陵县界,共置五十四庄,并给付耕牛、农具、粮种,开垦田亩"[④]。第二年在淮东路扬州召佃中,又让地方官"据每岁合用种粮、农器、牛具、屋宇之数,预申朝廷关拨"[⑤]。结果共"用钱五万四千七百余贯,稻子八千余石"[⑥]。后因所垦田数不多而罢。

至宁宗庆元四年(1198年),仍有募民承佃"官借种粮"[⑦]之令,可见官府垫支垦荒资本,是一项具有连续性的政策,对南方各地召

---

① 《宋会要辑稿·食货》六三之一二〇。
② 《宋会要辑稿·食货》三之四。
③ 《宋会要辑稿·食货》六一之八六。
④ 同上。
⑤ 《宋会要辑稿·食货》六一之八七。
⑥ 《宋会要辑稿·食货》六一之八八。
⑦ 《宋会要辑稿·食货》六之三〇。

民垦荒均会发生一定的指导作用。

更为令人惊诧的是，在形势豪强包占荒土又未悉开耕的情况下，宋廷甚至提议由官府向其垫付垦荒资本。高宗绍兴年间江南东西路宣抚使韩世忠言："今相度，欲先将建康府管下根括到近城荒田，除户绝、逃田一面措置耕种外，其有主而无力开垦者，散出文榜，限六十日许人户自陈顷亩着实四至，如情愿将地段权与官中合种，所用人户、牛具、种粮并从官给。候收成日，据地段顷亩先次，依本色供纳二税，及除豁牛具、种粮，其余据见在斛斗量给地主外，尽给种田人。"又虑地主过数邀求，故规定除豁之余"以十分为率，内二分给地主"。后因农时将至，不及措置，改为召人承佃，并只纳二税[①]。这里的"地主"既有名符其实的田主，恐亦有包佃主侧身其间。揣其原意，官府之所以愿向豪右垫付垦荒资本，当然是从荒地垦熟可以增益赋役征调出发的，同时恐亦有安置客户流民、稳定沿边局势之政治意图在内，故不惜耗费官资，与田主取合种方式来经营开垦荒闲旷土。

二、下户承佃、转租官荒田一般自筹耕种资本

如果说流移人户和部分客户一无所有、需官府或包佃主垫付垦荒资本的话，那么众多承佃官田的四五等户则就不同了。笔者曾经说过，宋代多数下户兼有官私佃户身份，其阶层属性应划入契约佃农一类[②]。近有梁太济先生亦指出，下户仰给于人的主要方

① 《宋会要辑稿·食货》六三之九三至九四。

② 参见拙文《唐宋之际农民阶级内部构成的变动》，《历史研究》1983年第1期。

式就是租佃他人土地[1]。史载“下五等人户，所仰数亩之田，以为卒岁之计”[2]，因此“虽名为有产，大率所纳不过尺寸分厘、升合杪勺，虽有若无，不能自给”[3]。故需同时租佃官私田土才能勉强维持生计。南宋熊守克《劝农十首》之五云：“己田自种乐为农，不肯勤耕奉主翁。劝汝回心毋见错，秋成获利两家用。”[4]即属自有些许己田又承租主翁田土的下户身份。他们一般自有一二间草棚茅舍，以及犁锄镰耙等小农具，境况较佳者还会有一头耕牛。前引澶州等地官出籽种、客户出耕牛双方合种一例即是明证。这就说明，众多下户，甚至还有部分客户具有垫支垦荒资本的一定能力，事实上他们多半是靠尽量加大劳动强度来扩大再生产的。因此没有形势豪右垫付垦荒资本，照样可以承佃官田以事耕作。

既然形势豪右并非垦荒资本的唯一提供者，我们就可以明白，佃农绝非情愿、而是被迫承受官府和包佃主的双重剥削这一点了。这种被迫的主要原因，在于形势豪右凭藉权势、交通官吏，几乎垄断了系官荒闲田土的承佃权利。观诸下述材料，对此当更为清晰。例如仁宗时陕西路“没纳、欠折、户绝庄田不少，自来州县形势、乡村有力食禄之家假名占佃，量出租课”[5]；徽宗时浙东越州、明州围湖所造之田“请佃人多是新旧权势之家，广占顷亩，公私请求”[6]；

---

① 梁太济：《宋代五等下户的经济地位和所占比例》，《杭州大学学报》1985年第3期。

② 《宋会要辑稿·瑞异》三之二八。

③ 吕祖谦：《东莱集》卷一《代张严州作乞免丁钱奏状》。

④ 《嘉定赤城志》卷三七《风土门》。

⑤ 《宋会要辑稿·食货》六三之一七七。

⑥ 《宋会要辑稿·食货》六一之一〇六。

高宗时温州永嘉等四县的“户绝、抵当、诸色没官田产数目不少，并係形势户诡名请田”[1]。特别是绍兴年间安丰军通判王时升所言：“豪强虚占良田，而无徧[遍]耕之力；流民襁负而至，而无开垦之地。”[2]以及淳熙年间著作郎袁枢所言：“豪民所占之数不知其几……力不能垦，则废为荒墟；他郡之民或欲请佃，则彼以疆畎为词”。[3]这两段话，可谓一语破的之论。在官田承佃中，形势豪右凭借权势，捷足先登，“虚占良田”，“不知其数”；流民、客户和下户们如若赴官请佃，则被佃主以“疆畎为词”，拒之门外，遂至“无开垦之地”，“散于末作”。为求生存，只好作为私家佃主的种户以取得土地使用权，其代价便是被迫接受官租和私租的双重剥削。这正是包佃主身份只有形势豪右方能兼任的根本原因，同时也是包佃盛行妨碍土地与劳力结合的秘密之所在。

有鉴于此，笔者以为，应将形势豪右对于系官田土经营权的封建垄断，规定为包佃形态的本质特征。这种垄断行为，既有合法的，又有非法的；而且律令许可的合法垄断，往往为屡禁不止的法外垄断所补充所强化，故其恶性垄断性质显得更为昭彰。

三、“实封投状”等政策有助于形势豪右包占顷亩

应该说，两宋时期对于形势豪右承佃官荒田土，在实行之初也是有所限制的。例如真宗咸平二年规定，“应从来无田税者，方许

---

① 《宋会要辑稿·食货》六一之二。

② 《宋史》卷一七三《食货志上一》。

③ 《宋会要辑稿·食货》六之二八。

请射系官荒土及远年落额荒田。”[1]不准品官权贵之家诡名请佃之令，更是屡有所降。但成效甚微，形同空文。所以神宗初年，苏辙有言，“今朝廷所以条约官户，如租佃田宅、断买坊场、废举货财、与众争利，比于平民皆有常禁”[2]。及至南宋初年，禁令尚存，如孝宗时有臣僚言，“在法，品官之家不得请佃官产，盖防权势请托也”[3]。但在执行中基本上取放任自流的态度。高宗绍兴时，淮西路帅臣吴逵甚至申请招诱江浙、福建土豪大户赴淮南“从便请佃田地”，能垦至一定亩积并输纳足额租课者还赏给官爵，用广招徕[4]，径直向形势豪右敞开请佃大门。绍兴二十六年(1156 年)又将这种办法推广至荆湖北路，让该路转运司将各类系官田土，“行下所部州县招诱，不以有无拘拟之人，并许踏逐，指谢请佃，不限顷亩，给先投状之人。”[5]不计身份，不限顷亩，谁出的租额高，官府就租给谁。这种政策无异于公开鼓励形势豪右广包冒占。政策上的这种变化，是促成包佃主们垄断系官田土经营权的又一原因。

再从包佃运行的内部机制看，如果流民、客户能从官府直接佃入田土耕种，必将增加包佃主们招致劳力的困难。他们只有尽其可能地广包虚占系官荒土，才能迫使更多的无地、少地农民因无由佃入官田耕作，而忍痛接受其远较官租为重的私租剥削。因此若

---

① 《宋会要辑稿·食货》六三之一六三。

② 苏辙:《栾城集》卷三五《制置三司条例司论事状》。

③ 《宋会要辑稿·食货》六一之三〇一三一。

④ 《宋会要辑稿·食货》六一之八三。

⑤ 《宋会要辑稿·食货》六一之八三。

从包佃主的角度看问题，其广包系官荒土实际上是推动包佃形态尽快运作起来的一个促成因素。如此说来，包佃与包占从一开始即如影随形、紧密相连，就毫不足怪了。这是包佃主们不惜冒法干禁也要垄断系官田土承佃权的秘密之所在。

若云所有系官荒土均被包佃主劫掠一空，也不尽然。但是他们既有权势，必定“挑段请射”以抢占膏田腴土，“择肥而噬”原是其在土地兼并中惯用的伎俩。如高宗绍兴二年(1132 年)将五百七十余顷的明州广德湖田按土地肥瘠荒熟分三等收租，平均亩收三斗二升。但执行中却是不分等色，均按一等收租。结果“上中二等皆权势之家请佃，下等多是不曾耕种，所得不足输官，往往抑勒贫民承认分种，岁久为害”[①]。强迫贫民下户承佃未曾耕种的荒土，却与豪右所占肥田同纳一等之租，一年辛劳下来所收之粮还不够交纳官租，这种官田还不如不佃！

四、官田经营权的封建垄断才是官田包佃形态的本质特征

事实证明，种户承受佃主私租重累的真正原因，确非缺乏垦荒资本所致，而是形势豪右“凭陵占据”系官荒土，客户流民因“受制于豪民”，连“寸田尺土”都“不容耕佃”的结果。这就是将包佃性质判定为封建垄断的主要根据。

事实上，这种对于官田承佃权的垄断性质，在包佃运行的每一个主要环节上均有表现。无论是在包占顷亩、转佃出租、输纳官租中，还是在对付或破坏官府关于包佃的各项限制性对策中，几乎处

---

① 《宋会要辑稿·食货》一之三五。

处可见形势豪右凭藉权势、交通官吏、巧作因缘、营私舞弊的丑行。

先看包占顷亩。

仁宗皇祐元年(1049 年),越州余姚县泗湖围田之风渐盛。据知县谢景初言,情况是“官司因循请托,或致受纳赂遗,令形势豪强人户请射作田。以起纳租税为名,收作已业”。[①] 嘉祐五年(1060 年),知秀州罗拯言:“鉴湖自东汉时兴修,著在图籍。周回三百余里,灌田数万余顷,其为越人之利甚大。近岁为贪黩之辈以权势干请,假托姓名,占射殆遍。”[②]官吏受其贿赂,必定为之钻营。虽有“山泽陂湖不得占固”之禁,但钻“既无明言不得请射营种,及无簿籍拘管”[③]的空子,豪强请射一律照准不误。

至南宋此类情事急剧增多。如浙江西路,据孝宗乾道元年(1165 年)户部言,该路“所管营田官庄共一百五十九万余亩,内有未承佃六十七万余亩。缘上件田产皆系肥饶,多是州县公吏与形势之家通同管占,不行输纳租课”[④]。淮南西路,据宁宗庆元四年(1198 年)臣僚言,“淮西安丰军田之荒闲者视光、濠为尤多。包占之家与吏为市,故包占虽多而力所不逮。”[⑤]川蜀地区,据宁宗开禧元年(1205 年)四川宣抚使安丙等言,乾道四年(1168 年)曾将绍兴以来兴置的蜀口营田共二千六百五十余顷,“发下诸州募民承佃,遂致租利走失,骄将豪民乘时占据”[⑥]。可见包佃主们垄断系官田

① 《宋会要辑稿・食货》七之一三。
② 《宋会要辑稿・食货》七之一五。
③ 《宋会要辑稿・食货》七之一三。
④ 《宋会要辑稿・食货》六一之二九。
⑤ 《宋会要辑稿・食货》六之三〇。
⑥ 《宋会要辑稿・食货》六三之一五八。

土经营权并非偶一为之的特例，而是遍及宋辖全境的普遍现象。

再看官租输纳。

据高宗绍兴六年（1136 年）二月臣僚言，“两浙东西、江南东西、福建、广南东西路所管乡村户绝并没官及贼徒田舍与江涨沙田海退泥田，昨为兼并之家作弊，计嘱人吏，小立租额佃赁，不尽归公上。”[①]说明此类通同作弊现象遍及南宋大半辖境。至孝宗乾道年间，上述地区仍然是“官户侵耕冒佃，见占顷亩，致失常赋，及租佃人户计嘱州县，从轻立租”。[②] 在自陈法中，仅浙西、江东、淮东三路佃主自报逃租官田即达二百八十余万亩[③]。可见“计嘱州吏”是“从轻立租”的必由途径，逃课赖租是包佃主们的通病。

再看官田鬻卖。

面对形势豪右广包强占系官田土，且不如额输纳官租的局面，不少官僚连上奏札抨击包佃，宋廷亦采取措施限制包佃。而官田鬻卖则是宋廷对付包佃主们的最后一策。然在此过程中，亦是欺弊百出，特权横行。包佃主们或者“往往坐占，不肯承买”，或者“计嘱州县，不肯离业”[④]。部分形势豪右“既于官中低价买过，却与外人相见，转手增价出卖。或借人钱物收买，于后增价准折”[⑤]，在州县官吏的协助下倒卖获利。也有不法官吏“却将未卖田产巧作缘故，纵容见佃形势之家及元[原]拘没人户坐估花利”[⑥]。如两宋之

① 《宋会要辑稿·食货》六一之一一。

② 《宋会要辑稿·食货》六三之二一三。

③ 同上。

④ 《宋会要辑稿·食货》六一之三一。

⑤ 《宋会要辑稿·食货》六一之二五。

⑥ 《宋会要辑稿·食货》六一之二七。

交官僚王羲叔买没官田，“价三万余贯，只作一万六千余贯，又只纳一千二百余贯入官，便行耕种”[1]。先是折价一半，继又只纳半价的 1/13 便将此成千上万亩官田据为己有，若无任事官吏与之串通，巧作因缘，是绝不可能做到的。待至因弊端过多而官田停卖，则正如孝宗赵昚本人所言：“在官之田不卖，徒为有力者计嘱州县，请佃占据。”[2]无须再加引证徒增篇幅，一言以蔽之，包佃主之所以能够如此普遍而又长期地垄断大部系官田土的承佃权，是与吏治腐败、贿赂公行、官官相护、法外专横等封建社会通常的弊病分不开的，这是包佃之封建特权性质的必然表现。品官权贵、形势豪右为了一个特权阶层的利益，不惜损害整个社会乃至其本身的长远利益，这一点就是当时稍有责任感的官僚士大夫也是坦率承认的。

北宋末年已有官田承佃“利厚而租轻”[3]之说。高宗绍兴二十一年(1151 年)臣僚言：“赡士公田多为形势之户侵占请佃，逐年课利入于私家”[4]。孝宗乾道八年(1172 年)赵善俊分析淮南包占原因时说：“缘无苗税，故能久占”[5]。乾道九年宰辅梁克家说：“访闻淮民佃田，所以周旋虏寇之间，冒死不顾者，正利名占宽余之数。兼其俗耕耨卤莽，所占虽多，所入极少。”[6]南宋方岳言：“今所谓没官田者……悉为强有力者佃之。某官、某邸、某刹、某府非能自耕

① 胡寅：《斐然集》卷一五《缴王羲叔黄愿李膺复职》。
② 《宋会要辑稿·食货》六一之三六。
③ 《建炎以来朝野杂记》甲集卷一六《财赋三·官田》。
④ 《宋会要辑稿·食货》六一之一四。
⑤ 《宋会要辑稿·食货》六一之八七。
⑥ 《宋会要辑稿·食货》六一之八八。

者也，而占田多至千百顷者，何也？有利焉耳。”[①]可谓一语破的之论。

其利究竟有多大？我们来看两个实际例子。

例一：徽宗政和年间，广德湖田“召人请佃，得租米一万九千余石”，后至高宗绍兴年间改“令见种之人不输田主，径纳官租，增为四万五千余石”。[②] 两者差额二万六千余石即是包佃主之纯收入。他们每交一石官租，净落一点三七石私租。这里官私租之比为一比二点三七。

例二：高宗绍兴年间川蜀地区“营田止二千六百顷，岁入已二十三万石……厥后豪将猾民私租承佃，官失常入之课。至淳熙初，田及七千四百顷，仅收九万石。近[按：指宁宗嘉定年间]以籍没、逃亡，增至万顷，止得十万石。田视厥初凡七、八倍，而租减于前者过半”[③]。如将官租所减之数视为豪将猾民所入，则绍兴时亩收八斗八升，淳熙时减至一斗二升，嘉定时亩入一斗。依此估计包佃主交官租一石，可有七石八斗私租纯收入。两者之比为一比八点八。故当时就有“官受营田之名，利归于豪猾之家”[④]的评论。

杨先生按当时亩产、官租和私租的平均量估计，包佃中官私地租之比为四斗比二石，包佃主每交一石官租，可有四石私租的纯收入，即一比五。这是符合当时生活实际的一个约数。获利如此巨大，恐不在私田经营之下，然负担较私田为轻，逃租较私田为易，也

---

① 方岳：《秋崖小稿·轮对第二札子》。

② 《宋会要辑稿·食货》六一之一一〇。

③ 《宋会要辑稿·食货》六三之六四。

④ 同上。

就难怪形势豪右趋之若鹜、百般钻营了。我们不得不坦率地承认，在包佃形态中的确丝毫也看不出有哪些“否定封建法权的经济因素”存在于内。

让我们小结一下：

官田包佃的实质，是势大财丰的形势豪右、品官权贵，凭藉特权，交通官吏，并往往通过因缘作巧、冒法干禁而达成的对于官田承佃权的一种封建垄断。是地主阶级、特别是其中的特权阶层，企图将各类官私田土中的最大份额全部控制在本阶级手中的又一表现。【定义五】

如果说“不抑兼并”政策标志着地主阶级在民田领域内确立了本阶级土地所有制的优势、合法地位的话；那么官田包佃制度的盛行，则标志着形势豪右在官田承佃领域中争取本阶级土地经营权的斗争亦已获致决定性胜利。这个胜利所引发的国家财政收入受到威胁，形势豪右与国家之间在剥削权益上的争夺更趋激烈，涸湖为田之风炽盛对江南水利资源的破坏，以及因妨碍流民、客户承佃官田而使土地与劳力相分离的趋势日渐加剧等等问题，即是官田包佃的封建垄断性质所引发的种种恶果，请详下节分析。

第四节　宋代官田包佃的作用

杨文对宋代官田包佃作用的评价是比较高的，认为财势丰厚的形势豪右在包佃过程中参与垦荒，解决了官府垦荒资本短缺的问题，从而扩大了垦田面积，发展了农业生产力，既保证了国家收入的增益，又在客观上促成了土地与劳力的结合。总之是利大于弊，应基本肯定。

但是检核《宋会要》、《长编》、《文献通考》、《宋史》等主要史籍，其中反映官府限制包佃、官僚抨击包佃的材料，连篇累牍，触目皆是；间有数条允许、扶植豪民包佃的材料，则如涓涓细流，几被限制性材料所淹没。这里就发生了令人困惑的矛盾，既然官田包佃具有如许好处，那宋廷缘何在多数场合均视包佃如寇仇，非欲去之而后快呢？这在包佃特别盛行的时期和地域内，表现得尤其明显。

让我们先看宋廷的相关对策，然后再条析其原因。

一、宋廷限制形势豪右包佃官田的诸项对策

对策之一曰“陈首”。所谓“陈首”，就是要求包佃主和佃客如实申报承佃亩积，以便官府按亩课租。大量史料表明，包佃主们无不希望尽量多佃官田。哪怕人手不足，宁肯任其荒芜，也不愿放弃已经到手的承佃权。甚至凭藉权势，在承佃数额之外又广包强占佃田周围的荒闲田土，从而极大地妨碍了他人对土地的利用。例如仁宗时陕西路“没纳、欠折、户绝庄田不少，自来州县形势、乡村有力食禄之家假名占佃，量出租课”。[①] 徽宗时亦有类似情况，所以绍兴年间王时升说：“豪强虚占良田，而无遍耕之力；流民襁负而至，而无开垦之地。”[②]孝宗淳熙年间袁枢亦言：“豪民所占之数不知其几，为不能垦，则废为荒墟；他郡之民或欲请佃，则彼以疆畎为

① 《宋会要辑稿·食货》六三之一七七。

② 《宋史》卷一七三《食货志上一》。

词，郡县无以稽考，终不能予夺。”①

因此，在私人包佃官田盛行之初，宋廷主要是希望豪右能按承佃之亩积，如数缴纳额定租课，故以“陈首”之策为主。高宗建炎元年(1127年)五月一日赦文：“应冒占系省官田宅之家，指挥到日限半月，许人户自行陈首，依祖来租课输纳佃赁。如无旧额，即比近邻立定租课为准。”②绍兴十六年(1146年)，再颁“人户侵占立限，经所属自陈，差官审实，添租改正”③之令，要求包佃主们响应陈首之策。但是，包佃主们置若罔闻，所以绍兴三十年(1160年)，孝宗乾道六年(1170年)、七年，淳熙三年(1176年)、十年、十四年又多次重申陈首之令，但仍然收效甚微。正如淳熙十二年知蕲州赵彦丞所说，“虽有指挥许人自首，终是不肯尽首，所以屡降指挥”④，一语道破宋廷屡下陈首之令的谜底。

对策之二曰“刬佃”。所谓刬佃，原指官私地主为保证和增加地租收入而剥夺佃者承佃权再另行召佃的做法，宋廷亦常取此策来对付输租违期或已佃而逃的系官佃户。哲宗元祐八年(1093年)诏书中即有“佃租违期应刬佃”⑤之规定。至南宋，因陈首之策往往并不奏效，故日益借重刬佃一策来对付形势豪右包占大段官田又不如额输租的行为。高宗绍兴二十七年十二月，两浙转运副使赵子绣言：“被旨措置镇江府沙田，欲选官打量，随田地肥瘠，轻

---

① 《宋会要辑稿·食货》六之二八。

② 《宋会要辑稿·食货》六一之一。

③ 《宋会要辑稿·食货》六三之二〇三。

④ 《宋会要辑稿·食货》六一之三七。

⑤ 《通考》卷七《田赋七》。

立租课，就令现佃人耕种，委知县拘管，如形势之家尚敢占吝，不即交割，许本司具奏。”[①]这是将形势豪右包裹占吝之田划佃给种户经营，希图以此保证官府的租入。孝宗乾道五年（1169年），针对两淮膏腴之田“多为官户及管军官并州公吏诡名请佃，更不开垦，逐致荒闲”的情况，下令以一年为限，令现佃人开耕，“如限满不耕，拘收入官，别行给佃。”[②]宋廷多次令包占之户限期开耕，先定为半年，后又宽限五年，条件越放越宽，不难看出，划佃之策效果亦不甚佳。正如当时臣僚所说，“逮至许人划佃，则又计嘱州县，不肯离业”[③]。面对这种情况，宋廷被迫转取激烈措施。孝宗淳熙九年（1182年），在淮南地区“取民户见输之课，分画疆畎，而立契券，随亩增租。以其余给与佃人，庶革广占之患。”[④]以其所输租课定其承佃面积，此外所余顷亩，不再承认他们的承佃权，直接划佃给耕垦之种户，以期杜绝包佃主欺隐官租之弊。

对策之三曰“鬻卖”。就两宋而言，官田鬻卖是宋代官田私田化政策的主要表现形式[⑤]。北宋中叶宋廷曾用此策对付过形势豪右的包佃行为。仁宗天圣五年（1027年），三司决定“徧下逐路，将天圣四年已前户绝庄田依陕西例估计实价，召人承佃”。[⑥] 南宋初年为解决屯驻大军的粮秣之需，再次大兴屯营田和官庄，官田数额一度膨胀。但是迫于形势豪右大量包占系官荒闲田土又亏欠官租

① 《建炎以来系年要录》卷一七八高宗绍兴二十七年十二月乙未条。

② 《宋会要辑稿·食货》六一之八五。

③ 《宋会要辑稿·食货》六一之八六。

④ 《宋会要辑稿·食货》六之二八。

⑤ 参见拙文《关于北宋官田私田化政策的若干问题》，《历史研究》1982年第3期。

⑥ 《宋会要辑稿·食货》六三之一七七。

之入，故官田崛兴不久，即不得不重检出卖之法。

《建炎以来朝野杂记》载："（东南）诸道闲田颇多，既利厚而租轻，因有增租以攘之者，谓之刬佃，由是词讼繁兴。绍兴二十八年（1158年），知温州黄仁荣请鬻以止讼。会何内翰溥，亦请鬻官田为常平本，许之。其后户部会其数，得钱五百万缗。自是数举行之，独营田不废。"[1]如以平均亩价五贯计，即卖出一百万亩系官闲田，其数不可谓不巨。事实上早在建炎四年（1130年），温州四县即"量立日限，召人实封投状请买"[2]。绍兴六年（1136年），又因兼并之家在请佃系官田产中多是"计嘱人吏，小立租额"，而将官田鬻卖之法逐步推广到两浙、江南、福建、广南等广大区域[3]。户部规定："田宅有形势豪右之家占佃，已委官立罪赏，根括出卖。"朝廷"从之"[4]。

但是形势豪右之家既要占此租轻之厚利，自然不肯出纳地价。所谓"今来卖田宅内，有官户形势之家请佃，往往坐占，不肯承买"[5]，即其写照。与此同时，又因"现占佃形势官户及豪右之家，欺隐占吝，及用情障固，至人不敢请买"。[6] 这就是说，包佃主们不仅拒付地价，不肯承买；而且凭藉权势，运动官吏，千方百计地威胁欲买之人，企图长期垄断官田之经营权。这就在官田出卖中造成了形势豪右不肯买、穷民下户又不敢买的僵局。为了打破官田出

① 《建炎以来朝野杂记》甲集卷一六《财赋三》。
② 《宋会要辑稿·食货》六一之二。
③ 《宋会要辑稿·食货》六一之一一。
④ 《宋会要辑稿·食货》六一之二二。
⑤ 同上。
⑥ 《宋会要辑稿·食货》六一之二〇。

卖中的僵局，于是宋廷决定将豪右坐占之田“依官估之价直[值]，就勒见佃人承买”[1]，让转佃于豪右的种户出纳地价，将官田所有权从包佃主手中转入种户手中。在土地所有权日趋深化、土地私有制渐臻成熟的宋代，这不能不说是十分激烈的措施。

需要说明的是，陈首、刬佃、出卖等策，在实际生活中是交替施行的；而且愈到后来，宋廷对策愈是陷于召佃、刬佃、出卖，再住卖、召佃、陈首这样一个闭路循环模式之中，明显反映出面对形势豪右包占冒佃、规免租课之局面，宋廷方法想尽、仍一筹莫展的窘迫状况。

此外，各地因情况不同，还采取过一些局部性措施来对付包佃主们的冒占侵耕行为。如高宗时在形势豪右“以官庄附种为名，冒占膏腴动至数千百石”(此处系以官府所亏租额计其冒占亩积)的地方，将其余无田附种户虚纳之租均摊在冒占官田的上户头上，强令上户认纳。孝宗淳熙十年(1183年)，襄阳府剥夺豪右势要包占官田、不纳税役、又未开耕的土地经营权，转由官府自己经营或招徕流民开垦荒闲田土。

其实，对于品官形势、权贵豪右的请佃官田，两宋皆有禁约。神宗初年，苏辙说“今朝廷所以条约官户，如租佃田宅、断买坊场、废举货财、与众争利，比于平民皆有常禁”[2]。哲宗元祐五年(1090年)，又将“品官之家不得请射”的旧敕令改为“品官之家不得请佃”[3]。此后就官田而言，“官户许买，不许佃赁”即系常法。南宋

---

① 《宋会要辑稿·食货》六一之二二。

② 苏轼：《栾城集》卷三五《制置三司条例司论事状》。

③ 《长编》卷四三九是年三月己卯条。

孝宗时，有臣僚言“在法，品官之家不得请佃官产，盖防权势请托也”[①]，说明至南宋仍未弛禁。

二、官田包佃之弊端

事实说明，宋廷官田经营政策的主导面是维护发展正常的租佃关系，但同时亦在想方设法防备和限制私人包佃官田的过分发展。杨康荪先生事实上也十分清楚，宋代官田包佃“不是当时律令制度的产物”，而“只是执政者无可奈何的认可”的一种土地占有事实。这就反映出，私人包佃官田中确实存在着一些较为严重的弊端：

一是影响官府正常租课收入。不能想象，在赋役输纳上殚思竭虑侵欺作弊的形势豪右，会在官租课取中如实认纳。无论是上交国税还是官租，形势豪右之表现远较下户和系官佃农为差，他们常常“计嘱人吏，小立租额”。如徽宗政和元年（1111 年）有臣僚言：天下系官田产“往往荒废不耕，虽间有出卖请佃之人，又为豪右之侵冒，输官租赋十无一二，欺弊百出”[②]。此年九月十二日诏书亦云：“诸路系官田舍，平日多为豪右侵冒，有亏邦计。”[③]政和五年九月，提举河东路弓箭手司奏：“有力之家量出些小租课佃种，其硕斗不及弓箭手合纳租课十分之一二，亏损官课，大为侥幸”[④]。可见大致而言，大段包佃较之弓箭手、佃户承佃，官府租入要减少百

---

① 《宋会要辑稿·食货》六一之三〇，六一之一三一。
② 《宋会要辑稿·食货》一之三一。
③ 《宋会要辑稿·食货》六三之一九二。
④ 《宋会要辑稿·兵》四之二三。

分之八九十之多。形势豪右“占田多而输课少”，私人包佃官田的过分发展，的确是影响而不是增益了国家的财政收入。

平心而论，这并不能由包佃官田之形势豪右的个人品格来解释，而是时势使然。建中两税法后，我国封建社会的赋役征收原则开始由以丁为本向以地为本过渡。“据地出税，天下皆同”[①]，“有田则有赋役，田有多寡则赋役有轻重”[②]，日益成为晚唐以后历代封建王朝遵循不替的赋役通则。这样，封建国家的财政收入就从原来直接榨取农民阶级的剩余劳动（例如均田制下的租庸调）为主，变为从地主阶级处分割这个剩余劳动（如唐宋两税法下的土地税和财产税）为主了。宋人王柏“官不养民，农民输于巨室，巨室输于州县，州县输于朝廷”[③]之言，正确揭示了在分割农民剩余劳动上的这种崭新格局。这就必然加剧国家和私家地主在剥削权益上的激烈争夺。宋代形势豪右在其私田上千方百计规避赋役负担，已是众所周知的事实。除了公然拒纳、不输公赋外，更为大量的，是勾结胥吏，营私舞弊，诸如“诡名寄产”、“诡名挟佃”、“诡名子户”、“割税不尽”、“隐寄税钱”、“影占门户”、“妄作逃移”等等，名目繁多，不胜枚举。于是“强宗巨室阡陌相望，而多无税之田”[④]，“二十而税一者有之，三十而税二者有之”[⑤]。在官田承佃上，照样是顷亩所占惟恐其不广，租课所纳必嫌其过多，绝不会变成另一种品

---

① 《通考》卷三《田赋三》。

② 《续文献通考》卷一《田赋一》。

③ 王柏：《鲁斋集》卷七《赈济利害书》。

④ 《宋史》卷一七三《食货志上一》。

⑤ 《通考》卷四《田赋四》。

格。一言以蔽之，正是晚唐以降国家、地主和农民之间分配方式的变动，决定了包佃主们必然处心积虑地设法规免租课，尽可能扩大自己的剥削份额。这就怪不得在官田租佃中，宋廷亦像在赋役征调上一样，要时时处处为“豪强冒占诡佃，租课送办不前”为虑了。

二是阻滞农业生产的恢复和发展。杨文认为包佃主围湖造田在江南一带扩大了垦田面积，同时亦指出围田有破坏水利资源的一面。现在要问，扩大垦田面积与破坏水利资源两相比较，其利弊得失究竟何者为主？

宋代围田，集中在长江下游、淮河流域和钱塘江一带。泛指围裹湖荡水泊、濒江积水洼地而成之“坝田”、“圩田”、“围田”、“湖田”等。圩者，围也，或因“私植埂岸，围以成田”[①]而得名。据笔者所知，湖田始于南朝刘宋，圩田始于五代，两者均在宋代大盛。需要强调的是，圩田与湖田是有很大区别的。圩田本身是一种水利结构，在濒临江河地带兴筑圩岸，围裹积水洼地。“内以围田，外以围水。盖河高，而田反在水下，沿堤通斗门，每门疏港以溉田，故有丰年而无水患。”[②]名相范仲淹称赞说：“每一圩方数十里，如大城。中有河渠，外有门闸。旱则开闸引江水之利，潦则闭闸拒江水之害。旱潦不及，为农美利”[③]。这当然是我国宋代农民阶级与水争地的伟大创造，无疑促进了江南农业经济的发展（亦有史料反映圩田妨碍水路畅通，然毕竟为数不多）。

---

① 《宋史》卷四〇八《汪纲传》。

② 杨万里：《诚斋集》卷三二《圩丁词十解·序》。

③ 《宋文鉴》卷四三载范仲淹《答手诏陈十事》。

但是湖田系填围湖荡水泊而成，情况就不同了。浙东多称“湖田”、浙西或称“围田”，或称“坝田”，江淮、两广、四川等地亦有。北宋中叶而后，两浙一带湖田大盛。据文献记载，短短数十年间，江南一带的古塘名湖多遭围涸。会稽、江阴两县的鉴湖，浙西的太湖，明州的广德湖，萧山的湘湖，当阳的练湖，昆山的淀山湖，常熟的常湖，秀州的华亭泖等，无一幸免。故北宋末年已有“东南地濒江海，旧有陂湖蓄水以备旱岁，近年来已尽废为田”[①]之说。问题的严重性在于，江淮 、两浙、荆湖南北一带，恰是江南最重要的植稻地带。北宋仁宗至和元年光州仙居县令田渊言：“江淮民田十分之中八九种稻”[②]。水利乃是当地农业之命脉所系：“春中遇雨则耕耨布种，常宜霑润。盛夏稍愆雨泽，则其苗衰薄，所收微尠。惟是陂塘有修筑坚固，蓄水高广，则下所灌田不以旱沴，无不厚收。”[③]但是，围湖造田则使大湖渊泽水面缩小，古陂废堰尽为私田，因而损害了这套水利资源的泄洪、蓄水、灌溉功能。于是“涝则水为之增益，旱则无灌溉之利，而湖之为田亦旱矣”[④]。仁宗时秀州一带已受其害，诚如嘉祐五年(1060 年)知秀州罗拯所言：“窃见诸处系官湖广[塘?]并运河边田土，多被权要之家请射，及邻近乡民侵占污淀，种作成田。或量出租课入官，其实微薄，却致湖塘渐成堙废，有妨灌溉民田。”[⑤]神宗时为害范围渐趋扩大，故熙宁元年

① 《宋会要辑稿·食货》六一之一〇七。
② 《宋会要辑稿·食货》七之一三。
③ 同上。
④ 《宋会要辑稿·食货》六一之一〇七。
⑤ 《宋会要辑稿·食货》七之一五。

(1068 年)中书言:“诸州县古蹟陂塘,异时皆蓄水溉田,民利数倍,近岁多所堙废。”①北宋末年,情况愈见严重。宣和三年(1121 年)二月一日诏书说:“越州鉴湖、明州广德湖自措置为田,下流堙塞,有防灌溉,致失陷常赋……两州被害,民户例多流徙。”②

至南宋围田之害更为加剧,诚如绍兴二十三年(1153 年)谏议大夫史才所言:“浙西民田最广,而平时无甚害者,太湖之利也。近年濒湖之地,多为兵卒侵据,累土增高,长堤弥望,名曰坝田。旱则据之以溉,而民田不沾其利;涝则远近泛滥,不得入湖,而民田尽没。”③孝宗隆兴二年(1164 年)诏书亦称:“江浙水利,久不讲修,势家围田,堙塞水流。”④历知徽、鄂、福等州的陈居仁上殿面奏时对孝宗说:“圩田多势家占据,使水无所潴,复无所泄。圩田未作,岁多丰埝;作圩以来,水旱屡告,利害甚明。”⑤

职此之故,宋廷屡降开掘围埂、退湖还田之令,事载《宋史·食货志》,不俱引。但实际情况是屡禁而不止,略无成效。故至淳熙十年(1183 年),据大理寺丞张抑言,浙西一带围田之害,几有不可收拾之势:“近者浙西豪宗,每遇旱岁,占湖为田……苏、湖、常、秀昔有水患,今有旱灾,盖出于此。”⑥宁宗开禧、嘉定间,时已 13 世纪初,曾任参知政事的卫泾又屡上札子,极论形势豪右包占围田、独擅水利之害。他说:

---

① 《通考》卷六《田赋六》。

② 《宋会要辑稿·食货》六一之一〇六。

③ 《宋史》卷一七三《食货志上一》。

④ 同上。

⑤ 楼钥:《攻媿集》卷八九《陈公行状》。

⑥ 《宋史》卷一七三《食货志上一》。

二浙地方高下互类，湖高于田，田又高于江海。水少则吸湖水以之溉田，水多则泄田水由江入海。惟潴泄两得其便，故无水旱之忧，而皆膏腴之地。自绍兴末年，始因军中侵夺濒湖水荡，工力易办，创置堤埂，号为坝田。民田已被其害，而犹未至甚者，潴水之地尚多也。隆兴、乾道之后，豪宗大姓相继迭出，广包强占，无岁无之。陂湖之利日朘月削，已忘[无]几何，而所在围湖则遍满矣。以臣耳目所接，三十年间，昔之曰江、曰湖、曰草荡者，今皆田也。夫陂湖之田自常情观之，似若无用，由农事言，则为甚急。陂湖广衍，则潴蓄必多，遇旱可以灌溉；江流深浸，则通泄必快，遇水不致泛滥。事之利害，岂不较然易知，州县监司所当禁戢。然围田者无非形势之家，其语言气力足以陵驾州府，而在位者每重举事而乐因循，故上下相蒙不知悟，而围田之害深矣。①

从卫氏所述可知，自绍兴以迄嘉定，历高孝光宁四朝，涸湖围田之风愈禁愈炽，愈演愈烈，对农业生产造成了极大的危害。其屡禁而无效的谜底在于围田者多系权势豪右，而在位任事之官僚因循苟且，放任自流，致使围田之害积重难返，莫知其可。

不仅如此，若就程度、影响而言，涸湖围田之害远甚于地主阶级对于土地的单纯兼并。道理十分简单，土地兼并的冲击面，仅限于失去土地的直接受害者；而陂湖兼并的破坏性，则扩及陂湖周围的灌溉和泄洪地区。从涸湖围田中受利的，只是区区之形势豪右，而受害之农民，往往遍及数县、数州之广大范围。南宋范成大《围

① 卫泾：《后乐集》卷一三《又论围田札子》。

田叹》一诗生动地反映了这个现实：

“壑邻罔利一家优，水旱无妨众户愁。

浪说新收若干税，不知逋失万新收！”①

所以清初学者顾炎武说：“商鞅决裂阡陌，而中原疆理荡然。宋政和以后，围湖占江而东南水利亦塞。于是十年之中荒垣五六，较前所得反不及前人。”②故此笔者以为，利弊相较，围湖造田是得不偿失，不能予以过高评价。

三是妨碍土地与劳力的结合。杨文认为，包佃发展农业生产力有二个根据：一是包佃主在围湖造田中扩大了垦田面积，此点上面已予分析；二是包佃促进了土地与劳力的结合。能否促成这种结合，笔者也以为是评价包佃作用的关键之点，不容回避。因为如前所述，豪右包佃官田恰恰盛行于人户减耗、荒田弥望的时期和地域内，若果能促成流民与荒土的结合，必将有助于挽回淮南、荆湖等路农业生产的颓势，哪怕减少了一点官府收入，也要肯定其在稳定流民、恢复生产中的积极作用。

遗憾的是，历史实际表明，恰恰是在包佃盛行的地域和时期中，农业生产乃至整个社会经济，始终是一派衰飒凋敝景象。我们在前述宋廷包佃对策部分，已经看到包佃主承佃系官荒土往往不能立即开耕的情况。事实上这种情况一直与包佃相始终。

高宗绍兴二十六年（1156 年）四月，安丰军通判王时升言：“淮南土皆膏腴，然地未尽辟、民不加多者，缘豪强虚占良田，而无徧耕

① 范成大：《石湖诗集》卷二八《围田叹四首》之三。

② 顾炎武：《日知录》卷十《治地》。

之力;流民襁负而至,而无开垦之地。"[①]绍兴三十年(1160年)十月,宋廷下令将"其冒占顷亩未经开垦[者]拘入官,召人请佃"[②]。说明包占顷亩中确有相当数量未能实现土地与劳力的结合,否则宋廷不会诏令州县来解决之。

孝宗时淮南地区仍然荒田甚多,仍与包佃相关。乾道二年(1166年)臣僚言:"两淮膏腴之田,皆为品官及形势之家占佃,既不施种,遂成荒田。"[③]乾道八年(1172年)知庐州兼提领屯田赵善俊所言更为直截了当:"淮甸之民请佃田亩多有包占,每占一二十顷至及百顷者,缘无苗税,故能久占。其实无力耕垦,遂致流移、归正人请射不行。则是有力者无田可耕,有田者无力开垦。"[④]可见包佃妨碍了流民人等与系官荒土的结合。

淳熙九年(1182年),著作郎袁枢赴两淮赈恤,回奏"豪民所占之数不知其几,力不能垦,则废为荒墟;他郡之民或欲请佃,则彼以疆畎为词,郡县无以稽考,终不能予夺。"[⑤]宁宗庆元五年(1199年)有臣僚言:"沿淮之境闲田旷土,豪民上户凭陵占据,皆绍兴经界之所不加,官司簿籍之所不载。贫困游手之民欲得寸田尺土服垦,垦僻受制于豪民,不容耕佃。"[⑥]可见,豪右形势包佃官田等于是垄断了土地承佃权。贫民下户如欲请佃官田,包佃主们则以疆界为词,就连服垦寸田尺土,都要受制于豪民,否则即不容耕佃。从中实在

① 《宋史》卷一七三《食货志上一》。
② 《宋会要辑稿·食货》六一之二八。
③ 《宋会要辑稿·食货》六一之八四。
④ 《宋会要辑稿·食货》六一之八七。
⑤ 《宋会要辑稿·食货》六之二八。
⑥ 《宋会要辑稿·食货》六之三〇。

看不出包佃有促进劳力与土地结合的作用。倒是两淮地区的农业生产在南宋一百五十年间，一直未能得到恢复这一点，给人留下了极其深刻的印象，正如虞涛所说："两淮多旷土，官司中往时募人营垦，听其占佃，今已殆遍"，结果是包佃主们"所占虽多，力实不给。种之卤莽，收亦卤莽，大率淮田百亩所收不及江浙十亩，况有不及耕种之处。"[①]淮田产量大致只有江浙的1/10，固然有战争破坏、水利失修、人户逃散等种种原因，但是豪强包佃官田的盛行确是两淮经济长期不能复苏的重要原因之一。我们知道，两宋农业经济的发展在生产力方面的表现主要是精耕细作这一点，而精耕细作要靠在单位面积上投入更多的劳动才能实现。既然形势豪右广包强占各类田土妨碍了农夫与土地的重新结合，那么两淮农业向粗放经营倒退就是不可避免的结果了。

即由此故，所以不仅两淮，凡是包佃盛行的地区，都出现了相同的情况。如湖南至淳熙二年仍是"陆地荒废甚广"，官府在召人请佃中"限半年栽种"，过限即行划佃之策[②]。之所以如此规定，就是因为豪民包佃之后，往往荒废田土，故须预加限制。

宁宗庆元四年(1198年)，"湖北路平原沃壤十居六七，占有不耕，耕者复相攘夺，故农民多散于末作。"[③]再如华南，宁宗庆元元年(1195年)臣僚言："二广之地广袤数千里，良田多为豪猾之所冒占，为不能种。"[④]

---

① 虞涛：《尊白堂集》卷八《使北回上殿札子》。

② 《宋会要辑稿·食货》六一之三五。

③ 《宋会要辑稿·食货》六之三〇。

④ 《宋会要辑稿·食货》六之二九。

由上可见，凡在形势豪右广行包佃系官荒闲田土的场合，只要是“流民”、“归正人”、“他郡之民”、“游手之民”之类即上述“农民”身份的实际佃农，无论是在淮南、两浙，还是在荆湖、华南，多被当时权豪势要关在官田承佃的大门之外，他们无由同土地结合，只好流移他所，散于末作。这就证明，包佃盛行妨碍流民、下户和客户同系官荒土的结合，不仅贯穿包佃发展过程的始终，而且带有相当的普遍性，几乎遍及宋朝的全部辖境。

综上所述，我认为，宋代私人包佃官田的盛行，破坏江南水利资源，妨碍农民与土地结合，迟滞农业生产复苏速率，影响官府租课收入，故在当时诸种官田经营方式中，无论从哪个角度看，均是一种失败的尝试。

第八章　宋以降租佃经济的曲折发展和佃农土地使用权的深化

第一节　金元时期租佃经济的首次受挫及其逐步恢复

一、“租种”与“分种”：租佃契约的达成与租佃方式的区分

租佃经济，若就其实质亦即所有权而言，是一种地主制经济；若就其达成方式而言，可以称为契约经济——租佃双方靠订立书面契约建立经济联系。宋元时期的契约范本，今天可在刊于元代泰定元年（1324 年）的尺牍汇编《新编事文类要·启札青钱》外集卷十一《公私必用》中见到[①]：

> 厶（某，——下同）里厶都姓厶
>
> 右厶，今得厶人保委，就厶处
>
> 厶人宅当何得田若干段，总计几亩零几步，坐落厶都，土

① 又见董时鉴：《元代法律资料辑存》，浙江古籍出版社 1988 年版，第 239—240 页。

名厶处，东至，西至，南至，北至，前去耕作。候到冬收成了毕，备一色干净园米若干石，送至厶处仓所交纳，即不敢冒称水旱、以熟作荒，故行坐欠。如有此色，且保人自用知当，甘伏代还不辞。谨约。

年　月　日　佃人姓，号约

保人姓厶号

“当何”意为“租种”。这则契约内容包括地亩面积和坐落，地租形态与数量，以及租佃双方当事人和保人的姓名签字。佃期不确定，一般是长期租佃。日本学者周藤吉之指出这种“约式”袭自宋代[①]。

从这份契约范式可见，定额实物租制（时称“租种”）是当时租佃关系的主导方式。在租种制下，农具、种粮一般由佃户自备，佃户可以退佃别去，地主也可以增租划佃。

此外还有一种“分种”制，实行的是分成租[②]。在“分种”制下，“富民召客为佃户”，应募之客户往往是“室庐之备，耕稼之资，刍粮之费，百无一有”[③]，须仰仗田主或官府提供。耕种所得，则官府或田主“与客户中停均分”[④]。这种方式多见于产量不够稳定的开发中地区或经济发达地区的待开发地带，范围有限。

---

① 参见〔日〕周藤吉之：《〈新编事文类要·启札青钱〉的编订年代及与其中契约证书的关系》，载《唐宋社会经济史研究》附录二〇，东京大学出版社1965年版。

② 李春圃：《宋代封建租佃制的几种形式》，载《宋史研究论文集》，上海古籍出版社1982年版。

③ 《续资治通鉴长编》卷三九七元祐二年三月月末纪事。

④ 《宋会要辑稿·食货》二之一九。

这里有一个问题。租佃经济发达的两浙、江南东路、成都府路，其客户（即无产佃农）比例理应较高，但实际上却低于全国水平；而夔州路、荆湖北路、京西南路等落后地区的客户比例反而高于全国平均水平①。甚至出现这样的现象：租佃关系极为普遍的苏州，客户比例只占8.7%；而下户所占比例特高。租佃关系同样发达的秀州甚至无一家客户。梁太济的研究表明，"分种"制下的佃户主要是富户招来的客户，"租种"制下的佃户主要是主户中略有田产或"户去税存"的第五等户。因此，"在宋代，客户固然主要是佃农，但佃农却并不全是客户。"②这就是说，被列入主户之中的下户，即四、五等户中，存在着大量的佃农。这与此前笔者通过计算下户的田地、产量和收入支出账，认为多数下户非靠租佃不能维持生活的结论完全是一致的③。

二、辽金元时期租佃经济的曲折历程

从10到13世纪，契丹、女真、蒙古等周边游牧民族相继入主中原大地，中原汉地的封建经济关系受到持续冲击。三个世纪中，从契丹骑兵的"打草谷"、"掠驱口"开始，中经女真猛安谋克屯田军的大批入迁黄河流域，再到元朝牧场的广设、屯田的兴办及其领主分封制在汉地的推行，这一切无疑会缩小黄河

---

① 参见梁方仲：《中国历代户口、田地、田赋统计》，第14页甲表36。

② 梁太济：《两宋的租佃形式》，《中国宋史研究会中方论文选编》，河北大学出版社1991年版，第33—36页。

③ 参见拙文《唐宋之际农民阶级内部构成的变动》，《历史研究》1983年第1期。

流域的契约租佃经济的地盘。虽然如此，契约租佃关系并未绝迹。

在辽朝辖区，租佃关系主要集中在封建传统深厚的燕云地区。例如，地处蓟州三河县北乡的感化寺，在辽景宗乾亨（979—983年）以前就有田庄一所，辟地30顷，其中有麦田10顷，“营佃至今，即有年稞”[①]。此碑立于天祚帝乾统七年（1107年），即从10世纪70年代至12世纪初叶，在这一百多年中租佃关系一直是该寺土地经营的主要方式。不难想见，民间私家地主亦与此相类，惜材料不足不能详述。

在金代，内迁黄河流域的女真猛安谋克户，在中原租佃经济的影响下，也逐步抛弃了原先使用奴婢、家人耕作的落后方式，转取租佃方式经营。大定二十一年（1181年）金世宗说：“山东、大名等路猛安谋克户之民往往骄纵，不亲稼穑，不令家人农作，尽令汉人佃莳，取租而已”（《金史·食货志二》）。这是因为从前封建制来的女真部众和汉族封建地主和农民在长达数十年的同居共处过程中，形成了“今皆一家，彼耕此种”（《金史·唐括礼安传》）的局面，不能不受到北宋以来中原租佃经济传统的强烈影响，所以越来越多的猛安谋克户采用“转与他人种佃”（《金史·食货志二》）的经营方式。金廷虽有“力不赡者方许佃于人”之令，但就在发出禁令的当年（1181年）六月，金世宗派遣使者到地方上去检视庄稼，看到的情况仍然是“猛安谋克人惟酒是务，往往以田租人，而预

① 陈述辑校：《全辽文》卷一〇《上方感化寺碑》，中华书局1982年版，第290页。

借三二年租课者……”(《金史·食货志二》)。预借数年租课的租佃契约之期限,必定不会少于数年,因此民间契约租佃关系也不是一纸禁令便能立即切断的。第二年,中都地区出现了“附都猛安谋克户不自种,悉租于民”(《金史·食货志二》),即全部出租的情况。迫不得已,金廷遂于章宗泰和四年(1204年)制定了《屯田户自耕和租佃法》(《金史·章宗纪》),这表明黄河流域的契约租佃经济历经挫折,但至13世纪初叶再度恢复了自身的合法地位。

13世纪是由蒙金、宋元战争拉开帷幕的,中原、江南同遭战祸蹂躏。蒙古统治者进入中原的初期,每次都是“大掠而还”,这种竭泽而渔、破坏生产的做法,注定不能长久。1229年,窝阔台采纳耶律楚材的意见,采用汉地原有的剥削制度。1276年全国复归统一后,元朝的统治方式始终保存着浓厚的前封建制因素,加上官田扩大、牧场林立,契约租佃经济一度遭受挫折。忽必烈统治时期(1260—1294年),农业生产逐步恢复。随着地主经济的逐步壮大,租佃关系再次扩展开来。特别是江南地区,原来受到的前封建制影响就较中原地区为少,其租佃关系在江南地区仍然广泛存在。元朝中叶,“每一年有收三二十万石租子的,占著三二千户佃户”(《元典章新集·户部·赋役》)的仍不在少数。但是佃农对于地主的人身依附关系在局部地区有加重趋势。如峡州路地主“将些小荒远田地,夹带佃户出卖,称是随田佃客,公行立契外,另行私立文约”(《元典章·刑部》)。这种农奴制式的租佃关系在局部地区一直存在到明清时期。

第二节 明清时期:金元烙印和佃农土地使用权的深化

一、金元烙印和清朝旗地佃农:部分佃农人身依附关系的强化

明朝建立后,我国经济发展重新回到宋代开启的轨道上来,租佃经济仍是当时生产方式的主导形态。但是金元时期带有农奴制色彩的落后制度在中原地区仍有遗留,并在明朝制度上打下了很深的烙印①。就租佃关系而言,主要是在某些地方和某些侧面超经济强制较之宋代有所强化。李文治指出,具有功名官爵的缙绅地主,挟其特权通过暴力而形成的租佃关系,每每带有强烈的封建隶属关系②。如山东文登农民"投身著姓,甘为奴仆,以避徭役"③。河南光山县有人"一荐乡书,则奴仆十百辈皆带田而来"④。晚明政治黑暗,特权横行,大量小农沦为奴仆、世仆或佃仆。如江苏太仓王锡爵家有僮仆千人,湖北麻城的刘、梅、田、李诸大姓有奴仆数千,河南缙绅之家蓄奴动辄数百。这种投靠佃户的身份即由独立小农变为人身不自由的"佃仆"。《麻城县志》卷五《方舆志》引《旧志》称:"大户多用价买仆,以事耕种,长

---

① 参见赵俪生:《中国土地制度史》,第150—151页。

② 李文治:《论清代前期的土地占有关系》,载《中国史研究》1963年第9期。

③ 民国《文登县志》卷一。

④ 王士性:《广志绎》卷三。

子孙，则曰世仆。”江西吉赣地区的风俗，“以佃为仆，子孙无得以童子试”①。江南有些地方，“将佃户随田转卖，勒令服役，不容他适”②。

明末清初，南方各省“苍头峰起，佃甲厮役群不逞者从之”。掀起了一次次争取人身自由的反抗斗争。因此康熙年间，各地富室不敢蓄奴。雍正五年(1727年)，清政府下令将皖南地区依附地主的伴当世仆“开豁为良”，进一步削弱了农奴制残余③。

清初旗地的设置及其庄园制经营方式对于契约租佃关系当然也是一次不小的打击，但就是在旗地之上，租佃关系也并未绝迹。《清高宗实录》卷一七二载：

> 定鼎之初，虽民田圈给旗人，但仍系民人输租自种。民人自耕其地，旗人各取其租，一地二养，彼此相安。

有些农户，地虽被圈，房屋却在，

> 是以父子祖孙相沿居住。民人自居其房而租其地，旗人只收地租而亦不问民房。通省州县，旗民相安，毫无异说，数十年来于兹矣。

从顺治朝开始，中经康熙、雍正至乾隆前半叶，百余年间逃人浪潮一浪高过一浪，这就迫使清朝贵族和八旗官员改变庄园农奴制的剥削方式，逐渐采用租佃制度。康熙中期以后，旗地上的租佃关系迅速发展起来，“资佃耕种，收取租息”。这种新的经营方式取代了

---

① 《碑传集》卷八一邵长衡《邵延龄墓碑》。

② 康熙《江南通志》卷六五《特参势豪勒索疏》。

③ 参见戴逸主编：《简明清史》第1册，第352页。

原先的“满洲籍家仆资生”[①]的农奴制剥削方式[②]。

乾隆五年(1740年)重新制定的《取赎民典旗地法》规定:“地方官于赎地之时,将见在佃户及见出之租数造册备案。嗣后无论何人承买,仍令原佃承种,其租银照旧。如庄头土豪无故增租夺佃者罪之”(《清文献通考·田赋五》)。这个法令无疑巩固了旗地上的租佃制经营方式。乾隆二十二年(1757年)户部议决:“近据直隶督臣查清,候赎旗地一万四千五百十八顷,若照旗地取租,每亩一二钱至三四钱不等。而见在民人承种,每亩官租银最多者,不过钱许”(《清文献通考·田赋五》),说明至迟在乾隆中叶,八旗庄园基本上采用了租佃制度。

必须指出,实行租佃制经营的旗地上,仍然留有某些农奴制的烙印。乾隆四年(1739年),直隶总督孙家淦说,旗地佃户在缴纳正项租银外,还身受四害:一是佃户苦心经营,田甫成熟,地棍即“添租挖种”;二是庄头预征租银,额外科索,稍不如意即“夺地另佃”;三是“另佃必添租,租银既重,逋负必多”,佃户常被迫“弃地而逃”;四是地主派家奴下屯收租,随手花去,反捏控佃户抗租不纳[③]。事实上,此种农奴制遗风在有清一代也并未消退净尽。

当然从全局看,租佃经济依然占据着主导地位。乾隆十二年(1748年)湖南巡抚杨锡绂说:“旧时有田之人,今俱为佃耕之户。”[④]清初一度增多的小农沦为佃农的过程,就是租佃关系逐步

---

① 《清经世文编》卷三五载孙嘉淦《八旗公产疏》。

② 参见杨学琛:《清代旗地的性质及其变化》,载《历史研究》1963年第3期。

③ 《清经世文编》卷三五载孙嘉淦《八旗公产疏》。

④ 《清经世文编》卷二九载《陈明米贵之由疏》。

扩大的过程。

二、从"一田两主"到"一田三主"：明清永佃制的形成及其两种类型

明清租佃关系发展之最重要的表现，是永佃权的出现和"一田两主"习惯的逐步达成。永佃制的形成意味着"田面权"和"田底权"的长期分离，土地所有权在深化过程中出现层次。这是封建土地所有权权能结构的重大变化，标志着明清时期的封建生产方式已经发展到自身的晚期阶段。

(一)永佃权产生的不同途径　大致是从宋代开始，部分佃农首先获得了"不限年月耕种"的权利[①]，此即永佃权之雏形。宋人魏泰《东轩笔录》卷八所载北宋初年河南汜县李诚庄的百余家佃农，"皆建大第高廪，更为豪民"，似已获得永佃权。这种永佃权很可能是通过年长日久的耕种权转化而来的。

永佃权产生的另一条途径是租佃关系中二地主的出现。南宋末年据周密所言，浙西原有业主、佃主、种户，佃主取用种户所交地租与原租之差额。至恭宗之世还田于民时，政府误认佃主为地主，还田给佃主："有旨将平江、嘉兴、安吉公田，照指挥蠲放，却从朝廷照净催米数回籴。其钱(按：即当时地价)一半给佃主，一半给种户，以溥实惠。然则业主竟无与矣。只业主、佃主之分，当时用事者亦不能晓，况大于此者?"[②]正是在田主(即地主)、佃主(即二地

---

① 樊树志:《中国封建土地关系发展史》，第541—543页。

② 周密:《齐东野语》卷十七景定行公田条，中华书局1983年标点本，第316页。此条材料周藤吉之《宋代的佃户制》率先引录，文载日本《历史学研究》143号，1948年5月。

主）、种户（即佃农）的两级租佃关系中，土地所有权相应分化为三个层次：一是保留在官府或田主手中已不甚完整的所有权，二是掌握在佃主手中的土地经营权，三是种户暂时拥有的耕作使用权。其中佃主掌握的经营权是日后田面权的一个主要来源。宋史专家华山、朱瑞熙等均曾撰文论及宋代“佃主”阶层的产生[①]，可以参阅。

明清时期，随着永佃制的逐步普遍化，“一田两主”之惯例遍及江苏、浙江、江西、安徽、福建等江南各地，台湾亦有。仁井田陞指出，这种惯例的根本特征是“把同一地块分为上下两层，上地（称田皮、田面）与底地（称田底、田骨）分属不同人所有”[②]。

永佃权的产生，大致有（1）在长期使用过程中，土地使用权深化为田面权；（2）土地经营者的长期租佃权转化为田面权；（3）佃农投资改善农田，垫支了“工本钱”而取得田面权；（4）在土地买卖过程中，耕种权与田底权相分离（此即前已述及的“立价交佃”和“就行田赁”）；（5）佃农支付“粪土银”（又称“田头佃银”）取得田面权；（6）个别家庭在财产分割中将同一地块的田面和田底分别交给两兄弟继承等途径。而在实际生活中，大致可以归纳为佃农的永佃权和佃主的永佃权这两种类型。

（二）第一种类型：佃农的永佃权　明清时期，佃农的永佃权多半是通过支付“工本钱”和“粪土银”而得到的。顾炎武《天下郡

---

① 华山：《宋史论集》，齐鲁书社 1983 年版，第 31 页。朱瑞熙：《宋代社会研究》，中州古籍出版社 1981 年版，第 68 页。

② 〔日〕仁井田陞：《明清时代的一田两主习惯及其成立》，原载《中国法制史・土地法权取引法》，东京大学出版会 1960 年版，译文载《日本学者研究中国史论著选译》第四册，中华书局 1992 年版，第 411 页。

国利病书》卷九三《福建(三)漳州府》载:“佃户出力代耕,如佣雇取直,岂得称其田主?缘得田之家,见目前小利,得受粪土银若干,名‘田头佃银’。田入佃手,其狡黠者,逋租负税,莫可谁何。业经转移,佃乃虎踞,故有久佃成业之谣。”佃农支付粪土银后,从地主那里取得永佃权,除非欠租,地主不能轻易解约;硬要解约,需向佃户返还粪土银——实际上常常是佃户欠租,地主亦无可如何。从“久佃成业”已成谚语看,这种情况由来已久,而且在明末清初已经相当普遍。

史实表明,佃农还可以向别人让渡这个永佃权。例如福建省,“闽俗,田有皮、骨之分。买卖皮田者,契上书田,田字去左一直,读若爿;买卖骨田者,契上书𠥓,田字去右一直,读若棱,皆俗制字,词状中尝有之,他处人不识也。”[①]可见,永佃权的让渡在当地已经取得社会公认。江苏吴江人陶煦在《重租记》中有一段田底权与田面权分离的典型描述:

> 俗有田底、田面之称,田面者佃农之所有,田主只有田底而已,盖与佃农各有其半,故田主虽易而佃农不易,佃农或易而田主亦不易。有时购田建公署,架民屋,而田价必佃主与佃农两议而瓜分之,至少亦十分作四分也。……田中事田主一切不问,皆佃农任之。[②]

一块耕地的所有权,田主与佃农“各有其半”:田面权属于佃农,田底权属于田主。在土地买卖中,地主出让的只是田底权,田

① 《闽杂记》,《小方壶斋舆地丛钞》本。

② 引自光绪《周庄镇志》卷四《风俗》。

面权则仍在佃农手中，所以“田主虽易而佃农不易”。如果此块土地的田面权和田底权一同出卖，则所得地价中有佃农的一半，至少可得四成。而且田面上的处置权地主无权插嘴，全由佃农做主，这种田面权显然就是佃农的永佃权。这种永佃权加强了佃农与土地的关系，增强了佃农的生产经营权，因而有利于佃农地位的改善。在此后的演变过程中，也有少数佃农把土地转佃给他人（“种户”），佃农自己成为“佃主”，种户向佃主交租（小租），佃主向地主交租（大租），地主再向国家交税。在这种情况下，佃主向种户收取的小租的数额高于他向地主交纳的大租数额，这样，佃主便参与了对直接生产者剩余劳动的分割。就是在这里，埋下了田面权封建化的契机。

（三）第二种类型：佃主的永佃权　由于田面权可以买卖转让，又无赋税负担，较之田底权更有吸引力，福建等地的绅监土豪争相收购田面权。据顾炎武的记载：

> 惟是漳民受田者，往往惮输赋税，而潜割本户米，配租若干石，以贱售之，其买者亦利以贱得之。当大造年，辄收米入户，一切粮差，皆其出办。于是得田者坐食租税，于粮差概无所与，曰小税主；其得租者，但有租无田，曰大租主（原注：民间买田契券，大率计田若干亩，岁带某户大租谷若干石而已），民间仿效成习。久之，租与税遂分为二。而佃户又以粪土银，私授受其间，而一田三主之名起焉。①

这里的“小税主”，就是出卖了田面权（连同其上的国税负担）的地主；“大租主”，就是购入田面权，代地主负担国税，同时从佃农那里

---

① 《天下郡国利病书》卷九《福建（二）·漳州府》。

收取地租的人。这种大租主就是宋代的“佃主”，俗称“二地主”。从顾炎武所述可知，至少在福建漳州地区，“一田三主”之现象自明中叶以降即已广泛存在。

也有只购入田面权而将国税仍留在地主手中的情况。清代雍正、乾隆年间，福建汀州府的“绅监土豪，贪嗜无粮无差，置买皮田，剥佃取租，只顾利己，凡佃民逋欠主租者，反为之袒护，狱讼繁兴。”[①]在这种情况下，田底权仍在地主手中，田面权在另一地主手中，佃农分别向皮主（田面权拥有者）和骨主（田底权拥有者）交纳大租、小租。皮主、大租主的出现，不仅割断了地主与国家之间的经济联系（代其纳税），拥有田底权的地主不再向国家承担经济义务；而且割断了地主与佃农之间的联系，使其成为游离于生产过程之外的食利者阶层。显然，这是封建地主手中的永佃权，与前述农民手中的永佃权性质、作用大异其趣，不可不加区别。那些只为收取地租而买进田面权的“绅监土豪”则连赋役义务也不承担，其封建性质较之“大租主”更为昭著。这种做法不仅加重了佃农的负担，而且影响了国家的税收。

雍正、乾隆年间，福建、江苏等地的亲民官为了理顺租税关系，企图调整“一田二主”、“一田三主”的关系。福建的做法，据前引《福建省例》卷十五《田宅例》的记载是：(1)取消皮租；(2)禁止买卖不随田骨的田皮；(3)佃农没有向皮主交租之义务；(4)皮主欠租时，骨主可收回耕地，转佃他人；(5)乡绅对骨主欠租，立即严惩；

---

① 《福建省例》卷一五《田宅例·禁革田皮田根·不许私相买卖·佃户若不欠租，不许额外加增》。

(6)命各乡村以此令勒石竖碑。盛行“一田二主”习惯的江西也做过同样的努力[①]。但成效甚微,《钱谷挈要》称:“因田皮田历奉禁革,改名贼主,其实不能革也。”

三、永佃权在近代部分地区的顽强延续

直到20世纪上半叶的民国时期,永佃权和一田二主习惯在一些地区仍旧较为盛行。在江苏常熟,据俞瑾如的《常熟农村现状调查》[②]:“(二)田面权:田面权是与地主所有权并行的,与所有权分离而独立存在。田面权属于佃农所有。其移转价格,常较所有权为高(原按:约高出一倍,即田面权价格在田面、田底价格总和中占2/3)……地主对于佃农仅有收租的权利,对于田面权之买卖移转,不能干与(预)。田面若出租时,出租佃户每亩可收盖头租一斗,作为租费。除佃户因欠租撤佃时,田面权才告丧失。此种田面权之性质与形态,实为此间农村的一个特殊习例。”可见,田面权已从所有权中分离出来,并且独立存在,可以单独进入流通渠道,且其价格要较田底权高一倍。这表明由永佃权发展而来的田面权较之田底权更为人所看重。

在浙江义乌和崇德等县的“永佃制”,俗称“客佃”,这种“客佃”是当地最为普遍的租佃方式。吴辰仲《浙江义乌县农村概况》[③]

---

① 参见《江西政要》卷一所载乾隆十六年《严禁典契虚填、淤涨霸占并一田两主等弊》。

② 此文载上海《大晚报》1934年10月10日,又见冯和法编:《中国农村经济资料》(续编),上海黎明书局1935年版,第30页。

③ 此文载《农村周刊》第54期,天津《益世报》民国24年(1935年)3月9日;又见冯和法编:《中国农村经济资料》(续编),第59页。

称:“(一)‘客佃’。——是一种永佃权。和‘客佃’相对的形式是‘清业’。所谓‘清业’,意即完全的产业权,包括着‘田皮’和‘田骨’,而‘客佃’则仅具有田皮的所有权。它能世代相传,也可以互相授受。除非地主把‘田骨’出卖给佃农,或佃农把‘田皮’让渡给地主,这关系就永远的保存着。它有文据而无年限,每‘石’田(义乌农田的单位,约合二亩半)普通须纳租谷三石,租额皆在文据上载明,双方都无权更动。平均租额约占全部农产收获[的]1/3。若租谷拖欠过多,地主可以撤销他的佃权。这种‘客佃’是义乌农村中最占优势的租佃形式,所有的土地差不多有 2/3 是具备着‘客佃’关系的。”据此,义乌农村有 2/3 的土地产权已经分裂为田皮权和田底权两部分,而且田皮权已经取得了与田底权一样的独立形态。

据怀溥《浙江崇德县农村视察》:崇德“全县的租佃是永佃性质的。虽则田面的价格并不很大(三至五元),田面权的转租与买卖也仅属罕见,可是田面权的存在,却是铁一般的事实。佃农只要不欠租,业主就不能撤换佃户或收回自种。永佃在民国十六年以前是习惯的事实”。新近的变化是地主在买地契约上规定:“地主在需要的时候,随时可以自由向佃户要求买回田面,佃农不得拒绝。”①民国政府曾对永佃权做了限制:佃户若积欠地租达两年总和者,业主有权撤佃;佃户不得将土地转租他人,如违反也可撤佃;业主如欲收回自种,亦可撤佃②。

---

① 此文载《中国农村经济研究会会报》第二期,1993 年 12 月;又载《新中华》第二卷第六期,1934 年 3 月。

② 吴经熊:《中华民国六法全书理由·判解汇编》,见章有义:《中国近代农业史资料》第 3 辑,第 251 页。

就佃农永佃权而言，其正面作用是作为地主增租划佃的抗衡能力，使佃权得到保障，有利于佃农与土地的稳定结合，并多少改善佃农的经济状况并提高其身份地位。其负面作用是佃农因支付粪土银而损害了他们增加生产投资的能力，并在一定程度上阻滞、延缓佃农上升为小自耕农的过程。从实际情况看，佃农永佃权的正面作用居于主导地位。至于绅监土豪手中的永佃权，显然是土地所有权层次化所滋生的封建赘瘤，毫无进步作用可言。

第三节　地租形态、地租剥削率和佃农身份的变化

一、定额实物租制一直占据主导地位

我们已经看到，自有租佃关系以来，我国的地租形态一直是以实物地租为主；自北宋中叶租佃经济主导地位确立以来，又是定额租制占据主导地位。马克思说："产品地租的前提是直接生产者已有较高的文明状态，从而他的劳动以及整个社会已处于较高的发展阶段。"[①]在实物地租制下，佃农的必要劳动和剩余劳动在时间上已不再分开，这就既给农民提供了改善经济状况的可能，也为地主准备了提高剥削率的条件。而让佃农得以维持简单再生产，则是地主剥削的自然界限，历代"对分制"大体反映了这条界线。

定额租制的特点是在契约规定的年限内，每亩地的租额是固

---

① 《资本论》，《马克思恩格斯全集》第25卷，人民出版社1974年版，第895页。

定的，因此在收租过程中又派生出灾年的减免、拖欠、追索，以及折纳、加耗、斛面、干湿、步亩、计器标准等问题。照理说，定额租制下，由于租额固定，佃农增产部分可以归己所有，有利于提高佃农的耕作兴趣并进而增强其经济实力。但揆诸实际，定额租制下的租额数量却在不断提高。根据杨际平的实证研究，提高的途径有"增租刬佃"和"巨斛凸概"这样两条。大体上是先凸概（在量器上堆高斛面），凸概之极，便转而增大斛斗容量；增大斛斗后再凸概，如此循环往复；再巨斛至极，便转而增加租额；直至近代依然如此。这样一来，佃农劳动生产率提高的成果就不断地被田主所掠夺。杨际平进而指出，这是我国封建社会长期延续的重要原因之一[①]。

现在我们要问，为什么我国在宋以后一直以租佃经济为主，地租形态又以实物地租为主，实物地租中又以定额地租为主？就是在汉唐田制时期，租佃经济还不占主导地位的时候，农民对于国家和地主的人身依附关系还较强烈的条件下，凡有租佃关系的地方也仍然是实物地租多于劳役地租呢？个中奥秘隐藏在伦理型文化和地主制经济之中。

我国伦理型文化注重调节人际关系。庄园制之所以不如租佃制，劳役地租之所以不如实物地租，分成制之所以不如定额制，从土地所有者的角度来看，是生产过程中监督费用太高，过于劳神费力；而在伦理型文化氛围之中，若能注重田主与佃农关系的调节，就是采取租佃制方式、实物租形态，照样可以保证其剥削收入，且

---

① 杨际平：《宋代民田出租的地租形态研究》，《中国经济史研究》1992年第1期。

能降低佃农的反抗意图。史实表明,宋以后的开明士大夫确实十分注意调节主佃关系,“贫富相恤”、“主佃相资”之类议论的出现便是很好的证明。

中国地主制经济的重要特征是地权可以流通,这是众所周知的。在地权变动频繁和地段比较分散的情况下,地主无法顾及出租土地的实际收成,他们乐于采用租佃方式并取定额租制来保证自己的固定收入。所以直至近代,实物地租仍占主导地位。据1934年对22个省879个县的调查,实物地租(其中含少量货币定额租)在全部租佃关系中占78.8%①。不少租契明确规定“丰年不加,歉年不减”,所以各地又有“死租”、“铁租”、“板租”、“呆租”等名称。

实物分成租的特点是,只规定地租在实际亩产中所占的比例,地租的数额随年成丰歉、收获多寡而升降。因此,它必须由田主或其代理人“临田监刈”,“场上亭(停)分”。租率大多取对分制,如宋人洪迈所说:“予观今吾乡之俗,募人耕田,十取其五;而用主牛者,取其六,谓之牛米。”②由于土地收获量直接影响到地租量,地主为保证其地租收入,往往对佃农的生产活动进行各种干预,对佃农的监督和控制较为严厉。分成租制虽然不占主导地位,但如前所述,直至近代,仍占整个租佃关系的1/4上下。

二、明清以来货币地租比重的缓慢上升

货币地租出现很早,东汉《九章算术》卷六第二十四题:“今有

---

① 《农情报告》第3卷第4期,第90页。

② 《容斋随笔》卷四《牛米》,卷七《田租轻重》中亦有类似说法。

假田，初假之年三亩一钱，明年四亩一钱，后年五亩一钱，凡三岁得一百，问田几何？”东汉货币地租的存在即是此类算题出现的基础，但所占比例一直不大。货币地租普遍化的历史前提是农民小生产与商品经济发生紧密联系，以自给自足为特征的自然经济趋向解体。而我国大部分地区直至鸦片战争前尚未达到这种发展水平，所以实物租制一直占据主导地位。

当然，在长期的历史演进过程中，货币地租的比例也有缓慢上升，这首先是和城居地主的增多联系在一起的。早在北宋，城居地主即有“遥佃户”之称。他们由于日常的货币支出较多，租米运输又不如钱方便，常令佃户将实物地租折成钱币交纳，所以产生“士大夫家当收租时多折价”[①]的情况。“折价”即折租，这是实物地租向货币地租转化的过渡形态。

明清以来城居地主有所增加，特别是商品经济发达的江南地区。《吴郡甫里志》卷五《风俗》称：“土著安业者，田不满百亩，余皆佃农也。上田半归郡城富户。”道光《苏州府志》卷十《田赋》载：“江南烟户业田多，而聚居城郭者十之四五，聚居市镇者十之三四，散处乡村者十之一二。”据此，城居地主比例在江南甚至高达80%上下，所以商品经济比较发达的江南地区，货币地租发展得更快一些。

鸦片战争以后，货币地租有所增长，但也是商品经济发达的地区比较明显。例如江苏省南部22个商品经济发达的县，1934年货币地租占47.9%，而北部欠发达的地区中的24个县却只占23.5%[②]。

---

① 方大琮：《铁庵方公文集》卷二一《项乡守》。

② 《中国经济年鉴》(1936年)，第35页。

抗日战争以前，货币地租有缓慢增长趋势。据1935年《中国经济年鉴》的记载，从1924年到1934年，苏、浙、皖、赣、鲁、豫等28省97县，实物地租从82%下降为80%，货币地租从18%上升到20%。抗日战争爆发以后，由于粮食紧张，通货膨胀及商业投机等原因，原取货币地租的地区纷纷改为实物地租[①]。因此，从全国来看，直至解放前夕，货币地租所占比例仍然不大。

三、地租剥削率居高不下及其成因

如前所述，我国的地租率向来很高，无论定额租制还是分成租制，一般均在土地生产物的50%上下浮动。若是落后闭塞、超经济强制比较严重的地区，则地租率更高。例如长期实行佃仆制的徽州地区，彭超在安徽省博物馆藏明清徽州契约中，挑选十份实证形态的地契，在将地租与地价比较后得出结论："明清时期徽州地区的土地购买年数系全国之最低数，即五年左右。"[②]即五年租额就等于地价。反过来说，亦即徽州地区的地租剥削率在全国是最高的。

地租剥削率的高低还应和赋税率的高低联系起来考虑。根据杨天宏对于清代田赋的实证研究[③]，我国传统社会比较正常的租税关系是国家在土地收获物中得二成（"国税"），地主得三成（地租

---

① 参见张渔《旧中国农村土地关系与地租剥削》，《新中华》第13卷第12期，1950年。

② 彭超：《明清时期徽州地区的土地价格与地租》，《中国社会经济史研究》1988年第2期。

③ 杨天宏：《太平天国的租赋关系》，《历史研究》1987年第5期。

减去国税后的余额），佃农得五成，其比例关系为 2∶3∶5。太平天国后期，苏浙地区田赋加重，而佃户地位有所改善，“大抵半租而已”（《平赋纪略》卷下）。这样，天国政权、地主和佃户之间的收入比例变为 2∶0.5∶7.5，致使留在当地的地主“无所取给”，“所得不偿所失”。他们纷纷隐匿田产，抗欠钱粮田税，导致天国政权收入锐减。

因此笔者认为，我国地租剥削率高达 50％上下的根本原因是庞大而蛮横的专制主义中央集权对土地所有者的过度榨取。如果国家田税收入真能像先秦以来的诸多学者、官僚所设想的那样维持在 10％（“什一之税”）的水平线上，即使抗日战争时期那样对佃农实行“三七五减租”（即地租不得超过土地收获物的 37.5％），那么国家、地主和佃农之间的收入比例将是 1∶2.75∶6.25。从地主角度看问题，减租后其收入从原先占土地收获物的 30％下降为 27.5％，并没多大影响。遗憾的是叫喊了二千余年的“什一之税”一直停留在纸面上（士大夫的表章疏奏）和口头上（君主及其官僚的标榜和欺骗）。所以，直至近代，地租率仍维持在 40％—50％之间，而且有逐年增高的趋势，这已为各种调查材料所证实[①]。

四、两宋以来的佃户身份及其法律地位

自北宋租佃经济的主导地位确立以来，多数地区的多数佃户已经取得退佃和迁徙自由，此点前已述及。在一般情况下，佃农并

---

① 参见冯和法：《中国农村经济论》，第 267 页；中共中央西北局：《米脂杨家沟调查》，1944 年 5 月；甘英：《关于调查研究的一点心得》，《新华日报》1945 年 6 月 2 日。

不终身束缚于某一块土地，即使在近代的长期租佃制下，地主也不能终身地占有佃户，佃户与地主均是国家的编户齐民。

但自北宋晚期开始，部分佃农的法律地位较之田主有所下降。李焘《续资治通鉴长编》卷四四五“元祐五年（1090年）七月乙亥”条载：

> 刑部言：佃客犯主，加凡人一等。主犯之，杖以下勿论，徒以上减凡人一等。谋杀、盗诈及有所规求避免而犯者不减。因殴致死者，不刺面，配邻州本城，情重者奏裁。从之。

到南宋绍兴年间（1131—1162年），田主殴死佃客之刑罚比北宋时更减一等，止配本城，此法还扩大到适用于田主对佃客同居亲的殴杀罪[①]。同时还可找到佃客奸淫田主家妇女“加凡奸二等”的法律条文[②]。这种法律地位上的不平等，反映了地主身份较之于佃农要高一些。

元代田主仍旧维持着法律上的优势地位。《元史》卷一〇五《刑法志四·殴伤》：“诸地主殴死佃客者，杖一百七，征烧埋银五十两。”然而在佃客犯盗的场合，却规定：“诸佃客盗地主财同常盗论”（《元史·刑法志三·盗贼》）。日本学者高桥芳郎据此认为：佃户的法律地位，“自北宋时规定佃客犯主加凡人一等以后，除南宋的奸淫罪规定以外，并不存在显示其地位低下的确证，至迟在元代已恢复至与凡人并列的地位。”[③]此说确有几分道理，但若完全否认

---

① 参见李心传：《建炎以来系年要录》卷七五“绍兴四年（1134年）四月丙午”条。

② 《庆元条法事类》卷八〇《杂门》“诸色犯奸”条。

③ 〔日〕高桥芳郎：《宋代佃户的身份问题》，《东洋史研究》第37卷第3期，王曾瑜译文载《中国史研究动态》1985年第12期。

佃农法律地位的低下恐也欠妥。

日本学者草野靖认为:“地主在刑法上的优越性,是在对佃户让步的基础上产生的。”[①]这些让步包括减免私租、设立租米定额、禁止使用私造大斗等。而其背景,则是弥漫于全国的抗租斗争。而在实际生活中,这种佃农犯主要加重处罚的规定往往流于空文,诚如朱熹所说:“地客杀地主,而有司议刑,卒从流宥之法。”[②]这与总体上刑罚呈减轻趋势大有关系。所以草野靖对于那种认为宋代佃农实为农奴的说法持批评态度,的确不无道理。

明代除徽州地区的佃仆制外,各种佃农仍然可以“弃而不种”[③],即享有退佃自由。但洪武五年(1372年)制定的《乡饮酒礼》规定,佃农如见田主:“不论齿叙,并行以少事长之礼。”[④]这反映着佃农与佃主间仍然存在着身份上的尊卑关系。

如前所述,清初旗地上的佃户身份有所降低。然而旗地上的佃户也展开了长时期的“抗租霸地”斗争[⑤]。斗争的结果是清廷被迫颁布禁止增租夺佃的法令,旗地佃户的地租剥削有所减轻,削弱了旗地地主对于佃户人身的支配权力。上述情况表明,局部地区较为浓重的超经济强制和定额实物地租制下人身依附关系的残留,虽然一直存在到近代,但是若就全国范围而言,并不存在“二度

---

① 〔日〕草野靖:《论宋代顽佃抗租和佃户的法律身份》,日本《史学杂志》第78编第11号,1969年。译文见《日本学者研究中国史论著选译》第8册,第334页。

② 《朱文公文集》卷一四《戊申(淳熙十年,1183年)延和奏札》。

③ 张萱:《西园闻见录》卷四〇《蠲账前》。

④ 《明太祖实录》卷七三。

⑤ 具体情况见杨学琛:《清代旗地的性质及其变化》一文中《旗民佃户抗租霸地简况表》,载《历史研究》1963年第3期。

农奴化"的问题。

至于多数佃农自宋代开始所获得的迁徙与退佃自由在近千年中虽然几经劫难(主要是金元和明末清初这两个历史段落),但从总体上看,仍旧得以维持,直至近代,仍然如此。

史实表明,契约租佃经济是我国后期封建社会和半殖民地半封建社会的基本经济结构。较之同属封建生产方式的中古田制经济和部曲庄园经济,它更为成熟更臻完善,因而也更具弹性和生命力。这个结构从北宋开始,中经元明清各期,一直延续到民国时期,享祚千年之久。其间虽有发展变化,但基本骨架未倒,直至20世纪50年代初期的土地改革运动完成之后,才寿终正寝,其命脉不可谓不长。因此不仅近代中国的诸种问题(例如基本矛盾,主要阶级,革命的任务、对象及其前途等等)与这个结构结下了不解之缘;就是当代中国的重大决策(例如如何估计土改完成后我国农业经济的发展水平,农业发展的规划步骤,甚至农业现代化的战略策略等),亦与这个结构有着直接、间接的某些联系。从理论上考虑,中国封建社会的发展轨迹,资本主义萌芽的步履维艰,近代中国的发展迟滞、命运多舛等问题,窃以为若忽视或离开了这个结构,也是很难获得科学认识的。

下编　赋役制度从双轨制向单轨制的转进

第九章　晚唐两宋：两税法的演进和摊丁入亩趋势的初现

赋役制度是历代王朝及其政府向人民征收财物和征调劳动的一套规定和办法。凡是已经成形的赋役制度，均由课征依据（客体）、课征对象（主体）和税物形态及其税率这三个要件构成，带有无偿性、强制性和固定性这三个主要特征。

我国历史漫长，地域广阔，民族众多，赋役制度因时、因地、因族而异。若就主导轨迹而言，则从秦汉到明清，历代王朝一方面按照人丁征调徭役和人头税，另一方面又依据田亩广狭征收税赋（民田）和官租（官田）。这是一种双轨制的赋役结构，国家同时参照丁口和田产两种标准来榨取主要是农民阶级的剩余劳动。当然各个时期不同税赋在国家财政收入中所占的比重不同。总的来看，经历了役重赋轻到赋役并重，再到赋重役轻，最后徭役归并到田赋之中这样一个演变过程。这不但是赋役制度的化繁为简，而且反映了土地私有制的发展和农民对国家依附关系的削弱。

不同的赋役制度会对社会产品的分配和再分配产生不同的影响，经济学家称之为“分配效应”，这牵涉到各阶级、阶层和不同社会集团之间的利益关系，并进而影响到矛盾冲突的格局。人们会在某种特定的赋役制度下去寻求符合自己最大利益的行为方式，从而导致其经济行为的改变，并进而影响到劳动力和生产资料的重新配置，经济学家称之为资源“配置效应”。不同的“配置效应”，自然会带来不同的经济成长率。赋役制度就是在生产力逐步提高，各种社会力量的矛盾和斗争中，通过统治阶级寻求符合自己最大利益的财政安排而渐次嬗递演进的。

随着封建经济结构从中古田制经济和部曲庄园经济变为契约租佃经济，晚唐以降赋役结构和征取方式也发生了相应的变动。这个变动用一句话来概括，就是封建国家的赋役征取原则从以人丁为主的旧轨道转到以资产为主的新轨道上来，我国后期封建社会的赋役结构由此而奠定其基本模式。

第一节 两税法的推行及其利弊

一、两税法的诞生和以亩定税原则的确立

安史之乱（755—763 年）后，“人户凋耗，版图空虚”，均田制弛坏，中央政府的租庸调收入急剧下降。在大量均田小农失去土地、流移他乡的情况下，计丁征税之法已很难奏效。为了解决迫在眉睫的财政困难，并与割据一方的藩镇争夺经济利益，据亩而税的土地税税种开始增多，税率亦渐次调高。代宗广德二年（764 年），为筹措百官俸禄，“税天下地亩青苗钱”[①]。“大历初，诸州府应税青苗钱每亩十文，充百司工力资课”；大历三年（768 年），“每亩更加

① 《册府元龟》卷五〇六《邦计部·俸禄》。

五文"[①]。与此同时开征地头钱，大历元年规定"地头钱每亩二十(文)"(《新唐书·食货志》)。不同的是，青苗钱据禾苗而征，地头钱则据田亩而征，两者都是土地税，故常连称"青苗地头钱"。大历五年以后，"一切以青苗钱为名"[②]，名称划一，并调高税率，夏秋两征："夏税，上田亩税六升，下田亩税四升；秋税，上田亩税五升，下田亩税三升。荒田开佃者，亩率二升"(《旧唐书·食货志》)。《新唐书·食货志》"代宗时始以亩定税"的话头，即由此而来。"以亩定税"显系财产税性质，而与此前的人头税，即租庸调判然有别。

大历十四年(779年)五月，德宗即位。八月，杨炎拜相，上疏请行两税法[③]。第二年即建中元年(780年)正月五日，德宗颁布敕文[④]，正式推行两税法。杨炎在奏疏中对两税法的内容做了简明扼要的概括：

> 凡百役之费，一钱之敛，先度其数而赋予人，量出以制入。户无主(土)[⑤]客，以现居为簿；人无丁中，以贫富为差。不居处而行商者，在所郡县税三十之一，度所与居者均[⑥]，使无侥利[⑦]。

---

① 《通典》卷一一《杂税》。

② 《资治通鉴》卷二二三，广德二年七月条注。

③ 杨炎奏疏见《旧唐书》卷一一八《杨炎传》，《唐会要》卷八三《租税》、《册府元龟》卷四八八《赋税》亦载。

④ 此敕文载《唐会要》卷八三《租税》，又同书卷七八《黜陟使》、《册府元龟》卷四八八《赋税》、《通典》卷六《赋税》亦载，文字略有出入。

⑤ "主"为"土"之误，说详陈乐素：《宋代的客户和士大夫》，《杭州大学学报》1979年第2期。

⑥ "度所与居者均"，《唐会要》卷八三《租税》作"度所出与居者均"，文义更长。

⑦ "侥利"，上引《唐会要》卷八三《租税》作"侥幸"，以《唐会要》为是。

居人之税秋夏两征之，俗有不便者正之。其租庸杂徭悉省，而丁额不废，申报出入如旧式。其田亩之税，率以大历十四年垦田之数为准而均征之。夏税无过六月，秋税无过十一月（《旧唐书·杨炎传》）。

二、两税法的内容、税额和计征办法

两税之得名，是因夏、秋两征之故[①]。包含两个部分，一是户税，以钱立额，“据旧征税数及人户土、客，定等第钱数多少”[②]；与初唐以来的九等户制相辅而行；二是地税，以粟米立额，“应科斛斗，请据大历十四年见佃青苗簿地额均税”[③]。从税物形态看，既有实物，又有货币。

实行“量出制入”的原则，以州府为单位，将年度支出总额作为征税总额，然后按当地土著户、客籍户的户数、户等和各户耕地面积来摊派。为此德宗派“黜陟使十一人分巡天下”[④]，“与观察、刺史约百姓丁产，定等级，改作两税法。”[⑤]并按上供、送使、留州的比例，分割财政收入。因此就税额而言，全国不再有统一的标准，各地差别很大。

若就各个州县和纳税民户来说，还是“素有定额”[⑥]的，这就是

---

① 岑仲勉最先指出此点，说见岑撰《唐代两税基础及其牵连的问题》，《历史教学》1951年第2卷第5、6期。

② 《通典》卷六《食货典·赋税下》。

③ 同上。

④ 《资治通鉴》卷二二六建中元年二月丙申条。

⑤ 同上。

⑥ 《唐会要》卷八四《租税》载唐武宗会昌元年(841年)正月“制”文语。

建中元年首次摊征时的数额。《通典》载:“建中初……每岁天下共敛三千余万贯,其二千五十余万贯以供外费,九百五十余万贯供京师。税米、麦共千六百余万石,其二百余万石供京师,千四百万石给充外费。”按建中初年每斗米 200 文[①]计,每石 2 贯,1600 余万石米合 3200 万贯钱,可见田亩税收入超过户税和商税敛钱总额。

田亩税的计征办法,一般是让民户自报土地面积,然后按照每亩税额算出应纳总额。如穆宗长庆三年(823 年),元稹在同州(今陕西大荔)“均田”,要求“百姓自通手实状……然取两税元额地数,通计七县沃瘠,一例作分抽税”。[②] 即按照该州上报的耕地总数,重新平均分摊两税原额。

五代时仍然是“委人户自供通顷亩,五家为保,本州具账送省,……如人户隐欺,许人陈告,其田倍征”(《旧五代史·唐明宗纪一》)。

至于纳税期限,“夏税无过六月,秋税无过十一月”,是按中原地区作物成熟季节规定的,其实各地差异很大,个别地方甚至可分三限交纳。建中元年正月令中,也有“如当处土风不便,更立一限”[③]的法律依据。五代时,也有“自前两税征赋,已立三限条流”[④]的记载。

---

① 见李翱:《李文公集》卷九《论事疏表》。《全唐文》卷六三四亦载。

② 元稹:《元氏长庆集》卷三八《当州两税地》,《全唐文》卷六五一亦载。

③ 《唐会要》卷八三《租税》。

④ 《册府元龟》卷一六〇《革弊》载后晋天福二年(937 年)十月洛州鸡泽县主簿范昶言。

三、"据地出税"时代的到来

就其基本精神而言，构成两税法的户税、地税均属财产税性质，这与汉唐之间带有人头税性质的田租、户调大异其趣。尽管两税法在实施过程中有不少弊端，诸如定额之初就有加重剥削的迹象；在中央皇权衰落和地方豪强的抵制下，资产评估、户等升降不能落实，甚至出现"税人而舍地"、"与富而夺贫"[①]等反常现象；加之"定税之数，皆计缗钱；纳税之时，多配绫绢"[②]，民户税负受"钱价"(铜钱币值)左右，钱愈重则折纳愈多等重大问题；但较之租庸调制，仍有巨大的历史合理性。在自耕小农日趋减少、地权日益集中的情况下，国家税收只能采取"唯以资产为宗，不以丁身为本"的方式，这是产品再分配方式的重大改进。在两税法下，不论土著、客籍，一律按资产丰杀、田亩广狭为税负等差，至少从理论上说，失业贫民、无地佃客已无两税负担，这是最大的合理之处。

从赋役结构的演进轨迹这个角度看问题，两税法开创了"据地出税，天下皆同"[③]的新时代，标志着汉唐以来以人丁为本的赋役征取结构，开始向以地产为本的新轨道转移，并由此而奠定宋元明清时期赋役制度的基本模式。在这个意义上，两税法是一个里程碑，一个意义重大的里程碑。马端临在《文献通考·自序》中说过一段名言：

> 随田之在民者税之，而不复问其多寡，始于商鞅；随民之

---

① 陆贽：《陆宣公集》卷二二"均节赋税恤百姓第一条"。

② 同上。

③ 《唐会要》卷八四《租税》载唐宣宗时中书门下之语。

有田者税之,而不复视其丁中,始于杨炎。三代井田之良法坏于鞅,唐租庸调之良法坏于炎。二人之事,君子所羞称,而后之为国者,莫不一遵其法。一或变之,则反至于烦扰无稽,而国与民俱受其病,则以古今异宜故也。

这正是两税法之历史合理性及其里程碑意义的雄辩证明。

四、唐宋之际两税向二税的演进

五代沿用唐代制度,史称后梁"两税之法,咸因唐制"①,其后唐、晋、汉、周诸朝亦行"两税征赋",收"夏秋税苗",但其时税法混乱,负担不均,所谓"征搜舆赋,竭万姓之脂膏"(《旧五代史·唐庄宗纪》),"峻法以剥下,厚敛以奉上"(《旧五代史·食货志》)即其写照。在此期间,商税随时可征,不必限夏秋二季,遂与两税分道扬镳;户税征收缘浮财难以评估等原因,其比重逐步下降;户税中的间架税至宋变为"城郭之赋",也逐步独立出来;因此宋代两税纯属田亩税。唐末五代出现"二税"(由夏、秋二征而来),宋人更是常称"二税"②,均系明证。

宋代二税分为"正税"和"杂色"两大部分。正税是指税粮和丝帛,"此乃田亩桑功之自出,是谓正税。"③米谷丝帛以外的税物,品类繁杂,往往以钱计值,是谓"杂色",又称"杂钱"④。仍是夏秋两征:夏税收丝帛、大小麦和钱币等,秋税则以粮食为主。粮食税按

---

① 《册府元龟》卷四八八《赋税》。

② 请参见张泽咸:《唐五代赋役史草》,第130页。

③ 张方平:《乐全集》卷二六《论率钱募役事》,四库珍本丛书。

④ 《文献通考》卷四引毕仲衍《中书备对》。

田亩肥瘠分为数等;每亩大致在七八升至一斗多之间,宋初就有"亩税一斗,天下通法"[①]的说法,当然各地税额并无统一标准。二税之外,还有"和籴",这是宋代筹粮养兵的重要手段。狭义和籴专指官府用现钱收购粮食,广义和籴则包括"便籴"(由入便制度演变而来)、"结籴"(令商人结保赊请官府茶引,再籴粮还官)、"括籴"(强制搜购民间粮食)等多种方式[②]。

五、宋代二税征取程序

宋代二税征取形成一套环环相扣的严格程序[③]。先要落实各户田产,这叫"均田"[④],显系沿用均田制时代的术语,实际已指均税。其次要"检田",即核定灾伤程度,确定减免比例,或者允许"倚阁"[⑤](缓交)、"带纳"[⑥](来年补交)。再确定纳粮进度,分为"两料"(夏税、秋税各为一料)与"三限"[⑦](每一料中分三段催征)。州县只要完成全部税额的90%,即可视为"完税州县",州县亦不得再催征欠税,若续得税物可补助地方财政,这叫"破分"[⑧]。如果说严格的征取程序体现了专制皇权的威严,那么"破分"当属惠政性质,遗憾的是这种惠政往往不能落实到贫民下户头上。

---

① 龚明之:《中吴纪闻》卷一"王赞运使减租"条,中华书局标点本。

② 详情可参见王曾瑜:《宋朝的和籴粮草》,《文史》第24辑,中华书局,1984年。

③ 请参见拙著:《宋辽夏金经济研析》,武汉出版社1991年版,第354—356页。

④ 《宋史》卷一七三《食货志(上一)》。

⑤ 《庆元条法事类》卷四七《拘催税租》。

⑥ 邱浚:《大学衍义补》卷三二《鬻丝之失》。

⑦ 《庆元条法事类》卷四七《追欠税租》条。

⑧ 朱熹:《朱子文集》卷一一《戊申封事》。

税户负担不均日趋严重。自晚唐计亩出税以来,一个日形严重、困扰朝野而又久久解决无门的最大问题,就是税负不均。北宋时,"豪富、形势者田多而税少,贫弱者地薄而税重"[①];"贫者急于售田,则田少而税多;富者利于避役,则田多而税少"[②];"富者跨州轶县,所占者莫非膏腴,而赋调反轻;贫者所存无几,又且瘠薄,而赋调反重"[③],"或地广而税鲜,赋多而田寡;或不腆受沃衍之征,上腴当泻卤之赋"[④]等记载,触目皆是。至南宋仍是,"彊(强)宗巨室阡陌相望,而多无税之田;使下户为之破产"[⑤]。这不仅激化社会矛盾,而且影响国家税入。北宋的方田均税法和南宋的经界法就是企图解决这个老大难问题的两次尝试。此点留待第十一章再予分析。

第二节　我国赋役结构从双轨制向单轨制演进的宋代缺环
——一个长时段宏观考察的视角

所谓摊丁入亩,是指我国古代社会中的各类徭役和人头税向田亩税逐步归并、乃至最后消亡的历史过程。从秦汉到明清,历代王朝一方面按照人丁征调徭役和人头税,另一方面又依据田亩广狭征取税赋田租。这是一种双轨制的赋役结构,国家同时参照丁

① 《宋会要辑稿·食货》一之一八载真宗大中祥符六年(1013年)张廓言。
② 《宋朝事实》卷一《财用》引苏辙言。
③ 《宋会要辑稿·食货》七〇之一一六载徽宗崇宁四年(1105年)尚书省奏疏。
④ 夏竦:《文庄集》卷一三《均赋敛》,四库珍本初集本。
⑤ 《宋史》卷一七三《食货志(上一)》载高宗绍兴六年(1136年)平江知府章谊言。

口和田产两种标准来榨取主要是农民阶级的剩余劳动。但各个时期，这两种不同税入在国家赋役结构中所占的比重不同。大致而言，中唐以前，人头税和徭役是国家机器赖以运转的主要赋役基础；此后，田亩税逐步取代人头税，构成国家财政的主要收入；至清初“摊丁入地”，田亩税遂成为农业税收的唯一形态。其间分水岭便是唐德宗建中元年(780年)公布的两税法。两税法宣布放弃“计丁定庸调及租”的传统做法，变按丁口征税为按资财征税，这就指明了我国古代社会的赋役征取结构从双轨制向单轨制演进的大势。

在此后的历史行程中，人头税的比重日趋下降，田亩税的比重明显上升；构成人头税主体部分的各色徭役向货币或实物代役税转化，代役税的征收依据亦从人丁多寡向田亩广狭过渡；与此同时，尚未转化为代役税的那部分徭役，也有日益增多的部分改以田亩广狭为征调依据；特别是水利役(这是历代力役之主体部分)中“计田出丁”和“履亩纳钱”法也在推广开来。这些就是摊丁入亩趋势在宋元明清时期的主要表现。中唐两税法，明代一条鞭法，以及清初“摊丁入地”等环节，在上述演进过程中无疑具有里程碑性质。学界多所论及，硕果累累，启迪良深。关于两宋的赋税差徭，多年来亦有不少先生戮力研究，李剑农、聂崇岐、孙毓棠、漆侠、王曾瑜、梁太济等人的工作尤为突出，极富教益①。但两宋时期在徭役和

① 请阅李剑农:《宋元明经济史稿》第八章《宋元明之赋役——由两税至一条鞭法》，三联书店，1957年版。聂崇岐:《宋役法述》，载《燕京学报》三十三期(1947年12月)。孙毓棠:《关于北宋赋役制度的几个问题》，载《历史研究》1964年第2期。漆侠:《王安石变法》，上海人民出版社，1979年修订版。王曾瑜:《宋朝的差役和形势户》，载《历史学》1979年的创刊号;《宋朝的两税》，载《文史》十四期(1983年)。梁太济:《两宋的夫役征发》，载《宋史研究集刊》，浙江古籍出版社，1986年版。

人头税向田亩税归并中究占何种地位,尚未引起足够重视。这样,从公元8世纪两税法颁布到16世纪一条鞭法出台这八百年中,这个演进序列还存在着较为明显的缺环。

毋庸讳言,摊丁入亩是一个漫长的历史过程,其间发生某些曲折和迂回自属难免。在我看来,主要的曲折发生在唐末五代和元朝这两个时期。自中唐安史之乱起,国力强盛的大唐帝国从其巅峰跌落下来,在藩镇割据的泥潭中又越陷越深,一蹶不振。大一统局面的瓦解妨碍了两税法整齐划一地推向全国,简化税目、取消丁税、合并力役、专征财产税等良法未得深入实施,其美意自不能发扬光大。五代仍是方镇并立,割据风行,丁税苛重,徭役繁兴。这是第一个曲折。13世纪蒙古入主中原,虽然结束了晚唐以降几个地方政权并存的分裂局面,但又带来不少前封建制的生产关系。随着农业经济中农奴制倾向的滋生,出现了户税、丁税、地税三税并课,人头税和徭役复有增长的倒退趋势。"俸钞"、"包银"、"二五户丝"的普遍征收和以课征徭役为目的的"诸色户计"的设立,即其明证。如果说上述曲折尚可得到一定解释的话,那么至少两宋时期是否存在摊丁入亩趋势,目前仍无明确答案。因此这个缺环仍然存在。笔者曾于20世纪80年代撰文认为,摊丁入亩趋势在宋代不仅存在,而且有着多方面的表现[①]。

徭役是力役、差役和兵役的统称。宋代差役向代役税、田亩税

---

① 请参考拙文《两宋摊丁入亩趋势论析》和《两宋摊丁入亩趋势补证》,两文分载《中国经济史研究》1988年第3期,《暨南大学学报》1991年第3期。

的转化，宋初即有端倪可察，这就是差役按户等轮差和部分差役采取募法雇人从役。此后集中表现为王安石免役法的实施，应役民户只要按照户等、物力交纳免役钱，就可免服衙前、里正之类差徭。免役钱就是货币代役税，官府以此钱雇募役人。这只需参阅研究宋代差役和熙丰新政的有关论著，即可得到明确印象，毋庸多费篇幅。故此本章拟以力役为中心，旁及身丁钱、兵役残余以及差役和两税附加税中的力役部分，来考察摊丁入亩趋势在宋代的表现及其内在机制。

第三节 两宋摊丁入亩趋势的诸般表现（上）

一、部分力役转化为代役税，代役税同时向田亩税归并

国家用征收代役税的办法来代替力役征调，宋代叫作“纳钱免役”。少数地方宋初以来即以此法为常制，例如邓州析川县，“春夫自来科纳雇钱，更不起发”[①]。“春夫”是宋代力役的基本形态。每年岁首之农闲季节，官府以各户丁口多寡为据，征调农夫从事疏浚河道、增筑堤防或土木工程、水陆运送等役。凡是二十至五十九岁的男子，每年均须从役一月。因“正月首事、季春而毕”，使役时节正当春季而得名。在战事突发、河防猝溃之际，官府不顾农事季节，紧急征发农夫辇运军需、防塞决口，此系“急夫”。因其对农业生产的危害更大，法令规定充任急夫者的役期可“计日折免，更蠲

① 《长编》卷三五七元丰八年六月甲戌纪事。

五分”[1]。亦即急夫二十日折抵春夫一月之役,并非春夫之外更有急夫之任。因此邓州析川县不调春夫,无疑等于基本免除力役负担(当然这并不排斥某些非常时期会与其他地区民户一样承服急夫等役),而代之以征取货币代役税,此即“雇钱”。而且此法从宋初一直实行到神宗元丰年间,元丰以后亦未见有何改变。虽说其他地区的徭役也在向代役税逐步转化,但像析川县推行得如此彻底,并能一以贯之、长期坚持的实例,却并不多见。估计这与该县所处的地理位置有关。邓州地处京西南路的南阳盆地,既非沿河、沿边之类的重役地区——例如黄河中下游和汴河沿岸州军有连年征发、沉重不堪的河防夫役,河北、陕西等路沿边地区常有修筑城防、辇运军需等非时征发;又远离官僚云集和禁军屯驻的京畿重地——例如开封府周围各县民户,在为官僚机构和官僚阶层提供送往迎来、厨传当直等各种人身服务的重压下,往往坏产破家,苦不堪言;因此力役需求相对较少,其向代役税的转化因之较易。但是无论如何,这是在一个县的范围内基本免除力役征发的实例。这个实例带给我们的重大信息是,以力役为主体的各类徭役向代役税转化的时代确实已经到来!

北宋中叶在江南东路也有局部地区出现了无役民户要交纳代役税的事例。仁宗皇祐二年(1050 年),信州(今江西上饶)大水,知县张某在符县“调富民水所不至者夫钱,户七百八十[文]”[2]。远离水灾发生地点的民户,虽然不须亲赴灾区去服河防之役,但须

① 《长编》卷二九〇元丰元年六月巳酉纪事。

② 王安石:《信州兴造记》,《宋文鉴》卷七九,丛书集成本。

纳钱代役。如果说征取代役税的办法在宋初还只实行于役轻之所，那么现在已经扩大到有河防重役的地区了。值得注意的是，所征之钱，名曰"夫钱"；宋代春夫、急夫之类力役，又恰称"夫役"；说明此钱确为豁免农夫力役而征，并开此后"免夫钱"新制之先声。

至神宗熙丰新法时期，出钱免夫役日形普遍，免夫钱之征遂趋制度化。熙宁四年(1071 年)春，韩绛在陕西诸路调发农夫修筑啰兀二砦，辽州(辖今山西左权、和顺、榆社等县)"上户配夫四百三十四，僦直计三千缗"[①]。平均每夫征钱七千文。《长编》卷四三八哲宗元祐五年二月辛丑"权罢黄河"条提到，"先是，河上所科夫役，许输钱免夫"，同样是"以七千免一丁"。一是陕西地区的修城调夫，一是京东诸路的河防力役，地区、役种均不相同，然一夫所纳之代役税均系七千文，恐非偶然的巧合。据文献记载，北宋每夫每日雇钱大致在二百文上下[②]，七千文大致相当于一夫一月之雇值，与宋初春夫每年服役一月之规定恰相合。显而易见，这里"夫"已不再是指亲身服役的执锸农夫，而是一种征税单位。所有这些，均系纳钱免役逐步制度化的明显迹象。

稍后，宋廷在黄河、汴河流经的京东西、淮南等路，鉴于有些州郡离河防工地过远，"不可使民间一一亲行，故许民纳钱，以充雇直[值]"[③]。熙宁十年(1077 年)十月，"诏河北、东京、淮南等路出赴河役者，去役所七百里外，愿纳免夫钱者听从便"[④]。例如当时"淮

---

① 《宋史》卷三〇三《范祥·附子(范)商传》。

② 参见《长编》三四三、四三八、四三七等处，原文不俱引。

③ 苏辙：《栾城集》卷四六，《论雇河夫不便札子》，国学基本丛书本。

④ 《长编》卷二八五是年十月乙卯纪事。

南之民科黄河夫,夫钱十五千,上户有及六十夫者"[①]。至少在河防夫役中,役地七百里以外地区的农夫,均可纳钱免役。此后,缴纳代役税的地区继续扩大。哲宗初年规定,"京东、河北五百里内差夫,五百里外雇夫"[②]。元祐七年(1092 年),又推及京畿地区,时"都水监言:'准敕五百里外方许免夫,自来府界黄河夫多不及五百里。缘人情皆愿纳钱免行。今相度,欲府界夫即不限地里远近,但愿纳钱者听。'从之"[③]。至此,黄、汴、淮流域几乎所有的河防夫役征发区,均已通行纳钱免役新制。十余年后,这一事实又以制度形式固定下来。史载徽宗大观年间(1107—1110 年),"凡河堤合调春夫,尽输免夫之直,定为永法"[④]。在全国范围内肯定了河防夫役向货币代役税转化的演进趋势。

纳钱免役既在河防夫役中普遍实施,势必逐步渗透到辇运、筑城等役中去。例如神宗元丰三年(1080 年)八月,洛阳河阳县调发急夫,"有一户一日之内出百十七夫者"[⑤]。这里的"夫"显然仍是征钱单位。二年后陕西诸路调夫出界,"其近上等第人户……雇直至及百贯"[⑥]。所以哲宗元符三年(1100 年)晁说之说:"岁有常役则调春夫,非时则调急夫,否则纳夫钱。"[⑦]说明免夫钱至少在神哲之际已经制度化。稍后曾布亦云:"近岁调夫,多至于率钱,民力重困。"[⑧]

---

① 《长编》卷三二四元丰五年三月乙酉纪事。

② 《宋史》卷九三《河渠志·黄河(下)》。

③ 《宋会要辑稿·方域》一五之一五。

④ 《宋史》卷一七五《食货志·和籴》。

⑤ 《长编》卷三〇七是年八月丙辰纪事。

⑥ 《长编》卷三二六元丰五年五月乙酉纪事。

⑦ 《嵩山集》卷一《元符三年应诏封事》,清道光十年晁氏刊本。

⑧ 《长编拾补》卷十一哲宗绍圣元年十一月乙卯纪事。

可见纳钱免役之制确是普遍推行了的。

现在的问题，代役税的征收依据是什么？它是否与民户田产多少相联系？前引仁宗信州符县所调夫钱是出自“富民”。神宗熙宁四年韩绛在辽州配户纳钱是出自“上户”。熙宁八年广西军兴是在“上三等户”中差夫运粮[①]。熙宁十年淮南科黄河夫一户出至六十夫者亦是上户。元丰二年诏诸路修城，令“于中等以上户均出夫，夫出百钱”[②]。北宋末年兴燕山之役征收免夫钱，“诸路随民税产科敛以足之”[③]，更是直接以民户资产物力为征调依据；潭州湘潭县干脆按亩摊征，史载其时“湘潭县管田八十六万亩，[知县刘]式每亩科钱七百文”[④]。无须再加征引，这些例子即足以说明，免夫钱的征收是与户等相关联的。宋代乡村划分户等的标准各地有所不同，或据田亩广狭，或视税额多少，或计家业贯百（亦即物力高下），或随下种石斗，或约所收租课[⑤]。但万变不离其宗，无论税额租课，还是家业物力，均与田产紧密相关。因此免夫钱的征收，通过户等这个中介环节，最终还是落实到了田产之上。

这种状况，与两税法下的赋役征取原则是完全吻合的。北宋中叶，苏辙在谈到当时差徭征调办法时说：“三代之民，以力事上，不专以钱。近世因其有无，各听其便：有力而无财者使效其力，有财而无力者皆得雇人。人各致其所有，是以不劳而具。”[⑥]民户“以

---

① 《长编》卷二七一是年十二月甲寅纪事。

② 《长编》卷二九六是年正月丁亥纪事。

③ 《三朝北盟会编》卷九六引《靖康遗录》。

④ 胡寅：《斐然集》卷十五《缴湖南勘刘式翻异》。

⑤ 参阅王曾瑜《宋朝划分乡村五等户的财产标准》，《宋史研究论文集》，上海古籍出版社 1982 年版。

⑥ 苏辙：《栾城集》卷三五《自齐州回论时事书》。

力事上”的时代,就是国家赋役征取实行“以丁为本”的时代。中唐以前,大抵如此。中唐以后,即苏辙所谓“近世”,民户“因其有无,各听其便”,出不起免夫钱的贫民下户照旧服役,愈来愈多的田广资丰之家可以交纳雇钱,或自雇人夫来代替亲身服役。这是赋役征取“以地为本”的时代。这个时代崇奉的是“据地出税,天下皆同”[①]的原则。田亩愈广、资产愈丰者,其下种自多,收租亦多,税额愈高,户等愈高,其所出免夫钱也就愈多。这是正常的,更是必然的。事实证明,当时已经转化为代役税的这部分力役,以按户等征收免夫钱的形式,基本上是摊入田亩税中征收了。之所以说是“基本上”,因为户等以物力高低而定,田产虽是家业物力的主要构成部分,但物力钱的核定毕竟还要考虑田产之外的他项浮财所值。

二、部分力役不再单以丁口征调,转而依据税额、物力或户等摊派

代役税的征收虽说自宋初以降日渐普遍,但终究并非独占形态。还有部分力役受条件、环境所限未能转化,故仍以剩余劳动的自然形态而存在。就是这部分力役,也不再纯以丁口为据来征调,主要由田亩广狭肥瘠决定的税额、物力或户等高下,日益成为力役摊派中的又一依据。这是宋代摊丁入亩趋势的又一重要表现。

中唐两税法后,徭役征调依据从人丁向田亩过渡这种历史现象,当时就有人指出过。北宋苏轼说:“自两税之兴,因地之广狭瘠腴而制赋,因赋之多少而制役,其初盖甚均也。责之厚赋,则其财足

---

① 《文献通考》卷三《田赋三》。

以供；署之重役，则其力足以堪。何者，其轻重厚薄，一出于地，而不可易也。户无常赋，视地以为赋；人无常役，视赋以为役。是故贫者鬻田则赋轻，而富者加地则役重。此所以度民力之所胜，亦所以破兼并之门，而塞侥幸之源也。”[①]在苏轼看来，两税法下不仅夏税秋苗是以田亩广狭为转移，而且各类徭役也在向田亩税归并，“其轻重厚薄，一出于地”，这是符合历史实际的正确归纳。赋重者地自多，地多者役亦重，徭役通过田赋这个中介而最终落实到田产上。

当然，苏轼主要是针对差役而言的。宋代差役是由唐代色役演变而来，与明之里甲、均徭形态相近，是国家无偿征调民户，让其担任乡村基层政权头目和各级官衙办事人员的制度。宋代差役名目繁多，其性质很难一概论定。其中既有假借权势、鱼肉乡民的特权性吏职，又有厨传当直、迎来送往等义务性劳役。在衙前、里正等役中，特权和义务往往交织扭结，并视情况和时期的不同而彼此转化。因此，一则特权性差役中包含着某些力役因素；再则各类差役均“以乡户等第定差”[②]；三则手力、拦头、库掏拣掐之类名目，名为差役，实系力役，同样是视其轻重，派于不同户等，故不能说苏轼此论与力役无关。更为重要的是，既然包含力役因素的差役征调通过户等与地产挂钩，那么以春夫、急夫为表现形式的纯粹力役，亦将体现以户等高低定役之轻重的基本精神。

事实正是如此。早在宋初，局部地区的力役征发开始显露出不仅考虑人丁，而且考虑财力的征兆。太宗雍熙三年(986 年)，赵

---

① 《苏轼文集》卷八《策别·安万民(四)》。

② 《宋史》卷一七七《食货志(上五)》。

普上《谏伐燕疏并札子》："伏缘此地[按指邓州]直至莫州，往来四千余里，或是无丁有税，须至雇人般[搬]粮。"[①]力役征发，向来是以人丁为依据。"有身则有庸"，是中唐以前的基本准则。北宋初年亦有力役"但以丁口均差"[②]的规定。按照这个规定，家中若无成丁男子是不会有力役负担的。但是我们看到，还是这个邓州，若战争骤起、漕挽大兴之时，仍有急夫之征，而且无丁有税之家亦有夫役负担。自家无丁服役，便须雇人自代。可见实际生活中夫役征调并不全以丁口多寡为据，至少邓州是同时参照了赋税亦即民户财产这个因素。事实证明，苏轼"因赋之多少而制役"确非凿空之言，邓州的力役征发同样贯彻了这个原则精神。

太宗至道元年(995 年)正月，宋廷为修复关中三白渠，派皇甫选等赴陕实地考察。皇甫选回京建议采取"计田出丁"之法来筹措所需劳力，他说："所役缘渠之民，计田出丁，凡调万三千人。疏渠造堰，各获其利，固不惮其劳也。"[③]宋廷采纳了这个建议，令三白渠总监孙冕依照执行。我们知道，各地春首调夫修渠应属春夫性质，而春夫则是宋代力役的基本形态。因此关中修渠中的"计田出丁"，较之邓州急夫运粮一例意义更为重大。它表明随着时间的推移，力役向田亩税的归并已从急夫推至春夫，其势确在扩大之中。同时"计田出丁"是把力役直接落实到田亩之中，较之"计税出丁"更为彻底。这或许是因为水利兴修中需要考虑受益原则的缘故吧！

---

① 《三朝北盟会编》卷一《邵询武乞[石]守信罢兵》条引。

② 《长编》卷三三四元丰六年三月壬辰纪事。

③ 《宋史》卷九四《河渠志・三白渠》。

正是因为宋初以来部分地区已经存在着以税额、田亩为据来征调力役的事实，所以北宋中叶吕大钧建议，无论是人多地少的贫弱下户，还是田多人少的兼并之家，均按田产多少来出夫役。他说："今欲将主户之田少者，合众户共及两顷以上，方充一夫之役。其兼并之家人少而田多者，复计其田，每三项执一夫之役。主户不足，以客户足之。"[1]这个建议的实质，是欲将邓州、关中等地早已实行的计田(税)出丁夫的做法，推广至宋朝辖区的整个力役征发。但是力役本身终究是要由成年男丁来承担，故不能完全忽略人丁因素；再则形势豪强之家在计田出夫中也会因加重负担而不满。为此吕大钧提出了两个解决办法，一是田多丁少之家，可计入客户丁口，以补主户男丁之不足；二是采用不同的折算标准，田广资丰之上户三顷出一夫，较之主户二顷出一夫稍有优容。但无论如何，吕大钧的倾向是十分明显的，这就是要在更大的范围内将力役轻重与田亩广狭联系在一起。在这个意义上，我们说吕氏此议，上承中唐两税法之余绪，下启明代一条鞭法之先声，应属摊丁入亩之最早张本。

宋廷是否采纳了这个建议，史无明文。重要的是确有一些州县将吕氏之议付诸实施了：仁宗天圣八年(1030年)，在河南府、陕府及虢、解、绛、泽等州的广大地域内，为采斫筑堤梢木而征调河防役夫，"所差三万五千人，内有三二家共著一丁。应役之人，计及十万"[2]。这里"三二家共著一丁"的调夫办法，显是吕氏"合众户共

① 吕大钧：《民议》，载《宋文鉴》卷一〇六。

② 《宋会要辑稿》方域一四之一四。

出夫役”之议的具体化。而且此例表明,实行“计田出丁”的地区,也更加扩大了。

但是力役向田亩税的归并,因受当时整个社会的发展程度及其速率的限制,不可能在赵宋一朝就完成其历史进程。所以在免夫钱已经趋向制度化的神哲时期,仍有不少地区坚守着“按丁差夫”的传统办法。历系重役之地的京畿开封府尤为严重。元丰六年(1083 年)三月,提举开封府保甲刘琯说:“诸县保甲,每起夫役,不计家产厚薄,但以丁口均差,故下户常艰于力役。”[①]然而另一方面,要求彻底废止按丁差夫旧法的呼声也越来越高。针对中古田制框架瓦解后必然出现的下户承役能力日趋下降这一客观情势,刘琯正确指出“下户艰于力役”的弊病,并建议以立法形式改变这种不合时宜的做法:“伏望令有司立法,诸县调夫,不计丁之多少,而计户之上下。”[②]按户等高低来征调夫役,就是要把力役负担基本上摊到田亩中去。但此次动议并无结果,故哲宗元祐五年(1090 年)都水监吴安持再次提出批评:“今《元祐令》自第一等至第五等皆以丁差,不问贫富,有[偏重]偏轻之弊”,并建议“以次降杀,使轻重得所外,其或用丁口、或用等第,听州县从便”[③]。这次宋廷采纳了这个建议,无疑是个值得重视的重大进展。继神宗熙丰年间免夫钱趋向制度化之后,各地州县又被允许根据情况自行决定调夫办法:或用旧法以人丁科差,或用新法按田亩征调,两种做法均属合法。这对摊丁入亩趋势的深入发展,肯定会产生极大

① 《长编》卷三四四元丰六年三月壬辰纪事。

② 同上。

③ 《长编》卷四三八是年二月甲辰纪事。

的推动作用。

既然新旧两法均可采用，那么各地州县会作何种选择呢？成书于徽宗政和年间的《作邑自箴》，是一个县令为官之道的经验总结。作者根据自己的亲身经历，得出的结论是："差夫役，总计家业钱均定，遂无偏曲。"[①]体会良深。所谓家业钱，又称"家业贯百（百一作佰）"，简称"贯百"，是物力钱的别称。而物力（即一户家产总值）则是决定户等的主要依据，但人丁有时亦成为核定户等的参考性依据。因此，从摊丁入亩这个角度看问题，依据家业物力均定夫役，较之依据户等更为彻底。应该说，这是北宋晚期多数地区已按户等、物力征调夫役的真实反映。其实，在此之前已经有人明确要求，无论差夫还是科免役钱，都以物力为据。哲宗元符二年（1099年）四月，权知郓州胡宗师说："差夫五等之法，出夫不均。乞以人户物业田产，总计所置[值?]贯百，或差人夫，或出夫钱，皆以贯百均出。"[②]这个建议即使并未作为适用于全国的法令明确颁布，但从上引《作邑自箴》不难看出，其与实际生活的吻合度是颇为不低的。

南宋夫役征调仍很频繁，但一般亦以户等、物力为基本依据。高宗绍兴三十一年（1161年），四川总领所调利州路民夫三万余人运粮赴军，"令诸州守贰以民间产力高下品差……民间一夫之费为七八十千，雇夫以行者又倍"[③]。淮南地区，据黄幹所言，"起夫一事，官司敷之税户，税户抑勒佃户。税户每三四十千起一夫，未免

① 李元弼：《作邑自箴》卷四《处事》，知不足斋丛书本。

② 《长编》卷五〇八是年四月丙子纪事。

③ 《建炎以来系年要录》卷一九二是年九月庚寅纪事。

有鬻产之患；佃户以为投之死地，父子夫妻相顾号泣而后行”[①]。黄幹在南宋中叶历任知新淦县、通判安丰军、知汉阳军、知安庆府等州县亲民官，他所说的这种情况必定带有某种程度的普遍性，所以才给乔运判写信，要求设法预防税户通过变卖田产、降低户等来逃避夫役负担的弊病。

南宋初年，广州州学教授林勋向朝廷上《本政书》十三篇[②]，据看到此书的朱熹说：“林勋《本政书》，每乡开具若干字号田，田下注人姓名，是以田为母，人为子，说得甚好。”[③]林教授设计的“以田为母，以人为子”的版籍模式，应是北宋中晚期以降赋税徭役征取大部落实到田产之上这个现实的一种反映！

三、摊丁入亩趋势在人头税、两税附加税和差役、兵役残余中的相应表现

以上考察了宋代力役向田亩税归并的两种主要途径。严格说来，摊丁入亩趋势还应包括人头税和其他各类徭役向田亩税归并等内容。限于篇幅，本节仅拟依据有关材料说明，力役向田亩税的归并非孤立的历史进程，摊丁入亩趋势在其他类目的税役征取中同样存在，只是程度不同、速率有别而已。

（一）身丁钱向田亩税过渡　宋承唐末五代旧制，多数地区丁税仍存，史称“丁口之赋”。《宋史·食货志》列为五赋之一，通称

---

① 《勉斋黄文肃公文集》卷二九《与淮西乔运判辨起夫运粮事》，清康熙四十三年福建刊本。

② 此书早佚，仅在《宋史·食货志》中有数百字的大意概括。

③ 《朱子语类》卷一一一《论民》，中华书局标点本。

"身丁钱米"或"身丁钱绢"，各地有"丁盐"、"蚕盐"、"丁米"、"丁绢"等不同名目。宋代身丁钱当然仍以"不地而征"、"计丁配之"为基本特征，但与汉唐已有很大不同。一是除广南西路有"挂丁钱"之征外，其余各路均只限于向成年男丁课征，女口不预；二是两宋三百年间多次下令蠲除身丁税，某些地区如两浙等路免过不止一次；三是身丁钱在国家赋税总额中的比重明显下降，田亩税成为农业税收的基本形态。凡此种种，均说明人头税在宋代已系残余性质，这本身就是摊丁入亩趋势的一种反映。

与此同时，残存的人头税同样不再仅以丁口多寡为唯一的征收依据，田亩广狭在人头税的征收中发挥着越来越为重要的作用。例如，荆湖南路的人头税在南宋初年就有2/3均入田亩征收。高宗绍兴二年(1132年)，"诏湖南丁米2/3均取于民田，其一取之于丁口"①。三年后，即绍兴五年，守臣赵垣建议将湖南之法推广到淮浙湖广等南宋大部辖区，仍"以二分敷于田亩，一分敷于民丁"；漕司研究的意见更为激进，认为可以"尽数敷于田亩"②。第二年枢密院检译文字王迪再次提议"两路丁钱随田税带纳"③，欲把人头税全部摊入田亩征收。赵垣、王迪的两次动议虽无明确结果，但至少可以反映，丁税向田亩税的归并，确系大势所趋，人心所向，而并非个别官僚的心血来潮。事实上确实存在着人丁税全部向田亩税归并的实例，例如浙西常州宜兴县的无产百姓，直至高宗时期仍在按照"丁输盐钱二百文"的标准输纳人头税，到孝宗隆兴元年

---

①　《宋史》卷二七《高宗四》。

②　《建炎以来朝野杂记》甲集卷一五《身丁钱》。

③　同上。

(1163年),“令与晋陵、武进、无锡三县,一律随产均输”[①]。从制度演进这个角度看问题,这四个县的人丁税向田亩税归并的过程可以说已经完成。

(二)支移向脚钱转化　唐宋时期,官府令民户将税粮送到指定地点交纳,按照“先富后贫,自近至远”的原则,以户等高下定地里远近,称为“支移”。只有财力雄厚之家才有能力实行远距离支移,故户等愈高者其役愈重,这同样符合苏轼所言“因赋之多少而制役”的原则精神。真宗大中祥符元年(1008年),宋廷从“宜蠲力役,用示朝恩”的考虑出发,下令各地改变旧式,“应诸路今年夏税赋止于本州军输”;其中河北沿边地区政策更宽,“其诸州税赋止于本州送纳”[②],将秋税也包括在内。秋税以粟米为主,这恰恰是支移的重头。这说明宋廷也认为支移是力役性质,应予适当蠲免。

更为重要的是,由于“支移本以便边饷,内郡罕用焉”,所以多数地区折征“脚钱”,令民户按税额比例纳钱以充运费来代替亲身服役。据包拯言,仁宗时陈州民户只要在交纳夏税大小麦时,每斗加纳脚钱二十文,即可“与免支移”[③]。徽宗崇宁年间(1102—1106年)规定,“或输本色于支移之地,或输脚费于所居之邑”,两法并用,各听其便。脚钱则定为每斗五十六文,较之北宋中叶已大为提高[④]。这是货币代役税。南宋广德县一石税粮贴纳脚钱三斗七升,这是实物代役税。宋代律令汇编《庆元条法事类》载:“其支移

---

① 《宋史》卷一七四《食货志(上二)》。

② 《文献通考》卷四《田赋四》。

③ 《包拯集》卷七《请免陈州添折见钱》,续奥雅堂丛书本。

④ 《宋史》卷一七四《食货志(上二)》。

非急切及军期，而人户愿纳支移物价脚钱者，听。”“诸人户税租应付他处输纳、而愿就纳本县者，转运司量地里、定则例，令别纳实费脚钱。”[①]可见到南宋中叶，支移这种力役负担多半已演变为以税额为据的各种代役税了。支移向脚钱转化的过程，同样是农夫力役向田亩税归并这个历史过程的组成部分。

（三）部分差役向田亩税的归并　如前所述，宋代由主户承服的各类差役，本来就是依其负担轻重而与户等相联系的。主掌典领仓库、辇送纲运，并与户长、乡书手同负催纳税赋之责的乡户衙前（有里正衙前、直勾衙前等名目），之所以要从物力达二百贯以上的第一等户中差充，就是因为此类差役中义务性的负担面占主导地位，承服者往往陷于破产赔纳、嫁妻鬻子的悲惨境地而不能自拔。这再次体现了“赋多者役重”的征取原则。

但是，差役既要人去担任，征调中就不能完全无视人丁因素。户等虽以资产物力而定，但同时又参照丁口多寡，五等丁产簿中就同时登录田产与丁口。差役不是直接与田产挂钩，而是依户等征调就是这个道理。北宋中叶苏辙所云“州县差役皆以丁口为之高下”[②]，虽说失之片面，却也道出了必须计入丁口因素这个事实。所以神宗熙丰新法中关于从乡村富豪中轮差保正副和催税甲头、户长之类的规定，到后来又不得不加入关于人丁的补充条文。高宗绍兴十五年八月敕旨：“许差物力高单丁，每都不得过二人，其应充保正副或催税户长，止得一名，不得双差，本为优恤单丁之家。”[③]

---

① 《庆元条法事类》卷四八《支移折变》、卷四七《受纳税租》，燕京大学图书馆印行本。

② 苏辙：《栾城集》卷三五《制置三司条例司论事状》。

③ 《宋会要辑稿·食货》一四之四六。

就是说物力高强之上户，如系单丁之家，则在保正副和税催户长中可以只任一役。应该说这种考虑并非全无道理。然而应役上户钻此空子，以单丁为由多方规避，结果“富豪者多以单丁而免役，贫弱者或以丁众而屡充”[①]，既影响了乡村下户的稳定，也妨碍了官府税赋的收纳。所以孝宗乾道八年（1172年）十一月，宋廷应户部尚书杨倓所请，将条文改为保正副和催税户长“不拘丁数，只依旧法，通选物力高者充役，庶得均平”[②]。实际生活中规避、转嫁差役等类现象容或有之，但从法令条文来看，保正副、甲头、户长的轮差，继神宗熙宁新法之后，再次与人丁多寡基本脱钩，而全依物力为据了。前此已有局部地区先行一步，如峡州路保正，在绍兴三十一年（1161年）应知忠州张德远所请，“选差物力最高之人”[③]担任。显而易见，差役征调从以户等为据向以物力为据演进的过程，就是征调依据中人丁因素趋向消亡、资产因素进一步增长的过程。其间不免有所曲折，但最终还要回到以资产、田亩为据的轨道上来，说明徭役向田亩税的归并，确是其时带有规律性、方向性的发展趋势。

（四）残存兵役依照户等、物力征发　自中唐募兵制取代府兵制，兵役基本消亡，但其残余长期存在。北宋弓手、壮丁、枪手、弓箭手等，就是此类兵役残余。即以弓手为例。弓手一般由乡村下户轮充，是“县所赖以索盗”[④]的基本武装。一县少则数十人，多则

---

① 《宋会要辑稿·食货》一四之四六。
② 同上。
③ 《建炎以来系年要录》卷一九二，是年九月癸巳纪事。
④ 刘攽：《临湖县阅武亭记》，《宋文鉴》卷八一。

数百人，由县尉率领，负地方治安之责。因弓手须自备武器、口粮及外出盘缠，为农家重负，故仁宗时敕文规定，“所差点弓手，其第四、第五等户，如委实贫阙，虽有丁数，即不得一例点差者”[①]。明确要求更多地考虑该户的资产状况，而不能只看人丁多少。稍后，张方平进一步建议，弓手应先从上户中差点，“令诸州县先从物力、人丁最高户差点，第一等不足即差第二等，第二等不足即与第三等比。”[②]虽说有记载说明此后乡村下户仍旧不免弓手之役，但弓手从下户专任之役变为全部主户的共任之役，毕竟同样反映出弓手征调中亦在更多地以户等、物力为依据。

需要说明的是，宋代由于官僚机构冗滥庞杂，河防工程浩繁频数，沿边地区战事屡兴等等原因，国家对于各类徭役仍然存在着多方面的需求，而且河防水利、辇运筑城等役在某些时期反呈增长趋势。这对徭役向田亩税的归并起着明显的阻碍作用。在兵夫、雇夫增至数十万众仍不敷使用的情况下，差夫之继续存在和急夫之不时兴发，势属难免，不得不为。北宋中叶甚至一度采取过设置“教阅厢军”，并将民兵性质的弓箭手变为正规军等应急措施，遂使宋代民户的力役、差役乃至兵役负担出现免而又复、时轻时重的复杂情况。对此，南宋史家李心传的观察精确、分析深刻，值得称道，他说：“唐之庸钱，杨炎已均入二税；而后世差役复不免焉，是力役之征既取其二也。本朝王安石，令民输钱以免役；而绍兴以后，所谓耆户长、保长雇钱复不给焉，是取其三也。合丁

① 张方平：《乐全集》卷二一《论天下州县新添置弓手事宜》，四库珍本初集本。
② 《乐全集》卷二一《论天下州县新添置弓手事宜》。

钱而论之，力役之征盖取其四也。而一有边事，则免夫之令又不得免焉，是取其五也。”[①]李氏此论极好地概括了两税法后徭役和人丁税向田亩税归并的几个阶段及其曲折历程，完全符合中唐至南宋这四五百年间的实际情况，笔者就不再浪费篇幅重加论列了。

第四节　两宋摊丁入亩趋势的诸般表现(下)

本节专门考察两宋水利役中日趋普遍的摊丁入亩之趋势。史实表明，自北宋中叶以降，在水利役中依据田亩广狭来征调役夫的做法日趋普遍，至南宋已遍及宋辖各路；这种做法最初起源于民间惯例，且有私约文簿为之约束；后因被各地州县官府采纳而逐步演变为地方性水利法规；与此同时“计田出丁”之法也在逐步向“履亩纳钱”演进。这些情况对于进一步确定两宋摊丁入亩趋势的存在并进而解析其由以演进的内部机制极有助益。

一、“计田出丁”法从两浙地区向宋辖全境的推广

中唐以降，水利建设重心已经南移，长江流域兴修的水利工程，无论就其数量还是规模来说，均在黄河流域之上。因此，虽然“计田出丁”之法最早出现在北方关中地区，但更多的事例却集中在江南地区，尤以两浙最为典型。

仁宗景祐五年(1038 年)，两浙提点刑狱使宋纯计划在本路州

---

① 《建炎以来朝野杂记》甲集卷一五《身丁钱》。

县兴筑水利工程，他向宋廷建议，工程所需之“夫料饷粮，设法劝诱租利人户，情愿出备”[①]。所谓“租利人户”，即“收租食利”人户。收租者，有田产之主户也；食利者，水利工程完成后能够得到实际效益者也。例如，仁宗嘉祐时（1056—1063 年）浙西宜兴“邑尉阮洪深明水利，乞开百渎，监司允其请，遂鸠工于食利之民，疏导四十九条”[②]。高宗绍兴年间，赵子潇等奏称：“契勘昆山县四浦工力不多，乞止用本县食利人户。”[③]这就是说，在当地民户力所能及的范围内，水利工程所需之人工（有时亦包括材料和经费），可由当地政府劝导实际受益民户出备。

在宋纯提出上述建议的 20 年以后，李惟几（字景纯）任浙西海盐县令，时在嘉祐元年四月至四年四月（1056—1059 年）。李县令在任上“作劝书一篇二百余言，布告于民，始命之积贮慎啬，以养生送死；卒诏共具畚锸，随所占田，人自浚治，因土为塍，以御水旱”。[④] 这是要求乡村主户“门前包干”，各自承担其本户田产范围内小型水利的兴筑和维修责任，此即“随所占田，人自浚治”。至于工程所需之人工与材料，当然也是由各户自己承担了。

海盐县令李惟几的做法可以视为其上司宋纯建议之原则的具体化，但是这种各户包干、各自为战的形式只能适应加固田岸之类的小型工程，一旦面对浚浦、开港、筑堰、修闸之类越出各户自有田产范围的工程，“随所占田，人自浚治”的办法就行不通了。相比之

① 《宋会要辑稿·食货》七之一二。

② 单锷：《吴中水利书》。

③ 《宋会要辑稿·食货》八之二二。

④ 陈舜俞：《都官集》卷八《海盐李宰遗爱石碑》。

下,浙东睦州桐庐县令刘公臣的做法就合理多了。嘉祐五年(1060年),刘县长令各乡"每遇春农之际,并仰有田分之家,各据顷亩多少均摊,出备工力修开。取令深阔,盛贮其水,或遇水旱,即据田亩轮番取人[水?]浇灌。"[①]这是预先计划好工程所需之人工,再按各户受益面积均摊,工程完成后各户按亩积分享用水权利。

自北宋中叶以后,其他各地的水利兴修也多采取这种按受益户的田产亩积来均摊水利人工的办法。例如,在京西南路的襄阳地区,有一个历史悠久的长、木两渠灌区。当地州县亲民官须经常"率民田渠下者,理渠之坏,塞而去其浅溢,遂完故埸,使还渠中。"[②]英宗治平年间(1064—1067年),宜城县令朱纮率民整修木渠,"不费公家束薪斗粟,而民乐趋之,渠成所溉六千余顷,数邑蒙其利。"[③]不花公家一文钱的奥秘即在于严格遵循受益原则,利用"食利"民户的财力来兴役维修。至熙宁初年(1068—1070年),襄州知州史炤再次"劝诱六县民自备人夫物料,开修堙废渠堰共二十一处,浇溉水田一千八百余顷"[④]。这六县民夫必定出自灌区之内受益民户,否则决不可能自备人力、物料,踊跃参与。也是在熙宁年间,梓州路转运判官李竦说,他在淮南西路的舒州太湖县任县令时,"访闻诸乡民田有边临溪江者,频岁力耕疾种,不潦则旱。体问得皆有古来隄堰,潴泄水势,或因积年大水决溃,因循不复修完。臣因弃其农隙,劝募旁近地主,备工料兴筑。"[⑤]之所以劝募旁近地

① 《宋会要辑稿·食货》七之一六。
② 曾巩:《元丰类稿》卷一九《宜城县长渠记》,四部丛刊本。
③ 《宋会要辑稿·食货》六一之九七。
④ 《宋会要辑稿·食货》七〇之一一至一二。
⑤ 《宋会要辑稿·食货》七之二一至二二。

主，正因为他们是食利人户，其办法也是“人户以顷亩多少为率，劝诱出备工料兴修”。[①] 来年恰逢久雨，农田得免浸溺，故而众人悦从。

到南宋时期，采用“计田出丁”之法来兴修水利的地区进一步扩大。绍兴十六年（1146 年），东川利州路兴元（今汉中）知府杨政说：“契勘本府山河六堰，浇溉民田顷亩浩瀚，自来春首，随民户田产多寡，均差夫力修葺。”[②]7 年后（绍兴二十三年，1153 年）利州路安抚司机宜杨度在给宋廷的报告中再次重申了兴元知府杨政的做法：“本府褒斜谷口，有古六堰，浇溉民田顷亩浩瀚，自来春首，随食水户田亩多宽[寡?]，均出夫力修葺。”[③]从“自来”一语看，汉中地区似从北宋以来就是按照受益民户的田产亩积来征发从役春夫的。在江南东路，据乾道元年（1165 年）徽州知州吕广问的条奏，“诸塘堨系众利害，蓄水救田，本县于农隙之时，告示知首及同食水利人，均备人夫，併力修作。”[④]“知首”是当地水利的负责头目，“均备人夫”亦即按受益面积各户均摊人工。乾道六年（1170 年），据刚刚调任泉州知府的周操说，他在江东太平州任内，“所管圩田，每遇水灾，除[除，疑为衍字。——作者]坏大圩官为兴修外，其他圩并系食利之户，保借官米，自行修治。”[⑤]江东是宋代圩田的集中区域，这里私圩的维修同样遵循“计田出丁”的原则。同时我们还可

---

① 《宋会要辑稿·食货》七之二二。
② 《宋会要辑稿·食货》七之四六。
③ 《宋会要辑稿·食货》八之三八。
④ 《宋会要辑稿·食货》八之七。
⑤ 《宋会要辑稿·食货》八之一二至一三。

推知,周操既从太平州调赴泉州任上,则太平州之法在泉州亦当得到推行。由此看来,不止两浙、关中,而且淮南、京西、江东、东川、甚至福建等路,均有"计田出丁"之法存在,而且此法实行之范围在日渐推广之中。

二、"计田出丁"之法从民间私约向水利法规的演进

材料显示,按照受益面积由当地民户均摊人工、材料和经费的做法,实源于民间惯例。

早在北宋中叶,江淮一带民间即有共修水利的私约存在,其内容主要是约定兴役时日和登载各家应出之工料、人夫之类。至和元年(1054 年),光州仙居县令田渊论及江淮水利时说:"访闻民间,不肯协力乘闲修筑,虽私有文约,愚顽之民多不听从,兴工之时,难为纠率,或矜强恃猾,抑卑凌弱,只令幼小应数,而坐侔其利。似此之类,十居其半。及用水之际,争来引注,是以劳费不均,多起斗讼。勤力懦善之家常受其弊,故不能专志特力,用工兴修。"[①]民间私约的问题在于约束力不强,所以其中有一半左右得不到认真执行。加之当地豪势之家往往欺压懦善农户,兴工之时"只令幼小应数",用水之际则"争来引注",霸占水源,因此不仅不能协力兴筑,而且常有斗殴讼官之事发生。结果只能是"私下虽有期会,无由纠集,所兴之工获水之利,十未得其一二"。[②] 前引浙东桐庐县令刘公臣也曾论及因用水不均而发生诉讼纠纷等事。田渊的对策

① 《宋会要辑稿·食货》七之一三,六一之九四。

② 《宋会要辑稿·食货》七之一四。

是“每年预先检讨工料，各具折合，系使水人户各有田段亩数，据实户远近各备工料，候至春初，本县定日，如差夫例点集入役……所差团头、陂长，于上等户内如差夫队头例选差，仍给文贴[帖]，令董其役。或遇大雨，即率众户防守，遇衍亢使水，须众议同开决，自上及下，均匀灌溉，不得壅障。”[①]即事先按照各户实际受益面积算出其应当出备的人夫和工料，每年春初据此调集兴役。为了使这套做法经常化、制度化，田渊还建议“明立条约”，加强立法[②]，即以上述民间私约中的兴工、用水条款为基础，由地方政府将之订为水利法规，以增强其约束力。据笔者所见，这是要求将民间私约法规化的第一次明确动议，而且宋廷批准了田渊的建议。6 年后，即嘉祐五年（1060 年），桐庐县令刘公臣再次要求加强水利立法工作，他说：“民间有古溪涧、沟渠、泉源，接连山江，多被富豪之家渐次施工，填筑作田耕种。无力之人，田亩接连，或遇水旱，并不约水溉田，因兹害稼。及讼于官，又为富豪人户与卖产之家通为弊倖，于文据并分居帖内，广定四至，包裹溪源在内。官司据而断遣，实见不均。欲乞应天下州县乡村，有古来溪涧、沟渠、泉穴之处，并不得人户作棣填筑，占据为主。每遇春农之际，并仰有田分之家，各据顷亩多少均摊，出备工力修开，取令深阔，盛贮其水。或遇水旱，即据田亩轮番取水浇灌。明置文簿拘官，官为印押，给予本处乡长收管。”[③]这种拘官的文簿，原系民间私约，但由官府加押用印之后，即成为法规性文书，违者要受惩罚，故后有“违者严实之法”[④]之

① 《宋会要辑稿·食货》七之一四。

② 《宋会要辑稿·食货》七之一五。

③ 《宋会要辑稿·食货》七之一五至一六，六一之九五。

④ 《宋会要辑稿·食货》七之一六。

语。两浙转运司收到刘公臣这个报告后，立即“下令路内州县均依此法施行”，同时还将此法上报中央政府，经宽恤民力司和中央都水监复审认可后，宋廷“遂令诸路提刑司遍下逐州县，依此法推行”。[①] 这表明“计田出丁”法的法规化过程在北宋中叶已全面启动。而且史实表明，北宋中叶确有一些地方已将这种获得中央政府批准的地方性水利法规勒铭刻石，以图永久。据南宋孝宗乾道七年（1171 年）参知政事四川宣抚使王炎言：“兴元府山河堰灌溉甚广，世传为汉萧何所作。嘉祐中提举平常[‘平常’应为‘常平’——作者]史炤奏上堰法，获降敕出，刻石堰上，至今遵守。”[②] 可见这种将地方性水利法规刻石立碑的做法，一直延续到南宋时期。

神宗熙宁（1068—1077 年）新法时期，在《农田水利条约》的推动下，宋辖全境掀起了一个前所未有的农田水利建设高潮。对于那些可由民间自办的小型工程，明令各地“人户以顷亩多少为率，劝诱出备工料兴修”[③]。这对法规化过程无疑是一个极大的推动。

进入南宋以后，政府一再重审按田产均摊人力工料之法。绍兴十年（1140 年），两浙西路宣谕胡蒙要求朝廷下文至“两浙诸州军府，委官相度管下县分乡村，劝诱有田产上中户量出工料，相度利害，预行补治堤坊圩岸等，以备水患”。[④] 绍兴八年（1138 年），应御史董振所请，令各路常平司和州县官，“各询境内之地，某乡某

---

① 《宋会要辑稿·食货》七之一六。
② 《宋会要辑稿·食货》八之四〇。
③ 《宋会要辑稿·食货》六一之九八。
④ 《宋会要辑稿·食货》七之四二。

里，凡系陂塘堰埭、民田共取水利去处，咸籍而记之……随其土著，分委土豪，使均敷民田，近水之家出财谷工料，于农隙之际修焉。”[①]孝宗乾道九年（1173年），宋廷又“诏令诸路州县，将所隶公私陂塘川泽之数，开具申报本路常平司籍定，专一督责县丞，以有民田户［疑为‘有田民户’之误——作者］等第高下分布工力，结甲置籍，于农隙日浚治疏导……”[②]两宋乡村主户依资产多寡分为五等，田产是构成资财的主要因素，因此依民户等第均摊工力，与“均敷民田”在实质上是一致的。所谓“结甲置籍”，则是利用熙宁以后遍及乡村的保甲编制，把各户应出的工料和人力，一一登记在簿册上，以便到时按册征集。

不难看出，自11世纪70年代《农田水利条约》出台以后，越来越多的地方政府在将此类民间私约变成地方性水利法规。这个转变过程，实际上也就是中小型水利工程中摊丁入亩趋势逐步制度化、规范化的过程。

三、租佃关系下“计田出丁”向“履亩纳钱”的转化

按照各户实有田产和受益面积来摊派工程所需之材料、人工和经费，符合中唐两税法以来“履亩出税”的总体原则，较之以往“以人丁定庸调及租”的传统做法更为合理。但是“计田出丁”法下工程所需之人力也按各户田产广狭来均摊，这对田广资丰之家来说，就有点勉为其难了。正如乾道五年李结所言：“百姓非不知筑

① 《宋会要辑稿·食货》七之四五。

② 《宋会要辑稿·食货》八之一六至一七。

堤固田之利，然而不能者，或因贫富同段而出力不齐，或因公私相吝而因循不治。"[①]田多之家摊工较多，而人力资源的优势却在少地无田的农民阶级一方，李结因而有"贫富同段而出力不齐"之叹。事实上，北宋中叶以后无地客户和少地下户已经沦为契约佃农[②]，契约租佃关系也已成为农业经济的主要结构[③]，因此出现于宋初的"计田出丁"之法须适应农民阶级内部构成的变化和租佃经济主导地位的确立而作出相应的调整，调整的结果应是既能照顾到田广资丰之家可役人力不足之实际困难，又不违背"赋役轻重一出于地"的普遍原则。

李结的报告上去以后，宋廷令有关部门研究处理，官僚胡坚常提出的解决办法是："李结所议，诚为允当。今相度，欲镂板晓示民间有田之家，各依乡原体例，出备钱米与租佃之人，更相劝谕，监督修筑田岸，庶官无所损，民不告劳。"[④]就是让租佃为生的贫弱下户和无地客户出任役夫，但这种役夫系有偿劳役，每日二三升口粮和一二百文的雇钱由受益主户按其田产面积分摊。在这种情况下，当地主户所负担的应出几夫之人工，实际上是指负担这几个役夫的口粮和工钱。神宗时"免夫钱"之征渐趋制度化，史称"淮南之民科黄河夫，夫钱十五千，上户有及六十夫者"[⑤]。这里"夫"并非是

---

① 《宋会要辑稿·食货》八之一四。

② 请参见本书第六章第三节和拙文《唐宋之际农民阶级内部构成的变动》，《历史研究》1983 年第 1 期。

③ 请参见第六章第三节和拙文《中国封建租佃经济主导地位的确立前提》，《中国社会经济史研究》1986 年第 3 期。

④ 《宋会要辑稿·食货》八之一四。

⑤ 《续资治通鉴长编》卷三二四，元丰五年三月乙酉纪事。

指亲身服役的执锸农夫,而是一种征税单位。胡坚常所提出的解决办法,正与此相类,受益民户按田产面积应出之“夫”,亦是一种摊派钱谷的计算单位。

这种两全其美的解决办法,其实亦非宋代官僚的凭空创造,而是同样来自民间。上引“各依乡原体例”一语,已经道及个中奥秘。北宋徽宗时曾经任过乐清县令的袁寀就曾说过:“池塘陂湖河埭,有众享其溉田之力者,田多之家当相与率倡,令田主出食,佃人出力,遇冬时修筑,令多蓄水。”①“田主出食,佃人出力”一句,简明扼要地点明了胡坚常之法的关键之处,同时表明这种做法至迟在北宋晚期即已存在。我们看到,“履亩纳钱”,即按受益面积出备雇夫所需之钱谷,再用此钱谷,从无地佃农中募夫兴役,同时工程所需之材料亦按受益面积均摊的办法,既解决了田多之家人力不足的实际困难,又让从役农夫有些许收入可以贴补生活,确较“计田出丁”之法要合理得多。而官府将民间水利私约“镂板晓示”当地受益民户,则是此类民间私约法规化过程的绝好体现。

水利役中“履亩纳钱”之法的推行并非孤立的历史进程,事实上自宋初以来在其他役种中也曾采取过与此相类的做法。前文引过宋初宰相赵普于雍熙三年(986 年)所上《谏伐燕疏并札子》,内有“伏缘此地[按指邓州]直至莫州,往来四千余里,或是无丁有税,须至雇人般[搬]粮”②之语。这种有税无丁之家的力役负担,就是通过出钱雇人自代的办法来应付的。北宋中叶吕大钧建议:“今欲

---

① 袁寀:《袁氏世范》卷三《修治陂塘其利博》条。

② 《三朝北盟会编》卷一《邵询武乞[石]守信罢兵》条。

将主户少者,合众户共及两顷以上,方充一夫之役。其兼并之家人少而田多者,复计其田,每三顷执一夫之役。主户不足,以客户足之。"[①]所谓"主户不足,以客户足之",就是在"计田出丁"中主户没有那么多人力可以充役,可让承佃其田的客户出人,而由田主付给这些役夫以相应的雇钱。

既然在一些地方的夫役征调中,按户等、物力、田产来均摊役夫雇钱的方法早已存在,那么在关涉租佃双方利益的水利兴修中实行"田主出食、佃人出力"亦是理所当然的了。所以北宋初年出现的"计田出丁"之法,自北宋中叶以后,又渐被"履亩纳钱"所取代。神宗熙宁年间变法派主要头目吕惠卿说:"而今修堤岸,所率每(亩)二百钱。"[②]徽宗宣和年间(1119—1125 年),余杭县南下湖堤堰倾圮,涵洞阻塞,县令江衮负责兴修,"用钱四十三万缗,皆出函下之民,计亩乐输。"[③]钦宗靖康元年,浙江龙泉县重筑蒋堰,"稽钱一百四十万,出公措置,占田者随亩乐输,以佐其费。"[④]南宋孝宗时,明州慈溪县修茅针碶,"判府刘阁学以每亩均钱六十文足,委慈溪乡官率亩头钱,买办物料。"[⑤]此后不久,该县彭山闸头门工程兴工,因"西乡之田受利既博","主簿赵汝积劝率乡人,凡田于西者亩出钱三百。"[⑥]据楼钥所言,这个彭山闸工程兴修于淳熙十三年(1186 年),当时"令民田于西者,亩出钱

---

① 《宋文鉴》卷一〇六吕大钧《民议》。
② 《愧剡录》卷一五《祖宗朝田米值》。
③ 《咸淳临安志》卷三四《水利》。
④ 乾隆《龙泉志》卷一〇。
⑤ 《开庆四明续志》卷三《水利》。
⑥ 同上。

三百，首建闸于彭山，先为长堤以捍江潮，撤故闸遗址，悉以石为之。"[①]理宗宝祐年间（1253—1258年），吕潜委托慈溪县丞罗镇修复黄泥埭，"丞欲援例计亩敷于民。"[②]这些事例表明，在江南一带，"履亩纳钱"之法较之"计田出丁"更为普遍，取代之势已经形成（当然这并不排斥仍有一些地方的水利役中实行"计田出丁"之法）。

"履田纳钱"之法之所以能够逐步取代"计田出丁"之法，也是和乡村民户的意愿分不开的。历史实际表明，"履亩纳钱"之法深受包括主客户在内的各类民户的欢迎。例如徽宗大观年间（1107—1110年），江阴县重修黄田闸，"会岁时稍登，人乐自效，得钱三百万。"[③]政和四年（1114年），该县开浚二河一巷、用工十万，"而食利之家争出私钱，以佐牗费。"[④]南宋绍兴二十九年（1159年），平江（苏州）知府陈正同说："相视到常熟县开浚堵浦，其修治田岸，系有田之家，计亩均出田米，以保永业，必无怨尤之理。"[⑤]前引"随亩乐输"、"计亩乐输"云云，同样反映出乡村民户对"履亩纳钱"法的接受度颇高这个事实。其原因不言自明，水利兴修使当地农业生产条件得到改善，这不仅与有田主户的实际利益攸切相关（"以保永业"），而且对佃田客户的种田生涯也是一种有力保障，所以主客双方都"必无怨尤之理"。

---

① 楼钥：《攻媿集》卷五九《慈溪县兴修水利记》。

② 《开庆四明续志》卷一二。

③ 《正德江阴县志》卷三。

④ 《嘉靖江阴县志》卷九。

⑤ 《宋会要辑稿·食货》七之五六。

水利役中"计田出丁"之法从民间私约向水利法规的演进及其被"履亩纳钱"之法的逐步取代,同样是摊丁入亩趋势日渐增强的有力表征。

第五节 环境、机制与原因
——关于宋代出现摊丁入亩趋势之必然性的解释

一、历史环境

如前所述,摊丁入亩的实质,就是封建国家加在民户身上的徭役和人头税向田亩税转化和归并的历史过程。这个过程必以徭役减轻为起点,而徭役减轻则是以农民为主体的各类民户对于国家的依附关系逐步松弛的结果。因此摊丁入亩趋势的出现,需要这样一个历史环境,即国家放松对于民户的人身控制,农民阶级的独立化进程从而得以加速。

宋代社会是否提供了这样一个历史环境呢?回答是肯定的。宋代民户的徭役负担确呈减轻之势,其具体表现可用"一代二雇三转化"来概括。徭役向代役税的转化及其向田亩税的归并等情节,前面几节已经介绍,这里主要看一下代和雇的情况。

所谓代,指的是"厢军代役"。宋朝在作战部队禁军之外,另设厢军,专任土木工程、水陆运送等役。修筑城池的有"壮城"、"牢城"等军,架桥铺路的有"开山"、"桥道"等军,制造武器的有"作院"、"采造"等军,漕挽军需的有"水运"、"驾纲"等军,防治黄淮的有"河清"、"宁淮"等军,共计二百多名目,总之是因役设军,并长期维持在四五十万人的水平上，约占宋军总额的将近一半[①]。正如宋人王明清所言："给漕挽者，兵也；服工役者，兵也；缮河防者，兵也；供寝庙者，兵也；养国马者，兵也；疲老而坐食者，兵也"[②]。显然，这是一支不预战事、专任役作的非作战部队。所以叶适指出，"厢军供百役，禁军教战守"[③]。章如愚强调，"宋有天下，悉役厢军。凡役作、工徒、管缮，民无与也。"[④]马端临认为，"宋朝凡众役，多以厢军给之，罕调丁男"[⑤]。宋代农夫仍有多种徭役负担，上引诸贤之论不无夸张之处。但是，筑堤防河、漕挽粮糗、土木营建等，历来是农夫徭役之最重者，既然现在数十万厢军代替民户从事此类役作，农夫力役负担自然有所减轻。

所谓雇，就是"和雇夫役"。宋代日趋普遍地采取有偿雇佣方式来解决部分差役和力役要求，在此过程中逐步发展为官雇、私雇和差雇三种方式。官雇，是指官府出钱募人服役，如宋初乾德元年(963 年)，"出内府钱募诸军子弟数千人，凿池于朱明门外"[⑥]。在最称繁重的漕运之役中，太宗时期出现了官雇、私雇两法并用的局面。《宋太宗实录》卷二六之太平兴国八年(983 年)九月条载："先是，每岁运江淮米四五百万斛以给京师，率用官钱僦牵船役夫，颇为劳扰。至是，每艘计其直[值]给于舟人，俾其自招募，甚以为便。"[⑦]官府将

---

① 参见王曾瑜《宋朝兵制初探》第三章"(一)厢兵"，中华书局 1983 年版，第 66—73 页。

② 王明清：《挥麈后录·余话》卷一，丛书集成本。

③ 《叶适集·水心别集》卷十二《厢禁军弓手土兵》。

④ 章如愚：《山堂群书考索后集》卷四一《兵门·兵制类》。

⑤ 《文献通考》卷十二《职役一》。

⑥ 《长编》卷四是年夏四月庚寅纪事。

⑦ 是书系残本，见上海古籍出版社 1957 年重印本。

运费、雇值一总付于船主,让船主自招水手,这便是私雇。私雇的另一种方式是应役之人自出雇钱,按官府要求招募一定数量的人夫从役。如仁宗时在沿边地区的筑城之役中,"听富人自雇人夫修筑"①。船主、雇主的身份大致相当于包工头。神宗元丰六年(1083年)七月,"陕西出界民夫弃失官物,多于雇主名下催纳"②。官府之所以向雇主索赔民夫所弃官物,正是因为这些民夫是由雇主自行招募而来的。但在战争时期,役夫赴军往往有生命危险,官府出钱也难以募足从役人夫,故不得不局部恢复硬性差调的办法,但同时又给雇钱,此既差又雇,故称"差雇"。神宗时广西转运司要运粮赴军,因"无人可募",遂"从上三等户差夫,每夫日给百钱"③。高宗绍兴三十一年采石之战,"踏车人夫并系于五等人户及保丁内差雇"④。而且愈是经济发达的地区,夫役和雇方式就愈是普遍,正如徽宗时中卫大夫童师敏所言:"东南州郡例阙厢军,凡有役使,并是和雇"⑤。

二、内在机制

就本节论题而言,夫役和雇的重要性在于它是代役税由以发轫的起始点。既然无论差役、力役之中,都有日益增多的民户已被允许雇人自代,当然也可以让民户出钱以充雇值,再由官府统一募

① 《长编》卷一二七康定元年夏四月纪事。
② 《长编》卷二三七是年六月庚申纪事。
③ 《长编》卷二七一神宗熙宁八年十二月甲寅纪事。
④ 《宋会要辑稿·食货》七〇之一六七,六九之五四。
⑤ 《宋史》卷一九三《兵七》。

人从役。无论私雇还是官雇，对于民户来说，都是出钱免役，其实质并无不同。而且较之亲身服役，出钱代役既可避免徭役对农时季节的非时冲击，也可藉此获得更多的人身自由，无疑会受到各类民户的欢迎。前引河防夫役中"人情皆愿纳钱免行"，免夫钱制度化后"县令上下皆以为便"[①]等记载即其明证。若从国家角度看问题，以代役税的课取来代替徭役征调，并没放弃此项历时久远、为数甚巨的剥削收入，只是改变了剥削手法而已。即从榨取民户剩余劳动的自然形态，改为榨取其剩余劳动的转化形态。这样做既避免了新时期中调夫从役日感不易之困难，又保证了国家对于各类徭役的大部需求。而且兵夫可"因役设军"，雇夫可"因事招募"，较之调夫从役之旧法，或许更为简捷、灵活和方便。因此，对民户和国家来说，纳钱免役都是一个可以接受的替代办法。

代役税既以货币或实物形态而存在，其税额高低势必受到民户资财丰杀的强烈制约。在代役税的课取中，照搬徭役征调中以丁口多寡为据的老皇历，肯定是行不通了。一方面田少人多的贫弱下户负担不起过高的代役税；另一方面田多人少的形势富豪有能力纳税却又所取不多。如果考虑到宋代主户集团中，下户常占百分之八九十，上户只占百分之一二十这个基本事实，上述纳税能力与应纳税额之间的两极背离状况，就更加不能容忍。若不设法解决，同样会既影响乡村下户的稳定，又减少国家财政收入。加之此时大部税收已以田产为据，代役税受到"据地出税，天下皆同"这个原则规定的制约，也必然会向同一方向演进，或迟或速、或间接

---

① 《长编》卷四三八元祐五年二月纪事。

或直接地与民户资财丰杀、田产广狭挂起钩来。代役税向田亩税归并的这个动态过程,又会进而向差夫领域迁延和渗透,从而带动夫役征调亦从以人丁为据向以田亩为据过渡。在我看来,这些就是摊丁入亩趋势逐步增强的逻辑过程和内在机制。

三、根本动因

摊丁入亩趋势虽是赋役结构内部的变化,但其影响所及却超出了国家财政体制变革这个范围。这个趋势本身是农民阶级对于国家的人身依附关系松弛到一定程度的产物,但它反过来又使农民阶级得到了更多的人身自由,从而为他们展现出较前广阔的发展前景。摊丁入亩趋势与农民阶级独立化进程的息息相关之处,正是我们由以探测该趋势出现动因的入手之点。归根结底,这个动因隐藏在其时农业经济内部结构的变化之中。

中唐开元之际,延续了三百年的五朝均田制一蹶不振,至建中两税法出而彻底瓦解。挣脱了中古田制框架束缚的均田小农,部分地转化为契约佃农,部分地转化为自耕农。在中唐以前,均田小农所拥有的土地,至少在理论上是由国家授与的,事实上亦有相当数量的均田户从官府手中拿到过数量不等的荒田旷土。这是他们对于国家具有较强依附性的经济根源。但宋代自耕农就不同了,他们的土地所有权因摆脱了中古田制的层层束缚而更趋稳固独立。不仅地主阶级对于小农土地一般不能随意凌夺,以财力为凭藉的土田买易,已经取代以血缘、官爵和权势为凭藉的等级占田和豪夺民田,成为地权转移的主要渠道;而且封建国家对于小农土地所有权亦较以往更为尊重,诸如逃田所有权保留年限的不断延长,各类官田和荒闲田土加速向私家民田转化，田主遗嘱、地契阄书、田土界石等经济权威的增长，以及官府因兴修水利、设置屯田而占用民田一般均偿以地价或易兑官田等等，即其表现[1]。

均田小农和宋代自耕农在土地所有权上的深浅差异，势必导致他们对封建国家的依附程度也相应不同。套在均田户身上的租庸调负担，正是以他们的部分田土是由官府所授为前提的，用陆贽的话来说，就是“有田则有租，有家则有调，有身则有庸”[2]。国家控制住人丁，就是稳定了税源和兵源。这种赋役征取结构，对于农民人身必然具有较强的束缚性。唐代均田制下“军户之地，户不可移；关辅之人，贯不可改”[3]之类规定，就是这种束缚性的反映。中古田制瓦解后，租庸调制失去施行基础，国家税制被迫改革，两税法应运而生。在两税法下，“户无主[土]客，以现居为簿；人无丁中，以贫富为差”[4]，赋役征取结构从以人丁为本转移到以资产为本的轨道上来。现在国家只要抓住民户的资产、物力、田亩，就能把赋役落到实处，故此对于农夫人身的直接控制，就没有必要像以往那样强烈了。农民阶级从中得到一个主要好处，就是其力役负担确是相应减轻了。

更多的均田户在两税法后走上了佃农化的道路，随着封建租佃经济的主导地位在北宋确立，以无地客户和少地下户为存在形

---

① 请参见拙文《唐宋之际土地所有制关系中的国家干预问题》，载《中国史研究》1985 第 4 期。

② 陆贽:《陆宣公奏议》卷二二《均节赋税恤百姓(第一条)》。

③ 《文献通考》卷一〇《户口一》。

④ 《旧唐书》卷一一八《杨炎传》。如前所述，“主客”乃“土客”之误，请参见本书第六章第三节。

式的契约佃农,终于构成农民阶级的主体成分,并日趋广泛地获得了迁徙和退佃等权利[1]。他们处在“民罕土著”[2]、“徙乡易主”[3]、“转徙无常”[4]、“流移他所”[5]、“去来不常”[6]、“起移不定”[7]、“作息自如,刑责不及”[8]的状况中,往往“舍其耒耜而游于四方,择其所利而居之”[9],“一失抚存,明年必去而之他”[10]。所以当时官私文献多将客户称为“浮客”。“浮”者,流移无根、迁徙不定之谓也。北宋欧阳修“出产租而侨居者曰浮客”[11]这个界说,道出了租佃经济下广大佃农的主要特点,就是他们多半暂居承佃之地,因享有迁徙和退佃权利而带有强烈的流动性质。力役征调原是以国家对于民户人身的有效控制为前提条件的。大量民户现已处在较前频繁的流移状态中,这是力役征调日感困难的又一原因。北宋吕大钧说:“客虽多而转徙不定,终不为官府之用。”[12]南宋叶适说:“有田者不自垦,而能垦者非其田,此其所以虽蕃炽昌衍,而其上不得而用之者也。”[13]正是这种情况的反映。国家对于徭役的多方面需求,只

---

① 请参见拙文《唐宋之际农民阶级内部构成的变动》,《历史研究》1983年第1期。
② 《宋史》卷一七三《食货志(上一)》。
③ 王之道:《相山集》卷二二《乞止取佃客札子》。
④ 苏轼:《经进东坡文集事略》卷一七《均户口第九》,四部丛刊本。
⑤ 张方平:《乐全集》卷二五《论免役钱劄子》,四库珍本丛书本。
⑥ 沈遘:《沈氏三先生文集·云巢集》卷九《张司勋墓志铭》,四部丛刊三编本。
⑦ 《景定建康志》卷四〇《田赋志序》,清嘉庆七年金陵刻本。
⑧ 《长编》卷三九七,哲宗元祐二年三月纪事。
⑨ 苏轼:《经进东坡文集事略》卷一七《均户口(第九)》。
⑩ 《宋会要辑稿》食货一三之二一。
⑪ 欧阳修:《欧阳文忠公全集》卷五九《原弊》,四部丛刊初编本。
⑫ 《宋文鉴》卷一〇六载吕大钧《民议》。
⑬ 《叶适集·永心别集》卷二《民事(中)》。

好更多地依靠兵夫、雇夫来承担了。和雇夫役在宋代普遍化的原因即在于此。然而兵夫要禄廪，雇夫要雇钱，这笔开销为数浩瀚，国家不会自己变出钱来，还得由不再亲身服役的民户来承担，“免夫钱”、“免役钱”、“脚钱（米）”等货币（实物）代役税就这样产生了。以力役为主体的各类徭役由是向代役税加速转化。

徭役和代役税同时向田亩税归并的根本动因，仍然存在于经济格局的转换之中。中唐田制框架瓦解后，国家既无法逾越，更无法改变大土地所有制的优势地位，被迫放弃对于土地所有制结构进行调整这个传统职能，转取“不抑兼并”的土地政策。土地买易之禁基本开放，“有钱则买，无钱则卖”[①]成为田产买卖之不易通则。于是土地兼并从非法或半合法到合法，从隐蔽或半公开到公开，其势头随之增强，速度明显加快。“庄田置后频移主”[②]、“千年田换八百主”[③]之类诗句即其反映。在这种历史环境中，以地产为主要形态的社会财富向地主阶级加速集中，越来越多的小农被抛出土地，沦为无地佃客。与此同时，众多下户受到资产丰杀变动不居、贫富升降频繁激烈这个潮流的影响，愈益困窘穷蹙、不能自给，其纳税承役能力自然不断下降。前引民间一夫之费，动辄三四十千（贯），甚至达到七八十千（贯），而宋代四、五等下户一家资产总值不过三五十贯上下，故有“下户艰于力役”之类记载出现。“无产而侨寓”之客户，更是承担不起如此重负，自不待论。在这种情况下，国家把人丁控制得再死，也无法保持税源和役源的起码

① 袁寀：《袁氏世范》卷三《富家置产当存仁心》条，知不足斋本。

② 刘克庄：《后村先生大全集》卷一《故宅》，四部丛刊初编本。

③ 辛弃疾：《稼轩词编年笺注》卷三《最高楼》。

稳定,只有采取以资产为本的赋役征取办法,才是符合其经济利益的聪明抉择。所以宋初以降,无论是代役税的征收,还是力役的征发,越来越以资产丰杀、物力高低乃至田亩广狭为其主要依据了。

第十章　西夏水利役中"计田出丁"法的实施概况及其性质辨析

十多年前，笔者有两篇拙文讨论两宋赋役征取中的摊丁入亩问题[①]，发表后谬承学界鼓励[②]。《趋势》一文指出宋代摊丁入亩有两大表现，一是部分力役转化为代役税，代役税同时向田亩税归并；二是部分力役不再单以丁口征调，转而依据税额、物力或户等摊派。《补证》一文指出，自北宋中叶以后，水利役中的"计田出丁"之法不仅从两浙地区向宋辖全境推广，而且逐步从民间私约向水利法规演进。其后，在撰写《中国经济通史》（第五卷）[③]的过程中，笔者查阅西夏法律文书《天盛改旧新定律令》[④]，发现西夏在水利役夫的征发中亦有"计田出丁"、"履亩纳草"、"以料顶工"，甚至让受益民户按田亩广狭承担渠头、渠主、渠水巡检等水利差役的做

---

① 葛金芳：《两宋摊丁入亩趋势论析》（下文简称《趋势》），《中国经济史研究》1988年第3期；《两宋摊丁入亩趋势补证》（下文简称《补证》），《暨南学报》1991年第3期。

② 台湾大学梁庚尧教授在评论拙著《宋辽夏金经济研析》（武汉出版社1991年版）时说，"关于（宋代）摊丁入亩的讨论，可以说是全书中最具原创性的一项见解。"见台湾《新史学》第3卷第3期（1992年9月号），第192页。

③ 葛金芳：《中国经济通史》（第五卷），湖南人民出版社2002年版。

④ 史金波、聂鸿音、白滨译：《西夏天盛律令》，科学出版社1995年版（下引此书仅标书名和页码）。

法。西夏的经济发展水平和社会形态远较宋代落后，因此笔者推测，西夏水利役中类似于宋代摊丁入亩的上述做法应该是从宋代学去的。这从另一个角度反映了宋代摊丁入亩趋势的确凿存在及其影响，故而引起笔者浓厚的兴趣。近来，笔者检阅当代学者的西夏史著作，发现杜建录出版于1998年的《西夏经济史研究》[①]亦论及此事，指出西夏受到宋朝的强烈影响，“开始在兵役之外的其他赋役剥削中实行较为先进的‘计亩输赋’与‘计田出丁’。”说的就是西夏水利役中的夫役和差役的征调方法。在王天顺主编的《西夏天盛律令研究》[②]中，杜先生撰第五章“《天盛律令》所反映的经济状况及其相关法规”，再次介绍了与“计田出丁”相关的律令条文，其功不可没。笔者备受鼓舞之余，深感尚有一些问题不够清晰明了。诸如西夏在水利役中实行“计田出丁”法的时间、范围与原因，这种办法与宋代摊丁入亩的联系与区别等问题，关系重大，仍有深究之必要。

第一节　西夏水利役中实行“计田出丁”法的起讫时限

《西夏天盛律令》卷十五《春开渠事门》：

畿内诸租户上，春开渠事大兴者，自一亩至十亩开五日，自十一亩至四十亩十五日，自四十一亩至七十五亩二十日，七

① 杜建录：《西夏经济史研究》，甘肃文化出版社1998年版，第31页。
② 王天顺主编：《西夏天盛律令研究》，甘肃文化出版社1998年版。

十五亩以上至一百亩三十日，一百亩以上至一顷二十亩三十五日，一顷二十亩以上至一顷五十亩一整幅四十日。当以顷亩数计日，先完毕当先遣之。[①]

据此规定，至迟在西夏仁宗天盛年间（1149—1169 年），在京畿亦即西夏腹心地区的兴灵平原（今黄河前套银川、灵武一带）上，农户即是依据自有田亩的多少来承担天数不等的开渠夫役的。依据史金波等译注者的说法，《天盛律令》“很可能是任得敬入朝不久的天盛初年颁行的”[②]。理由是《天盛律令》竭力维护西夏党项族嵬名氏之皇权，而天盛中后期正是汉人权臣任得敬篡权专国时期，任得敬不可能修此律来自设障碍。如此则天盛之前西夏即已实行计田出丁之法。但据刘菊湘的考订，此律应是“仁孝时铲除任得敬分国势力后，为加强皇权，修改天盛旧律而成的新律，新律修成当在乾祐早期，不晚于 1182 年”[③]。笔者以为，鉴于天盛二年任得敬已任中书令，把持行政大权，他不大可能如此推崇党项嵬名氏皇权，因此刘说较为合理。任得敬擅权二十年，至乾祐元年（1170 年），其女任太后死，仁宗一举铲除任得敬分裂集团，才能在新修律令中为巩固皇权而大肆设防。据此，《天盛律令》当成书于乾祐初年，因以《天盛旧律》为底本经改定而成，故称《天盛改旧新定律令》。此时正当南宋孝宗淳熙（1174—1189 年）初年，即 12 世纪 70 年代。此即西夏水利役中开始实行“计田出丁”法的时间下限。

---

① 《西夏天盛律令》第 360 页。

② 《西夏天盛律令·译注说明》第 3 页。

③ 前引《西夏天盛律令研究》第 3 页。

然其上限，因文献阙载，殊难确定。既然西夏此制是宋代移植而来(详后)，必在宋代较为普遍地推行此制之后。根据我对宋代摊丁入亩的考察，北宋在水利役中实行“计田出丁”之法最早是在太宗至道元年(995 年)。当时宋廷为修复关中三白渠，派皇甫选等人赴陕实地考察，皇甫选回京后提出征调民夫的建议：

> 所役缘渠之民，计田出丁，凡调万三千人。疏渠造堰，各获其利，固不惮其劳也。[①]

宋廷采纳了这个建议，令三白渠总监孙冕依照实行，当时西夏尚未建国。但是要到仁宗上台的北宋中叶，又有吕大钧推广计田出丁法之建议问世：

> 今欲将主户之田少者，合众户共及两顷以上，方充一夫之役。其兼并人家人少而田多者，复计其田，每三顷执一夫之役。主户不足，以客户足之。[②]

仁宗天圣八年(1030 年)，我们看到吕大钧这个建议已被运用在黄河河防夫役的征调之中。当年在河南府、陕府及虢、解、绛、泽等州，为采斫堤梢木而调夫，“所差三万五千人，内有三二家共著一丁。应役之人，计及十万。”[③]这里“三二家共著一丁”之法，显然是吕大钧“合众户共出夫役”之议的具体化。稍后，两浙海盐、桐庐等县，襄阳长渠、木渠灌区，还有淮南、京西、江东、东川，甚至福建等路的水利役中，均有计田出丁之事例发生[④]。可见北宋中叶

---

① 《宋史》卷九四《河渠志・三白渠》。

② 吕大钧《民议》，载《宋文鉴》卷一〇六。

③ 《宋会要缉稿・方域》一四之一四。

④ 参见本书第九章第三、四两节。

以后，此法逐步推广至宋境的大部分地区，而此时西夏刚刚建国不久。

毋庸置疑，“计田出丁”之法只有在北宋得到推广之后，才有可能传至西夏辖区。11世纪中叶西夏尚处于建国初期，不遑建章立制。要到崇宗乾顺时期（1086—1139年），西夏统治者才从原来“尚武重法”的旧方针转到“尚文重法”的新轨道上来[①]。先有军事法典《贞观玉镜统》的颁行（贞观，乾顺年号，1101—1113年），继有《天盛旧律》的纂修。“计田出丁”等条文应在《天盛旧律》中就有（否则《天盛新律》中不会如此详备严密），因而“计田出丁”之做法肯定在天盛元年（1149年）之前即已存在。由此看来，此法传入西夏，当在北宋晚期，即西夏崇宗执政初期，约当11世纪末叶。如此推测不误，则西夏推行“计田出丁”法较北宋晚了半个世纪。此后经《天盛旧律》、《天盛新律》的逐步完善，一直沿用到13世纪初西夏灭亡为止，总共行用一个多世纪的样子。

第二节　西夏“计田出丁”法在京畿水利役中的实施概况

从《天盛律令》来看，至少在西夏京畿兴灵平原这个范围之内，水利役中的计田出丁法已经比较完备。大致包含如下五个方面的重要内容：

---

① 李蔚：《简明西夏史》，人民出版社1997年版，第20页。

一、以受益民户田亩广狭定其服役天数

前引《春开渠事门》规定，灌溉区内的受益农户必须按照各自田亩面积的大小承担不同天数的夫役，从十亩以内"开渠五日"到"一顷五十亩一整幅四十日"不等。在《天盛律令》卷十五《收纳租门》中，亦有"租户家主自己所属地上冬草、条椽以外，一顷五十亩一块地，麦草七捆，粟草三十捆……"[①]之语。看来一顷五十亩是西夏赋役征取中常用的一个标准计量单位。

另一方面，律文中又有"每年春夫事大兴者，勿过四十日"[②]之条文，且有"渠工期满不遣使受损失"，负责官员会有相应处罚[③]的规定。这样就产生了一个问题，如果该户田亩超过150亩怎么办？西夏实行百步亩制（小亩），夏亩一顷只合宋制的44.4亩。占地150亩以内的农户，应属小土地所有者[④]；而兴灵平原作为西夏畿内腹心之地，拥有一大批占地数顷乃至十数顷的党项贵族及其各级臣僚，私家地主超过150亩者也应不少。而春初开渠是有时间限制的，必须在春末夏初第一次灌水前完成，因此役夫"勿过四十日"，既是一夫服役时限的规定，也是渠道浚治本身的要求。因此我的理解是：如果农户受益面积超过150亩，则在出了一个役夫之后，应按前述"十亩以内五日"、"四十亩以内十五日"等标准累计，

---

① 《西夏天盛律令》第355页。

② 《西夏天盛律令》第360页。

③ 《西夏天盛律令》第361页。此条今虽文佚目存，然仍可窥见其明令禁止之法意。

④ 说见白滨《从西夏文字典〈文海〉看西夏社会》，白著《西夏史论文集》，宁夏人民出版社1984年版。

再出第二个人前去应役。亦即“勿过四十日”之规定，是针对单个役夫而言的。

所征役夫，每20人编为一队，设“和众”、“支头”等职统领之。所谓“春挖渠事大兴者，二十人中当派一和众、一支头等职人。”①这些小头目本身就是应征役夫，因负指挥调度之职而稍微轻松一些，所以律令明确规定不许多派，否则有罚：“违律增派一人十三杖，二人徒三个月，三人徒六个月，自四人以上徒一年。”②若其中有收受好处等情节，派役者还要按贪赃枉法罪加重处罚。事后还有检查，若哪段渠道浚治不深，任事役夫都会受到惩罚：“春开渠发役夫中，当集唐徕、汉延等上二种役夫，分其劳务，好好令开，当修治为宽深。若不好好开，不为宽深时，有官罚马一，庶人十三杖。”③

二、调夫开渠之机构及其职责

政府中有专门的“水利局分”主管春初调夫开渠之事，从中央到地方对春初开渠事均极为重视，安排周密。《天盛律令》卷十五《催租功罪门》：

> 每年春开渠大事开始时，有日期，先局分处提议，伕事小监者、诸司及转运司等大人、承旨、閤门、前宫侍等中及巡检前宫侍人等，于宰相面前定之，当派胜任人。自□局分当好好开渠，修造垫板，使之坚固。④

① 《西夏天盛律令》第361页。
② 同上。
③ 《西夏天盛律令》第370页。
④ 《西夏天盛律令》第358页。

西夏地处西北内陆，辖境多石碛沙地，农业经济对水资源的依赖程度甚高。就地处黄河前套的兴灵平原而言，境内河渠纵横，土壤肥沃，自秦汉以来见诸史册的灌溉渠道就有秦家渠、汉光录渠（后经唐宪宗时灵盐节度使李昕开凿，又称唐梁渠）、汉源渠（又称汉伯渠，在灵武县南）、艾山渠（又称薄骨律渠，在灵州境内）、七级渠、特进渠等[①]。其中不少渠道在西夏统治时期仍旧发挥着作用，如北宋神宗元丰四年（1081 年）环庆路转运司报告说：“灵州绕城旧有黄河分水大渠三重，及沟浍纵横贯注水，所溉田约二十里。”[②]西夏立国后继承了这些宝贵的水利资源，不仅持续疏浚旧有河渠，而且大力开凿新的灌溉渠道，据说“南北长三百余里”的昊王渠，即为元昊统治时期（1032—1049 年）所修[③]。因此兴灵平原唐代即有“塞上江南”之称，《宋史·夏国传》称“其地饶五谷，尤宜稻麦。……兴灵则有古渠曰唐俫，曰汉源，皆支引黄河。故灌溉之利，岁无旱涝之虞”[④]。这是典型的灌溉农业。笔者少年时曾在银川上过一段中学，初春时节下乡支农的主要劳动就是开浚支、毛渠，将渠中去年沉淀下来的泥沙挖出，培在渠身上，否则这些渠道当年就无法进水溉田。春初开渠，兹事体大，事关命脉。所以每年初春，西夏政府各部门负责人都要在宰相主持下会商开渠之役。各级政府部门如转运司、水利局分直至农村基层组织“小甲”之类，均有相应职

---

① 参见漆侠、乔幼梅《辽夏金经济史》，保定：河北大学出版社 1994 年版，第 213—214 页。

② 《长编》卷三二一，神宗元丰四年十二月戊午条。

③ 参见前引杜建录《西夏经济史研究》第 141 页。

④ 《宋史》卷四八六《夏国传（下）》。

责，如有疏忽严刑处罚。

三、修渠工料按受益民户之田产广狭摊征

按照规定，修渠所需之柴草、木椽等工料亦是按沿渠受益民户之亩积来征取的。《天盛律令》卷十五《灌渠门》称：

> 诸租户家主除冬草蓬子、夏蒡等以外，其余种种草一律一亩当纳五尺捆一捆，十五亩四尺背之蒲苇、柳条、梦萝等一律当纳一捆。①

这是履亩征草。若修渠征及椽条，则可折抵夫役，其换算办法是350根椽条顶一夫40日之役：

> 京师界沿诸渠干上△有处需椽，则春开渠事兴，于百夫事人做工中当减一夫，变而当纳细椽三百五十根，一根长七尺，当置渠干上。若未足，需多于彼，则计所需告管事处，当减夫职而纳椽。②

沿渠民户能否纳椽抵役，则全看政府当时之需要，且需经“管事处”核准。如不按规定办事，当事人会受到相应处罚：“若不告管事处而令减夫职而纳椽，且超派时，未受贿且纳入官仓，则当比做错罪减一等，自食之，则当与枉法贪赃罪相同。”③就是说沿渠受益民户并无纳物代役之选择权，此点远较北宋落后。根据我的考察，北宋至迟在神宗熙丰新法时期（1068—1085年），实行纳钱免役的地区已经相当广泛，免夫钱之征渐趋制度化④。哲宗时（1085—

① 《西夏天盛律令》第365—366页。

② 《西夏天盛律令》第366页。△处本为西夏字，今不识，故用“△”代替。

③ 《西夏天盛律令》第366页。

④ 参见前引《两宋摊丁入亩趋势论析》文。

1100 年)黄河役夫已是"不限地里远近,但愿纳钱者,听。"[①]徽宗大观年间(1107—1110 年)规定:"凡河堤合调春天,尽输免夫之直,定为永法"[②],这就在宋辖全境内肯定了河防夫役向货币代役税转化的演进趋势。西夏农户尚无此项权利,能否以椽顶役,全听政府安排。两者相距甚远,不可同日而语。

四、差夫性质的渠头、渠主和渠水巡检之职责

灌区的维护和放水事务则设渠头、渠主、渠水巡检等差役,由沿渠受益大户担任,由他们负责渠道维护、闸口检视、依次放水和渠旁植树造林等任务,任期一年。在此期限内,如果自己负责的渠段发生渠破水断等责任事故,则要受到严厉处罚。《天盛律令》卷十五《灌渠门》:

> 大都督府至定远县沿诸渠干当为渠水巡检、渠主百五十人。先住中有应分抄亦当分抄,有已过亦当退。其上未足,则不任独诱职中应知地水行时,增足其数,此后则不许渠水巡检、渠主过。若超派人数及另过等时,为过人引助者处及超派人所验处局分大小等,一律依转院罪状法判断。[③]

据此,每一干渠设渠水巡检、渠主 150 名,西夏京畿兴灵平原上至少有六七条干渠在同时使用,所以每年任渠主之类差役者当在千余人上下。律文明令严禁超额增设,否则治罪。其原因很可能是此项差役对沿渠田主而言是个较重的负担,政府不能不严加控制。

---

① 《宋会要辑稿·方域》一五之一五。

② 《宋史》卷一七五《食货志·和籴》,第 15 册,第 4248 页。

③ 《西夏天盛律令》第 362 页。

渠主之下还有渠头之设，也是一年一轮：

> 沿渠干察水应派渠头者，节亲、议（判）□□□大小（臣僚）、租户家主、诸寺庙所属及官农主等水□户，当依次每年轮番派遣，不许不续派人。若违律时有官罚马一，庶人十三杖。①

此条律文虽有数字漫漶，但此段文意还是清晰的，即渠水巡检、渠主、渠头之职均是每年一轮，在沿渠受益农户中轮差。包括皇室成员（“节亲”）、政府官员（“大小臣僚”）、寺院地主和一般农户在内，只要有受益田亩，都要服此差役。如有不服或少服者，不论官、民均有处罚。

渠头的职责是灌水时节不论昼夜都要守在渠口旁，以防“渠口破而水断”。渠头和渠主、渠水巡检、伕事小监共同的职责是“于所属地界当沿线巡行，验视渠口等，当小心为之。渠口垫板、闸口等有不牢而需修治处，当依次由局分立即修治坚固”②。若发生断水等事故，导致渠旁田主经济损失在50缗以下处徒刑三个月，到5000缗以上则“一律绞杀”③，处罚极严。为了明确各自所负渠段的职责，渠道旁边每千步立一石牌，上书该段渠道责任人的名字：

> 沿唐徕、汉延新渠、诸大渠等至千步，当明其界，当置土堆，中立一石，上书监者人之名字而埋之，两边附近租户，官私家主地方所应至处当遣之。无附近家主者，所见地□[近?]处

---

① 《西夏天盛律令》第362页。

② 《西夏天盛律令》第363页。

③ 同上。

家主中当遣之，令其各自记名，自相为续。[①]

可见渠头、渠主、渠水巡检都是负责其住处附近的渠道管理任务，一段一段"自相为续"地联结成一个管理网络。组织得极为严密，以期杜绝决堤、断水等用水事故的发生。如果渠水巡检等人发现问题及时上报，而主管机构延误时机则任事官吏亦有处罚：

渠水巡检、渠主诸人等告状，曰沿诸处大渠垫板不牢及需修治，局分司吏不取状及虽取状而不速受理，或已受理而大人、承旨不听其言，渠断破时，所滞碍处与渠水巡检处渠主告状而不听，致渠破罪同样判断，渠未破则徒六个月。[②]

一旦发生管理事故，如未造成后果，这些任事官吏也要受到"徒六个月"的处罚，如果渠破水断，而造成沿渠农户庄稼歉收的，则同渠头、渠主一样，要受到罚钱甚至"绞杀"的严厉处罚，丝毫不予宽贷。

所有这一切，都是为了保证每个沿渠农户都能在相应时节按序浇上水，不然其田就会颗粒无收。所以《天盛律令》在《催租功罪门》、《春开渠事门》、《灌渠门》等多处反复强调严格按序轮番放水浇田的重要性：

事始自夏季，至于结冰，当管，依时节当置灌水之人。……渠水巡检、渠主等当紧紧指挥，令依番灌水。若违律，应予水处不予水而不应予水处予水，有官罚马一，庶人十三杖。[③]

灌水时，诸人排水者未依番排水，曰未得时，当告所管事

---

① 《西夏天盛律令》第 364 页。

② 《西夏天盛律令》第 365 页。

③ 《西夏天盛律令》第 358 页。

处，应派人则派人，应行则行，原排水者有罪迹，应问则当问之，当即予水。[①]

可见排序灌水是由渠水巡检、渠主等共同负责，严格按事先规定办事。如有农户应得水而未给水，可以上告管事处。管事处会派人到放水现场去调查处置。调查中如发现排水者有问题，不管怎么处置，第一步应先给该户放水。其实能够干扰排水次序，通过渠主等人为自己捞取更多水源的，一般都是有权势者，非官即富，所以《天盛律令》专门针对皇亲国戚和大小官僚作出严格限制：

节亲、宰相及他有位富贵人等若殴打渠头，令其畏势力而不依次放水，渠断破时，所损失畜物、财产、地苗、傭草之数，量其价，与渠头渎职不好好监察，致渠口破水断，依钱数承罪法同，所损失畜物、财产数当偿二分之一。……又诸人予渠头贿赂，未轮至而索水，致渠断时，主罪由渠头承之，未轮至而索水者以从犯法判断。渠头或睡，或远行不在，然后诸人放水断破者，是日期内则主罪由放水者承之，渠头以从犯罪断。若逾日，则主罪当由渠头承之。[②]

由于这些人具有贵族官僚身份，所以导致灌溉事故后虽与渠头等人同罪，但事故所导致的经济损失他们只赔 1/2，还是有所宽贷。更重要的是他们通过贿赂渠头（其实只是渠头从中得到他们的些许赏赐而已）而提前给自家田产放水，导致别人断水时，主罪反由渠头承担，其袒护皇亲国戚之意更加明显。只有渠头不在时，

① 《西夏天盛律令》第 358 页。

② 《西夏天盛律令》第 364—365 页。

通过擅自开堵渠口而先给自家放水者(此举类似于偷水),渠头才按从犯即轻一等处罚,但也只限于当天,第二天若仍未纠正,渠头仍是主罪。这当然是由《天盛律令》之阶级属性所决定的,法律从来都是国家即统治阶级意志的反映,不必饶舌。笔者在上个世纪60年代的文革前夕,曾到兰州榆中县搞过半年“四清”运动,榆中川水浇地的绝大部分都靠兴隆山(此即西夏兰会地区的马衔山)泉水灌溉。四、五月份的放水时节,曾亲见各大队、生产队的头头带领一二十个青壮年,手持铁锨扁担,守在渠口,以防别队偷水抢水之情景,深知按序轮番灌水之事是灌溉农业的头等大事,搞不好即有持械斗殴发生,真正叫人命关天!既然时至20世纪中叶的人民公社时期排序放水仍如此重要,不难想见九百年前的西夏中叶此事之分量了。

此外,渠头、渠主、渠水巡检等差役人还需督促沿渠民户在自家田块附近建桥修路和在渠道两旁植树造林并负护林之责。建桥修路见于《天盛律令》卷十五《桥道门》:

> 沿诸小渠有来往道处,附近家主当指挥建桥而监察之,破损时当修治。若不建桥不修治时,有官罚钱五缗,庶人十杖,桥当修而修治之。①

如果出现“诸大小桥不牢而不修,应建桥而不建,大小道断毁”,或者“毁道为田、道内放水”等情况,渠水巡检、渠主等现任差役人“见而不告,不令改道时,与放水断道等罪同样判断。”②

① 《西夏天盛律令》第367页。
② 同上。

植树造林见于《天盛律令》卷十五《地水杂罪门》：

沿唐俫、汉延诸官渠等租户、官私家主地方所至处，当沿所属渠段植柳、柏、杨、榆及其他种种树，令其成材，与原先所植树木一同监护，除依时节剪枝条及伐而另植以外，不许诸人伐之。[①]

如果未尽督促之职，则“渠主十三杖，渠水巡检十杖，并令植树。见诸人伐树而不告时，同样判断。”[②]如有“剥皮及以斧斤斫刻”等情况，亦“与树全伐同样判断”[③]。

这里还有一个问题，就是夫役、差役均由沿渠受益人户担任，两者之间是否会有冲突？笔者的认识是这两种徭役至少在任役时间上是不会冲突的。挖渠夫役在初春季节，地一解冻即可开工，时间最长不超过40天；而闸口管理、巡视堤岸和放水灌田等事则在渠道整理完工之后才会安排，初次放水一般要到春末夏初。所以前引《天盛律令·催租功罪门》条文“每年春开渠大事开始时，有日期，先局分处提议……”之后，又说“事始自夏季，至于冬结冰，当管，依时节当置灌水之人”[④]，亦即沿渠受益民户可在完成初春夫役任务后，再接任渠头、渠主等差役。两者在时间上刚好互相衔接，没有矛盾。

五、农户编制及其财产登记制度

为了使水利役中所需的夫役和差役能够按照受益民户的田

---

① 《西夏天盛律令》第367页。

② 《西夏天盛律令》第368页。

③ 同上。

④ 《西夏天盛律令》第358页。

产、人丁等实际情况征调上来，必须同时设计一套便于控制人户和反映财产变动情况的制度与之匹配。

西夏的农户编制是以甲（10 户）为基本单位。《天盛律令》卷十五《纳领谷派遣计量小监门》：

> 各租户家主由管事者以就近结合，十户遣一小甲，五小甲遣一小监等胜任人，二小监遣一农迁溜，当于附近下臣、官吏、独诱、正军、辅主之胜任、空闲者中遣之。[①]

农迁溜（管 100 户）、小监（管 50 户）和小甲的职责之一是“于自己所辖家主人中推寻有无变卖田地”。[②] 同时每个农户发一木牌，上载“租户家主各自种地多少，与耕牛几何记名，地租、冬草、条椽等何时纳之有名”[③]等内容。再由计量小监将各户地产、税款等数据编成清册，以县为单位汇总后，抄写五份，即“一县写五面地册板簿，自己处及皇城、三司、转运司、中书等当分别予之”[④]。各户财产变动情况每三年推排一次，所编清册要与旧册仔细核对无误后上报中书省，要求“典册清洁，三年一番，司干及中书郡县等处所置新册当卷之使牢。”[⑤]中书省收到新、旧两种清册后还要予以复核，“有不同则当奏，依有何谕文实行。同时新旧二卷之册当藏中书，新簿册当还之，送所管事处往告晓”[⑥]。经中书省复核通过的新册在送还地方政府后，就成为各地征税调夫的依据。

---

① 《西夏天盛律令》第 375 页。

② 同上。

③ 《西夏天盛律令》第 374 页。

④ 《西夏天盛律令》第 375 页。

⑤ 同上。

⑥ 《西夏天盛律令》第 374 页。

不难看出，西夏水利役中“计田出丁”、“履亩纳草”、“以椽顶工”，还有渠头、渠主、渠水巡检等差役设置，种种规定环环相扣，已然形成一套严密的制度，其形态相当成熟。其间不难发现宋代相关条文的缕缕痕迹乃至诸般影响。

第三节 西夏“计田出丁”与宋朝“摊丁入亩”的联系与区别

一、从内容看宋、夏两朝“计田出丁”制度之相似性

如前所述，西夏水利役中“计田出丁”、“履亩纳草”之类做法，是从宋朝学去的。单就实施办法而言，宋夏间有太多的相似之处。中国境内两个不同的政权先后都按沿渠民户受益面积的多少来确定其应出的夫役和工料，就是最好的证明。西夏在横山至天都山、马衔山一带与北宋的永兴东路和秦凤路接壤，西夏立国前后（约当11世纪中叶）与宋朝发生的多次战争中又掳掠了大批汉族百姓至其“畿内”即兴灵平原耕作[1]，理应受到中原文物和各种制度的强烈影响。更重要的是西夏统治者处处主动向宋朝学习，特别是毅宗谅祚（1048—1067年在位）倾慕中原文化，重用汉族士人，借鉴宋朝制度，集中代表了党项贵族的汉化趋向。稍后崇宗乾顺（1086—1139年在位）亲政后推行“尚文重法”、“以儒治国”的方

① 《长编》卷三一六，神宗元丰四年九月甲申条载宋军西北边将种谔言：“兴、灵等处多旧汉人，皆元昊所掳致者，常有思汉之心。”

针，采纳御史中丞薛元礼的建议，于原先的“蕃学”外，特建“国学”（汉学）[①]，汉化趋向更加彰显。这就从政治环境上为学习、引进宋朝“计田出丁”等制度设计提供了前提条件。

二、两宋“计田出丁”法的时代特征

但若深究一步，西夏水利役中的“计田出丁”等法却与宋代同类做法不可混为一谈。宋代水利役中的“计田出丁”之法在北宋中叶以降逐步从关中、两浙扩向宋境各路；并在地方政府的推动下从“民间私约”、“乡原惯例”逐步升格为地方水利法规[②]。有的地方甚至勒石刻碑，竖在堤堰陂塘等水利设施之旁[③]，令当地民众遵照执行。这是水利役中摊丁入亩趋势逐步规范化、制度化的反映。此后“计田出丁”又向“履亩纳钱”转化，因为“计田出丁”法下田多地广之家摊工较多，而人力资源优势却在少地无田的客户和下户一方。为了解决这个矛盾，必须对“计田出丁”之法作出相应调整，调整的结果应既能照顾到田广资丰之家人力不足的实际困难，又

---

① 参见前引李蔚：《简明西夏史》，第172—173、204页。

② 《宋会要辑稿》食货六一之九五，载仁宗嘉祐五年（1060年）浙东桐庐县令刘公臣之建议：“每遇春农之际，并仰有田分之家，各据顷亩多少均摊，出备工力修开，取令深阔，盛贮其水。或遇水旱，即据田亩轮番取水浇灌。明置文簿拘官，官为印押，给予本处乡长收管。”两浙转运司不仅立即采纳了这个建议，“下令路内州县均依此法施行”，而且上报中央政府，经宽恤民力司和都水监复审认可后，遂令“诸路提刑司遍下逐州县，依此法推行。”在宋辖全境推广。这种“乡原惯例”经“官为印押”后，即成为具有法律强制力的地方水利法规，而且得到中央政府的批准和认可。

③ 《宋会要辑稿》食货八之四〇载：“兴元府山河堰灌溉甚广，世传为汉萧何所作。嘉祐（北宋仁宗年号，1056—1063年）中提举平常（应为常平）史炤奏上‘堰法’，获降勒书，刻石堰上，至今遵守。”汉中山河堰之‘堰法’经中央批准，在当地刻石公布，以增强其权威性，亦可视为地方性水利法规。

不违背“赋役轻重一出于地”的原则。

这种两全其美的方法正如南宋孝宗乾道五年(1169年)李结、胡坚常等人所说:“各自依乡原体例,出备钱米与租佃之人,更相劝谕,监督修筑田岸,庶官无所损,民不告劳。”[①]就是让以租佃为生的贫弱下户和无地客户出任役夫,但这种役夫系有偿劳役,役夫每日口粮和雇钱由受益田主按其田产面积分摊。史料表明,这种“田主出食,佃人出力”[②]的做法,其实早在北宋晚期已有浙东乐清县、余杭县、龙泉县,浙西苏州、昆山等地实行过[③]。这说明宋代水利役中的“计田出丁”、“履亩纳钱”之法是先有“乡原惯例”和“民间私约”,这种生长于民间的非正式制度经州县亲民官的采纳、规整后,变成具有约束力的地方水利法规,此即正式制度。从非正式制度变成正式制度经历了一个自然演进过程。在这个演进过程中,以乡村下户和无地客户为主体的农民阶级之力役负担呈现逐步减轻的趋势;而以乡村中下户为主体的田主阶层,其力役负担则逐步变成代役税并转而依据其田亩广狭来征收。这表明我国封建社会的赋役征取结构,自其前期(中唐以前)的双轨制(既按人丁征调徭役和人头税,又据田亩资产征取田租税赋,且以徭役和人头税为主)正在向自身后期的单轨制(只按田亩广狭、户等高下征取田赋等资产税,各类徭役和人头税渐趋消亡)加速演进。

---

① 《宋会要辑稿》食货八之一四。

② 袁寀:《袁氏世范》卷三《修治陂塘其利博》条。

③ 请参见前引拙文《两宋摊丁入亩趋势补证》,拙著《中国经济通史》(第五卷),第649—657页。

三、西夏“计田出丁”法的性质变异

反观西夏的“计田出丁”、“履亩纳草”之类规定，虽然也是在水利役中征调役夫和差役的办法，但并不具备赋役征取由双轨制向单轨制演进的意义。恰恰相反，在西夏的赋役结构中，税、役相较，是税不轻而役更重，亦即包括兵役、力役、差役、苦役在内的多种徭役，才是西夏番汉农牧民的主要负担。例如兵役，身份不分官民，职业不分农牧，民族不分番汉，凡是 15 岁至 69 岁的男子，人人都要服兵役。不仅常年有几十万人戍守边城，而且在连续不断的战争中经常被点集出征，动辄有数万、十数万丁壮被送上前线。可以说这是一个全民皆兵的社会[①]。这是当时西夏社会、经济所处的发展阶段所使然。

根据目前学界的研究，西夏在建国前后（约当北宋中期、11 世纪中叶）方由氏族社会末期跨入阶级社会当是没有疑问的共识。吴天墀先生认为 1038 年元昊建国是“产生于氏族公社废墟上的奴隶制国家”[②]。李蔚先生认为元昊建国是党项进入封建化阶段的标志[③]。漆侠先生的意见居于两者之间，认为宗族是党项社会的基本组织，而在西夏腹心地区的兴灵平原上，“党项社会则沿着宗法封建制方向发展”，其基本特征是“在保留氏族宗法大量残余情况下，既发展了奴隶制，但党项的奴隶有着自己的私有财产，不像

① 详情请参见前引杜建录《西夏经济史研究》，第 23—31 页。

② 吴天墀：《西夏史稿》（修订本），四川人民出版社 1983 年版，第 139—165 页。

③ 李蔚：《试论西夏的历史分期》，《甘肃社会科学》1992 年第 5 期。又见前引李蔚《简明西夏史》，第 18—27 页。

奴隶制下的奴隶；同时又急剧地进入初期封建制，牧人、农夫是社会的主要生产者，但他们的社会地位低下，不像封建制下的牧人和农夫，而这些恰反映了党项社会形态的特征”[①]。研究党项社会的性质不是本文的任务，然而西夏社会在其建国的前中期既有奴隶制因素，又有初期封建制因素则是可以肯定的。

我的看法是，元昊建国标志着西夏已从部落社会进入到农奴制社会，同时还有不少奴隶制残余掺杂其间[②]。整个社会可以分为三个阶层。处在这个社会最高层的，显然是皇族、后族所在的拓跋氏、没藏氏等大族，以他们为核心，由党项大族豪酋组成统治阶级，从中央到地方的各级官员从这些豪酋中“世选”。处在这个社会中间层的，是享有自由民身份，但徭役负担沉重的农牧民，此即《天盛律令》中反复出现的各种“租户家主”，其中有牧主和地主，但多数应是中小牧户或自耕农。处在西夏社会底层的，是数量众多的各种农奴身份的依附民。其中依附于各级官府的称“官人”，包括国有农牧场上的耕夫和牧人，来自被掳“生口”和“苦役犯”的“官作户”，还有官营手工业作坊中的依附匠等；依附于私家豪酋、官僚和农牧主的称“私人”，包括“种地者”、“门下人”、“使军”、“典押出力人”等诸种称呼。《天盛律令》卷六《军人使亲礼门》规定：

> 大小官员诸人等不允在官人中索要私人，及有重罪已释死罪，应从边城入农牧主中人求为私人。若违律时，求者、奏者一律徒十二年。[③]

① 漆侠、乔幼梅《辽夏金经济史》，河北大学出版社1994年版，第263页。

② 详情请参见拙著《中国经济通史》(第五卷)，第744—746页。

③ 《西夏天盛律令》第148页。

可见"官人"和"私人"可以互相转化，其身份地位十分相近，因为他们都是依附民。这部分的人数亦当不少，他们和自由民身份中的各类中、小农牧民，共同构成西夏农牧业和手工业生产的劳动者群体。而见于文献记载的奴、佣人、使唤、僮仆、命待、随从、小人等，主要是家内奴隶；当然也有用于农牧业生产的奴隶，如被定为叛逆的重罪犯，当"入农牧主中，应无期服役。"[①]这些可视为奴隶制遗存。在这样的社会中，当然不会发生徭役和人头税向田亩税归并的历史行程。

因此，本节的基本结论是，西夏水利役中"计田出丁"等法虽然学自北宋，却并不具备北宋此法原有的"摊丁入亩"之性质，而只是西夏统治者将其运用于灌溉农业中的一种徭役征调办法而已。不仅如此，西夏水利役中的夫役征调和差役派遣，还与其兵役、苦役一道，构成了西夏农牧民的主要负担。在整体实行农奴制的制度环境中，西夏统治者能将北宋"计田出丁"之法移植进来，虽不失为一种具有眼光的先进措施，但这种先进性并不表现在"摊丁入亩"的性质判定上，而是表现在渠道浚治有利于灌溉农业的发展上。我们看到这种具体措施上的先进性，因受其农奴制环境的制约而大打折扣，因而与宋代的"计田出丁"并不能等量齐观。

顺便说一句，制度移植中难免会发生的这种制度变异现象，是否能为当今正在走红的制度经济学所关注的制度变迁模式之研究，提供一点有用的材料呢？笔者不敏，敬希识者有以教我。

---

① 《西夏天盛律令》第 23 页。

第十一章　南宋赋役制度的整顿及其经验教训

第一节　经界法:效果不错但成本高昂

一、税役不均:经界法推行的背景

自晚唐"履亩而税"以来,一个日趋严重、困扰朝野的最大问题,就是税负不均。如前所述,在"据地出税,天下皆同"[①]的赋税环境中,田广赀丰的形势豪右和乡村上户的赋役负担急剧增长。他们采取各种手段隐寄田产、降低户等,并千方百计转嫁赋役于为数众多的乡村中下之户。虽说北宋神宗时王安石推行"方田均税法",仅北方五路方出土地 248 万余顷,相当于未方前的 1.9 倍,成效显著,但至北宋晚期又故态重萌,赋役不均问题再度突现出来。这种情况到南宋则因兵火之后、百姓流移、版籍漫漶、吏治不清而愈加严重。绍兴五年(1135 年)八月臣僚言:"民间输纳两税斛斗,多缘推割不明,催科无术,支移太远,折变价高,揽纳射利,公吏求

① 《文献通考》卷三《田赋三》。

货，杂以湿恶，高下斛面，盗印虚钞，失陷羡余。如此十事州县漫不省察……”[1]如此重负之下，不少地方的乡村百姓只得“典卖田土，抛失家业”[2]，远避他乡，呻吟流离。既减少州县赋入，又影响社会稳定。所以绍兴十一年（1141 年）宋金双方签订和议之后，针对乡村百姓的核田定税、整理版籍之事便提上了议事日程。

绍兴十二年（1142 年）十一月五日，两浙转运使李椿年上《经界不正十害扎子》，请行“经界法”。经界法的核心是通过核实民户田产来确定其赋役负担。经界是指田产疆界，此词从孟子“夫仁政必自经界始”一语而来。不到一个月，李椿年请行经界的建议即蒙批准，“诏专委仲永（按，李椿年字）措置，遂置局于平江。”半年后，即绍兴十三年（1143 年）六月，“诏颁行其法于天下”，各路全面推行经界法[3]。

李椿年在请行经界扎子中极陈经界不正之弊：

> 井田之法坏，而兼并之弊生，其来远矣。况兵火之后，文籍散亡。户口租税，虽版曹尚无所稽考，况于州县乎。豪民猾吏，因缘为奸，机巧多端，情伪万状，以有为无，以强吞弱。有田者未必有税，有税者未必有田。富者日以兼并，贫者日以困弱，皆由经界之不正耳。[4]

这种有田者无税，有税者无田，田、税脱节背离的情况是如此普遍，以致造成了“十大危害”。史家李心传将李椿年之长篇论述概括

---

① 《宋会要辑稿·食货》九之二。
② 《宋会要辑稿·食货》九之二二。
③ 《朝野杂记》甲集卷五《经界法》。
④ 《宋会要辑稿·食货》六之三六，七〇之一二四。

为："一、侵耕失税；二、推割不便；三、衙前及坊场户虚供抵当；四、乡司走弄税名；五、诡名寄产；六、兵火后，税籍不信，争讼日起；七、倚阁不实；八、州县隐赋多，公私具困；九、豪猾户自陈税籍不实；十、逃田税偏重，故税不行。"[①]

二、经界法的核心：鱼鳞图和砧基簿

李椿年在转运司下专门成立"措置经界所"作为经界法的推行机构。为贯彻"田以名色定等，乡以旧额敷税"[②]的基本原则，又精心设计了一套"出榜晓谕"、"更不增税"、"核实田产"和逐步推广的办法：

> 令民以所有田，各置砧基簿，图田之形状，及亩目四至、土地所宜，永为照应。即田不入簿者，虽有契据可执，并拘入官。诸县各为砧基簿三：一留县，一送漕，一送州。[③]

即要求民户将自家田产之面积、四至乃至形状都以砧基簿形式如实向上申报，若有隐田，一经查出即没收入官。

其实在各户置造砧基簿前，还有一道关键程序，那就是每都首先要由保正长们召集田主和佃客，按土丘画出各户田产分布图，一丘一图，由田主和佃客在图上签字画押，以示属实，一都应有多份以丘为单位的田产图。然后再按照图上所载的各户田产信息，以户为单位制造砧基簿，上报县政府，之后再汇总到经界所。《宋会要辑稿》食货六之三八至四〇载李椿年整理民户田产的办法甚详，

---

① 《朝野杂记》甲集卷五《经界法》。

② 梁克家：《淳熙三山志》卷十《版籍类·一》。

③ 《朝野杂记》甲集卷五《经界法》。

引录如下：

今画图，合先要逐都耆邻保正，关集田主及佃客，逐坵计亩角押字，保正长于图四至画字，责结罪状，申措置所，以俟差官按图核实。稍有欺隐，不实不尽，重行勘断外，追赏钱三百贯。因而乞取者，量轻重编配，仍将所隐田没入官。有人告者，赏钱并田给告人。如所差官被人陈诉，许亲自按图覆实，稍有不公，将所差官按刻[劾]，取旨重行窜责。如所诉虚妄，从臣重行勘断。

……

今官民户各据画图了当，以本户诸乡管田产数目，从实自行置造砧基簿一面，画田形坵段，声说亩步、四至、元典卖或系祖产，赴本县投纳、点检、印押、类聚。限一月数足，缴赴措置经界所，以凭照对画到图子审实，发下给付人户，永为照应。日前所有田产，虽有契书而不上今来砧基簿者，并拘入官。今后遇有将产典卖，两家各赍砧基簿及契书，赴县对行批凿……每县逐乡砧基簿各要三本，一本在县，一本纳州，一本纳转运使司。

较之北宋方田均税法，李椿年的设计有重大改进：一是以都为单位，动员保正长等乡役人投入田亩核实工作；二是以坵为单位，画出田产分布图，此即明代鱼鳞图之前身①，这是核实民户田产的基础性工作，面广量大；三是田主和佃客要在涉及自家田产的坵图上

① 此点王曾瑜先生早在上世纪80年代即已论证，参见王撰《宋代的鱼鳞簿和鱼鳞图》，《中国历史大词典通讯》1983年1期，又载氏著《锱铢集》，河北大学出版社2006年版，第578—581页。

签字画押，保正长要在都内每份坵图上签字画押，这是信誉保证；四是各户在坵图的基础上自行置造砧基簿，以记录自家田产位置、面积等详细信息，并在县、州和转运司三级机构存档，这是民户田产的法律证明文书。总的来看，李椿年的设计方案是一种以民户自报为主、并结合政府派员"打量"的田产经界方法。在当时的技术条件下，这是一种牵动所有相关人员（田主、佃客、乡役人、三级政府官员）、耗费庞大物力的特大工程。其间困难不仅在于人力、物力之调集，官员和胥吏阶层之动员，丈量、图画和置造砧基簿之繁杂，更在于盘根错节、势力强大的利益集团之诅坏（舆论上）和反抗（行动上）。因此，李椿年经界法这项制度安排从其开始实施之时，其运行成本注定会很高昂。

三、经界法的推广

经界法先在平江府（治今苏州）试行，自绍兴十三年夏天起陆续推行于南宋各路。由于工程浩大，所以进展缓慢，到绍兴十七年（1147 年）五月，先行一步的两浙路亦只有四十个县完成了打量、画图和置造砧基簿的任务，其余县份只是以十户为一甲，自报田产而已[①]。直至绍兴十九年（1149 年）冬天，经前后六七年的努力，除沿边的两淮、湖北、京西路和福建漳、泉、汀州等少数地区以外，大部分路分的经界工作才大体上完成[②]。凡依法认真经界的地方，不少形势豪右被迫如实纳税，部分下户税负有所减轻，而且政府税

① 《宋会要辑稿·食货》六之四七。

② 《文献通考》卷五《田赋考》。

入亦得到保证。绍兴二十年(1150 年)二月,其时大规模的经界刚刚告一段落,即有户部侍郎宋贶要求督促各地经办经界的官员继续抓紧推行,其理由便是"契勘经界本意,务要革去侵耕冒佃、诡名挟户、逃亡死绝虚供抵当、差科不均、乡司走弄二税之弊,使民有定产、产有定税、税有定籍,后来缘以画图供帐,分立土地等则,均任苗税。"[①]宋贶所谓"民有定产、产有定税、税有定籍"、"均任苗税"之说正是经界法在许多地方得以成功推行的正确原则。绍兴二十六年(1156 年)九月,潼州路转运司判官王之望说:

> 臣前在东南,日闻蜀中经界大为民害,豪富为奸例获轻减,贫弱受弊多致逃移,上户利之而下户不愿。自入本路境,百姓多遮道投牒,乞行经界,与峡外所闻不同。诘其所以愿行之意,则曰人户诡名寄产业,有田者无户,有户者无田,差某等充户长催驱赋税,率皆代纳,以此破产者甚众。若用经界,则户名有归,此弊可绝。[②]

百姓之所以"遮道投牒,乞行经界"就是因为通过核产定税能够革除"诡寄产业"等弊端,从而促使赋役负担均等化、合理化。如徽州就是经界成功的地区之一,其所辖"六县田产,未经界前为百五十一万六千三百亩半,经界为三百余万亩,今为二百九十一万九千五百五十三亩有奇,税钱十一万一千七百八贯二百三十九文。"[③]经界后的纳税田产较经界前增加了一倍,而税额则所增甚少,明显减

---

① 《系年要录》卷一六一,绍兴二十年二月壬子条。上海古籍出版社 1992 年影印本,第 3 册,第 244 页(上)。

② 《系年要录》卷一七四,绍兴二十六年九月戊辰条,第 3 册,第 457 页(下)。

③ 《新安志》卷二《税则》。萧建新整理本,黄山书社 2008 年版,第 65 页。

轻了少产或无产民户的税役负担。朱熹说:“(经界)结局以后,田土狭阔,产钱轻重,条理灿然,各有归著。在民无业去产存之弊,在官无逃亡倚阁之欠,豪家大姓不容侥幸隐瞒,贫民下户不至偏受苦楚。至今四五十年,人无智愚,皆知经界之为利,而不以为害。”[①]其后又有“(经界)讫事之后,田税均齐,里闾安靖,公私皆享其利”[②]之论。

南宋中晚期,还有一些地方进行过区域性推进,主要集中在两浙和江东西等路[③],推进时间主要在宁宗晚年和理宗初年。宁宗嘉定末年,约当1223—1224年,浙东台州(治今浙江临海)、宁海、黄岩、临海、仙居等县推行经界。《嘉定赤城志》卷一三《版籍门》:“按,绍兴十八年(1148年),李椿年侍郎建行经界。……今七十有五载,猾胥豪民相倚仗为蠹,赋役庞乱,遂有举行前说者焉。往岁宁海、黄岩尝行之矣,临海、仙居则方行而未备也。”可见在一州之内,经界法也是次第推行的。

稍后,约当理宗绍定、端平年间(1228—1236年),在三任知州赵崽夫、赵师岩、魏豹文[④]的连续推动下,婺州经界实行得很有成效,各类田产、税籍图册特别齐备。《宋史·食货志》载:“知婺州赵崽夫行经界于其州,整有伦绪。而崽夫报罢,士夫相率请于朝,乃命赵师岩继之。后二年,魏豹文代师岩为守,行之益力,于是向之

① 《朱文公文集》卷一〇〇《晓示经界差甲头榜》。

② 《朱文公文集》卷四九《答王子合书》。

③ 梁庚尧:《南宋的农村经济》,第267—268页。

④ 魏豹文在其知婺州任上还和其继任者王梦龙推行过义役,此点请参见本章第二节。

上户析为贫下之户，实田隐为逃绝之田者，粲然可考。凡结甲册、户产簿、丁口簿、鱼鳞图、类姓簿二十三万九千有奇。创库柜以藏之，历三年而后上其事于朝。”[1]看来“诡名析户”、“隐寄田产”之类老大难问题得到一定程度的解决。

理宗宝庆二年(1226年)冬至绍定元年(1228年)秋，经一年半的努力，江西抚州金溪县(今同)在知县章励的主持下，参照旁近婺州、台州的经验推行经界，也是成效显著。潜敷《宝庆修复经界记》：

> 抚之金溪，令长数易，邑事多摄，版籍荡然，库帑赤立，有年于此矣。来者束手，欲去无从。章君励自诡而冒临之，既下车，骇事体之大缪，咎俶谋之不审，廪廪救过。未几，推排令下，乃进耆老而诹焉，咸曰：“非经量不可。”亟请命于庙堂，于是稽绍兴之故规，参婺、台之近例，僚友叶心，乡官效力，周行畎浍，亲展尺度。揆量既定，簿正一新。凡前日之欺隐亏欠，并置不问，一毫不以取焉。鞫躬尽瘁，亦既劳止。经始于丙戌(1226年)之仲冬，竣事于戊子(1228年)之孟秋。始有疑，中有扰，既而疑释扰解。[2]

金溪县经界是经过反复才得以推行的，其成功经验，首先在于官员得力，亲力亲为；其次亦与做法得当有关，如事先广询乡绅，事中依靠乡役人阶层，而且在政策上网开一面，既往不咎(“前日亏欠，并置不问”)。前者增加了改革的推力，后者减少了改革的阻力，使得经界法终于排除干扰、坚持到成功。

---

① 《宋史》卷一七三《食货志(上一)》。

② 罗复晋：《雍正抚州府志》卷三九《文艺志补》。清乾隆七年刊本。

理宗绍定年间(1228—1233年),又有浙南处州丽水县(今同)、松阳县加入经界队伍。丽水县在林棐主持下推行经界,“搜括隐漏,第其田之高下肥瘦,立五等则例以起输。”[①]松阳县经界,据佚名《松阳县经界记》载,知县王圭“于是谨官寺,立程度,联什伍,表界分。会旁郡邑已行而择其善,诹乡老旧闻而酌其宜。经始于绍定二年十月,讫于四年之夏五月。版籍备,凡田原、陂塘、廛市、庐舍为二千六百二十有七顷,亩四十有五,以丈计者一千二百有奇。”[②]同样是经一年半的努力,在县令王圭的主持下,参照旁县经验,酌度本地实情,择善而行,在清查本县田产分布的基础上,创置各种版籍账册,底于完成。

也是在绍定初年(约1229—1230年),浙东金华府兰溪县(今同)“修复经界”[③]。既称“修复”,似乎此前或于绍兴年间曾推行过经界。理宗端平初年(1234—1235年),平江府常熟县再行经界。如前所述,当初李椿年推行经界法,就是从平江府开始的。杜范《常熟县版籍纪》称:“端平初元秋八月,王君实领此邑,问民疾苦,皆愀然蹙额以赋役不均告。会府檄修复经界……于是考旧额,选众邑,按绍兴成法,参朱文公漳州所著条目,随土俗损益之。……县五十都,都十保,其履亩而书也,保次其号为核田簿,号模其形为鱼鳞图,而又粹官民产业于保为类姓簿,类保都乡于县为物力簿。经始于端平二年之夏,讫事于其年之冬。”[④]看来常熟县比较有经

① 郭忠:《成化处州府志》卷三《名宦篇·丽水县》。明成化刊本。
② 《成化处州府志》卷一〇《纪载篇》。
③ 《万历金华府志》卷六《田土志》。
④ 杜范:《杜清献公集》卷一六《常熟县版籍簿记》。

验，主要精力花在摸清县内各户田产的分布情况上，既有描摹地貌与地产形状的鱼鳞图，又有以登记各户产业为主的核田簿，并在核田簿基础上类编而成类姓簿（以都、保为单位）和物力簿（以县为单位），耗时亦只半年，可谓神速。很有可能这与绍兴年间常熟县推行过经界，而其时所创各类图册帐簿还有部分尚存有关。

绍定、端平之际，旁邻常熟的松江府华亭县（今属上海市）也在推行经界。主持经界的杨瑾所撰《经界始末序》称："端平改元，圣天子更新大化，勤恤民隐，郡国守宰、部使者莫不精白承休，以惠利为急。瑾虽不肖，亦获承流下邑，修经界，清版籍，行之二年，户无杂征之赋，里无破产之役。"[①]据此，经界应始于绍定五年（1232年），经二年之努力，到端平元年（1234年）告竣。此处之"下邑"，据袁甫《蒙斋集》所载《华亭县经济界记》中杨君"自华亭驰书来告，吾仿经界为悠久利"之语，可知即是华亭[②]。当时知府赵与篡在嘉兴府"整图籍，宽赋敛，欲自近邑始，招君幕下，置围田局，募甲首，给清册，命之曰抄撩，匿者露，虚者实。"稍后即将杨瑾派到华亭县任代理县令。杨瑾不辱使命，到任后"则以礼属乡官，分任其职，不履亩，不立限，不任吏，每都甲首乡官择之，每围清册，甲首笔之，田之顷亩，昭然可观。……于是端平初元秋，亩以五万七千八百一十石为额，较递年之数逾二万，而民不以为厉己。"[③]这是靠保正长等乡官招募甲首来完成的。甲首们熟悉当地情况，在县乡两级督办

① 顾清：《正德松江府志》卷六《田赋志》。

② 此据周藤吉之《南宋乡都的税制与土地所有制》，氏著《宋代经济史研究》，日本东京大学出版会，1962年。

③ 袁甫：《蒙斋集》卷一四《华亭县修复经界记》。

下，如能据实、秉公查田核产并录入图册，则隐田可出，诡名可并，所以落实下来的秋苗正税，竟比经界前增加百分之五十以上，而一般民户却没有感到负担加重。二十年后，即淳祐十一年（1251年），史称“是岁信、常、饶州，嘉兴府举行经界。”[①]据此，与嘉兴府同时举行的经界的，除浙西常州外，还有江东路的饶州（治今江西省波阳县）、浙东路的信州（今江西上饶）。

此外，还有江东宁国府（治今安徽宣城）和浙东衢州永丰县（江西今县）也推行过经界。宝祐四年（1256年）“诏宁国府守臣赵汝谋推行经界，职事修举，升直文华阁。”[②]这是因戮力经界而升官。永丰县推行经界也取得很好的效果，“以六乡五十一都之甿，五百二保之众，正副砧基之有簿不翅以千计。”[③]

尽管整个推行过程走走停停、历尽曲折，而且不少地方仍有通同作弊、以少为多之事；但从总体上看，南宋经界法还是在一定程度上缓解了税负不均这个严重影响百姓经济生活的社会重大问题，其总体效果可用“属县奉行有虔有不虔，故民瘼有甦有不甦”[④]来概括。当然，这并不排除少数地方可能在贪官污吏的主持下，按照形势豪右的旨意来操作，反而在增加税收的同时使税负不均更加严重，但这毕竟不是主流。

四、经界法推行不畅之原因分析

实施经界法主要意图在于通过核实民户田产来确定其赋役负

---

① 《宋史》卷一七三《食货志上一》，第4192页。

② 王圻：《续文献通考》卷一《田赋考·历代田赋篇》。

③ 徐元杰：《楳埜集》卷一〇《仁政楼记》。《四库全书》本。

④ 郑瑶等：《景定严州续志》卷二《赋税》。

担，以实现“据地出税”的赋税原则，所以经界法首先就“触犯”了隐产漏税的形势豪右的既得利益。经界法推行过程中的重重阻力，诚如朱熹在福建漳州推行经界时所言：

> 此法之行，其利在于官府、细民，而豪族大姓、滑吏奸民，皆所不便，故向来议臣屡请施行，辄为浮言所阻。[①]

能造“浮言”、且达于“上听”者，非士大夫莫属焉。文献中“议者以为不便”、“民始痛其繁”[②]、“推行之初，臣僚有肆异议、图沮坏者”[③]应是既得利益者的自然反应。绍兴十五年(1145 年)，李椿年因丁忧离职，由户部侍郎王铁[④]接替其主持经界工作。迫于阻力，王铁省去了李椿年经界法中召集保正长和田主、佃客画出都内各坵田产图这一关键环节，变为“民户结甲自实法”[⑤]。这是一个重大的让步，为形势豪右、猾胥奸吏瞒报田产、偷漏税役开了方便之门，同时也为各地州县官吏免去了下乡措置经界这一吃力不讨好的繁重事务。可以说王铁所行之经界法已徒具虚名，类似于北宋神宗初年吕惠卿的“手实法”。所以二年后李椿年免丧复职(时在绍兴十七年正月)，“令州县造图，而遣官敷实，先成有赏，慢令有罚。”[⑥]其理由就是“未曾打量及不曾用砧基簿、止令人户结甲去处，窃虑形

---

① 朱熹：《朱文公文集》卷一九《条奏经界状》。

② 《朝野杂记》甲集卷五《经界法》，第 124 页。

③ 《宋会要辑稿》食货六之四九。

④ 即王承可，《宋会要辑稿》食货六之四〇作“王鈇”，食货七〇之一二六又作“王鐵”；而《宋史》卷一七三《食货志》作“王鈇”。“承可”是王鐵的字，“王鈇”、“王鐵”应为同一个人。笔者颇疑“鈇”是“鐵”的宋代简化字。

⑤ 《宋会要辑稿》食货六之四〇。

⑥ 《朝野杂记》甲集卷五《经界法》，第 124 页。

势之家不惧罪赏，尚有欺隐。”[①]但缙绅豪右、乡村上户岂肯罢休。绍兴十九年(1149年)冬，“经界毕，民多诣台、省，诉其不均。”[②]翌年二月，“户部请委曹臣限一季结绝，悉罢先所遣官”[③]，经界法草草收场。又如嘉定十四年(1221年)，浙东婺州知州赵㥣夫“经界兰溪，颇见端绪，强家合力，厚有所携，逐去乃已。”[④]前引王之望所述更为典型，他说“蜀中经界，不论贫富，大抵税增者愿罢，税减者愿行，皆出一己之私。而形势户之不愿者为多，盖诡名挟户非下户所为。”据其在遂宁一县之实地调查，“官户凡五百八十有四，而愿用经界者一百六十有七；公吏为户二百二十有二，而愿者十有八。”[⑤]由此可见，官户中反对经界之比例高达百分之七十以上，县衙公吏更是高达百分之九十以上。这种事例所在多有，说明经界法推行不畅之首要原因在于既得利益集团的阻挠与破坏[⑥]。

其次，经界法之不易行，与田亩丈量技术繁复难晓有关。特别是画图、丈量、计算等土地测量技术，对于措置官吏和当地任事之都保正副来说显然过于繁难。据赵彦卫说：

绍兴中李侍郎椿年行经界法，有献其步田之法者。若五

① 《宋会要辑稿》食货六之四七。

② 《朝野杂记》甲集卷五《经界法》，第124页。

③ 同上。

④ 《宋会要辑稿》食货七〇之一三三。

⑤ 《系年要录》卷一七四，绍兴二十六年九月戊辰条，第3册，第457页(下)至459页(上)。

⑥ 此点何忠礼曾有论及，认为官僚、地主和地方豪强出于既得利益而疯狂反对经界法是此法失败的重要原因，并特别指出“这是一个非常值得后人重视的历史教训。”见氏著《宋代政治史》浙江人民出版社2007年，第402页。

尺以为步，六十步以为角，四角以为亩。[①]

赵彦卫还列出了十种不同田形的丈量计算办法，有正方形、长方形、任意四边形、圆形、覆月形、圭田形、勾股形、三广形（即三角形）、腰鼓形和大鼓形等。看来，当时向李椿年献步田法之人，不仅深谙数学、几何之术，而且对当时江南农村的各种田地形状亦相当熟悉。但是丈量、绘测地形图、田产图，并逐一计算各田块之面积，毕竟是一项专门技术，非有一定文化程度者不能胜任。就此而言，当时执事官吏"事属烦难"、"打量不便"之叹乃是实情，难怪当年王铁建议省去"打量、图画"[②]这一关键程序，竟获得朝廷允许。李椿年曾派汪大猷担任浙东衢州龙游县经界核实官，汪大猷"躬行阡陌，唱弓量之目，则已默记其广袤之实。吏运筹久之，无毫厘之差，观者以为神。"[③]象汪大猷这样熟悉丈量和计算技术的官吏究属少数，而"不识弓步，不善度量"者比比皆是。后来到宁宗绍熙元年（1190 年），朱熹欲在漳州任上推行经界法时就吸取了这个教训，"打量一事最费功力，而纽折算计之法又人所难晓，募本州旧来有曾经奉行、谙晓算法之人任之。"[④]不难想见，当时此类技术人才比较稀缺。这是经界法推行不畅之人才原因，或称技术原因。

第三个原因来自经费筹集。台湾学者王德毅指出，李椿年"于督导诸县切实推行经界时，簿籍堆积，图表甚巨，其工程之浩大，用

---

① 赵彦卫：《云麓漫钞》卷一，辽宁教育出版社 1998 年标点本，第 7 至 8 页。

② 《宋会要辑稿》食货六之四〇，七〇之一二六。

③ 楼钥：《攻媿集》卷八《汪大猷行状》。

④ 朱熹：《朱文公文集》卷二一《申诸司状》。

费之繁多,实远过王安石推行的方田均税法。”[①]事实正是如此。绍兴二十六年(1156年)曾在四川潼川府路主持经界工作的王之望有言:“造帐图册为费甚广,追呼须索不胜其扰。”[②]前述汪大猷在龙游县推行经界,也有“一保之图,用纸二百番”[③]之语。朱熹论及经界时亦云:“又乡户少读书算,所召募书人多是奸吏,必须酬以高价,又簿书图帐费用纸札,亦复不赀,是以当时正长厚者重困,薄者破产。”所以朱熹主张官差书人,官给纸张[④]。不管招募书吏、购置纸张的费用是出自乡役人保正长们,还是由州县筹措,总之是项不菲的开支。而在当时州县财力困窘的情况下,经界所需之各项费用如何筹集,确是一个非常现实的难题。

最后一个因素是与官吏队伍的素质有关。涉及千家万户的田产核实、图帐攒造工作,必然要动员广大州县官吏全力投入,并公正处理相关事宜。然而像前述汪大猷、王之望这样秉公办事又精通业务的官员凤毛麟角,而因循守旧、推脱敷衍、惧怕豪右的官员毕竟居多。如果州县亲民官不畏浮议、敢于任事,则以乡村上户、形势豪右为主体的利益集团之阻挠可望以事实击破之(如前述王之望在潼川路用得之于调查的数据来批驳反对者),经费问题亦可如朱熹般请求朝廷“指拨转运使衙合起发赴行在窠名钱数若干,充经界经费”[⑤],让中央政府补助。《中兴两朝编年纲目》卷一《命漳

① 王德毅:《李椿年与南宋土地经界》,原载(台湾)《食货月刊》第二卷第五期,1972年;又见《宋史研究集》第七辑,中华丛书编审委员会,1974年。

② 《系年要录》卷一七四,绍兴二十六年九月戊辰条,第3册,第458页(下)。

③ 楼钥:《攻媿集》卷八《汪大猷行状》。

④ 《永乐大典》卷七八九五引《临汀志丛录》。

⑤ 同上。

州行经界条》说：

此法之行贫民下户虽所深喜，而豪民猾吏皆所不乐。喜之者皆单弱、困苦、无能之人，故虽恳诚而不能以言自达。不乐者皆才力、辩智、有余之人，故其所怀虽实私意，而善为说辞以惑群听，恐胁上下，务以必济其私。而贤士大夫之喜安静、厌纷扰者，又或不能深察其情而望风沮怯，则为不可行之说以助其势，此则诚不能无将不得行之虑也。

可见史乘亦有公论，官僚士大夫阶层在利益集团面前"望风沮怯"，违背良知，转倡"不可行之说"，这才是经界法推行不畅的根本原因。南宋晚期当过吏部尚书的刘黻（1217—1276年）就将推行经界之成败直系于官吏臧否。他在《论经界自实书》中说：

今州县之不可为，大率生于版籍之不明，赋税走失，而官与民俱病。申经界之政以整齐天下，顾何所不可为？……一郡有一郡之责，一县有一县之责，政使不人人如李椿年之用心，苟得其意而勉行之，亦足以有大功。奈之何猛者务必深切于行，而宽者付之悠悠而不行，均为失朝廷之本意，遂使贫民下户日困于抑输，而豪民猾吏亦得以相蒙为奸，于是州县之赋额十不存六七，惟从事于巧立名色，重催预借，以应解纲，而怨悉归乎公上。吁！孰能执其咎哉？向使州县之官能视国如家，视民如子，一革胥吏并缘之害，量事度宜，以要其成，纵不能尽复旧额而诚求之，不中不远，庶几公籍不至大亏，而公私交正，亦兴太平之要略也。[①]

① 刘黻：《蒙川遗稿·补遗》载《论经界自实书》。《永嘉丛书》本。

这是深明经界利害的经验之谈、公允之论。“深切于行”的猛者，如“峻责州县”的郑克、“便僻侧媚”的钟世明，“凶狡刻薄”的王喦，“所至暴虐”的蔡樗等人，因在经界中偏离法意，虐待百姓被劾罢官[1]。其所作所为多半出于揣测上意、谄媚迎奉，以经界为升官之阶梯。至于更多的“宽者”，除少数真是“喜安静、厌纷扰”之人外，多数应是“望风沮怯”，害怕得罪形势豪右等利益集团，仍是一己之私虑。象刘黻所说的“能视国如家，视民如子”、“量事度宜，以要其成”的官员实在是少之又少，至少不占主导地位。而能否具有这样一支官吏队伍，恰是关系到经界法成败的关键一环。

当然，经界法也不是一经认真推行便可万世无虞的。宋代处在“有钱则买、无钱则卖”、[2]“贸易之际，不可复知”[3]的历史环境中，民间地权转移率较之前代大为提高。尽管经界法规定民间田产买卖双方均要携带地契和砧基簿到县衙去“批凿”、印押，但一则买田之人为避税收不去“批凿”、印押的“白契”交易行为时有所见，再则乡村田产交易导致的“版图更易、田税转移”[4]的情形具有累积效应，二三十年后人户和田产均有很大变动。正如度宗咸淳元年（1265 年）监察御史赵顺孙所言：

嘉定以来之经界，时至近也，官有正籍，乡都有副籍，彪列

---

① 参见李心传《朝野杂记》甲集卷五《经界法》；《系年要录》卷一七二、一七三等处，不俱引。

② 袁寀：《袁氏世范》卷三《治家·富家量产当存仁心》，第 162 页。

③ 《宋朝事实》卷一五《财用》。

④ 《宋会要辑稿》食货七〇之五。

> 畛分，莫不具在，为乡都者，亦不过按成牍而更业主之姓名。若夫绍兴之经界，其时则远矣，其籍之存者寡矣，因其鳞差栉比而求焉，由一而至百，由百而至千，由千而至万，稽其亩步，订其主佃，亦莫如乡都之便也。①

由此看来，经界一次至多管个六七十年。超过这个时间限度，与其“鳞差栉比而求焉”，莫若再行一次经界来得更方便。

第二节 南宋义役：乡绅自治自救但被政府整合

义役自南宋初年在浙东初现，此后逐步推行于浙西、江西、福建等路，然终南宋一朝与差役处在并行状态。众多案例说明，义役有成功的，也有失败的，多半是初期成功多，中期以后失败案例日见增加，也有不少地方从未实行过义役。

一、义役实施概况及其阶段划分

就目前所见之材料而言，南宋义役约略与南宋历史相始终，其演进历程大致可分民间兴起（高宗朝）、政府推广（孝宗至宁宗朝）和边建边败（理宗朝以降）三个阶段。

第一阶段，从高宗绍兴十二年或十三年（1142—1143 年）到孝宗乾道六年（1170 年），近三十年时间，这是义役在浙东诸郡自发兴起到地方官员着力推广的初兴时期。

义役创始于绍兴十二年（1142 年）的金华县长仙乡②，《朱文公

① 《宋史》卷一七三《食货志上一》。

② 杨宇勋：《取民与养民》，台湾师范大学历史研究所 2003 年版，第 272 页注 30。

文集》卷八八《吴芾神道碑》：

　　金华长仙乡民十有一家，自以甲乙，第其产以次就役者，几二十年矣。公闻之喜，帅郡佐及县长吏舆致所谓十一人者，与合宴于平政堂，而更其乡曰“循理”，里曰“信义”，以褒异之。

吴芾知婺州于孝宗“初即位”，即绍兴三十二年（1162年）六月，隆兴元年（1163年）八月迁知绍兴府充两浙东路安抚使，依“几二十年”语推断，长仙乡义役应始于绍兴十二年（1142年）左右。若按十九年计，则应始于绍兴十三年（1143年）。

六年后即绍兴十九年（1149年），金华县的西山乡汪灌也行义役[①]，吕祖谦《东莱集》卷七《金华汪君将仕墓志铭》载：

　　吾乡之人，非父兄则子弟，顾鬩于役，隳恩弛义，为耆老羞，职是嚣兢者追胥科徭之惮耳！率为里正，一岁长短相覆，亡虑费三十万，吾侪盖自实其赀为三等，定著役之差次于籍，众裒金以畀当役者，役之先后视其籍，金之多寡视其等，他日户有升降，则告于众而进退之焉，名虽役而实仰给于众，尚何惮？众杂然称善，即日立要约，无违者。既又以裒金之烦也，则众割田百亩庾之。约成，登其书于县，而各藏其副于家。岁三月，乡众咸会，击豕酾酒，旧里正以田授新里正，成礼而退。

孝宗乾道四年（1168年）八月，处州郡守范成大在处州松阳县倡行义役。周必大《文忠集》卷六一《范成大神道碑》称，范氏于乾道四年八月至郡，创行义役，“数月间，人皆乐从，一县二十五都悉

① 周藤吉之认为西山乡最先办义役，疑非是。参见周藤吉之《南宋における义役の设立とその运营》，见《东洋学报》第48卷第4期，1966年。

以办告”。又据淳熙十年(1183年)十月四日蒋继周言:乾道五年五月,范氏“奏陈”处州松阳县行义役之事,要求朝廷让各地县官“依此劝诱”[①]。然《范成大神道碑》中载范成大言:“吾闻东阳县有率钱助役者……”,可见松阳县之前已有东阳县先行一步。

乾道七年(1171年)正月,范成大为中书舍人,上《义役札子》乞令“知处州胡沂将六县已结义役详细规约,详细缮写成册,缴送以闻。”孝宗“闻之大喜,颁其法诸路。”[②]至此,政府将其作为正式制度加以推广,义役遂由民间创设渐向“官督民办”方向发展。虽说此后对推广义役仍有反对意见,但至淳熙十一年(1184年)孝宗认为“义役、差役各从民便,法意补得始圆”[③],于是一锤定音,义役得以继续推行。

第二阶段,从孝宗乾道七年(1171年)到宁宗嘉定十七年(1224年),约五十余年,这是义役因政府在各地推广并逐步变形阶段。

乾道七年之后,因获中央政府首肯,各地郡守、县令开始大力推广义役。如乾道九年(1173年)李舜臣在江西饶州“以税数低昂定役期久近,为义役”[④];郭份在江西行义役[⑤];淳熙初年饶州德兴的董琦“义役法行,首出田粟倡之,事以时定,里人赖之”[⑥];淳熙六

---

① 《宋会要辑稿·食货》六六之二二。

② 《宋会要辑稿·食货》六五之一〇〇。

③ 《宋会要辑稿·食货》六六之二三;《中兴圣政》卷六一,淳熙十一年正月丙午条。北京图书馆出版社2007年影印本,第4册,第495页。

④ 《宋史》卷四〇四《李舜臣传》,第12224页。

⑤ 朱熹:《朱文公文集》卷第九二《岳州史君郭公墓碣铭》。

⑥ 《朱文公文集》卷九三《迪功郎致仕董公墓志铭》;程洵《尊德性斋小集》卷三《迪功郎致仕董君行状》也记有此事:“出田粟倡之,事遂定,乡里赖以少纾。”《四部丛刊》本。

年(1179年)程叔达在江东路黟县“剖私产倡义役”[①];淳熙九年(1182年)谢谔在处州“教其里之人自占户之甲乙、产之高下,当役者自请承之,编为一书,命曰义役”[②];淳熙十五年(1188年)浙东路饶州李文昭“教民为义役”[③];宁宗嘉定五年(1212年)黄严县太平乡“始有义役”[④];嘉定七年(1214年)赵必愿在崇安县、泉州“力主义役之法”[⑤];嘉定十一年(1218年)陆子遹在建康府溧阳县“推排义役”[⑥];嘉定十六年(1223年)婺州富人胡潜“捐田为义役,倡规画并然”[⑦];均推行过较长时期的义役。

需要说明的是,尽管在这一阶段义役呈推广之势,但仍以浙东地区为主,旁及浙西、江西、福建等路,其余大部分地区仍行差役法。即以福建建阳为例,据刘克庄言:“建阳境内都九十七、耆一百八,义役居四之一。”[⑧]据此推测,在南宋中叶,义役最盛期,全境之中推行义役的乡(都)不会超过十分之一。这是因为义役的推广是需要一定条件的(如当地乡绅参与是否积极、地方官是否秉公推行,以及该地经济社会状况等),并非一纸诏令就能风行无阻。当时中央政府对此也是心知肚明,乾道十一年,当御史谢谔说:“义役之行,当从民便。其不愿义役者,仍行差役。”孝宗表示赞同:“上然

---

① 杨万里:《诚斋集》卷一二五《宋故华文阁直学士赠特进程公墓志铭》。

② 《诚斋集》卷一二一《通议大夫谢公神道碑》;《宋史》卷三八九《谢谔传》,第11930页。

③ 刘克庄:《后村先生大全集》卷九六《德兴义田》。

④ 黄震:《黄氏日钞》卷八六《台州黄岩县太平乡义役记》。《四库全书》本。

⑤ 《宋史》卷四一三《赵必愿传》,第12407至12408页。

⑥ 周应合:《景定建康志》卷四一《溧阳县均赋役记》。

⑦ 魏了翁:《鹤山先生大全文集》卷八〇《从义郎胡君墓志铭》,《四部丛刊》本。

⑧ 《后村先生大全集》卷一〇〇《安溪县义役规约》。

之，且美其言为法意圆备。”[①]如果说第一阶段的义役还能视为地方乡绅迫于差役沉重而自发兴办的地方性半自治团体的话，那么在第二阶段由于地方官府的插手，义役的自治性明显削弱，“官督民办”性质逐渐彰显，其变形情况留待下目分析。

第三阶段：理宗宝庆（1225）以降直至南宋灭亡（1279 年），这五十余年义役进入边建边败、有建有败阶段。

在这个阶段中，各地仍在兴办义役，如宝庆初年（1225—1226 年）知婺州的魏豹文、王梦龙“相继奏行义役”[②]，嘉熙二年（1238 年）王承议继续在常熟[③]、淳祐年间（1241—1252 年）刘克庄在江西、福建、江东等路地方官任上行义役[④]，开庆元年（1259 年）吴潜在浙东四明全境[⑤]、咸淳八年（1272 年）江西吉州吉水县郑知县“排结义役”[⑥]，南宋末年文天祥仍在吉水大力推行义役[⑦]，等等。但是义役行之既久，问题丛生，其中既有胥吏沮坏、役首营私、上户不公、管理不善等问题，也有制度本身的设计和制度变异问题。所以早在孝宗淳熙九年，朱熹在提举浙东常平茶盐公事任上针对处州义役有“四不尽善”之说，主要是下户被迫出田、役首办事不公、上下户劳役不均和随着时间的推移都内农户贫富升降不一等弊端[⑧]。此后政

---

① 马端临：《文献通考》卷十三《职役二》。中华书局 1986 年影印本。

② 王懋德：《万历金华府志》卷九《役法篇·宝庆义役条法》，台北学生书局 1965 年版。

③ 孙应时：《琴川志》卷六《乡役仁·义役省札》条。

④ 刘克庄：《后村先生大全集》卷一九二《鄱阳县申差甲首事》。

⑤ 吴潜等：《开庆四明续志》卷七《排役》，《行役始末》。

⑥ 黄震：《黄氏日抄》卷七九《义役差役榜》。

⑦ 文天祥：《文山先生文集》卷九《吉水县永昌乡义役序》。《四部丛刊》本。

⑧ 《朱文公文集》卷一八《奏义役利害状》。

界、学界对于义役的批评之声不绝于耳，直至南宋末年黄震仍有三弊之说，即拘中下户入义役、中下户充役因“县道生疏”而亏欠赔累、因充大小保长而“一次轮充、其家道索”等[①]，此点留待下文分析。

二、义役类型及其运作方式

大致而言，义役可分民间主导型和政府推广型两种。在义役初创阶段，以民间主导型为主，如前述绍兴年间金华长仙乡、西山乡之所为；而在乾道七年进入政府推广阶段之后，义役遂向“官督民办”方向演变。

就民间主导型义役而言，深受差役之害的当地乡绅是倡导和操办义役的主体力量。如黟县程叔达“剖私产倡义役”[②]，茅宗愈“亟捐膏腴数十亩倡之”[③]；饶州德兴的董琦“义役法行，首出田粟倡之，事以时定，里人赖之”[④]，萧元斋“乃走白上官，稽其物产而甲乙之，编为义役”[⑤]；婺州富人胡潜“捐田为义役，倡规画井然”[⑥]，史浚“亲见义役之便民，及归，见乡邻有以争役破家者，君谓受役之害小，争役之害大，勤率为之”[⑦]等等，都是当地乡绅富家主动出资倡导义役的例证。一般而言，此类义役实行效果较好，如前述金华西山乡由汪灌发起的义役，不仅平息了困扰乡里的经年役讼，而且

---

① 黄震：《黄氏日抄》卷七九《义役差役榜》。

② 杨万里：《诚斋集》卷一二五《宋故华文阁直学士赠特进程公墓志铭》。

③ 孙应时：《烛湖集》卷一二《茅宗愈墓志铭》。《四库全书》本。

④ 《朱文公文集》卷九三《迪功郎致仕董公墓志铭》。

⑤ 徐经孙：《宋学士文集》卷一四《故太和萧府君墓表》。

⑥ 魏了翁：《鹤山先生大全文集》卷八〇《从义郎胡君墓志铭》。

⑦ 楼钥：《攻媿集》卷一〇五《史浚墓志铭》。

"上不违县官律令，而下以全其族党之欢，其意美甚"[①]。

乾道七年(1171 年)后政府推广型义役逐渐占据主导地位，各地郡守县令成为义役的推进力量。如李舜臣为饶州德兴宰时"以税数低昂定役期久近，为义役"[②]。孙逢吉"授袁州萍乡县，……邑之西北，土瘠民窭，受役甚苦，公与钱市田，教之义役。"[③]颜颐仲知西安县，"创义役，立规约，至今行之"[④]。施宿知余姚，劝民义役[⑤]。淳熙间蜀人李文昭为宰，"教民为义役"，其后德兴明卓君也"按民产高下，各使出谷，名曰义庄，募人充户长。三十七都之人，贤者相劝勉，富者先倡率，奉明府令莫敢有违"[⑥]。

到宁宗、理宗时期，不少郡守、知县仍然为民兴利，倡导推行义役。如嘉定间，赵必愿知崇安县，"力主义役之法，乡选善士，任以推排；入资买田助役，则勉有产之家；有感化者，出己田以倡"，后"移泉州，……讽诸邑行义役。"[⑦]刘克庄知建阳县，境内四分之一民户行义役[⑧]。宝庆初，知婺州魏豹文、王梦龙也相继奏行义役[⑨]。端平三年常熟县知事王爚也编排役户，率田助役[⑩]。

---

① 吕祖谦：《东莱集》卷一一《金华汪君将士墓志铭》。

② 《宋史》卷四〇四《李舜臣传》，第 12224 页。

③ 楼钥：《攻媿集》卷九六《孙逢吉神道碑》。

④ 《后村先生大全集》卷一四三《宝学颜尚书神道碑》。

⑤ 孙应时：《烛湖集》卷九《余姚县义役记》。

⑥ 《后村先生大全集》卷九六《德兴义田》。

⑦ 《宋史》卷四一三《赵必愿传》，第 12407—12408 页。

⑧ 《后村先生大全集》卷一〇〇《安溪县义役规约》："宰建阳境内都九十七耆一百八，义役居四之一。"

⑨ 王懋德：《万历金华府志》卷九《役法篇·宝庆义役条法》。

⑩ 王鏊：《正德姑苏志》卷一五《徭役》。《天一阁藏明代方志选刊续编》本。

政府推广型义役也有不少成功之例。南宋初期如范成大主持的处州义役:"处民以争役嚣讼,成大为创义役,随家贫富输金买田助当役者,甲乙论第至二十年,民便之。"[①]南宋晚期如台州知州王宝章"劝谕上户,各出田供长役之费,每都不过二百亩,而其费有余,即以花利余钱众买役田。众置之田既及初约之数,即以元助之田拨还元助之户。……役户不失元田,不费分文,而役事自有义役庄田雇募长役。人户并不知有役事之扰。"[②]此中或有溢美之词,特别是役田所出田租在供役之外,尚有剩余,可以用来再买田助役,并顶出原田还给各家,这种状况当为数不多。但无论如何,其运行状况宽裕顺遂是一望即知的。

无论民间主导型还是政府推广型义役,在实际运作过程中都会涉及到资金(役田)筹措、出资标准、充役人来源、役次排定、役田管理等环节。在这些环节上,各地做法亦不尽相同。现据学界成果勾勒如下[③]:

---

① 《宋史》卷三八六《范成大传》,第11868页。

② 黄震:《黄氏日抄》卷七九《义役差役榜》。

③ 聂崇岐:《宋役法述》,原载《燕京学报》1947年12月第33期,又收入作者《宋史论丛》,中华书局1980年,第1—69页。李剑农:《中国古代经济史稿》(宋元明部分),上海三联出版社1956年版,武汉大学出版社1990年再版。漆侠:《宋代经济史》,上海人民出版社1987年。王德毅:《南宋义役考》,原载台湾《图书馆学报》1968年5月第9期,又收入作者《宋史研究论集》,台湾商务印书馆1972年版,第253—283页。黄繁光:《宋代民户的职役负担》,台湾中国文化大学研究所1980年出版;《南宋义役的综合研究》,收入《汉学研究之回顾与前瞻》(下),中华书局1995年。梁庚尧:《南宋的农村经济》,台湾联经出版事业公司1984年版。杨宇勋:《取民与养民:南宋的财政收支与官民互动》,台湾师范大学历史研究所专刊(31),2003年6月出版。[日]曾我部静雄:《宋代财政史》,日本大安会社出版1941年。[日]周藤吉之:《南宋における义役の设立とその运营》,《东洋学报》第48卷第4期,1966年。[日]伊藤正彦:《义役—南宋朝における为社会的结合の一形态》,《史林》第75卷5号,1992年9月,东京。

1. 从资金筹措方式看，不外民间捐田、应役户按田出粟和政府拨田三种，而以民间捐田为主。南宋中叶，按程洵的观察，“盖今义役之约，……有分岁月而人自为之者，有裒其费而众募人为之者。于裒费之中，又有二焉，或使之出田，或使之出粟。臣尝即是数者观之，莫如出田之可以久也。”[①]因田产经营可以经久，所以各地多用此法。如处州松阳县是“随产之多寡，量家力之厚薄，输金买田，充为众产，遇当役者，以田助之，又自相推评，排推役次，以名闻官”[②]。衢州开化县也是“因其赀产之高下，裒金市田”[③]，台州黄岩县“量户产以鸠田”[④]。当然也有直接出粟的，如江东路饶州德兴县“按民产高下，各使出谷，名曰义庄，募人充户长”[⑤]。至于政府拨官田，或出钱买田以充义役田，则是地方官员针对较为贫困的乡、都实行的鼓励政策。如理宗初年，“知婺州魏豹文、王梦龙相继奏行义役，随役户田亩之数而通计之，约雇役费用之需而均率之，都各有田而不拘于烟爨，田各有助而无问于乡都，以义劝民，量其多寡，出助田产，以为役费，其不应差役小民，则不在劝率之数。又虑其事力单寡，承应不继，则拨官田及给官钱买田以助之，各都分厘为三等，上等事力有余，无待于助，次则酌中助之，下等助之加厚。”[⑥]又如江西袁州萍乡知县孙逢吉“与钱市田，教之义役”[⑦]。

---

① 程洵：《尊德性斋小集》卷二《代作上殿劄子三》。

② 谢维新：《古今合璧事类备要》外集卷三〇《臣僚申请义役札子》。《四库全书》本。

③ 程泌：《洺水集》卷七《开化张氏义役田记》。《四库全书》本。

④ 黄震：《黄氏日钞》卷八六《台州黄岩县太平乡义役记》。

⑤ 刘克庄：《后村先生大全集》卷九六《德兴义田》。

⑥ 前引《万历金华府志》卷九《役法篇·义役条法》。

⑦ 楼钥：《攻媿集》卷九六《孙逢吉神道碑》。

2. 从出赀标准看，一般是视应役户的田产广狭、家赀丰杀而定，田广赀丰者多出。如前述金华西山乡二十一户乡绅约定："吾侪盍自实其赀为三等，定著役之差次于籍，众裒金以畀当役者，役之先后视其籍，金之多寡视其等，他日户有升降，则告于众而进退之，名虽役而实仰给于众。"[①]为了保证按各户田产比例出资之公平，必须事先核实民户的家赀。嘉熙初年，浙西常熟知县王爚的做法是先行"经界"，使"巨室无诡寄之欺，小民无抑纳之患，贫富弱强，瞭然在目"[②]。

3. 在应役人来源上，有乡役户自为和募人充役两种方式。据南宋中叶程洵所说："盖今义役之约，虽所至不一，而其大要有二：有分岁月而人自为之者，有裒其费而众募人为之者。"[③]如乡役户自己充役人，则役田之所入或摊集之粟米供其役期内之揽费；如募人代役，则按募价给付。梁庚尧的观察表明，募人代充的情况较多[④]。

4. 在役次排定上，如役户自任，则由大保长依照约定（有籍册可按）排定充役先后及其任期。如饶州德兴县"令民以田之多寡，为役之久近，如多者役二年，少者不过三月"[⑤]。如募人代役，则如浙西常熟是"保正则岁一人，及除而代，苗、税长则岁各二人或一人"[⑥]。

---

① 吕祖谦：《东莱集》卷七《金华汪君将仕墓志铭》。

② 孙应时：《琴川志》卷一二《役·义役记》。

③ 程洵：《尊德性斋小集》卷二《代作上殿劄子三》。

④ 参见前引梁庚尧《南宋的农村经济》，第274页。

⑤ 《朝野杂记》甲集卷七《处州义役附德兴义役》，第155页。

⑥ 《琴川志》卷一二《役·义役记》。

5.从义役的管理模式看，义役在民间初起之时，往往“自相推评，排比役次，以名闻官”[①]，“自第名次，有司勿预”[②]。为维持义役之运行，不少地方设有“役首”以主其事。如福建路“其系义役去处，亦仰役首尽推排合充役人姓名……”[③]。但役首如无人监督则易生化公为私、以权谋私等情事，所以有的地方又设“机察”以负监督之责。如理宗初年的浙西常熟县所为：“机察以纠其弊，稽凡费之入于邑者几何，而使吏不得纵；给凡田之系于版帐者几何，而使官不得逞。贵戚之家毋以声势免，佛老之役毋以香火辞，产业所隶毋得以室庐而占诿。”[④]事实说明，不少义役败于役首徇私舞弊（详下文），故设“机察”以负监督之责是十分有必要的。遗憾的是，笔者所见，设“机察”仅此一例。

三、义役中的利益博弈与制度变异

如前所述，义役兴起不久即有批评之议，其中颇多胥吏豪强的沮坏不实之词，不可尽信。然而揆诸实际，各种声音的背后其实是不同集团之间的利益博弈。嘉熙元年（1237）常熟知县王承议说：

> 义役初行之时，劝率助田，则上户非所便；义役既成之后，不复差役，则公吏非所便；其至便者，惟大小役户而已。[⑤]

众多案例表明，胥吏的破坏，豪强（役首、措置）的把持、不良上户之

---

① 谢维新：《古今合璧事类备要》外集卷三〇《臣僚申请义役札子》。

② 周必大：《文忠集》卷六一《范成大神道碑》。《四库全书》本。

③ 谢维新：《古今合璧事类备要》外集卷三〇《福建提举使帖》。

④ 《琴川志》卷一二《役·义役记》。

⑤ 《琴川志》卷六《义役省劄》。

作弊，是破坏义役的三股力量。

先看胥吏之破坏。南宋中叶衢州知州袁甫明言：

> 盖差役之利，在吏而不在民；义役之利，在民而不在吏。差役如旧，则请嘱之门开；义役一成，则渔取之路绝。[①]

胥吏本无公禄，全靠贿赂为生，差役便是他们渔取乡村役户的重要机会。义役一行，乡村役户自行排役，等于断了他们的生计，自会百般破坏，所谓"奸胥猾吏无以弄权取资，嗾群不逞，专欲沮败"[②]。谢谔也曾经指出："自此法（义役）之行，吏胥缩手无措，日夕伺隙，思败其谋。"[③]破坏的办法花样百出，如篡改簿籍、拉拢役首、勾结上户、淆乱役次等等，无所不用其极，必欲使义役变质或解体而后快。所以实行义役，正如袁甫所说，"非得仁守廉令出力以维持之，其不乘间伺隙沮其谋而败其成者鲜矣"[④]。黄震也认为，义役要成功就"必知县得人"[⑤]。

再看役首之把持。义役最初是由地方富家乡绅倡导，这些人多为乡间善士，在当地有盛名，他们任役首时，就管理义田、收取田租、排定役次等问题，唯恐议之未详，虑之不周。时过境迁，继任的役首并不都是善士，不少役首开始利用职权谋取私利，弊窦日开。正如朱熹在处州所见："如逐都各立役首管收田租，排定役次，此其出纳先后之间，亦未免却有不公之弊，将来难施刑罚，转添词诉"，

---

① 袁甫：《蒙斋集》卷三《知衢州事奏便民五事状》。《丛书集成初编》本。

② 孙应时：《烛湖集》卷九《余姚县义役记》。

③ 《中兴圣政》卷六一，淳熙十一年正月丙午条，第 4 册，第 458 页。

④ 袁甫：《蒙斋集》卷三《知衢州事奏便民五事状》。

⑤ 黄震：《黄氏日钞》卷七九《义役差役榜》。

甚至“所排役次，今日已是多有不公”[1]。这是利用排役大权上下其手以谋利。又如浙西常熟，“止缘役首欲擅其利，故自破坏义役，掩取田租。又虑人告发，则或献纳本县板帐库，或献纳常平司，旋即诡名请佃，量纳租钱。官司苟目前之微利，不暇为赤子深谋，多堕其计。”[2]这是役首利用掌管之便，侵吞义役田租。在福建路亦有“只缘役首用心不公，与上户相为表里，或隐寄势家，或分出小户，欲将寻常不系差役之人附入数内，强之承认，弊幸多端，词诉不已，委为未便。”[3]这是役首协助当役上户隐漏田产，将役事强派给中下户承担。

由此可见，各地役首徇私舞弊者不少。袁甫在论衢州义役之弊时说：

> 臣自领郡符，首访此邦义役之利弊，知诸县间有已结集去处，历岁寝深，或多废弛。有上户并吞义役之田而至于坏者，有都内贫富改易不常而至于坏者，有逃绝税赋官司强抑保长代输而至于坏者，有重难科配官司困苦保正而至于坏者，有役首不公，额外敷率，众户交怨，收取元产而至于坏者。[4]

上述数种原因中，以役首之不公最为严重。

至于上户之不公，上文已稍有涉及，主要是在义役设置之初，便把不应服役的中下户拉来垫背，不仅要他们集资出田，而且让他们轮值充役，这对上户来说，当然是降低了成本，但对中下户而言

① 《朱文公文集》卷一八《奏义役利害状》。
② 孙应时：《琴川志》卷六《义役省劄》。
③ 谢维新：《古今合璧事类备要》外集卷三〇《福建提举使帖》。
④ 袁甫：《蒙斋集》卷三《知衢州事奏便民五事状》。

则是加重了负担。南宋中叶，朱熹说漳州“却令下户只有田一二亩者，亦皆出田；或令出钱买田入官；而上户田多之人，或却计会减缩，所出殊少。”[①]南宋晚年，黄震也谈到“中户以下旧来不系充役者，皆拘入义役”，结果导致“上等户反宽”，中下户充役因“县道生疏”，而“一次轮充，其家遂索”等弊端[②]。这种做法背离了义役之初衷，可视为制度之变异。等到役首、胥吏、乡村上户这三股力量互相勾结、串通作弊之时，则正如刘克庄对江东路鄱阳县义役之评：“盖义役乃不义之役，义册乃不义之册，或六文产、或三文产，不免于差。则役首之罪，反甚于乡书手矣”[③]，即义役连差役都不如了。

除此而外，义役之败也与制度设计欠周与官府不当干预有关。就制度设计而言之，多数义役缺乏应付时间变迁的内部调整机制，所谓“初意甚善，岁久滋弊”[④]是也。这是因为各都义役所排役期，一排就是一二十年，而宋代又是一个贫富升降速率明显加快的时代。在这一二十年间，各户之财富状况不免发生各种变动，届时富者或贫仍有充役之虞，贫者或富又无役责之任。如按原来排定的轮值役期执行，显然有失公正；如要重新排役，则势必打乱原先安排。这种两难境况在当今农村承包地的调整上亦屡见不鲜，正所谓“立法垂后，作者非难而守者为难，行之于暂非难而持之于久为难。百年成之不足，一日坏之有余”[⑤]也。

---

① 《朱文公文集》卷一八《奏义役利害状》。

② 黄震：《黄氏日抄》卷七九《义役差役榜》。

③ 刘克庄：《后村先生大全集》卷一九二《鄱阳申差甲首事》。

④ 《开庆四明续志》卷七《排役》。

⑤ 顾清：《正德松江府志》卷六《徭役・重建义役记》，《天一阁藏明代方志选刊》(5)，第273页。

就官府不当干预而言，很有一些郡守县令，为防役田流失，将义役田亩划归官田系统，变成政府所有，如前述常熟县将义役田产“并系常平物业，不许公私典卖，亦不许移易转换，违者按法坐罪”[①]。嘉兴府华亭县的义役田产，亦“充常平义役官产，他日不许役户盗卖执复，亦不许官户持射妄佃其业，亦不许复与名下抱租”[②]，这种做法，等于是政府将民间私产（或称民间集体资产）充公，将其收益作为官府行政经费的来源之一，这必然会大大挫伤民间兴办义役的积极性。

再深究一步，义役的推行尚需各种条件的配合，例如当地乡都之经济发展程度、郡守县令是否廉洁公道、当时当地的赋役负担是否比较宽松（至少不太沉重），以及当地乡绅之臧否贤愚等均有关系。没有这样一个有利的制度环境，再好的民间制度安排也是难以持久的。

如前所述，南宋一直是差役、雇役和义役并行，义役并没有成为独占形态，而这三种形态的职役又有相互交错融汇的趋势。正如程洵所言：

> 盖今义役之约，虽所致不一，而其大要有二：有分岁月而人自为之者，有裒其费而众募人为之者。于裒费之中又有二焉：或使之为田，或使之出粟。[③]

“分岁月而人自为之”型义役，带有差役色彩；“裒其费而众募人为之”型义役，带有雇役色彩。但“买田”也好，“出粟”也罢，无论

---

① 《琴川志》卷六《义役省劄》。
② 《正德松江府志》卷六《田赋·便民省札》。
③ 程洵：《尊德性斋小集》卷二《代作上殿扎子》。

何种方式，都是把原由应役者一户负担的搅费分摊给众户，这个义役的本质特征未变。

四、民间乡绅参与乡村治理秩序建设的有益尝试

两宋三百年间，从皇帝、官僚，到州县政府、地方绅士，无不为差役伤透脑筋，改革之议不绝于耳。大致而言，北宋中叶以前，以轮差为主；神宗变法期间行免役法，以和雇为主；哲宗元祐改制后直至南宋，则是差雇并行，且以差为主，民户负担日形沉重，迫使乡役户自行集资购田，以田租助充役之家，义役于是出现。南宋初年，叶适曾问，乡户任保正一年，必费数百贯钱，各地合计，达“千百巨万”，此钱“既不归公上，官人知自爱又不敢取，谁则有之？”[①]我的回答是，如此巨款钱财，不外三种流向：一是分担各级政府的行政成本；二是赔垫豪猾势家税物亏欠；三是应付贪官污吏无穷需索。其中二、三两项是保正之类乡役人真正无法应付的沉重负担。正如南宋中叶常熟知县王承议所说：“保正长向来充役之费最为浩瀚。保长既为产去税存逃亡户、绝等户代纳税租矣，而为保正者，亦仰之催科，例行赔纳，其他色目犹多。如保正则有科供竹木、科及殽果、科买漕酒、节序灯油、接宦、器具、检尸定验之费；保长则有著役召保请给、虚限出豁簿书、七夕冬至二节供送吏胥之费，加以上落牌头开折司苗税案，诛求无艺。”[②]如此浩瀚的应役成本，是绝大多数乡役户所无法承担的。

---

① 《水心先生文集》卷二九《跋义役》。

② 《琴川志》卷六《嘉熙二年义役省札》。

与差役相较,义役照样要替官府承担赋税征收、地方治安等行政费用,却省去了上述二、三两项开支,这就大大降低了应役成本。这是因为行差役时,胥吏往往上下其手,或抬高户等,或勒索贿赂,且乡间大姓、富户往往亏欠税额。这些才是乡役户赔填不起的无底洞。而义役是由乡里大姓协商轮值,他们自身受到义役规约的约束,且相互间知根知底,信息对称,既无须又无法隐瞒各自税额。嘉定十一年(1218年)溧阳知县陆子适说得好:"盖乡间族党自有公论,吏奸蔽障,情不上达,若能一听民欲,不便吏与其间,则谋无不成,举无不遂。"①这是对信息对称会降低执役成本的切实体会,这是第一个好处。

若有逃户亏欠税额,应付州县胥吏陋规需要打点,则由集资所购置役田的租入应付各项搅费。这是把数年、十来年才轮一次保正之类乡役的成本和风险,按年分摊到乡里大姓头上。这种风险分摊机制大大降低了应役乡户"坏家破产"的概率,是为第二个好处。

义役的组织、管理、运行是由民间协商而定,这就增加了乡役排定的公开性、公正性,减少了不必要的争执和"词讼"(打官司)。例如南宋末年,庆元知府吴潜在宁波六县推行义役时,"昭揭晓示,分委僚属,核物力之高下,定征役之远近。或置庄率田,或裒金鸠谷,或雇募代役,或随月轮充。一界七年,周而复始,守之坚如金石,行之信如四时"②。又如嘉定十三年(1220年)溧阳知县陆子适

① 《景定建康志》卷四一《溧阳县均赋役记》。

② 《开庆四明续志》卷七《排役》。

所云:“比年以来,浙中之义役,江西之议役,行之而民以为便。义云者,使民以等第捐粟以募役;议云者,户之高下、役之远近,一听于众议,有司但视其成而已。”[①]这种“一听于众议”的民间协商,能在一定程度上实现以公平、公正服人,既节约了乡役制度运行的交易成本,又提高了完成乡役任务的效率,这是第三个好处。

第四个好处则是民间主导型义役作为地方乡绅迫于差役重负而自行组织的自救团体,力图参与赋役征收、地方治安等乡村治理事务,此点意义最为重大。在我看来,若能从乡村秩序的整合与重建角度来理解此类“义役”,或能得其真解。南北朝以来,门阀世族逐渐移入城市居住,他们对于乡村的控驭力量有所减弱,宗主督护制被三长制取代。隋唐时期,在均田制基础上创建乡里制度,国家权力对乡村的控驭又有所加强。但自中唐以降,均田制瓦解,人丁税本位的租庸调制不得不向资产税本位的两税法过渡,加之科举制的持续实施以及士族政治的解体等,这些变动对建立在均田制基础上的乡里体制无不构成强大的冲击。晚唐以迄北宋,国家权力再次面临着如何强化乡村治理、重新整合乡村秩序的重大课题。从宋初太祖的废乡设管,到神宗变法行保甲,再到南宋都保体制的建立与推行,就是国家公权力重整乡村治理体制的种种努力。时至南宋,有越来越多的士人在各地身体力行,倡导、组织义庄、义仓、义役等活动[②],这是来自民间的自组织力量协助国家公权力整合乡村秩序的崭新事物。如果说

---

① 《景定建康志》卷四一《溧阳县均赋役记》。

② 参见前引梁庚尧《南宋的农村经济》相关章节。

来自国家的乡村整合力量主要通过乡役制度得以实现；那么来自民间的乡村整合力量则主要通过乡村士绅戮力推行的义役制度得以实现。这两股整合力量在整个南宋时期一直纠缠扭结、不分胜负，而渐呈相互靠拢、官府强势之状，此固当时社会情势使然也。南宋继承了北宋中央集权、强干弱枝的“祖宗家法”，不允许任何地方势力瓜分其政治权利。民间主导型义役组织虽欲重建乡村治理秩序，但终究不敌地方政府的强势整合之功；加之整个南宋时期迫于内外压力，差役负担一直很重，这说明民间义役的成长缺乏必要的制度环境。此外地方乡绅之不良、义役制度本身之缺乏弹性等等因素，亦是民间主导型义役发育不良的重要原因。南宋义役给予我们的这些启示，或对今天的乡村治理和新农村建设亦有助益。

第三节　推排法：折中之策却招致怨怼

所谓推排，原意是指州县政府每隔三年根据民户的资财田产变更情况来升降其户等，以便重新排定其税役负担。绍兴年间曾一再重申推排之令：“切见令甲所载，三年一造簿书，于农隙之际，令人户自行推排，盖欲别贫富，升降户等，务从均平，此万世之良法也。”[①]“在法，人户家产物业，每三岁一推排，升降等第。”[②]但实际情况却是多数州县奉行不虔。南宋中叶，袁说友说：

---

① 《宋会要辑稿》食货六九之二四，载绍兴二十二年二月七日大理评事王彦洪言。

② 《宋会要辑稿》食货六九之二五，载绍兴二十六年二月权发遣全州杨揆言。

在法，每三年一推排，此正祖宗欲以革产去税存之弊……今县例皆前后避免，或以灾伤为辞，有经十年、二十年而不一推排者。①

由此可见，推排之法至少在部分州县还是实行过一阵子的。若真能在全面经界的基础上，每三年一次重新排定各类民户的税役负担，不失为公平税负的可行办法。

南宋末年，在国土日蹙、版籍淆乱、税赋走失而又急需筹集军费抗击蒙元军队进攻的危急情形下，朝廷企图通过推行“推排法”来保住最后一点财政收入。咸淳元年(1265年)监察使赵顺孙说：

经界将以便民，虽穷闾下户之所深愿，而未必豪宗大姓之所尽乐。自非有以深服其心，则亦何以使其情意之悉孚哉？且今之所谓推排，非昔之所谓自实也。推排者，委之乡都，则径捷而易行；自实者，责之于人户，则散漫而难集。……朱熹所以主经界而辟自实者，正谓是也。州县能守朝廷乡都任责之令，又随诸州之便易而为之区处，当必人情之悉孚，不令而行矣。②

由此可见，“推排”是介于“经界”和“自实”之间的一种折中办法。若求彻底，当然首推经界法，但因工程浩大且有豪右大姓之反对，南宋末年已无推行条件。然若退到民户自报田产的“自实法”，不仅“散漫而难集”，更重要的是形势豪右多半不会如实申报。就在赵顺孙建议实行推排法的十年前，确实短暂推行过一阵“自实法”，

① 袁说友：《东塘集》卷一〇《推排扎子》。《四库珍本初集》本。

② 《宋史》卷一七三《食货志上一》。

结果却不了了之，并无丝毫成效，就是明证[1]。而推排法则是由处在县衙和民户之间的乡都保伍这个中间层级负责推行的，希望既避免经界之“烦”，又能减少民户之“欺”，而收落实政府财政收入之效。咸淳三年（1267年）户部侍郎季镛说：

> 盖经界之法，必多差官吏，必悉集都保，必遍走阡陌，必尽量亩步，必审定等色，必纽折计等，奸弊转生，久不讫事。乃若推排之法，不过以县统都，以都统保，选任才富公平者，订田亩税色，载之图册，使民有定产，产有定税，税有定籍而已。臣守吴门，已尝见之施行。今闻绍兴亦渐就绪，湖南漕臣亦以一路告成。窃谓东南诸郡皆奉行惟谨，其或田亩未实，则令乡局厘正之；图册未备，则令县局程督之。又必郡守察县之稽违，监司察郡之怠弛，严其号令，信其赏罚，期之秋冬以竟其事，责之年岁以课其成。如《周官》日成、月要、岁会以综核之。[2]

季镛在比较经界法和推排法的利弊得失后，建议施行推排法。据此可见两种办法的最大不同在于推排法是由乡村都保乡役负责实施，由他们来做“订田亩税色”和补充图籍账册的工作，州、县政府只负责领导、督促之责，以期达到简而易成、时短而效显之目的。由上可见，推排法先行于平江府，接着绍兴府和湖南一路也告完成。但此时已处亡国前夕，史籍未载其他各路推行情况，估计范围不广，效果亦较有限。

若就联系而言，推排法和经界法都要建立在各类户籍（如五等

---

① 《宋史》卷四〇九《高斯得传》。

② 《宋史》卷一七三《食货志上一》，第4198页。

丁产簿、丁帐等)和税役账册(如税租簿、鼠尾帐)的基础上,这些籍帐是推排法得以迅速办集的基础性前提,所以推排法又称"经界推排法"。如"宝祐五年(1257年),行经界推排法。时贾似道请行推排法于诸路,由是江南之地尺寸皆有税而民力竭矣。"[①]梁庚尧指出:"宋末的推排法,则为简易的经界法,依据原有的图籍,核对土地的面积、所有者和赋税,加以厘正,原图籍散失者,才重新丈量,所以推排法又称经界推排法。"[②]此言甚是。

综上所述,在南宋王朝最后的二十余年中(1227—1254年),推排法曾断断续续地在两浙、江东、湖南等路的一些州县推行过。虽说效果有限,但对风雨飘摇中的南宋政权的各级财政收入,恐亦不无小补。刘一清《钱塘遗事》反映了南宋末年的一些真实历史,其中载有两首诗词抨击了推排法。诗云:

三分天下二分亡,犹把山川寸寸量。
纵使一丘添一亩,也应不似旧封疆。

词则调寄《沁园春》:

道过江南,泥墙粉壁,右具在前。述某州某县、某乡某里,住何人地,佃何人田。气象萧条,生灵憔悴,经界从来未必然。惟何甚!为官为己,不把人怜,思量几许山川。况土地分张又百年。

正西蜀巉岩,云迷鸟道。两淮清野,日警狼烟。宰相弄权,奸人罔上,谁念干戈未息肩。掌大地,何须经界,万取千焉。[③]

---

① 《续文献通考》卷一《田赋考·历代田赋》。

② 梁庚尧:《南宋的农村经济》,第269页。

③ 刘一清:《钱塘遗事》卷五《推排田亩》。《武林掌故丛编》本。此条材料首见张荫麟《南宋亡国史补》一文所引,文载台湾《宋史研究集》(第二辑),〔台〕中华丛书编审委员会1964年版,第120—121页。

这两首诗词中百般排斥的经界法，就是南宋末年推行的经界推排法。其实早在南宋中叶，朱熹就已见过不少地方有给李椿年立“生墓”者：“熹少时见所在立土封，皆为人题作李椿年墓。”[①]可见怨怼之深。正因为推排法让形势豪右程度不等地多交了些许赋税，所以他们才有“不把人怜”、“何须经界”之类怨语。但也不能说这些埋怨全无道理，如“土地分张又百年”，是指绍兴经界后的百余年间，因乡间田产分布状况已经发生了许多变化，再按原来的簿籍征纳税赋显然有失公允；“万取千焉”反映了两宋赋税“十取其一”的平均税率，亦属事实。再从诗词作者不满朝政、指斥吏治来看，似是中下层官僚士人创作的时政诗词，让今天的我们真实地感受到南宋末年政府捉襟见肘、田主怨气冲天之危局景象，可不悚然惕然乎?!

第四节　贾似道公田法：侵犯田主产权而丧尽人心

如果说政府不断滥发纸币是持续剥夺广大民众的血汗财产，那么贾似道公田法剥夺的不仅是田主阶层赖以为生的生产资料，而且剥夺了广大民众对于南宋王朝的最后一点信心。

我们知道，南宋每年仅军粮一项即需300万石，加上皇室消费和官员俸禄每年至少需要粮食450万石，但税粮实收止330余万石，其余部分全凭“和籴米”补足。这是绍兴末年的数据[②]。孝宗

① 《朱文公文集》卷四九《答王子合书》。
② 《系年要录》卷一八四绍兴三十年正月癸卯条，同书同卷八月甲戌条。

以降亦是如此(具体数据小有变化),半靠“上供”,半靠“和籴”。所以直至南宋晚期,仍有“盖秋苗者,内外之大庄课也;和籴者,边郡之大庄课也”[①]的说法。事实上进入13世纪以后,政府更加依赖“和籴”,一是因为粮食开支逐岁增加,到宁宗嘉泰年间(1201—1204年)政府一年用粮已达740万至750万石之多[②];二是由于战祸频仍、疆土缩水,正赋所入日见不足,所以更加依赖籴粮,如理宗开庆元年(1259年)“和籴”所入竟达560万石[③]。虽说“和籴”多半类同于“科籴”,政府所付价钱往往不足额,但终究还是要付一部分价钱的,特别是在正赋日减、籴米日增的南宋晚期更是如此。但此时政府财政迹近破产,无奈之下只好增造纸币,作为支付的主要手段。而在嘉定纸币风潮之后,特别是端平以降宋蒙战争爆发之后,纸币已经丧失信用,类同废纸,所以“和籴”之策实已走到尽头,然而战争状态下军粮筹措又一天不可或缺。景定年间(1260—1264年)由政府出钱回买民间“逾限”[④]私田,以充“公田”,再用公田所收之租充作军粮的办法,就是在这种背景下出台的。

---

① 吴潜:《许国公奏议》卷一《应诏上封事条陈国家大体治道要务凡九事》。《丛书集成》本。

② 《朝野杂记》甲集卷一七《丰储仓》,第389页。

③ 《宋史》卷一七五《食货志(上三)》,第4292页。

④ 宋代实行“不抑兼并”政策,不再限制势家豪右拥有田产的规模。所谓“限田”,即“公卿以下毋过三十顷,牙前将吏应复役者毋过十五顷”,此是宋仁宗即位之初诏令中语,事见《宋史》卷一七三《食货志(上一)》。不少论著据此称之为“限田诏令”,认为至少仁宗时曾经短暂实行过限田政策。笔者撰有拙文《试论不抑兼并》,认为诏中“应复役者”四字,点明了此诏要限的是各类形势户的免役特权,而非占田规模。其实仁宗时奉行的,仍然是“田畴邸第,莫为限量”(秦观《淮海集》卷一五《财用上》,四部丛刊本)的土地政策。拙文原载《武汉师范学院学报》1984年第2期,又见拙著《唐宋变革期研究》,湖北人民出版社,2004年版,第30—54页。

这个办法的始作俑者是时任临安知府的刘良贵和浙西转运使吴势卿。景定三年(1262年)二月,他俩向贾似道献“买公田”之策,贾似道深以为然,指使殿中侍御史陈尧道等人联名上疏,向理宗进呈“买公田”的好处,建议在两浙和江东西这四路,将官民逾限田产由政府抽买三分之一作为“公田”,预计可得良田1000万亩,每年可收租米六、七百万石,用此充作军粮,可免和籴,可停造楮,利莫大焉①。理宗依奏采纳此策,次年(1263年)二月设“官田所”作为回买民间公田的专门机构,指示“要当始于浙西,庶他路视为则也”②,即先在浙西实施,取得经验后再行推广,以示谨慎。

此策以政府出钱收买品官形势限额之外的田产为理由,似与百姓田产无涉,颇有“摧制兼并”、“削富济贫”的意味在内。而且贾似道率先把自己在浙西的万亩良田献给刘良贵负责的浙西官田所,以示表率,理宗之弟嗣荣王赵与芮继之献田,浙西官员赵孟奎“亦申省自陈投卖”。宰相和皇室成员以身作则,率先示范,捐输家产以赴国难。实则不然,实际执行中往往变成白夺民田,大规模侵犯中小田主的土地产权。亲历亲睹此事的周密说:

先是,议以“官田逾限田外回买”立说,此犹有抑强嫉富之意。既而转为“派买”之说,除二百亩以下免行派买外,余悉各买三分之一。及其后也,虽百亩之家亦不免焉。

立价,以租一石者,偿十八界四十楮;不及石者,价随以减。买数少者,则全支楮券;稍多则银券各半;又多则副以度牒;至

① 《宋史》卷一七三《食货志(上一)》。

② 周密:《齐东野语》卷一七《景定行公田》。中华书局1983年版,第313—315页。

> 多则加以登仕、将仕、校尉、承信、承节、安人、孺人告身；……此则几于白没矣。……州县乡都则分差庄官，以富饶者充应，两年一替。每乡创官庄一所，每租一石，明减二斗，不许多收斛面。约束虽严详，而民之受害亦不少。其间毗陵、澄江一时迎合，止欲买数之多。凡六斗、七斗者皆作一石。及收租之际，元额有亏，则取足于田主，以为无穷之害。或内有硗瘠、及租佃顽恶之处，又从而责换于田主，其害尤惨。①

应该说这是南宋王朝国难当头、生死存亡之际，情非得已出此下策。若是能按最初政策设计之主旨，将权贵形势之家动辄数万亩、数十万亩、甚至多达百万亩的巨额田产之一部分（政策规定是三分之一）收归国有，再将其租额降低百分之二十，租给无地农民耕种，政府收租赡军，亦不失为非常时期的非常举措，或能稍纾大敌当前、军需第一、纸币贬值、物价飞涨之国难。因为晚唐以降已是"田制不立"的时代，宋廷推行的是"不抑兼并"的政策，南宋时期土地兼并已经极其严重。光宗以降更是吏治败坏，不少权臣武将和贪官污吏乘局势动荡之际大发国难财，肆无忌惮地吞噬巨额田产。据刘克庄所说："昔之所谓富贵者，不过聚象犀珠玉之好，穷声色耳目之奉，其尤鄙者则多积坞中之金而已。至于吞噬千家之膏腴，连亘数路之阡陌，岁入号百万斛，则自开辟以来之有也。"②以一亩收租一石计，则岁入百万石租至少拥田百万亩以上，如按当时乡村中下户平均水平每户二三十亩计，相当于四万户农家的田产，

① 周密：《齐东野语》卷一七《景定行公田》，第314—315页。

② 刘克庄：《后村先生大全集》卷五一《备对札子》。

到了令人不能相信的地步。若据大臣王迈所言，则“权贵之夺民田，有至数千万亩，或绵亘数百里者”[①]，又较百万亩之家多出数十倍，而且是凭借权势，强夺民田。重赋繁役重压之下的乡村中下户（以自耕农为主），为躲差役又有不少人被迫将自家田产投献权贵。淳祐六年（1246 年）大臣谢方叔说：“小民百亩之田，频年差充保役，官吏诛求百端，不得已则献其产于巨室，以规免役。”[②]不必再加征引，观诸上述材料，即知南宋晚期的土地兼并和贫富分化已到登峰造极的地步，确是“自开辟以来未之有也”。若能通过“回买公田”，将权贵形势之家之部分田产收归国有，哪怕只支付象征性的低价，亦不失为“摧制兼并”的被迫举措。

看似有理的政策设计，在实行过程中却完全不同，并引发极其严重的社会后果。首先是“买逾限田”一开始即变为“派买”，凡有田 200 亩以上的农户，而且不分官民，一律抽买其田产的三分之一，所谓“无官之家亦以九品之限与之”[③]。稍后则百亩之家亦被囊括进去，这就侵犯了广大中小田主的土地产权，并直接威胁到家庭生计，等于断其生路。甚至还有一些民户，其田产因被执行官员夸大计算，倾其所有也达不到摊在自家头上的派买数量而自杀[④]。于是“怨讟四起”、“民不聊生”就是必然的了。而那些有田成千上万亩的权贵形势户，真被抽买三分之一田产，也不会影响其“直把

① 王迈：《臞轩集》卷一《乙未馆职策》。《四库珍本初集》本。“乙未”为端平二年，即 1235 年。

② 《宋史》卷一七三《食货志（上一）》。

③ 徐经孙：《徐文惠公存稿》卷三《上丞相贾似道言限田》。

④ 《宋史》卷一七三《食货志（上一）》。

杭州作汴州"的奢靡生活，何况他们凭借权势，交通胥吏往往设计脱免。其时状况正如周密所言："先是议以官品逾限田外回买立说，此犹有抑强嫉富之意。既而转为'派买'之说，除二百亩以下免行派买外，余悉各买三分之一。及其后也，虽百亩之家亦不免焉。"[①]"百亩之家"可算中户，正是乡村中生产主力军的自耕农阶层。可见实行的结果与"抑强嫉富"完全背道而驰。这就反而加剧了贫富分化的程度，并引发新的社会不公。

其次是"派买"变为"白没"。政策规定以租额定地价，收租一石之田偿付楮币 40 缗。关键是中下之家被"派买"的田亩数额不大，按照规定"买数少者，则全支楮币"；相反那些赀丰田广之家因抽买量大则可获得部分银两，此即"稍多则银券各半"，再多者付以"官告"即官品证明文书。问题是此时之纸币几乎等同于废纸，"民持之而不得售，六郡骚然。"[②]被派买田产的中下之家等于被政府没收部分田产，欲告无门，欲哭无泪。

更有甚者，负责回买公田的执行官员们为迎合权相贾似道，"止欲买数之多"，将每亩收租六七斗者全都作为一石之田，收租之际再向原田主收取所定租额，中小田主哪能吃得消如此蛮横的二次盘剥？据黄震所言，有些地方不问土地肥瘠和原租多少，一律亩收八斗，甚至原租一亩只有五六斗、三四斗者，"乃例拘八斗"，主持公田法的官吏是省事了，田主反要倒贴租米。[③] 又用大斗收租，如丹阳知县赵某不顾当地 130 合例一斗的惯例，规定 160 合作一斗

① 周密：《齐东野语》卷一七《景定行公田》，第 314 页。

② 《宋史》卷一七三《食货志(上一)》。

③ 黄震：《黄氏日抄》卷八四《与叶相公西涧书》。

收取公田田租，租额增加了20%以上。黄震感叹道："（公田）收买既不靠实，旱歉又不受诉，而反增抬虚数以取之。催而至扰，夫亦何怪！"①田已"白没"，每年收成之际还要倒贴租额，这是"虎口夺食"，浙西百姓最后的一点生产积极性也就消失殆尽了！

执行结果，在不到一年的时间内，浙西平江、嘉兴、常州、镇江、江阴、安吉六郡，共"回买公田"达350余万亩，知平江府包恢在执行过程中用肉刑相逼，进展神速，而被擢升为签书枢密院事。不难想见，在包恢升官的背后，是浙西民众呻吟无告、倾家荡产的一片哀嚎。公田法推行中，作为公权力化身的各级行政机构如此蛮横行事，其恶劣影响当然会波及社会生活的各个方面。武学生杜仕贤上书论劾宰相贾似道说："不惟鬻田者被其害，佃田者被其扰，虽与公田了无相关者亦不得安居，民怨至此而极！"②

浙西在南宋各路中最为富庶，素以"产米州郡"著称，"苏湖熟，天下足"、"苏常熟，天下足"之类谚语即产生于该地区③。公田法强夺民田，强掠民食，这种倒行逆施的蛮横行政，必然导致"天怒人怨"。果不其然，景定四年"回买公田"，第二年天现彗星，大臣们遂借"星变"进言，要求退田以收人心。高斯得在《彗星应诏奏事》中对理宗说：

---

① 黄震：《黄氏日抄》卷七三《辞省札发下官田所铸铜印及人吏状》。

② 杜仕贤：《星变论劾贾似道疏》，载庄仲方编《南宋文苑》外篇卷二。葛按：杜仕贤又作"杜士贤"，见周密《齐东野语》卷一七《景定彗星》，第319页。二者应是同一个人。

③ "苏湖熟，天下足"之农谚，首见于薛季宣（1134—1173）《浪语集》卷二八《策问二十道·问水利》。"苏常熟，天下足"之农谚，首见于陆游《渭南文集》卷二〇《常州奔牛闸记》。

> （贾似道）骋其私智，市田以饷，自谓策略高妙，前无古人。陛下知其非计，尝欲罢之，有秋成举行之命。彼悍然不顾也，白夺民田，流毒数郡，告牒弃物，不售一城，遂使大家破碎，小民无依，米价大翔，饥死相望。有司尚谓田恶，日更月易，无有已时。奸佃乘之，咸叛其主。说者谓异日浙西有乱，必自公田始。[①]

公田法"白夺民田"的结果是"大家破碎，小民无依"，浙西产米之地却"米价大翔，饥死相望"，所以高斯得警告说："说者谓异日浙西有乱，必自公田始。"其时秘书郎文及肩说："玷君德者，莫大于公田，东南民力竭矣。公田创行，将以足军储，救楮弊，蠲和籴也。奉行太过，限田之名，一变而为併户，又变而为换田。耕者失业以流离，田主无辜而拘系，此彗妖之所以示变也。"[②]曾参知政事、时已致仕家居的王爚上疏理宗，称公田法行，"千弊万蠹，田里骚然。"[③]又有太学生唐隶（一作"棣"）、杨坦上书说："强买民田，贻祸浙右，自今天下无稔岁，浙路无富家矣。"[④]可见公田法对浙西田主阶层的伤害之巨及浙西田主阶层的悲痛之深。

高斯得进而指出，此时南宋王朝的种种作为，不仅丧尽"畿甸之心"，而且已"失远民之心"了。他说：

> 不特若此。又四出虎狼之吏，使之磨牙张吻，啖咋良民。柯山一哄，远近为之震惊；苕水三贪，朝廷谓之妙选；史越翁到

---

① 高斯得：《耻堂存稿》卷一《彗星应诏奏事》。

② 周密：《齐东野语》卷一七《景定彗星》，第317—318页。

③ 同上，第319页。

④ 同上，第320页。

郡数旬而聚敛至三百万，推剥之惨，不言可知。朝廷锄去黠吏，本以爱民也，不知反以为害，一吏就擒，视为奇货，株连枝蔓，殃数十家，得钱数百千万，而犹未已，质事卖子，破产亡躯，哭泣载途，臣所亲见。堂堂天朝而甘为破落州县摊赖之举。凡此数者，皆为陛下失畿甸之心者也。

江汉上流，国家重地。中兴之后，简畀名臣，弹压抚摩，未始偏废。今也举而付之一夫，容养故息，如奉骄子，颐指气使，求得欲从，斩劓杀伐，偏于湖广，监司守令，畏慑而不敢争。使陛下创残遗民，沦坠汤火而莫之救。

江西、湖北，岁籴给钱，其来已久。今亦半给告牒，人情宁不汹汹。以至市舶尽利而蕃夷怨，盐法苛急而商贾怨。比日以来，复闻广寇赣盗相挺而起。凡此数者，皆为陛下失远民之人心者也。此特臣田间所知万分之一二耳，淮海以西、岭蜀以东，千万人之怨，又奚止是哉！[①]

观此可见，负责推行公田法的各级官吏如狼似虎，“磨牙张吻”，残害良民，无所不为，真是“苛政猛于虎”，百姓已被逼入绝境。而公田法以外的江淮、荆湖、川蜀、岭南等地所行的和籴、舶利、盐策、商税等政，无一不是敲骨吸髓的强夺行为。加之吏治败坏到极点，各地军将郡守假公济私，敛财自肥，无所不用其极，甚至不惜“斩劓杀伐”，越货而又杀人。所以当时就有“内敌甚于外敌”之谣在民间流传[②]。所谓内敌，即指这批虎狼之臣推行的多项苛政，其对社会生

---

① 高斯得：《耻堂存稿》卷一《彗星应诏奏事》。

② 阳枋：《字溪集》卷一《上余宣谕书》。《四库全书》本。

产和百姓生活的破坏力，远远超过蒙元铁骑的烧杀掳掠。实际情况是从畿甸到各路，民怨沸腾，民变蜂起。南宋王朝此时确已人心丧尽，不亡岂有天理？应该说，人心丧尽才是公田法最大的危害！

如前引周密所说，回买公田之后，政府设官庄管理，而庄主则由当地富豪充任，两年一替。这同样是倒行逆施之举。早自北宋中叶以降，因官田普遍经营不善，所以大部卖给"系官佃户"，成为名符其实的民田（即"私田"）；剩余的少量官田多半也是"招租承佃"，佃户"累世相承"，"视同己业"，也已等同于私田。此时把民间私田复变为官田，已是冒天下之大不韪；在"回买公田"之上再设官庄，更是逆潮流而动，经营效果肯定不如人意。于是十余年后，到咸淳四年（1268 年），政府被迫"遂罢庄官，改为招佃"。[①] 直至德祐元年（1275 年）即行都临安陷落前夕，才由垂帘听政的谢太后应群臣之请，下诏将浙西公田归还原主，"以收农心"[②]。不久临安陷落，"还田之事，竟不及行"[③]。浙西"公田"遂为元朝接管。周密感叹道："今宋夺民田以失人心，乃为大元饷军之利。"[④]确系史实。但他没能看到，直至明朝中叶，江南百姓还在因为这种名不符实的所谓公田承受"重租"之苦，流毒可谓深远矣。

---

① 《齐东野语》卷一七《景定行公田》，第 316 页。

② 同上。

③ 同上。

④ 同上。

第十二章　辽金元:赋役制度的区域特色和民族特征

辽、金、元三朝,是我国周边部族契丹、女真和蒙古所建立的王朝。为了能在中原汉地站稳脚跟、维持统治,各族统治者或迟或早、程度不同地都要走汉化道路,以求适应农耕经济和封建文明的内在要求。但其间特别是金元长达二百多年的统治时期,也带入了不少具有游牧文化特征和前封建制色彩的因素。这是具有不同经济类型、历史传统和民族特征的两种文明激烈冲突而又互相妥协,彼此对立而又互渗互融的过程。加之疆域辽阔、各地经济发展水平不同,因而赋役制度也就出现了一系列异动情形,并具有不同的民族特色和区域特征。

第一节　辽朝赋役制度的区域特征

一、租税分割制、两税法和计畜科征制的分区并行

辽朝辖区是一个由不同经济类型和生产方式所构成的军事行政联合体,因此其赋役制度带有强烈的地域特征。大体说来,可分三类地区。

一是东北地区的上京、中京两道，这是契丹发源地。契丹贵族多次将汉人、渤海人驱入该地，建起一大批“投(头)下军州”，而汉人和渤海税户则被称为“头下户”。他们既要向本投下主“纳课”，又要向国家“输租”，因此又称“二税户”。金朝史家元好问(1190—1257年)说：“辽人掠中原人及得奚、渤海诸国生口，分赐贵近及有功者，大至一二州，少亦数百，皆为奴婢，输租为官，且纳课给其主，谓之二税户。”[①]显然，这是国家(契丹皇室)和投下主(契丹贵族)按一定比例瓜分投下户剩余劳动的租税分割制。张博泉认为：“收课税的头下主，只是食税的受封的贵族，这种关系带有封建的食邑性质。”[②]此外，辽朝统治者崇尚佛教，亦有不少民户被赐予寺院，他们所纳租税同样是“一半输官，一半输寺”(《金史·食货志》)，亦称二税户。

二是燕云地区的南京、西京两道和辽东原渤海故壤，此属农业区域。这些地方在行政上仍是州县制，在赋税上实行二税法，“计亩出粟以赋公上。”(《辽史·食货志》)与晚唐五代一脉相承。《宣府镇志》卷十四载辽圣宗统和十八年(1000年)诏令：“北地节候颇晚，宜从后唐旧制，大小麦、豌豆，六月十日起征，至九月纳足；正税、匹帛钱、鞋地榷麴钱等，六月二十日起征，十月纳足。”可见仍是夏秋两征而以秋税为正税。

三是辽朝西境的奚人部落以及契丹本部牧民，则纳牧税，办法是“计畜科征”，即以畜产多少为课征依据，所以常对各部实行“括

① 《中州集》卷二《李丞旨晏》，四部丛刊初编本。

② 张博泉：《金史论稿》，吉林文史出版社1986年版，第365页。

马”之举[①]。

二、普遍兵役制、分等差徭制和工奴制的同时并存

辽朝实行普遍兵役制，凡是辽朝男子，不分地区种族，年龄在15岁至50岁之间者，都有兵役义务，当然主力部队非契丹本族莫属。《辽史·兵卫志》:“辽国兵制，凡民年十五以上、五十以下隶兵籍。每正军一名，马三匹，打草谷、守营铺家丁各一。”这样的正军拥有相当经济实力，如是契丹本族，显系上层牧民，而家丁则由其投下户充任。辽圣宗统和年间(983—1011年)耶律昭说:“夫西北诸部，每当农时，一夫为侦候，一夫治公田，二夫糺官之役，大率四丁无一室处，刍牧之事仰给妻孥”(《辽史·耶律昭传》)。一家四丁全部充役，其中三丁充任兵役，可见负担沉重。但有官职者，可免兵役[②]，所以辽中后期兵役负担逐步集中到下层牧民头上，导致其日益贫困化。

汉族百姓和奚人等部落，兵役之外还有杂徭力役。在燕云农业地带，见于记载的有驿递、马牛、旗鼓、乡正、厅隶、仓司等役(《辽史·马人望传》)。其性质与宋代职役相近，派役方法亦是按照各户物力等第分别承担。范镇《东斋纪事》卷六载:“契丹有冯见善者，于接伴劝酒。见善曰:‘劝酒当以其量，若不以量，如徭役不分户等高下也。’”由此可知燕云地区的徭役仍以户等为征调依据。辽朝晚期，南院枢密使马人望曾对馆驿等役实行改革:“使民出钱，

---

① 参见张正明:《契丹史略》，中华书局1979年版，第95—97页。

② 参见《辽史》卷一九《兴宗纪(二)》载重熙十年北枢密院奏言。

官自募役，时以为便”(《辽史·马人望传》)，与王安石募役法同出一辙。

在辽朝官营作坊中服役的诸色工匠，则多系俘户、官奴和奴婢身份。他们一经充役，终身不能脱籍，显属工奴性质，开蒙元匠籍制度之先声①。

辽朝是以契丹贵族为统治民族的一个王朝。契丹族在10世纪初建国，刚刚跨入阶级社会不久，因其强盛的生命力而拥有现在我国北境，“东西朔南，何啻万里”(《辽史·属国表》)，其中既有尚处部落社会的少数民族，又有封建经济高度发达的燕云地区，所以各种制度因所处社会发展阶段不同而带有时代的特色。如从契丹族的普遍兵役制中可以窥见氏族社会末期“壮者皆兵”的痕迹；盛行于官营手工业中的工奴制带有浓重的前封建制色彩；而按亩计征的两税法和分等徭役制则显然是燕云地区封建农业文明的反映。

第二节　金朝赋役制度的民族特征

一、分施于女真本族和辽宋旧壤的牛具税和二税法

如果说，辽朝赋役制度在地域特征中包含着若干民族差异的话，那么金朝赋役制度则是在民族特征中寓有若干地域色彩。

---

①　参见拙著：《宋辽夏金经济研析》第一五章第二节“1.辽朝矿冶的工奴制经营方式”，第417—418页。

天会三年(1125年),金太宗在女真族中推行牛具税(一称牛头税)制度:"其制,每耒牛三头为一具,限民口二十五,受田四顷四亩有奇。岁输粟大约不过一石,官民占田无过四十具"(《金史·食货志》)。400亩地税收一石,税率极轻,原因是牛头税主要用作贮藏备荒,所谓"猛安谋克牛头税粟,本以备凶年。凡水旱乏粮处,就赈给之"(《金史·纥石烈良弼传》)。其中只有部分用来支付女真贵族的俸禄,类似于氏族制度下的公共储备粮性质。所以在宋人看来,女真人几无赋税负担[①]。此后,世居关外的女真部众多次以猛安谋克的形式分批南移黄河流域,但牛具税制一直未变。作为统治民族,他们享受的优待是显而易见的。赵俪生师因此认为牛头税"不是国家正式赋税"[②]。

在辽宋旧壤,除了内迁的女真屯田军外,则仍行二税制度。《金史·食货志》:"金制,官地输租,私田输税。租之制不传,大率分田之等为九,而差次之。夏税亩取三合,秋税亩取五升,又纳秸一束,束十有五斤。"金代夏秋两税均纳粮食,且税率较宋为低,此其不同之处。但在"履亩出税"、"夏秋两征"等基本特征上是毫无二致的。金朝农业税率低于两宋的主要原因,恐系其国家机器较小,行政成本较低所致。

二、兵役、力役和差役

金初女真也是实行普遍兵役制,"诸部之民,无它徭役,壮者皆

---

① 宋人崔淮夫:《上两府札子》称:"其金人,北军一家,莳地不下数顷,既无赋税……"见《三朝北盟会编》卷二三〇,上海古籍出版社影印版,下册,第1654页。

② 《中国土地制度史》,齐鲁书社1984年版,第145页。

兵"(《金史·兵志》)。此后又屡屡征发汉族和契丹等族百姓当兵。每有征伐,必下令州县大肆签军,被征民户还要自备军粮。

力役之制史籍阙载,但看来负担不轻。金世宗时修治黄河、营建宫室,以至运输官物、围场打猎等,无不征调民夫服役。1151—1153年,为营建燕京宫殿,海陵王三年动用民夫达80万之众(《金史·海陵纪》)。运输官物是经常性的役种,按规定,"近官路百姓以牛夫充递运者,复于它处未尝就役之家征钱偿之"(《金史·食货志》)。此即"牛夫钱"。由此可见当时至少在部分民户中实行过以钱代役的办法。

金代亦有职役。金在县以下设乡,乡置里正;乡下有村社,按户口多少设一至四个主首,城内则设坊正。征调办法是"凡坊正、里正,以其户十分内取三分富民,均出雇钱,募强干有抵保者充。人不得过百贯,役不得过一年"(《金史·食货志》)。此法与王安石之募役法极为相近,让乡村和城镇中30%的富裕户均出雇钱,用此钱募人来充任里正、坊正,任期至多一年。从上述牛夫钱、募役钱中,不难窥见宋代摊丁入亩趋势对金代赋役的某些影响。

第三节　元朝:并行于不同地域的复合式赋役体制

元代疆域广袤,各地民族成分不同,经济类型不同,所处发展阶段不同,因此赋税体制中包含了许多异质成分,其间既有地域差异,又染有民族特色,而且往往反映了经济类型和经济发展水平的不同。若以征税依据为视角,元朝是畜、地、户、丁四税并征,而且各种不同税种之间还互相渗透,显得庞杂零乱而又多变。大致而言,中原以丁税为主,兼收地税与其他杂税(这与唐朝相类);江南以地税为主,兼收户税和其他杂税(这与宋朝相类);而无论中原、江南,为适应领主分封制的需要,均在户税项下实行租税分割制(这又与辽朝相类)。

一、从"丙申税制"到"庚辰税制":中原地区以丁税为主的税粮课征体系

蒙古统治者进入中原初期,以掳掠人口、财物和要索"撒花"[①]为掠夺手段。这与契丹、女真的"打草谷"一样,属游牧民族的遗风,谈不上赋税征收。太宗元年(1229年),窝阔台采纳汉化金人耶律楚材之建议,首次在占领区征收地税、诸课(酒醋、盐税等)和调帛。虽未形成制度,但给蒙古大汗留下深刻印象[②]。五年后蒙古灭金(1234年),耶律楚材总理中原税制。先是分等征收地税,上田每亩3升,中田2升半,下田2升(以上旱地),水田每亩5升,税率并不高。两年后又定丁税,年15—69岁的成丁每年纳粟1石,驱丁[③]5升[④];新收户丁、驱减半,老幼免征[⑤]。丁税和地税合称

① "撒花"为波斯语 baughat 的译音,原意为礼物,汉语称为"人事"。

② 参见《元史》卷一四六《耶律楚材传》。

③ 驱丁是驱口中之成丁者,所谓驱口,是指"军前掳到人口"(《元典章》卷一七《户部三·户口条画》),即战争中蒙古贵族俘掠的各族百姓。

④ 韩儒林、李幹先生认为"升"为"斗"之误,当作"五斗"。说见韩儒林主编:《元朝史》上册,人民出版社1982年版,第224页。李幹著《元朝社会经济史稿》,湖北人民出版社1985年版,第428页。

⑤ 参见《元史》卷一四六《耶律楚材传》。

“税粮”，但并非二税并征，而是“丁税少而地税多者纳地税，地税少而丁税多者纳丁税”(《元史·食货志(一)》)。不久，窝阔台接受史天泽的建议，让民户按贫富分等纳税[①]。1236 年为农历丙申年，故这套税制史称“丙申税制”。但是分任各地行政首脑的蒙古贵族对源自中原根基的这套办法还相当陌生，他们常常遣使四出，任意要索，不按制度办事。

1260 年世祖忽必烈上台后，以“丙申税制”为基础再次整顿中原税粮体制。按照至元十七年(1280 年)的“庚辰税制”，丁税每丁一年纳粟 2 石[②]，地税每亩纳粟 3 升。各种民户按规定分别交纳地税和丁税中的一种。但实际情况是“国朝既定中原，制赋役之法，不取诸土田而取诸户口”[③]，“大抵江、淮之北，赋役求诸户口，其南则取诸土田”[④]。陈高华的研究证明，北方大部分民户以纳丁税为主[⑤]。从计丁纳课这个特征看，《元史·食货志》说中原税粮“仿唐之租庸调也”，确有几分道理。

二、江南地区：以地税为主的二税法体系

1276 年，南宋灭亡后全国复归统一。面对江南农业生产的更高水平和封建文明的悠久传统，世祖忽必烈决定沿用二税体制。秋税主要征取粮食，税额仍沿旧例：“田地有高低，纳粮底则例有三

---

① 参见郝经：《陵川集》卷三二《河东罪言》。

② 《元史》卷九三《食货志》载丁税额是“每丁粟三石”，误。具体考证见〔日〕爱岩松男《元代税制考》，载《东洋史研究》23 卷 4 号，1965 年。

③ 危素：《危太朴集》续集卷九《书张承基传后》。

④ 危素：《危太朴集》卷二《休宁县尹唐君覆田记》。

⑤ 参见陈高华：《元代税粮制度初探》，载《文史》第六辑，中华书局 1979 年版。

二十等。"[①]据邱树森的钩稽,每亩税额从 2 升到 3 斗 3 升不等,多数在四五升之间[②]。夏税,世祖年间只在江东,浙西科取;自成宗元贞二年(1296 年)开始推广到浙东、福建和湖广行省的北部。江西和湖广行省的南部则从未征收过夏税[③]。夏税征收办法各地不一,多数地方是以秋税粮额为基数,再按一定比例折收实物或钞币。史载泰定、天历年间(1324—1329 年)朝廷年入税粮 1210 万石,其中江浙、江西、湖广三省即达 649 万石,占总额的一半以上[④],可见江南二税体制乃是元代财政收入的首要支柱。

三、各类科差:"分地分民"制下的户税分割办法

中原、江南都有户税之征,所得税额按照一定比例在中央政府和地方投下主之间分割,这在当时叫做"科差",主要有"丝料"、"包银"、"俸钞"、"户钞"等名目。

(一)丝料(二五户丝)　按照蒙古体例,中原汉地的"城子百姓",属于孛儿赤斤"黄金家族"的共有财产。自 1233 年起,窝阔台在中原连续三年实施括户,"得续户一百一十余万"(《元史·太宗纪》)。复于 1236 年按照惯例实行"分土分民",把其中的 76 万多户分拨给诸王、贵戚、功臣等投下主。显然,这是蒙古贵族在漠北推行的"忽必"和"莎余儿合勒"分封制度在中原地区的移植。按照规定,这 76 万投下户"每二户出丝一斤,并随路丝线、颜色输于官;

① 《元典章》卷二四《户部·科添二分税粮》。
② 韩儒林:《元朝史》上册,第 351 页。
③ 《元典章》卷二四《户部·起征夏秋》引元贞二年诏书。
④ 具体数据请参见前引李幹:《元代社会经济史稿》第 435 页《元代岁入粮数》表。

五户出丝一斤，并随路丝线、颜色输于本位”（《元史·食货志（一）》）。“本位”即投下主。这就是“丝料”，又称“二五户丝”，蒙古语为“阿合探马儿”，意思是兄弟们享受之利益。“丝料”只推行于中原，与蒙地分封制度不同之处是各投下主在所分地域只能设达鲁花赤监临，赋税由元廷置官统一征收，然后按其应得比例颁给他们。然而满脑子分封观念的蒙古贵族，往往照搬漠北方式，径自设官征赋，而将制度规定置诸脑后。

（二）包银和俸钞　包银也是主要推行于中原地区。1235 年胡丞相失吉忽秃忽到燕京征敛财物，真州守臣史天泽因反复敛索过于繁杂，干脆把预计一年所需费用汇总起来，再按每户若干两分摊下去[①]，此为包银之滥觞。1251 年，宪宗蒙哥汗采纳牙剌瓦赤的建议，把原来各路征收的差发丝银正式定为“国赋”，规定每户征银 6 两。后因税额太高，在地方要求下减为 4 两，并准许折纳实物，所以史称“包银之法，宪宗乙卯年（1255 年）始定之。初，汉民科纳包银六两，至是止征四两，二两输银，二两折收丝绢、颜色等物”（《元史·食货志》）。据前引郝经《河东罪言》文，4 两包银中 2 两纳于官府，2 两纳于“位下”，因此和丝料一样，这也是和分土分民制相配合的赋税分割制。到世祖中统四年（1263 年），改为全部以钞输纳（《元史·世祖纪一》），仍称“包银”。

至元四年（1267 年），又令每 4 两包银增纳 1 两，作为官吏俸禄（《元史·世祖纪三》）。因以钞交纳，故称“俸钞”。据此，“俸钞”也可理解为包银附加税性质。在实际推行中，包银和俸钞是按民

---

① 请参见《元史》卷一五五《史天泽传》，王恽：《秋涧集》卷四八《史天泽家传》。

户贫富分等级征收的，所谓“各验贫富，品答均科”[①]，每户若干两只是中央政府计算各地应纳总额的一个依据。江南地区初无包银之征，仁宗延佑七年(1320 年)，元廷下令江南也征包银，每户 2 两[②]。但泰定二年(1325 年)初即明令废止，前后只实行了五年时间。

(三)户钞　江南地区与北方“丝料”相当的户税，应当是世祖至元十八年(1281 年)开始实行的“户钞”。“是年，以江南民户拨赐诸王、贵戚、功臣，食其户钞。至二十年正月，敕诸王、公主、驸马得江南分地者，于一万户田租中输钞百锭，准中原五户丝数，谓之江南户钞”[③]。《元史·食货志》记为“每户折支中统钞五钱”，一万户五千贯刚好等于百锭之数(一锭合钞五十贯)。但成宗时，增至每户 2 贯[④]，激增 3 倍。

四、边疆地区:带有民族特色、因地而征的各类赋税

边疆地区民族成分复杂，税制亦因族、因地而异，不遑备述。大体而言，在蒙古本部，和此前辽朝一样，实行“计畜而征”的办法。太宗元年(1229 年)规定的税率是“百分抽一”，无论马、牛、羊，均是百头抽征一头。成宗大德八年(1304 年)，补充规定牧民所有牲畜若不满 100，但超过 30 头者，亦“抽分一口”(《大元马政纪·抽分羊马》)。总的来看，税率较轻，或许其中寓有优待

---

① 魏初:《青崖集》卷四《至元九年七月奏议》中语。

② 参见《元典章》卷二一《户部(七)·钱粮》。

③ 《续文献通考》卷一六《职役考》。

④ 《元文类》卷四〇《经世大典序录·赋税·科差》条。

之意亦未可知。

据李幹的排比[①]，畏吾儿地区是以丁为户，按户征税。大理地区，粮、布俱征，而以按户征收的金税最为重要。吐蕃的农牧民向本族领主缴纳实物，各领主向朝廷纳贡，主要是各类土产，称作“年例出产职贡”。事属琐细，恕不赘言。

五、沉重的杂泛差役

元代徭役规制未见系统载述，但经陈高华钩稽抉剔，其概况大体辨明[②]。元代役法可分为二类：一是政府为兴役造作、治河、运输等需要而定期征发的力役，包括人夫、牛车等，时称“杂泛之劳”；二是相当于宋代职役的“差役”，掌管乡里行政的有里正、主首，为官府保管财物的有仓官、库子等。元代前期任役的主要是民户，成宗大德年间（1297—1307 年）改革役法，此后当役面有所扩大。按照规定，分配杂泛差役时，应当根据役户的丁产，先尽富实，次及下户，具体做法各地不尽相同。

第四节 游牧文化与农业文明的冲突和交融

周边游牧（如契丹、蒙古）、半游牧民族（如女真）带进中原的一整套惯例、习俗和制度，相对于农业文明来说，无疑是一种异质文明。在长达四个多世纪（916—1368 年）的历史时段中，游牧文化

---

① 李幹：《元代社会经济史稿》，第 432—435 页。

② 陈高华：《元代役法简论》，《元史》第十一辑，1981 年中华书局版。

不断深入中原腹地,相继越过长城(契丹)、黄河(女真)和长江天堑(蒙古),最终推向全国。两种文化在长期的对立互动中既互相对峙、敌视,又彼此影响、渗透,呈现出丰富多彩的复杂态势和升降消融的不同趋向。分而言之,约有如下数端:

首先需要肯定的是,先后进入中原地区的各族游牧文明,在其初始阶段无不表现出摧枯拉朽、所向披靡的雄健阳刚之气,一扫五代、两宋和大金国的因循守旧、萎靡不振之风,为我国历史的律动注入了新的血液和动力;与此同时,中原农耕文明亦借此契机越过山海关、嘉峪关和长城一线而向周边地区加速扩展。从文明传播的角度看问题,如果说契丹人和辽政权的贡献是第一次真正打破了长城界线,把长城以北的少数部落聚居之地借助于农牧两业互渗互补而与中原地区连为一体;女真人和大金国的贡献是使松花江、黑龙江流域同中原联成一片①;那么蒙古族和蒙元帝国的贡献就是结束了自晚唐以来长达五个多世纪的割据战乱局面,在全国复归统一的新局势中加速了各民族之间的文化交流和民族融合进程。此其一。

草原游牧民族要在具有深厚农业文明根基的中原汉地站住脚跟,必须走用汉法治汉民的道路。这不仅是因为中原具有悠久的儒家文化传统,而且因为农业文明更易积聚力量而具有更高的发展水平。元人许衡说:"考之前代,北方之有中夏者,必行汉法乃可

---

① 请参见吴泰:《试论宋辽金对峙时期民族关系的几个问题》,《北方论丛》1982年第3期;拙著《宋辽夏金经济研析》第六章"周边地带农耕区域的波浪式推进",第144—157页。

长久。故后魏、辽、金历年最多。他不能者，皆乱亡相继。史册具载，昭然可考"(《元史·许衡传》)。以耶律阿保机为代表的契丹统治者在燕云十六州仍行州县制、二税制，就是其"以汉制待汉人"政策思想的体现。窝阔台大汗任用汉化金人耶律楚材总管中原租赋之事，取得显著成效；蒙哥汗时代忽必烈受命经营中原汉地，同样用儒生采汉制，不仅在汗位之争中战胜代表西北诸王(亦即漠北传统)的阿里不哥，而且开创了元初三四十年的大好局面。这些周边民族因之而渐染儒风，受到中原农业文明的强烈影响。契丹、女真等族以及元亡后留在汉地的大部分蒙古人先后融入汉族之中。此其二。

但是制度的互渗、民族的融合，同时伴随着文化的冲突和利益的争夺，这是一个交织着刀光剑影和血泪呻吟的痛苦过程。凡事涉兵权、钱谷等军国大事，金朝的用人次第必是女真、渤海、契丹、汉儿。元朝统治者虽有五教(萨满、基督、伊斯兰、犹太、佛教)并存，三种语文(蒙古语、波斯语、汉语)并用的开放心态，也不免将所辖人民分为蒙古、色目、汉人、南人等，推行了一系列含有民族歧视和民族压迫的政策。在此过程中，驱口、人市一度死灰复燃，工奴制、投下户等遗风甚至殃及明朝初期历史，从而构成一幅落后与进步并列、野蛮与文明杂陈的历史图景。这是古代社会为历史进步付出的惨重代价，毋庸讳言亦无法回避，此其三。

有趣的是，同是入主中原的周边部族，蒙古与其后的清朝相比，其历史命运是截然不同的。清朝入关以后，经过二百多年作为统治民族的漫长生涯，从语言、习俗、服饰等各方面已全部融入中华民族；而"蒙古统治者只驱使蒙古人充当镇压各族人民的工具，保护他们的政权,而不引导蒙古人学习先进文化。因此,一旦政权消失,所有的一切便悉归乌有了。”[①]对先进文化是吸纳还是摒斥,这种态度上的差异会影响到一个民族的命运及其发展前景,蕴涵在此类经验教训中的哲理值得今人深思。

① 韩儒林:《元朝史·前言》,第11页。

第十三章　明清：摊丁入亩的达成和赋役双轨制的终结

1368年，朱元璋领导的红巾军推翻元朝的统治，蒙古势力退回漠北，中原地区的最高统治权复归汉族地主阶级，生产方式和各项制度再次回到由宋代开创的近世化轨道上来。从赋役制度来看，明清五百年间，金元时期一度死灰复燃的前封建因素逐步消退衰亡，徭役和实物税重新向货币税转化，摊丁入亩作为一个历尽曲折的制度化过程终于完成，从而宣告了赋役双轨制时代的终结。

第一节　经纬交织的黄册、鱼鳞册制度
——明清专制政权重建赋役制度的努力

一、明代赋役黄册制度

明初承大乱之余，人口流移，事产分化，版籍散亡，全非旧貌，赋役制度的重建便从编制户籍（黄册）、地籍（鱼鳞册）开始。洪武十四年（1381年），太祖朱元璋采纳户部尚书范敏的建议（见《明

史·范敏传》),仿照浙江吴兴地区的小黄册[1]做法,在全国范围内自下而上地推行人口、财产状况的申报和编制工作。据傅维麟《明书》卷六八《赋役志》和《后湖志》卷四《事例一》的记载,其程序是先由户部按统一格式印制"清单"即表格,颁授州县,州县把清单下发民户让其如实填写,再经里甲转呈官府,这叫"亲供";核对无误后地方官府按"亲供"所述,把该户的丁口、产业填于"户由执照"上,再下发民户,"凭此纳粮当差"[2];同时把各户清单按里甲汇编成《清册供单》,清单上主要记载该户的人丁和事产情况,并分旧管、开除、新收、实在四项分别登记。十年之内如有变化须一一载明,每隔十年重造一次。县、州据此编制黄册,删繁就简,只列所属里、县的人丁、事产总数[3]。各省布政司汇总后,上报户部,"册面黄纸,故谓之黄册"。同时还规定,民户入黄册,匠户入匠籍,军户入军籍,不许妄行变乱[4],这里带有元代"诸色户计"的痕迹。

二、明代鱼鳞图册的编制

鱼鳞图册又有"地亩册"、"弓口册"、"丈量册"、"流水图"等名称,"以图所绘状若鱼鳞然,故号鱼鳞图册"[5]。这种做法并非明代的发明,南宋朱熹在漳州任上、魏豹文在婺州任上都造过鱼鳞图[6]。明代更趋严密完备,以里为单位编制,按地形分别载录土地

---

① 参见《永乐大典》卷二二七七所辑《吴兴续志》。
② 《明会典》卷二〇《户部·黄册》。
③ 《后湖志》卷四《事例(一)》。
④ 乾隆《续文献通考》卷五《田赋》。
⑤ 《洪武实录》卷一八〇,洪武二十年二月戊子纪事。
⑥ 《朱文公文集》卷一九《条奏行经界》,《宋史》卷一七三《食货志上一》。

形貌、各块所属主人、类别、田块四至等，此是分图；然后按都或乡汇总，是为总图。编制的原则是："黄册，以户为主……鱼鳞图册，以田土为主"(《明史·食货志一》)。其间关系是："(鱼鳞)图所重在田，则田为经，人为纬，田各归其都图……黄册所重在户，则人为经，田为纬，田各归其户。"[①]经纬交织，编织成一张专制主义的大网。人口、耕地的变动状况纤悉备载，政府赋役由此落到实处，因而当时就有"坐图还粮"(以鱼鳞图来落实田赋的征收)和"按册籍以定差役"[②](用黄册来落实徭役的征发)的说法。《明史·食货志一》归纳为："鱼鳞册为经，土田之讼质焉；黄册为纬，赋役之法定焉。"简捷明快，一语破的。万历六年(1578年)，首辅张居正开始在全国范围内重新丈量田亩时，曾经下令重新绘制鱼鳞图册，目前国内外保留下来的鱼鳞册，不少就是此时编制的。

三、里甲的编制及其诸项职能

就在编制赋役黄册和鱼鳞册的过程中，自洪武十四年(1381年)开始，明廷又下极大功夫普建里甲，作为乡村基层行政组织："以一百一十户为里，推丁粮多者为长。余百户为十甲，甲十户，名全图。其不能十户，或四五户、若六七户，名半图。城中曰坊，近城曰厢，乡都曰里。里各编一册，册首为总图。"[③]一里10甲，一甲10户，另有里长10户，共110户为一里。里长职责主要是"催征钱粮，勾摄公事"[④]。此外还设有里正、甲正作为里长副手，专门掌管

---

① 陆世仪：《论鱼鳞图册》，载《明经世文编》卷二九《户政四·田赋一》。

② 张萱：《西园闻见录》卷二三载吴登瑞语。

③ 朱键：《古今治平略》卷三《国朝赋役》。

④ 邱浚：《大学衍义补》卷三一《傅算之籍》。

鱼鳞图册[①]。有些地方里中又设"老人"一职,以"年高有德者"充任,如浙江台州、江南苏州、松江等地。老人与里长共"主一里之事",主掌词讼、教化和课督耕种等事,以达"表正乡闾"、"弼成治教"[②]之效,故朱元璋对"老人"有"方中御史"[③]之誉。

这是一种"老人政治"。从中不难窥见农业社会崇尚经验、尊敬耆老等古老习俗的顽强生命力,以及封建专制政府借助泛道德主义说教来控制乡村社会的统治意图。黄册、鱼鳞册和里甲制度互相补充,户籍、地籍和基层行政组织三位一体,明帝国的基础结构由是奠定。

四、明中叶黄册、鱼鳞册和里甲制度的紊乱与废弛

黄册、鱼鳞册和里甲制度都是在洪武年间(1368—1398 年)编制的,前后花费了二三十年时间。百余年后,黄册、鱼鳞册制度开始失实,日形紊乱。这一方面是官吏怠惰失职、因循敷衍、不按制度办事所致;另一方面更是乡豪大户勾结官府、欺下瞒上、肆意涂改的结果。各地出现了"在册不过纸上之捏,在户尤为空中之影"[④],"无田之家而册乃有田,有田之家而册乃无田"[⑤]等情形。成化时(1465—1487 年)黄册至有"鬼录"之称[⑥]。其后随着土地兼并的激烈,流民问题的严重,图册混乱失真情形愈演愈烈,至嘉靖

① 吕坤:《实政录》卷四《民务・治民之道》。
② 嘉靖《九江府志》卷四。
③ 《天下郡国利病书》原编第十二册《苏松》。
④ 陈子壮编:《昭代经济言》卷三载唐龙《均田役疏》。
⑤ 《天下郡国利病书》原编第二二册《浙江下》引《宁波府志・赋役志》。
⑥ 徐象梅:《两浙名贤录》卷二九《金惟深传》。

(1522—1566年)以后遂失去其赋役征发的基本功能而名存实亡了。万历初年,江西等地的鱼鳞图册已无一字可考[1],赋役征发全由官吏任意佥定,然后制成《白册》执行[2],即是当时普遍状况的一个缩影。

里甲制度虽然"享祚"稍长,但到明晚期也形同虚设,名不副实了。自万历年间一条鞭法逐步推开,越来越多的地方"照田均丁",田产的意义日益超过人丁的意义,有些地方甚至出现"户不投甲,甲不投里"[3]的情形,里甲功能日趋萎缩,里长权势也随之衰削。因此尽管直至明末,黄册、里甲仍在编制,实际上自明中叶起保甲制显得更为重要,浸浸推广开来。

五、明清之际里甲制向保甲制的演进

北宋王安石在熙宁变法中曾经大力推行保甲法,变法失败后保甲法并没有废除,我们在南宋乡村都保制中仍可见到保甲法的踪影。明中叶以降,随着里甲制度的日趋弛坏,保甲制再度兴起。"弘治初,兵部臣条上方略,于是严保甲之法。家给由牌,县(悬)之门,具书籍贯、丁口名数,有异言服者,即自纠发,不告奸同罪。命如议行。"[4]正德十二年(1517年),阳明学派的创始人王守仁巡抚南赣,在军事围剿农民起义军的同时,传檄所属州县雷厉风行地推行保甲法,把民户按十家一组编制起来,每日由一家轮值,在牌头率领下,负责"防奸缉盗";"但有面目生疏之人,纵(踪)迹可疑之

---

① 《明经世文编》卷四三八载张栋《闲事陈言疏》。

② 张萱:《西园闻见录》卷三二《赋役》。

③ 同上。

④ 成仁锡:《皇明世法录》卷四三《兵制》。

事,即行报官究理。"[①]不过他名之为"十家牌法"。此后建立保甲的地方越来越多,天启四年(1624 年)甚至有人建议把是否实行保甲法作为考核地方官政绩的一条指标[②]。

唐文基指出:"里甲和保甲的区别就在于,前者以征赋派役为主,后者以察捕奸宄为主。"[③]所以里长由"丁粮多者"担任,以控制民户、征发徭役为职责,执行政治强制和超经济强制双重职能;而保甲长则由"才力为众所服者"担任,仅负维持社会治安之责,只保留政治强制职能。但是由于摊丁入亩过程尚未完成,人丁控制不能完全放松,所以明后期是里甲制和保甲制的双轨并存时期[④]。

六、清初赋役制度的重建和保甲制的确立

清朝入关伊始,即下令编制户籍:"凡民之著籍,其别有四,曰民籍;曰军籍,亦称卫籍;曰商籍;曰灶籍。"[⑤]仿照明之里甲制度,仍以 110 户为里,其中 10 户为里长,余百户分为 10 甲。一里编为一册,仍称"黄册",由州县汇总,经布政司、督抚而上交户部[⑥]。又立鱼鳞图册,"详载上、中、下田则",与黄册相表里,作为征收赋役的依据[⑦]。在此基础上,顺治朝多次重编《赋役全书》,下颁州县。

---

① 王守仁:《王文成公文集》卷一六《案行各分巡道督编十家牌》。同上书卷一七《申谕十家牌法》所论极详,亦可参考。四部丛刊初编本。

② 《天启实录》卷四六,天启四年九月,载山东巡按御史魏光绪奏言。

③ 唐文基:《明代赋役制度史》,中国社会科学出版社 1991 年版,第 342—343 页。

④ 唐文基:《明代赋役制度史》,第 345 页。

⑤ 《世祖实录》卷八七,顺治十三年纪事。

⑥ 详情请参见《清史稿》卷一二〇《户口田制》,王庆云:《石渠余纪》卷三《纪停编审》。

⑦ 《清文献通考》卷一《田赋》,《清史稿》卷一二一《食货志(二)》。

与此同时，大力推行"牌甲制"，不论州县城乡，每十户立一牌长（亦称牌头），十牌立一甲长，十甲立一保长，另设地保一人。每户门上挂一门牌，上书户主姓名和丁口数，并登入户口册内。显然，这是明代保甲制的翻版。到雍正、乾隆时期，摊丁入亩在全国推开，从秦汉以来实行了二千多年的乡亭、里甲制度终于退出历史舞台，保甲制开始独领风骚。

第二节 以二税法为模式的赋税课征体制

一、明初田赋制度向二税体制的回归

明代民田的田赋征收，沿用宋代二税体制，仍是履亩定税，分夏秋两季交纳。日本学者清水泰次最先以实例证明，有明一代，夏税以征麦为主，秋税以征米为主①。因而交纳时限推迟，"夏税无过八月，秋粮无过明年二月"（《明史·食货志二》）。以米麦交纳者称为本色；明政府亦可视需要令民户将米麦折成丝、绢、布、钞等交纳，此为"折色"，折纳办法是"以米直为断"②。此外加征草（饲草）、料（豆类）。洪武二十三年（1390年）规定："官田每顷草料七包半③，

---

① 清水泰次：《明初田赋考》，有张锡纶译文，载《食货》第四卷二期，1936年。后收入包遵彭主编的《明史论丛》第8辑《明代经济》，台湾学生书局1968年版，第63—68页。

② 郑文郁：《经国雄略》卷一《赋役考》。

③ 据顾炎武：《天下郡国利病书》原编第九册《凤·宁·徽》部载，草料十斛为一包。

民田加倍，俱起运赴京，定场交纳。”[①]其他上供物料或以田粮分摊，或按里甲派征[②]，此属田赋附加性质。

征收则例按《明史·食货志》的说法是：“凡官田亩税五升三合，民田减二升，重租田八升五合五勺，没官田一斗二升。”其实远非如此简单。据明代地方志反映，苏州吴县的官、民田分为六类，分 46 则[③]。湖州府“官自重而入轻，凡五百九十九则；民由轻而入重，凡二千八百四十一则”[④]。而且不经奏准，不准轻易更动。轻重悬殊，参差不齐。但材料表明，一般民田多在三五升之间[⑤]。据唐文基的研究，“除苏松之外，大多数地区的田赋率都在百分之七以下”[⑥]，不算太重。

二、江南重赋问题和扒平田则运动

明代田赋税率虽然不高，税户负担却是不轻，原因有二：一是每石正粮的加耗额高，且负担不均；一是江南官田多、租额重，形成苏松重赋问题。明人啧有烦言，改革之议蜂起，遂自明中叶汇成一股“扒平田则”的洪流。在此过程中，官田与民田之间在赋额上的差别（这也是最后一个差别）归于泯灭，土地私有制的主导地位更形牢固。

先从江南重赋问题说起。早在中唐，江南重赋问题已有端倪

---

① 《明会典》卷二九《户部（一六）·征收》。

② 详情参见唐文基：《明代赋役制度史》，第 59—64 页。

③ 洪武《苏州府志》卷一〇《田亩》。

④ 万历《湖州府志》卷一一《赋役》。

⑤ 参见李龙潜：《明清经济史》，广东高等教育出版社 1988 年版，第 59—60 页。

⑥ 唐文基：《明代赋役制度史》，第 52 页。

可察。8世纪中叶安史之乱后，唐朝中央财赋主要倚靠东南八道，时有“当今赋出天下，江南居十九”[①]的说法。北宋每年经汴河运往东京(今河南开封)的江淮米豆常在600万石左右[②]。南宋初年出现“苏湖熟，天下足”[③]之谚语，江浙福建成为南宋的核心统治区。元朝全国1200万石的税粮中，江浙行省即达400万石，一省即占1/3(《元史·食货志一》)。这一方面是晚唐以降江南地区经济实力超过中原的反映，另一方面又是专制政权运用政治暴力横加掠夺的结果。宋元两朝都曾在江南这个粮食产量最高的地区搜刮了大批官田(详见本书第三章第一、二节)，征收名为“官租”的重赋。明初如数接收，称作“古额官田”。同时通过迁徙富户和屡兴大狱等方式，连续打击江南地主势力，包括明初功臣和张士诚割据势力在内的江南豪族一时“第宅荡然”[④]，“田亦没官”[⑤]，又增加了不少“近额官田”。两种官田均按原来租额交纳田赋，其重无比。如苏州一府，在洪武初年6.7万余顷在籍土田中，就有抄没田1.6万余顷[⑥]，接近总数的1/4；湖州正额税粮(不含加耗)46万余石，其中抄没重租田赋达26万石[⑦]，占一半还多。洪武年间(1368—1398年)，全国夏秋税粮每年在二千八九百万石上下浮动，其中浙江布政司(含杭州、嘉兴、湖州三府)275万石，苏州府281万石，松

---

① 韩愈：《韩昌黎义集》卷四《送陆歙州涛序》。

② 王应麟：《玉海》卷一八二《漕运》。

③ 薛季宣：《浪语集》卷二八《策问二十道·问水利》。按：“策问”作于高宗绍兴三十年(1160年)。

④ 吴宽：《匏翁家藏集》第三五《东村记》。

⑤ 朱彝尊：《静志居诗话》卷四《沈家麟》。

⑥ 《天下郡国利病书》原编第四册“苏上”。

⑦ 万历《湖州府志》卷一一《赋役》。

江府121万石,常州府55万石,江南六府所输合计732万石,占总额1/4强①。

王朔据《大明会典》计算,洪武二十六年(1393年),全国平均税额每亩3升4合,而同年苏州府平均亩税2斗8升5合,松江府2斗3升7合,分别为全国平均税额的8.4倍和7倍②。这种状况持续200余年而无大变化,到万历六年(1578年),官民田统一税则已经完成,全国平均亩税3升7合,苏、松二府分别为2斗2升5合和2斗4升2合,仍为全国的6.1倍和6.5倍。

江南地区的重赋问题不仅有明一代一直存在,而且一直延续到清朝。康熙年间,江南地区的历任巡抚、布政使屡屡上疏请求减赋,皆如石沉大海,略无反应。江南富家则以拖欠税粮来对抗,终于在雍正十年(1732年)引发了轰动一时的江南奏销案,查出积欠税银1000余万两。清廷令江南富豪按成数分年追纳,不予丝毫减免。樊树志认为:"江南农业经济的高水平发展,以及它所带来的较别地富庶的景象,是江南成为国家财赋重地的根本原因。"③甚是。需要补充的是,这种局部地区的重赋现象,从宋元直至明清能够延续数个世纪之久,是以专制政权的政治暴力为后盾的,体现了传统权力的严酷与横暴。

就全国而言,税户负担过重的主要原因是加耗太重。所谓加耗,源自税粮的运送脚费。明初粮长里甲制下,"豪有力者止供正额,而一切转输诸费,其耗几与正额等,乃独责之贫民。此耗之不

① 《天下郡国利病书》原编第十二册"苏松"。

② 王朔:《关于明代江南土地制度史的几个问题》,《江海学刊》1990年第6期。

③ 樊树志:《中国封建土地关系发展史》,第407页。

得其平也。"[①]为解决耗粮负担不均问题，宣德六年(1431 年)改行"漕粮兑运法"，规定民户税粮运至淮安、瓜洲和长江以南仓府交纳，再由官军转运京师，一石正粮须分别加征 5 斗、5 斗 5 升和 7 斗零 5 升耗米作为运费。此后加耗方法屡有改革，或论粮加耗，或论田加耗；加耗数量也屡有调整，其共同点是重租"官田"加耗少，而轻税民田加耗多，其中寓有减轻"官"民田之间负担过于悬殊的政策意图。

自宣德后期开始，在中央政府的允许之下，耗米数量的调整逐步发展为"扒平田则"运动，以期纠克税粮科则过多、"官田"负担过重的弊端。16 世纪初即正德以后，声势渐壮。正德年间(1506—1521 年)，湖州实行官民田"各均为一则办纳税粮"[②]。嘉靖年间(1522—1566 年)，苏州府干脆不分官、民田，一律实行"计亩均输"耗粮的"摊耗法"[③]。嘉兴府采取"合官民田麦地一例牵摊耗米"的"扒平法"[④]。常州府推行"官民一则"起科法[⑤]。隆庆(1567—1572 年)时，松江府只按土地肥瘠，分为上、中、下三等分别征科[⑥]。演及万历(1573—1619 年)前期，南方各地纷起效尤，浙江、福建、江西等省所在推行[⑦]。结果是江南重赋问题虽然减轻有限[⑧]，但"官

① 《天下郡国利病书》原编第七册《常、镇》。

② 万历《湖州府志》卷一一《田赋》。

③ 《古今图书集成·食货典·赋役部·总论八》引《古今治平略·明朝田赋》。

④ 万历《嘉兴府志》卷五《田亩》。

⑤ 万历《常州府志》卷九《田赋》。

⑥ 《天下郡国利病书》原编第十二册《苏松》。

⑦ 参见唐文基:《明代赋役制度史》，第 157—184 页。

⑧ 江南重赋自宋元以降一直延续到中华民国时期。据吴兆莘:《中国税制史》(下册，商务印书馆 1937 年版，第 150 页)言，民国八年(1919 年)，浙绅江大燮、孙宝琦等，还因钱塘道(浙西)属县赋额过重而联名呈请政府核减。据此则江南重赋问题竟延续千年之久。

田”租重问题却因此而基本得到解决,官民田之间的最后一个差别至此趋于消泯。

三、清前期田赋向“地丁”的嬗变

演及清代,田赋的征收对象就主要是民田了。民田按肥瘠分成三等九则,国家按则征收。由于各地气候、物产差异很大,所以税率很不一致[①]。据彭泽益的钩稽,山西民田每亩征银一厘七毫到一钱,征粮一合五勺至二斗七升不等。而浙江杭嘉湖地区税额最重,比其他省份多至十到二十倍[②]。自康雍之际实行“摊丁入地”后,田赋中包括丁银,故合称“地丁”。因部分征银或钱,部分征粮,所以又称“钱粮”。清前期每年田赋收入约在银2000多万两到3000多万两之间,粮400万石到800万石之间。此后逐步增加,以乾隆三十一年(1766年)为例,征银4900余万两,粮830余万石(《清史稿·食货志二·赋役》,又魏源《圣武记》亦载),其中仅地丁收入就有银近3000万两,可见田赋(含地丁、漕银)收入仍占主要地位。与明朝正常年景每年税粮收入3000万石上下、银四五百万两相较,田赋货币化程度是大大加深了。这个过程是从明中叶“金花银”法开始的。

四、实物田赋向货币田赋的转化

金花银又称“折粮银”、“京库折银”,是明代实物田赋货币化的

---

① 吴兆莘:《中国税制史》下册,第17—24页,载有各省各类田地的科则表,可见田赋科则之琐细与繁杂。此表据《清文献通考》卷一《田赋考》编成,反映乾隆末年以前的情况。商务印书馆1937年版。

② 彭泽益:《清代财政管理体制与收支结构》,《中国社会科学院研究生院学报》1990年第2期。

重要一环。正统(1436—1449年)初年,为解决北京武臣在南京出售“俸帖”(领取薪俸的凭证)得不偿值的问题,明廷采纳右副都御史周铨、江西巡抚赵新等人的建议,对浙江、江西、湖广、南直隶、两广、福建等省起运的部分税粮,按一两4石的比价,折收白银[①],这就叫“金花银”。正统时岁征金花银81万余两,正德时增至99万余两,合粮320万石至400万石,大约相当于税粮总数2680万石的12%—14%[②]。近百万两金花银中,真正作为俸禄发给武臣的只有十余万两,绝大部分转到内库作为皇室开支。江南巡抚周忱在江南推行金花银时,“视田则轻重为损益”[③],让交纳重税的“官田”承种者优先折纳。由于税粮折价低于粮食的市场价格,因而部分减轻了官田承种者的负担。与此同时,浙江、应天府、苏州等处的马草在周忱的推动下也改征白银,嘉靖年间的折价是“每包折银二分二厘”[④]。

此后,田赋货币化的推行地区和派征对象有所扩大。正德四年(1509年),浙江行省“不分官民(田),每正米一石,派征折银米二斗五升有零”[⑤],四分之一的田赋改征货币税。嘉靖年间,江南各地先后扒平了“官”民田之间轻重悬殊的田赋科则,金花银法也随之扩大到所有民田。据唐文基的统计,嘉靖十年征改兑米210万石,金花银折粮400万石,总计610万石,约占当年田赋总额2200万石的27%[⑥]。

---

① 《正统实录》卷二三“正统元年十月”条。

② 唐文基:《明代赋役制度史》,第138—139页。

③ 《天下郡国利病书》原编第七册《常、镇》。

④ 《嘉靖实录》卷七五,嘉靖六年四月条载户部言。

⑤ 万历《湖州府志》卷一一《赋役》。

⑥ 唐文基:《明代赋役制度史》,第188页。

而下面将要述及的漕粮折银以及力差向银差的转化更加强了赋役货币化的趋势。

五、粮长制度和漕粮征解

为了防止地方官员、胥吏和揽户侵吞税粮、鱼肉税户等前朝弊端,洪武四年(1371年),朱元璋先在江浙一带推行粮长制度:"命户部令有司料民田土,以万石为率,其中田土多者为粮长,督其乡之赋税。"其本意是"以良民治良民"①。实际情况是:"以巨室为粮长,大者督粮万石,小者数千石。"②也有督粮万石以上者,如苏州府常熟县秋粮40万石,设粮长30余名③。其后推广到南直隶(辖江苏、安徽)、湖广、江西、福建等粮多之处。洪武末年,一区增设正副粮长共3名,轮流应役,而山东、河南、陕西则设"大户"之役,职责类似粮长。

粮长身负田赋征收和解运两大职责。洪武年间,每年税粮开征前夕,地方官员率当地粮长赴京面听皇帝宣谕,领取征粮"勘合"④文册。回乡后率里长、甲首督促民户缴纳,征齐后由粮长率领里长和运粮人夫运到指定缴纳地点。解运京师的称为"京运","京运"粮长常蒙皇帝召见,如受赏识则立即授予相应官职⑤,所以当时地主大户多以能任粮长为荣。这是本着民收民解的原则,绕

---

① 《洪武实录》卷六八,洪武九年四月纪事。

② 宋濂:《朝京稿》卷五《上海夏君新圹铭》。

③ 《大诰三篇·民倚法为奸第一》。

④ "堪合",征收税粮的凭证。是一种二联单式的文据,在骑缝中盖有官府印章,交粮时一撕两半,存据在粮长手中。各仓库在收粮时要查验核实,以便查勘、对合,故称。

⑤ 请参见梁方仲:《明代粮长制度》,上海人民出版社1957年版。

过官员和胥吏，由皇帝通过粮长向民间直接征收税粮的一种办法。“粮长就乡聚粮，其升、合、斗、勺、数石、数十石之家，比亲赴府州县所在交纳，其便甚矣”[①]。但永乐皇帝迁都北京后，粮长到南京就见不到皇帝了。

粮长在洪武年间是永充制，无任期限制，永乐年间改为岁更制，一年一换。到宣德初年又改为永充制。一些世充粮长的地主大户，便恃势作恶，欺压税户，“徭役则纵富役贫，科征则以一取十，词讼则颠倒是非，粮税则征敛无度”[②]。弊端丛脞，已成公害。另一方面，由于大地主欺隐田产、诡寄税粮，粮长赔纳田赋的现象日渐增多，不少世袭粮长户因此而叫苦不迭。于是南直隶等地出现“串名法”，由几家中小地主联合担任；也有“以中户轮允”[③]者。湖广、淮扬、福建等处，则以里长代替粮长催征税粮。加之自宣德以降实行漕粮军运法、兑运法后，粮长不再担负税粮解运任务，其重要性日趋下降。但有明一代漕粮中的“白粮”（专供皇室享用的上好稻米），始终采取粮食包运包纳制。清人顾公燮说：“明末，岁输白粮于京师，例用富民主运，名曰粮长，往往至破产。”[④]

自永乐十八年（1420 年）明成祖迁都北京后，专门指定浙江、江西、湖广、南直隶（徽、滁、和三州不在内）、山东、河南为“有漕省份”，六省田赋的起运部分，通过运河北输京师，以供皇室、官僚和京边卫军之需。成化八年（1472 年）确定全国岁征漕粮 400 万石，

---

① 《大诰三篇·设立粮长第六五》。

② 《宣德实录》卷七八，宣德六年四月条载监察御史张政奏疏中语。

③ 参见《天下郡国利病书》原编第二二册，《浙江（下）》，第十二册“苏松”。

④ 顾公燮：《消夏闲记摘抄》卷中《籍富民为粮长》。

在通常情况下"不蠲不赦"[①]，并且要求"全征本色"，"不许轻议改折"[②]。明后期漕粮折色每年约在百万石上下，约占总额的四分之一，而其中"永折"部分只占三分之一，即30万石左右[③]。漕粮的折征部分，例须弥补失额，其办法有附近州县代补，以水次四仓储粮拨补，以漕折银折放官俸月粮，和"召籴"、"收籴"等[④]。

清代漕粮沿用明代制度，征于山东、河南、江苏、浙江、安徽、江西、湖北、湖南八省。全部征收米和豆麦，专门供应京师、皇室、贵族和官兵食用。每年征收之额仍是明成化八年（1472年）所定的400万石，实际征收在200多万到300多万石之间。漕粮大部分（330万石）运至京师仓库，这叫"正兑米"，专供京师八旗三营（满、蒙、汉）驻军食用。小部分70万石运到通州，叫改兑米，专供皇室百官俸食。此外还有专供内务府、光禄寺和王公百官、各国贡使食用的"白粮"20万石（产自江浙的白粳米和白糯米）、小麦和黑豆（专从河南、山东征收）。漕粮征收每石加耗米3.5—4斗，正耗合计一年在500万石以上。为了每年运解这几百万石的漕粮，清政府设漕运总督，各省分设粮道，并在运河两岸设立屯所，还有屯田以养屯丁运兵。为了要维持这样一个庞大的转运组织，需要数万名屯丁运兵，每年花费数百万两银子的运费，所以漕政方面的弊端最多，人民负担沉重[⑤]。

---

① 吕维琪：《南庾疏钞》卷一《摘参漕折》。

② 《神宗实录》卷五六七。

③ 鲍彦邦：《明代漕粮制度》，载《平准学刊》第4辑下册，光明日报出版社，1989年。

④ 鲍彦邦：《明代漕粮折色的派征方式》，《中国史研究》1992年第1期。

⑤ 彭泽益：《清代财政管理体制与收支结构》，《中国社会科学院研究生院学报》1990年第2期。

第三节　明代徭役中的摊丁入亩趋势

一、编制严密、“世役世籍”的“配户当差制”

明太祖开国之初，把全国1000多万在籍民户，划分为民户、军户、匠户、灶户四类。其中最多的是民户，服正役和杂役；200多万军户、20多万匠户和6万多灶户分别任军役、匠役和灶役。在上述役种之外，还有名目繁多的杂役户：其中因事而设的有校尉户、仪仗户、女轿户、乐户、阴阳户、站户（即驿马夫户）、车户、船户、陵户等；因物而设的有油户、醋户、纸户、鹅户、羊户、棕户、漆户等，分属朝廷和内府两个系统。明廷按照不同的役种，分类建立专门役籍，各种役户按册籍所载，承当各种差役或供纳各种实物。编民年满16岁即算“成丁”，就要附籍当差，到60岁老免，役期45年。役籍一经编定，严禁改籍、脱籍；徭役父死子继，世代相承；这叫“役皆永充”、“世役世籍”（《明史·食货志二》）。所以明史专家王毓铨名之为“配户当差制”①。

较之北宋，明代的户籍、徭役制度，显得更为严密、严峻和严酷，这一方面反映了明代专制主义中央集权的赫赫威严，另一方面也是金元以来的驱口、诸色户计、匠局制度等前封建制因素影响所致。

---

①　王毓铨：《明初的配户当差制》，《中国史研究》1991年第1期。

二、明初的徭役:里甲正役、杂役和均工夫役

“里甲正役”,就是每年由10名里长中的一名任现年里长,带领10甲中的10个值年甲首应役[①]。或者是“每年由里长一户率领一甲十户来应役”[②]。两种办法都是十年一轮,轮上“在官者曰见年,空歇者曰排年”[③]。至于每甲中只有一户是甲首户,还是十户正管户都是甲首户的问题,因史籍记载不明而导致学者看法相歧。近年来,鹤见尚弘和栾成显等中日两国学者在整理和研究明清徽州契约文书的过程中,发现了成本的黄册底籍,证实在黄册底籍中所有的正管户都是甲首户[④]。应役者的主要职责,是“催征钱粮,勾摄公事”,此外还有管理本里人丁事产、根究逃户拘捕罪犯、到各级衙门“承符呼唤”、“答应卯酉”、出办上供物料等任务。由于这是按户签派的,所以又称“户役”。

杂役是各级官府临时签派的各类力役的总称,种类繁多,如修路、筑城、修仓、防河以及充任衙门“皂隶”如库子、仓夫、门子、狱卒、弓兵等,均以杂役人夫充任。虽说其原则是有身则有庸,重在丁身,有“丁役”之称;但大多按田粮多寡进行签派,所以有“苗佥”、“苗当”、“验苗佥差”等说法。苗即指植禾之地亩,例如

---

① 此系唐文基之见解,见唐撰:《明中叶东南地区徭役制度的变革》,《历史研究》1981年第1期。

② 此系梁方仲之见解,见梁撰:《论明代里甲法和均徭的关系》,载《中国社会经济史论丛》第1辑,山西人民出版社1981年版。

③ 嘉靖《惠州府志》卷七《赋役》。

④ 栾成显:《明代黄册底籍的发现及其研究价值》,载《文史》第38辑,中华书局1994年版。

明初规定禁子、弓兵等衙门杂役“于该纳税粮三石之下、二石之上人户内差点”[①]；其他如驿夫、车夫、铺兵的签派方式亦大率如此。如一户税粮不足，还允许“众户合粮，并为一夫”[②]。这些规定体现了把力役轻重同田产多少联系起来的精神，与宋代是一脉相承的。

此外，在京畿周围府县，明初还有一种“均工夫役”。为了修缮南京都城、浚治河道和建筑宫殿等需要，明太祖下令在农闲季节征发附近州县的农夫赴役，办法是“按田出丁”：“田一顷出丁夫一人，不及顷者以别田足之，名曰均工夫。直隶、应天等十八府州及江西饶州、九江、南康三府，计田三十五万七千二百六十九顷。出夫如田之数。遇有兴作，于农隙用之。”后又规定“赴京供役，岁率三十日”[③]。田多丁少之家，可以佃户充役。这与北宋“计田出丁”征调水利役夫如出一辙。据唐文基先生的研究，均工夫役的征调范围在洪武中期已局限在田赋负担较轻的南京、太平、宁国、广德、镇江五府，至宣德六年(1431 年)后再未见记载[④]。

《明史·食货志二》记徭役说：“役，曰里甲，曰均徭，曰杂泛，凡三等。以户计曰甲役，以丁计曰徭役，上命非时曰杂役。皆有力役，有雇役。府、州、县验册丁口多寡、事产厚薄，以均适其力。”十分笼统，故而引起后世不少误解。

---

① 《明会典》卷一五七《兵部·皂隶》。

② 《洪武实录》卷二九，洪武元年正月纪事。

③ 《洪武实录》卷三，洪武元年二月乙丑(二十四日)纪事；同书卷五四，洪武三年七月纪事。

④ 唐文基：《明代赋役制度史》，第 107—108 页。

三、明中叶的徭役改革:力差向银差的转化和力役向田赋的归并

(一)里甲正役演变为里甲银　前面说过,里甲正役中有一项出办上供物料,是按户摊征的。宣德年间(1426—1435年)周忱首创里甲银,"税粮之外,每石加征若干,以供与办,名里甲银"[①]。原来按户征收的部分费用,摊入税粮,亦即田亩,再折银征收。此后东南各省纷纷进行类似改革,"在浙江则曰'均平银',在江西则曰'公费银',在福建则曰'刚(纲)银',在南直隶则曰'值日银'。遇有所费,官自支用"[②]。苏州府"不分正赋杂派,皆混入粮内征收,名曰'平米'"[③],也是杂派摊入税粮征收。名称各不相同,做法亦有差异,但其原则精神却是惊人的一致。如浙江"折田为丁,每丁该银若干,某户该银若干,一岁应纳之数,尽在其内"[④],是丁田平均负担。广东均平银是"每人一丁出钱五百文,田一亩出钱一十五文"[⑤]。大约33亩相当于一丁,这与岭南地多丁少有关。"既出此钱,甲首归农,里长在役止追征、勾摄二事"[⑥],放免了甲首的力役。福建纲银,按照正德十五年御史沈灼制定的办法,"将通县费用,分正、杂二办,以丁四粮六法则科派"[⑦]。"正办"支付法定的祭祀、乡

① 顾起元:《客座赘语》卷二《赋役前》。
② 光绪《遂昌县志》卷三《田赋》引郑秉厚《论赋役疏》。
③ 《明经世文编》卷三九七载赵用贤《议平江南粮役疏》。
④ 万历《会稽县志》卷七《均差·均平考》。
⑤ 《明经世文编》卷一六三载林希元《陈民便以答明诏疏》。
⑥ 同上。
⑦ 嘉靖《安溪县志》卷一《地舆》。

饮费用,“杂派”支付给地方官的各种进献;费用的四成摊在丁口头上征收,六成摊入田亩。在这里,“一条鞭法”中某些做法的雏形初露端倪。

(二)均徭取代杂役 杂役佥派是不定期的,“有司得随时专制”,里长再“临期量力差遣”,容易出现里胥作弊、放富差贫等弊端。所以至明中叶起开始出现新的办法,即以户等高下为次序,按照“富者当重差、当银差,贫者当轻差、当力差”[①]的原则,由县官预先排定,顺次应差。这就是“均徭”法。

正统年间(1436—1449年),江西地方官柯暹首创《均徭文册》,至景泰二年(1451年)在江西推开,其办法是“查勘实在丁粮多寡,编排上中下户,量计杂泛轻重等第,挨次轮当。”[②]此后广西、四川、福建、陕西、应天府、浙江等处相继仿行,地方官们把越来越多的杂役列入均徭摊派。被佥者如亲身服役,称为“力差”;如纳银代役,称作“银差”[③],官府再以此银雇人。负担重的役目折银多(如驿站马夫一役须年纳40两白银),负担轻的折银少(如狱卒、弓兵、门子、皂隶等,折役银多在三五两之间)[④]。均徭由地方官们编审排定,各地做法不尽一样,但大致而言是按户等高下派役。划分户等的依据南北亦有差异,南方“大率以田为

---

① 《海瑞集》上册《兴革条例·产属》。

② 嘉靖《海宁县志》卷二《田赋志》载夏时言。

③ 据日本学者岩见宏:《均徭法、九等法和均徭事例》(载《明清史国际学术讨论会论文集》,天津人民出版社1982年版)的研究,“银差”一词最早见于正德元年(1506年)。

④ 参见唐文基:《明代赋役制度史》,第238—239页所载《明嘉靖年间各地主要均徭杂役折银价格表》。

定,田多为上户,上户则重;田少则轻,无田又轻。亦不计其资力之如何”[①]。北方则“门、丁、事、产四者兼论”[②]。又有“南方均徭,丁田为主……北方均徭,事产为准”[③]的说法。所以均徭又称“丁田之役”。

(三)从《十段册法》到《征一法》　《均徭文册》十年一编,按甲轮流当差,然而若在各里甲之间作横向比较的话,民户户等相同,人口和贫富程度却相去甚远,执行中不免出现人少产寡之甲负担过重的弊端。此外十年之中民户人丁、财产状况亦有变化,由此造成记载失实,负担不均,于是各种补救之法相继出现。其中最重要的是《十段册法》和《征一法》。

“十段册”又称“十段锦”,成化初年出现于福建邵武府。知府盛颐“通扣一县丁田数为十甲,以一年丁粮应一年徭役,周十甲而复始,民甚便之”[④]。此法不再按原有里甲轮役,而是通计一县丁、粮,重新分为十甲(即十段)。按甲(段)轮流应役。所谓应役只是交纳税粮或银两,由官府雇人应役。例如嘉靖十二年(1533 年),邵武全县有 32352 丁,税粮 21959 石,按每丁折粮一石计,共 54311 石,每年以十分之一即 5430 石应役[⑤]。由于各地丁、田折率不同,因此人丁的负担亦有轻重,但其趋势都是把人丁负担(包括力差和银差)或多或少地摊入税粮田亩中去征收。

---

① 《明经世文编》卷一二〇载王鏊《吴中赋税书与巡抚李司空》。

② 翁大立:《均徭或问》,光绪《余姚县志》卷九《田赋(上)》所引。

③ 《嘉靖实录》卷二一二,嘉靖十七年五月纪事。

④ 嘉靖《邵武府志》卷一二《名宦》。

⑤ 嘉靖《邵武府志》卷五《版籍》。

所谓“征一法”，就是突破明初的徭役分类，不分里甲、均徭全部归并在一起，统一按丁、田征收。嘉靖十六年(1537年)，应天巡抚欧阳铎，采纳常州知府应槚的《通编里甲均徭法》进行田赋改革。据万历《常州府志》卷三《钱谷三·征输》记载，此法要点是“旧时各项重役，今皆分征银两”，“通计一县丁田，除优免及官田地粮重、滩荡利轻俱免差徭，止论民田地与丁，计银派差。”就是里甲、均徭合并在一起，统一征银，按丁、田数分摊，一年一定。从制度上说，应天府行“征一法”后“赋役二途遂合而一”①，但因库子、斗收、解户之类重差无人应募，所以“复于该年摘拨而给其值”②，这又类似于北宋的差雇法。

个别地方更为彻底，如嘉靖二年(1523年)浙江金华浦江知县毛凤韶造《均平赋役文册》，每年加征全县民田税粮的十分之一，以此粮来雇人应役，“如均徭，如里甲，如不时坐派物料，一以田粮，而不拘于里分”③。所有力差、银差统统合并，一律由田亩承担，亦即全部摊丁入亩。隆庆初年(1567—1568年)，河南息县知县赵如昆刊定《条鞭法》，“虽有人丁在册，并不派银，止照地亩通融均派”④。万历十四年(1586年)光山县也是“以丁银摊入田粮，县户人丁不另派征”⑤。就这少数地方而言，田赋、徭役分别课征的双轨制至此结束，赋役并轨新税制已经出现。摊丁入亩要到雍乾之际才在

---

① 《天下郡国利病书》原编第八册《江宁·庐安》。

② 同上。

③ 嘉靖《浦江志略》卷三《册籍》，卷五《赋粮》、《贡赋》。

④ 嘉庆《息县志》卷二《食货·田赋》，卷五《宦绩(上)》。

⑤ 乾隆《光山县志》卷一二《户口》。

全国推开,这些地方足足领先了一个多世纪。

第四节　从"一条鞭法"到"摊丁入亩"——赋役并轨在全国的实现

一、明晚期"一条鞭法"的出台和推行

"一条鞭法"并不是某个大政治家灵机一动的伟大首创,而是明中叶赋役改革的逻辑结果。早在张居正当政之前的数十年间,内容、做法相近的"一条鞭法"已在各地陆续出现。这就是说,"一条鞭法"有一个从非正式制度向正式制度逐步演进的过程。据已故学者梁方仲先生的研究,"一条鞭"有种种不同的写法,"鞭"或作"编"、"边",或省去"一"字,简作"条鞭"、"条编"、"条边",还有"总编"、"类编"、"明编"、"一条法"等名称①,正是这种情况的反映。而前述浦江县的《均徭文册》和常州府的《通编里甲均徭法》,在赋役归并这一根本特征上,已具一条鞭法之雏形。如此看来,学术界关于"一条鞭法"的创行者到底是谁的争论,似必要性不大。

大致而言,"一条鞭法"的名称出现于嘉靖九、十年(1530—1531年)之间。嘉靖九年十月内阁大学士桂萼提出"编审徭役"之建议②,半年后御史傅汉臣在奏疏中有"顷行一条鞭法"之说,然后

① 梁方仲:《一条鞭法的名称》,载《梁方仲经济史论文集补编》,中华书局版。

② 《嘉靖实录》卷一一八,嘉靖九年十月纪事。具体内容见《古今图书集成》卷一四二《食货典·赋役部》。

照搬桂萼之办法[①]。此后王宗沐在江西、潘季驯在广东、庞尚鹏在浙江、海瑞在应天府、王圻在山东相继推行"一条鞭法"，其共同特征是："第一，简化征收项目，诸役合并，变徭役的多税制为单一税制；第二，力差折银征纳，官府雇人代当，变力役为货币税；第三，取消里甲排年轮役制，每年一县徭役等支出，征诸全县丁、田；第四，田和丁共同负担徭[役]，含有摊丁入地因素。"[②]万历四年(1576年)，首辅张居正在谈到一条鞭法时还说允许各地"任从其便，如有不便，不必强行。"[③]可见此时尚未全面推开。

"一条鞭法"作为正式制度真正向全国推行，据《明史·张居正传》是在万历九年(1581年)，上距嘉靖初年已逾半个世纪，其内容《明史·食货志》有一简要概括：

> 一条鞭法者，总括一州县之赋役，量地计丁，丁粮毕输于官。一岁之役，官为佥募。力差，则计其二食之费，量为增减；银差，则计其交纳之费，加以增耗。凡额办、派办、京库岁需与存留，供亿诸费以及土贡方物，悉并为一条，皆计亩征银，折办于官，故谓之一条鞭。

正因其简要，有若干处语意不够清晰。现参照各地的具体做法，将此法要点归纳如下：(1)先将力差、银差(包括额办、岁办等)各种役目统统合并，按其所需费用叠加合计，一律由官府募人承应或自行采办；(2)再把募役费用和田赋额合并起来，算出一县一年赋役征

---

① 《嘉靖实录》卷一二三，嘉靖十年二月纪事。

② 唐文基：《明代赋役制度史》，第309—310页。

③ 张居正：《张太岳文集》卷二九《答少宰杨二山言条编》。

收总额;(3)然后按照丁四粮六、丁六粮四或丁粮各半等不同比例,部分摊入地亩田赋,其余仍征诸人丁;(4)所有课征均折纳成白银交纳(但漕粮省份照纳税粮);(5)赋役征收不再通过里甲,改由地方官吏直接办理。

由此可见,一条鞭法的实质是田赋和徭役的并轨。它把以徭役为主体的人头税,逐步变为单一的农业税即田赋,又把徭役税、实物税转化为货币税,田多丁少的地主承担更多的份额,官府对农民的人身控制也相应放松,同时还推动了农产品商品化的进程,因此是赋役双轨制向单轨制转进的重要里程碑。当然还不彻底,因为赋税总额中还有一部分是由丁口负担的。然而较之宋代,毕竟前进了一大步。可惜万历中期以后,明政治复趋腐败,内忧外患加剧,财政危机严重,遂行三饷加派[①],整个赋税体制由混乱而至崩溃。

二、从"盛世滋丁,永不加赋"到"摊丁入地"

早在明末已经出现"丁随地起",即把全部丁银摊入地亩的呼声。天启元年(1621 年),吏科给事中甄淑奏章说:"小民所最苦者,一则无田之粮,田鬻富室,田尽而粮独存;一则无米之丁,丁附于米,米推而丁无推。宜取额丁与额米两衡而定其数,米若干,即带丁若干。买田者收米便收丁,鬻田者推米便推丁。"[②]这是实施"一条鞭法"的逻辑结果。

清初忙于统一战争,赋役制度一仍明代之旧。康熙十年(1671

---

① 三饷加派,指辽饷、剿饷、练饷这三项田赋加征,办法是"履亩而税",至崇祯末年,三饷合计超过正赋。

② 《天启实录》卷一七,天启元年十二月癸酉纪事。

年)，浙江布政使袁一相建议"按地派丁"①。此后衢州府常山县"均丁于地，而民困以苏"②。天台县亦行"丁归粮办"③之法，到康熙四十年(1701年)，"浙省近来各州县竟不从人起丁，而从田起丁"④了。经济恢复、社会安定后，摊丁入亩之潜流又在各地开始涌动。康熙五十一年(1712年)，清廷在赋役制度改革上出现重大举措，这就是把按人头征收的丁银数额固定下来。当时规定以当年全国丁额2462万余口，丁银300多万两为难，此后额外增丁，不再多征丁银，"谓之盛世滋生人丁，永不加赋"⑤。这就为日后丁银全部摊入地亩课征准备了条件。

由于民户人丁数额处在生死转徙的变化之中，为保证征足旧额丁银，采取各户人丁出现缺额，"以本户新添者抵补；不足，以亲戚丁多者补之；又不足，以同甲粮多之丁补之。"⑥补足缺额后的新增人丁，再列入《盛世滋生册》中上报。

然而，这种顶补办法会因各甲各户出生率的不同而滋生畸轻畸重之弊，人丁兴旺之家"或数十百丁承纳一丁，其故绝者或一丁承一二十丁"。因此康熙五十五年(1716年)御史董之燧建议"统计丁银，按亩均派"⑦。康熙皇帝先让广东、四川两省试行，广东

---

① 康熙《钱塘县志》卷六《户口》载袁氏《清丁条议》。

② 扬名时:《杨氏全书》卷二三《张天农小传》。

③ 戴兆佳:《天台治略》卷七《告示·一件临别叮咛事》。

④ 赵申乔:《赵恭毅公剩稿》卷五《丁粮不宜从田起赋详》。

⑤ 《清史稿》卷一二一《食货志二·赋役》。

⑥ 同上。

⑦ 以上引文均见吴振棫:《养吉斋余录》卷一。时间，此书作康熙五十三年，误，据《清圣祖实录》卷二六七，此事系在康熙五十五年二月庚寅条下，当以实录为准。

“每地银一两,摊丁银一钱六厘四毛不等”①。到雍正四年(1726年),“粤东各属,丁随粮办者已有十之四五。”②康熙末年,四川亦行“田载丁而输纳,丁随田而买卖,公私称便”③。这是把全部丁银都摊入地亩课征。

雍正元年(1723年),据直隶巡抚李维钧的奏请:“摊丁入地”先在直隶,继向全国推行。史称“雍正初,令各省将丁口之赋,摊入地亩输纳征解,统谓之‘地丁’”④。各地或以税田一亩为单位,或以税粮一石、税银一两为单位,摊入丁银若干。办法不同,内容则一,即取消丁口之征,将之摊入田赋。到乾隆四十二年(1777年),贵州省最后一个宣布实行,此时又逾半个世纪。由于摊丁入地既涉及到地主和农民的不同利益,又与“人无贫富,莫不有身丁之可役”的观念相悖,所以其间不乏阻力和斗争⑤。“自后徭役和地赋合而为一,民纳地丁之外,别无徭役矣”(《清史稿·食货志二·赋役》)。虽然此后农民仍有名目不一的徭役负担(例如晚清、民国的战乱年代,力役、兵差曾波及广大农村),但此举至少从制度上废除了二千多年来的徭役和人头税,自秦汉以来既征田赋、又征徭役的赋役双轨制宣告终结,田亩税遂成为农业税收的唯一形态,而且缙绅地主优免丁银的特权也随之消泯。正如雍正四年(1726年)河

---

① 王庆云:《石渠余纪》卷三《纪丁随地起》。

② 《雍正朱批谕旨》第4册,载广东巡抚杨文乾奏疏语。

③ 王庆云:《石渠余纪》卷三《纪丁随地起》。

④ 《清史稿》卷一二一《食货志二·赋役》。

⑤ 参见史志宏:《摊丁入地的过程和各地实施中的特点》,载《平准学刊》第4辑下册,光明日报出版社1989年版,第609—635页。

南巡抚田文镜所说："今就一邑之丁，均摊于本邑地粮之内，无论绅衿富户，不分等则，一律输将。"[①]李龙潜进而指出，摊丁入地后，地丁银作为纯粹田赋而始具近代财产税性质[②]。

① 《清经世文续编》卷三〇载田文镜《题请豫省丁粮按地输纳以均赋役疏》。

② 李龙潜：《明清经济史》，广东高等教育出版社 1988 年版，第 396 页。

第十四章　从富民为本、“百亩一守”到土地革命
——近代各阶级土地赋役思想述评

第一节　富民为本和轻徭薄赋：源于先秦的千古圣训

一、儒、墨诸家的富民主张

先秦时期，除了秦、晋法家（如商鞅、韩非等）主张富国以外，以儒、墨为主的其他各家都是主张富民的。孔丘（前551—前479年）主张把国富建立在民富的基础上，他的名言是：“百姓足，君孰与不足；百姓不足，君孰与足？”（《论语·颜渊》）这个认识奠基在父子关系这个借喻之上。“孔子曰：诗云，恺悌君子，民之父母，未见其子富而父母贫者也”（《说苑·政理》）。荀况（前331—前238年）进而分析了财富与国家兴亡的关系：“王者富民，霸者富士，仅存之国富大夫，亡国富筐箧、实府库”（《荀子·王制》），要求统治者“以政裕民”，“上下俱富”（《荀子·富国》），通过富民来实现富国。

同为战国显学的墨家则一方面主张人民在互爱互利中求富，

另一方面又把希望寄托在王公大人身上，认为国家仓库充实才能备粟救荒，所谓“官府实则万民富”(《墨子·尚贤中》)，反映了小生产者阶层的幻想。

道家认为“我无事而民自富”(《老子》第五十七章)，反对国家干涉经济活动；但道家的富民以寡欲知足为前提，所谓“知足者富”(同上书第三十三章)，要求人们“见素抱朴，少私寡欲”(《老子》第十九章)，因此是消极的。

二、轻徭薄赋与重农观念

“轻徭薄赋”是先秦富民思想的逻辑延伸。孔丘反对门人冉求为季氏征课重税，要求统治者“事举其中，敛从其薄”(《左传·哀公十一年》)和“使民以时”(《论语·学而》)，后来概括为“时使薄敛”(《中庸》第二十一章)。孟轲也说过：“易其田畴，薄其税敛，民可使富也”(《孟子·尽心上》)。战国晚期的荀况同样主张：“轻田野之税，平关市之征，省商贾之数，罕兴力役，无夺农时，如是则国富矣”(《荀子·富国》)。儒家而外，其他各家也大多主张薄敛政策。例如道家指斥大事聚敛的统治者是强盗头子(《老子》第五十三章)，齐景公时执政的晏婴指出：“君税敛重，故民心离”(《晏子春秋·内篇·问上第三》)。

值得注意的是《管子》一书对“轻徭薄赋”思想的阐发具体周密。它从“府不积货，藏于民也”这个藏富于民的观点出发，提出“取于民有度，用之有止”(《管子·权修》)的薄敛原则，具体办法有二：

一是“量民力”。即衡量一下百姓在从事生产劳动之余，能有多少剩余劳动可供榨取。如果“轻用众，使民劳，则民力竭矣”（《权修》）。反之，“量民力则事无不成”（《牧民》）。管子把能否推行量民力原则，作为区别明君与乱主的标准：“明主度量人力之所能为，而后使焉。故令于人之所能为，则令行；使于人之所能为，则事成。乱主不量人力，令于人之所不能为，故其令废；使于人之所不能为，故其事败”（《牧民》篇）。

二是“使之以时”。即徭役征调必须要在农闲时节，“盖人有患劳，而上使之以时，则人不患劳也”（《戒篇》）。如果非要打断农业生产进程来举事兴役，则难以成功，所谓“举事而不时，力虽尽其功不成”（《禁藏》）。

《管子》还分析了重赋苛役由以产生的原因在于统治阶级的奢侈生活，即由“舟车饰，台榭广”造成的，其结果必然导致“下怨上”，从而招致别国之谋算。所以说：“地之生财有时，民之用力有倦，而人君之欲无穷。以有时与有倦，养无穷之君，而度量不生于其间，则上下相疾也”（《权修》）。

上述这些看法都是建立在重农观念之上的。《管子》认为，在一个社会中，士、农、工、商这四种阶层，各负其职，缺一不可，所以称之为“石（dàn）民”（《小匡》），即国家柱石。而在这四民中，又以农民最为重要，因其“以一民养四主”，所以农民受苦最深。为了防止农民轻乡离家，逃徙流移，国家应当实行“利农”政策：“薄征敛，轻征赋，弛刑罚，赦罪戾，宥小过，此谓宽其政”（《五辅》）。

由此可见，先秦时期的轻徭薄赋思想是我国古代财政思想中带有普遍性的重要主张。此后又被秦汉以来的历代思想家奉为千古圣训，反复宣扬；历代统治者更是反复标榜德治仁政，不遗余力；

因此从西汉的“十五税一”、“三十税一”，中经曹魏的“田租，亩四升”，一直到明清时期，从条文规定上看，田赋税率一直是比较轻的。由此可见“轻徭薄赋”思想对于历代统治者的约束作用。但是从实际情况看，历史上的赋役剥削又是相当沉重的，这主要表现在规定税率之外，附加税多如牛毛，削而复增；再加上权势阶层千方百计地转嫁赋役负担，导致赋役不均，贫民下户负担过重。这又表明“轻徭薄赋”思想对于历代统治者的约束作用又是相当有限的。

《周礼》的赋税思想别具一格，《地官·司徒》把田赋负担与徭役轻重联系起来考虑，主张近郊实行“什一”税制，远郊“二十而三”，野中“什二”，因为离都城越近的地方徭役负担越重，所以税率应当降低，以求人民负担平均。这是对税役结构问题的首次明确表述，极为合理。

三、明清早期启蒙思想家对封建土地所有制的抨击和“耕者有其田”思想的萌动

自15世纪开始，少数先进的中国人再次关注土地问题，然其内涵意蕴较之汉唐时期的限田、占田、均田思想已前进了一大步。特别是明清之际以黄宗羲、王夫之、顾炎武为代表的早期启蒙思想家的言论中，更透露出旧时代行将就木、新时代终将来临的重大信息。

明代邱濬看到在“民多而田少”的情况下是无法再行井田制的，设想了一种“配丁田法”：“以田一顷配人一丁，当一夫差役”；为适应宽乡、狭乡的不同情况而适当调整每丁配田亩数。配田的土地来自于何处呢？他主张“因其已然之俗而立未然之限，不追究其

既往而惟限制其将来”，即维持立限之前各户原有的田产规模，这是对地主既得利益的照顾；但立限之后逾限之家不得买入只准卖出土地；而不足之家可以买入限额以内的土地，这是企图满足小农的土地要求。他说，如此“行之数十年，官有限制，富者不复买田；兴废无常而富者不无鬻产；田值日贱而民产日均。”[①]这个解决地权分配不均的新颖方案尽管在当时并无实施之可能，因为国家无力也不愿去认真限制土地买卖，硬要限制如西汉王莽然也非失败不可，但它毕竟多少反映了农民对于土地的愿望。

灶丁出身的王艮（1483—1541 年）是明后期泰州学派的创始者，据他自己说，他曾在家乡泰州安丰场将无主草荡均分给当地农户，其目的是要使农民永远享有所分草荡的土地所有权[②]。胡寄窗指出：“看来他只是幻想着一种小土地私有制支配的王国”，“它的实质不重在均分而重在小土地私有权的保障”[③]。因此与小农的土地愿望仍是合拍的。陈来认为，明代泰州学派对正统儒学的“偏离”，并不是什么平民阶级的政治抗议，而正是发展为儒家伦理的世俗形态[④]，甚有道理。

理学异端李贽（1527—1602 年）是泰州学派后期代表人物。他拒绝以孔子的是非为是非，鄙弃儒家“讳言财利”的传统教条，坚决为一切私有财产辩护。他说：“夫私者人之心也。人必有私而后其心乃见，若无私则无心矣。如服田者，私有秋之获，而后治田必

---

① 以上引文均见《大学衍义补》卷一四《制民之产》。

② 参见《王心斋先生遗集》卷二《均分草荡议》。

③ 胡寄窗：《中国经济思想史》上册，上海人民出版社 1963 年版，第 384 页。

④ 陈来：《宋明理学》，辽宁教育出版社 1991 年版，第 378 页。

力；居家者，私积仓之获，而后治家必力。”①这固然是在为地主和商人张目，但同时也道出了土地所有权对于调动农民积极性的重要性。

清初王夫之对古代土地所有制演进轨迹的把握是相当准确的。他说：“古之人民，去茹毛饮血者未远也。圣人教之以耕，而民皆择地而治，唯力是营。其耕其芜，任其去就。田无定主，而国无恒赋……故三代之王者，不容不画井分疆，定取民之则，使不得损益焉。民不自为经界而上代为之，非此则择肥壤，弃瘦原，争乱且日以兴，芜莱且日以广。……及汉以后，天下统于一王，上无分土逾额之征，下有世业相因之土，民自有其经界，而无烦上之区分。”②王夫之所说的“其耕其芜，任其去就”的时代，就是农耕生活初起的新石器时代；“画井分疆”是指三代井田时期；秦汉及其后“下有世业相因之土”的时代，就是土地私有制确立的时代。重要的是，他由此而得出了反对专制君主拥有土地所有权和封建地租剥削的革命性结论：“若土，则非王者之所得私也。天地之间，有土而人生其上，因以资养焉。有其力者治其地，故改姓受命，而民自有其恒畴，不待王者之授之”（《噩梦》）。“人自治其田而自收之，此自有粒食以来，上通千古，下通万年，必不容以私意矫拂之者”（《四书稗疏·论语下篇·彻条》）。可以毫不夸张地说，近代“耕者有其田”思想在王夫之的头脑中已经开始萌动。当然王夫之这个思想与其反对抑制兼并、维护大土地所有制的论点在逻辑上确有扞格

---

① 李贽：《藏书》卷三一《德业儒臣后论》下册，中华书局标点本 1959 年版，第 544 页。

② 王夫之：《宋论》卷二《太宗》。

之处,这种内在矛盾正是我们把王夫之等人称之为早期启蒙思想家的理由所在。

与王夫之同时的黄宗羲则设想除去屯田和官田,将其余占全国 60%的实有耕地平均分配,每户授田 50 亩,剩下的余田"以听富民之所占"(《明夷待访录·田制二》),这既反映了一般农夫对于土地的要求,也为官僚、地主、富商多占土地留下了回旋余地。这与明儒邱浚是一个思路,但比邱浚激进。

由颜元(1635—1704 年)创立、门人李塨发扬光大的清初颜李学派(又称"四存学派")特别注重"经世济民"之学。颜元主张:"天地间田,宜天地间人共享之"(《存治篇》卷一),认为每个无地农民都应得到一块自耕土地。到了颜、李学生王源(1648—1710 年)那里,这个思想进一步明确为"惟农为有田"、"有田者必自耕"的论述。他在《平书》中说:"今立之法:有田者必自耕,毋募人以代耕。自耕者为农,无得更为士、为商、为工。士,士矣;商,商矣;工,工矣;不为农,不为农则无田。士、商、工且无田,况官乎?官无大小皆不可以有田,惟农为有田耳……而农之自业,一夫勿得过百亩"(见李塨:《平书订》卷七)。赵靖指出,王源是中国历史上第一个提出"有田者必自耕"的人,其每户百亩的田制方案是封建社会自耕农利益和要求的表现。①

第二节　《天朝田亩制度》和农民平均主义思潮

如果要说过去农民阶级一向信奉什么主义的话,那就是平均

① 赵靖:《中国古代经济思想史讲话》,人民出版社 1986 年版,第 573 页。

主义。正如魏林所说,中国的平均思想渊远而流长,浓郁而深厚,不仅在几千年的古代社会中弥漫于统治阶级、知识阶层以及平民百姓的意识里,而且直到今天仍旧活跃在当下的生活和制度中,构成了国民的独特心态[①]。从汉代信奉道教的起义农民,直至近代的太平天国运动,平均主义要求屡放异彩,贯穿始终。

一、《天朝田亩制度》及其内在矛盾

1853年太平军攻克南京建立天国政权后颁布的《天朝田亩制度》,是历史上农民阶级最完备的土地革命纲领。这个纲领规定:

> 凡田分九等……
>
> 凡分田,照人口,不论男妇,算其家口多寡,人多则分多,人寡则分寡,杂以九等……
>
> 凡天下田,天下人同耕,此处不足则迁彼处,彼处不足则迁此处……务使天下共享天父上主皇上帝大福,有田同耕,有饭同食,有衣同穿,有钱同使,无处不均匀,无人不饱暖也。
>
> ……
>
> 凡天下,树墙下以桑。凡妇,蚕绩缝衣裳。凡天下,每家五母鸡,二母彘,无失其时。凡当收成时,两司马督伍长,除足其二十五家每人所食可接新谷外,余则归国库。凡麦、豆、苎麻、布帛、鸡、犬各物及银钱亦然……[②]

从表述方式上看,《天朝田亩制度》是儒家《礼记》大同理想和基督

---

① 魏林:《历史的重负·引言》,国际文化出版公司1989年出版。

② 罗尔纲:《太平天国文选》,第119—129页。又见《中国近代史资料丛刊·太平天国》(一),上海人民出版社1957年版,第321页。

教天国说教的混合物；究其实质是以“有衣有食”、“天下太平”之类此岸幸福为依归的。在洪秀全的心目中，这个制度并非悬之久远的理想国，而是凭藉手中权力可以立即实施的建国大纲。因此，《天朝田亩制度》不只是一部土地改革法，而且是天国英雄们改造社会制度和社会生活的宏伟蓝图。这个纲领的基本精神是取消私有财产制度，实行绝对平均主义，它主张按人口平均分配土地，反映了千百年来农民阶级最深层的愿望，具有彻底的反封建意义，因而是革命的、进步的。但是，按照这个方案，“每个社会成员平均保有同样的土地，生产物归公，平均分配生活品，把农民限制在自给自足的小农经济范围内，恢复原始的财产公有的农村公社组织，是以小农经济为基础带有绝对平均主义的农业社会主义思想。”[①]因而又是一种农业乌托邦空想。这是一个无法解决的矛盾。这个矛盾其实根植于农民小私有者的深层心态之中：他们一方面希望在现有的社会财富（包括土地）中得到一个平均数，特别是按人口平均分配所有的消费品；另一方面由于各家人口素质、勤惰、强弱等等均不相同，虽然土地占有是平均的，其最终收益（产品）必然会有多有少。如果真按人口平均分配劳动产品，势必会使一部分劳动者无偿占有另一部分劳动者的劳动成果，这又是他们所不能接受的。硬要这样做，只会使勤者变懒、强者变弱，结果不是“人人饱暖”，而是产品匮乏和普遍贫困。

事实雄辩地证明了这一点。早在金田起义之前，洪秀全通知各地拜上帝会会友到金田村“团营”时，即让他们把自己的田产、房

---

① 黄逸平：《近代中国经济变迁》，上海人民出版社1992年版，第200页。

屋尽数变卖后交给圣库，实行财产公有和平均消费。这种圣库制度在其后的战斗生活中发展为严格的军事纪律，一切缴获全部归公，全体将士过着军事共产主义生活，极大地提高了太平军的战斗力。可悲的是在建都天京（今南京）后，这套战时平均主义的做法又被当作治国蓝图，推向社会生活的各个方面。以洪秀全为首的天国领导们取消了天京城内的个体手工业，把各种私营作坊和个人编成“诸匠营”和“百工衙”，由政府设官统领；又下令取消私营商业，废除货币，生活日用品由天国政权统一供给；甚至拆散个体家庭，让男女老幼按性别、年龄分别居于各馆之中。

经济生活一体化、社会生活军事化的结果是残酷无情的：人口众多、经济繁盛的南京城一下子变成了萧瑟冷清的大兵营，手工业工人大量逃亡，生产锐减，数千机匠暗通清军，密谋叛乱[①]，以平均主义为指归的天国试验在天京城中造成了一场大混乱。与此同时，天国领袖们在起义初期实行平均、平等的真诚很快就消失得无影无踪，他们大搞特权享受，争先恐后地向封建帝王的糜烂生活靠拢，严重脱离群众，结果当然只有失败一途。韦政通先生从太平天国的失败中得出结论说：

> 任何人想把他的乌托邦或理想国，直接实现到人间的企图，最终必走向他原始理想的反方向上去，为人类带来一场浩劫。[②]

---

① 参见董楚平：《论平均主义的功过与农民战争的成败》，《历史研究》1980 年第 1 期。

② 韦政通：《中国十九世纪思想史》上册，台北东大图书公司 1991 年版，第 262 页。

遗憾的是，对于这样一个经验教训，在一个长时期中却讳莫如深，这是历史科学的悲哀。

从观念形态上看，太平天国失败的根本原因在于他们把追求财产公有、人人平均的“天国”理想建立在一个以私有财产为基础，且必然产生贫富分化的小农社会基础之上，这两者本身就是互相对立的。在无情的现实面前，为了维持天国的生存，洪秀全不得不接受东王杨秀清等的建议，在安徽、江西等地实行“照旧交粮纳税”的政策，显然这意味着退回到清朝旧制，亦即封建土地所有制和封建赋役制度的轨道上来。

二、天国辖区土地所有制关系的有限调整

当然，这不等于说太平天国运动在其波及的地区没有打击封建制度和地主势力。这种打击具体表现在四个方面[①]。一是以“打先锋”的方式没收地主浮财，即“以天下富室为库，以天下积谷之家为仓，随处可以取给”[②]。二是厉行军事镇压，“凡官宦之家，呼为妖头，杀之必尽”[③]，不仅在肉体上消灭了大量的官吏、团首和地主，而且迫使更多的地主富绅逃往上海等城市。三是没收部分清朝官僚、地主的土地，归太平天国政权所有，如常熟的“翁、庞、杨、王诸宦注明原籍，田尽入公，伪官目为妖产，设局收租”[④]。在吴江县，对于因地主被杀或外逃而形成的无主土地，天

---

① 参见龙盛运：《关于太平天国的土地政策》，《历史研究》1963年第6期。

② 《贼情汇纂》，《中国近代史资料丛刊·太平天国》(三)，第269页。

③ 光绪《溧阳县续志》卷一六，《溧灾纪略》。

④ 《自怡日记》，见《太平天国史料丛编简辑》第4册，第418页。

国政权或者承认佃农对所种土地的所有权，发给田凭，“领凭后，租田概作自产”[①]；或者暂时保留逃亡地主的所有权和收租权，“住租房、种租田者，虽其产主他徙，总有归来之日，该租户仍将该还钱米缴还原主，不得抗欠”[②]，但佃农因此而暂时免除了地租负担。与此同时，在太平天国占领地区，土地价格急剧下降，加之地主经济状况的下降和佃农地位的上升，一些地主遂将土地出卖给佃户，如《自怡日记》主人说：“中夜念业户二年无租，饿死不少，幸而降价鬻田佃户，十得二三，可以延命。”[③]这就部分地改变了土地占有关系。四是减低租额，长洲县“给示收漕”，“业主租收五成”[④]；绍兴“出伪示，令凡有田者，得自征半年租。”[⑤]吴江、吴县、元和等县的租额也有明显下降。所有这些，已是旧式农民战争所能达到的最高成就了。

三、平均主义思想在近百年中国社会变动中的作用与影响

史实表明，以农民为主体的农业中国有着极其深厚的平均传统。从黄巾起义到太平天国，以“均平”为目标的多次农民起义，是调整地权结构、解决社会危机的基本途径。平均主义理想，特别是按人口平均分配土地的要求，体现了农民阶级的根本愿望，因而在反封建战争中曾经一再发挥出动员群众、团结队伍、鼓舞斗志的巨

---

① 王元榜：《庚癸纪略》，《太平天国资料》，第104页。
② 《避寇日记》，《太平天国史料丛编简辑》第4册，第73页。
③ 《太平天国史料丛编简辑》第4册，第460页。
④ 《自怡日记》，见《太平天国史料丛编简辑》第4册，第377页。
⑤ 《微虫世界》，《近代史资料》，1955年第3期，第89页。

大作用。就是近百年来中国社会所经历的大变动，就其社会内容来说，也仍然是一场农村大变动。太平天国失败后，江淮地区有捻军起义，北部有反洋教斗争，后来聚合成席卷华北与东北的义和团运动。进入20世纪后，从土地上游离出来的农民又穿上军装，成为军阀混战的工具。20年代后农民战争再次在南部中国燃起熊熊烈火；30年代后直至40年代，重心又转移到北部中国；这一阶段是在中国共产党领导下的现代农民运动、农民战争。在这一场场农民革命、农民战争中，农民群众的基本希冀仍然是以土地细分化为内容的平均主义理想。在土地革命和土地改革过程中，平均主义思想也曾一再有所反映，并在不同程度上影响了革命事业的发展，干扰了土地改革的正常进程（详本章第五节）。

尽管如此，人类历史上形形色色的乌托邦思想仍有其存在的价值。因为人类历史说到底是人们为改善自己的生存状态而不断突破物质和精神两种局限性的连续努力。这些努力中包含着一种根本性的紧张关系：关系的一端是现实性（人对现状的适应和利用），另一端是超越性（由对未来的设想所激发的改造现状的愿望）。缺少了任何一端都无法构成人类生存状态所必需的张力，不是导致脱离现状的激进或叛逆（丧失现实性），就是缺乏开拓创新的动力和勇气（丧失超越性）。职此之故，笔者既反对一味赞扬、美化天国领袖（连同《天朝田亩制度》）的传统观点，也不同意全盘否定、一批到底的简单做法。学术思想的科学性要求我们还《天朝田亩制度》的本来面目，并从中引出应有的经验教训来。因为历史有惊人的相似之处，“19世纪思想史上的某些现象如太平天国运动、天朝田亩制度、义和团的盲目排外运动，以至洋务、自强运动，维新启蒙思潮等，在 20 世纪，又以不同的形式，不同的层次，接连地出现或被人们提起。”[①]历史永远是人类最好的老师。

第三节　近代地主阶级改革派的土地赋役主张——“农宗说”和《大同书》

近一个半世纪来，中国社会经过激烈动荡发生了前所未有的重大变革。在这场重大变革中，面对如何解决土地和农民问题，各种观点主张层出不穷，既互相对立，又彼此渗透。这些观点可以分为以龚自珍、康有为为代表的地主阶级改革派，以孙中山为代表的民主革命派和以毛泽东为代表的共产党的土地革命主张这样三大类型。

一、老调重弹：龚自珍、汤鹏和魏源

以龚自珍（1792—1841 年）为代表的一批开明士大夫，如汤鹏、包世臣、林则徐、魏源等，既反对特权地主、富商巨贾的土地兼并，又力图维持封建土地所有制；既要求实施某些抑制土地兼并的改革，又把希望寄托在已经衰朽的清王朝身上；这都反映出他们作为地主阶级改革派的矛盾心态。在《平均篇》中，龚自珍提醒统治者在财富分配方面要当心“小不相齐”发展为“大不相齐”，因为这会成为“丧天下”的原因[②]。在《农宗说》中，他主张利用封建宗法关系来组织农业生产，把农业社会成员分成“大宗”（长子）、“余夫”

---

① 见香港《二十一世纪》，1994 年 6 月号（总第 23 期），第 75 页。

② 《龚自珍全集》上册，中华书局 1961 年版，第 78—79 页。

（含“小宗”与“群宗”，小宗包括大宗次子和小宗长子，群宗包括大宗三、四子和小宗次子）和“闲民”（余夫以外的子孙）这三个等级。大宗受田100亩，余夫各25亩，无田的闲民受雇于大宗和余夫①。赵靖指出，龚氏方案目的有二：一是企图解决流民问题以巩固封建统治秩序，二是保障中、小地主的利益②。其思想主旨在于继续维护自然经济和宗法社会，保守色彩十分浓厚。

与此同时，龚白珍还提出迁移内地流民开垦西北边疆，作为其“农宗说”的补充办法。他主张把新垦出的土地作为开荒者的私产，西北屯田也分给当地屯丁“作为世业”，使“公田变为私田，客丁变为编户，戍边变为土著”③，以疏解内地人多地少、耕地不敷使用的难题。这种主张新意也不多。

稍晚于龚自珍的汤鹏（1801—1844年），重弹“限田”老调，说：“限民田则均贫富，均贫富则抑兼并，限民田则鲜流亡。如是者国无贫。”（《浮邱子》卷十《医贫》）对鸦片大量输入引起的“银荒”问题，主张用赋税改征实物的办法来解决，说：“毋弃民所有，则粟不贱；毋苛民所无，则银不贵”（同上书）。

颇具开拓锐气，与龚自珍并重于时的魏源（1794—1857年）在土地赋役问题上却并无创见，只是极力强调以地主为主体的“富民”对于国家社会的重要性：“富民，一方之元气，公家有大征发、大徒役皆倚赖焉；大兵燹、大饥馑，皆仰给焉。”④这是宋代王安石、叶

① 《龚自珍全集》上册，中华书局1961年版，第50页。

② 赵靖：《中国近代经济思想史》上册，中华书局1980年版，第46页。

③ 《西域置行省议》，见《龚自珍全集》上册，第110页。

④ 《魏源集·默觚上·治篇十四》，中华书局标点本，上册，1976年版，第72页。

适言论的翻版。他反对国家"剪韭"式的重赋也是从地主利益出发的,"有田而富者,岁输租税、供徭役,事事受制于官,一遇饥荒,束手待尽。非若无田富民,逐什一之利,转贩四方,无赋敛徭役,无官吏挟制……是以有田之富民,可悯更甚于无田。"[①]

上述看法,可以说仍旧停留在自给自足的宗法农业社会之内,了无新意。从理论上看,它与闪烁近代光芒的明清之际早期启蒙思想家"耕者有其田"的主张相比,落后了一个时代;从实践上看,历次农民起义用生命和鲜血反抗专制政府重赋繁役的革命斗争早就宣告了这套陈词滥调的破产。

二、杂糅中西:康有为的《大同书》

19 世纪末 20 世纪初,康有为历经十余年而最后定稿的《大同书》中,把西方进化论、儒家三世说杂糅在一起,设计、描绘了一个"富强"与"至善"两大主题高度统一的未来乌托邦社会。在这个社会中,科技发达,经济繁荣,物质充沛;国家趋于消亡,地方实行自治;农场、工厂、商店、银行不只是生产、经营的场所,还是组织社会生活的基本单位;劳动者每日只是工作三四小时,人人都可受高等教育;甚至国界、人种、家庭等一切人类社会的界限都将归于消泯,男女结合采取订立合同的方式,儿童由社会公养、公教。按照康氏的规划,实现大同社会的必由之途是废除私有财产制度:"今欲致大同,必去人之私产而后可,凡农、工、商之业,必归之公。"[②]即将

---

① 《魏源集·默觚上·治篇十四》,中华书局标点本,上册,1976 年版,第 72—73 页。

② 康有为:《大同书》,古籍出版社 1957 年版,第 240 页。

包括土地在内的生产资料都收归公有。高力克指出，康氏关于未来社会的乌托邦空想，“虽以儒家‘仁’的理念为价值内核，但它也整合了佛道的平等观念和西方的世界主义、平等主义、自由主义的内涵，它实际上是中西人文价值的融会。”[①]它“深刻地反映了康氏思想中历史认知与价值选择、社会政治关切与道德精神关切之间的紧张关系”[②]。

康有为深知此书在可以预见的将来绝无实现之可能，所以在他生前未曾出版，但私下又拿给梁启超等少数几个自己信得过的学生看，因此在上个世纪之交仍有相当影响。赵靖批评说：“如果说，《大同书》在批判封建主义、资本主义和对大同社会的设想方面包含有一定的积极内容，那么，它在实现这一理想社会的道路方面，却纯然是空想的、唯心的，坚持妥协改良和反对革命变革的。”[③]

他如冯桂芬(1809—1874 年)的减赋、均赋说，陶煦(1821—1891 年)在《租核》一书中提出的减租议，严复的“赋之厚薄”在于“力之所胜”论以及梁启超(1873—1929 年)的土地私有与地租合理说等[④]，均可归入地主阶级改革派一类。何烈在研究清代厘金制度时说：“在世界工商业已经高度发达，列强资本主义的经济侵略势力在中国境内企图全力扩张的时候，国人努力发展工商业以

① 高力克：《历史与价值的张力》，贵州人民出版社 1992 年版，第 42—43 页。

② 高力克：《历史与价值的张力》，第 45 页。

③ 赵靖：《中国近代经济思想史》下册，第 331 页。

④ 依次参见赵靖：《中国近代经济思想史》上册，第 218—229 页、第 243—247 页，下册，第 347— 357 页、第 375—385 页。

对抗外来的经济侵略，犹恐不暇；而中国士大夫竟还浑浑噩噩地陶醉在两千年前的经济思想里，认为孟子那套‘五亩之宅，树之以桑；百亩之田，勿夺其时’即可以‘王天下’的简单经济理论，仍可适用于近代中国社会，而以为工商业应在裁抑抵制之列。其愚诚属可悯，其迂则实属可厌。”[①]这段话也适用于对龚自珍、汤鹏、冯桂芬等人的评价。

第四节　从土地国有论到耕者有其田：近代民主革命派孙中山的改革方案

孙中山先生关于农业、土地和农民问题的变革思想有一个发展演变过程。19世纪末，他在《农功》一文中提出："以农为经，以商为纬，本末备具，巨细毕赅，是即强兵富国之先声，治国平天下之枢纽也。"[②]但其视线还是集中在技术改造上，主张"农政有官，农务有学，耕耨有器"，以便"地能尽其力"。[③]

进入20世纪后，孙中山逐步认识到变革封建生产关系对于解放生产力的重要性，于1903年提出"平均地权"的著名纲领。这是孙中山创建同盟会时揭橥的四大政纲之一，后来成为三民主义中的重要内容。其具体办法是："核定天下地价。其现有之地价，仍属原主所有，其革命后社会改良进步之增价，则归于国家，为国民

① 何烈：《清代厘金制度的历史背景》，载台湾《大陆杂志》第40卷2期，第27页。
② 《孙中山全集》第1卷，中华书局1981年版，第6页。
③ 《上李鸿章书》，《孙中山全集》第1卷，第10页。

所共享。”[①]亦即通过规定地价、照价征税、照价收买、涨价归公这四个环节，来达到消灭城市土地投机和农村土地兼并的弊病。地价即资本化的地租，其实质如列宁所说，是“把地租即土地所有权交给国家，或者说使土地国有化”[②]。因此这是一种温和的“土地国有论”。这个设想的特点在于让农民有偿地从地主手中获得土地。孙中山认为，动员农民用强硬手段“夺富人之田为己有”的办法是不可取的。

到第一次国共合作时期(1924—1927 年)，由于俄国十月革命的影响和中国共产党的推动，孙中山的思想趋向激进，提出了“耕者有其田”和“农民解放”问题。他在 1924 年的几次演说中，对农民遭受地主盘剥的悲惨处境深表同情，他说：“中国的人口，农民是占大多数，至少有八九成，但是他们由很辛苦勤劳得来的粮食，被地主夺去大半，自己得到手的几乎不能够自养，这是很不公平的。”他断定：“农民问题真是完全解决，是要‘耕者有其田’，那才算是我们对于农民问题的最终结果。”[③]

但是孙中山仍旧坚持通过有偿征收的办法来解决土地问题，这叫做“和平解决”：“对于地主，要解决农民问题，便可以照价去抽重税；如果地主不纳税，便可以把他的田地拿来充公，令耕者有其田，不至纳租到私人，要纳税到公家……让农民可以得利益，地主不受损失，这种方法可以说是‘和平解决’”。[④] 这明显具有温和的

---

① 《军政府宣言》，《孙中山选集》，人民出版社 1981 年第 2 版，第 78 页。

② 《中国的民主主义和民粹主义》，《列宁选集》第 2 卷，第 427 页。

③ 以上引文均见《三民主义》，《孙中山选集》，第 849—850 页。

④ 《在农民运动讲习所第一届毕业典礼上的演说》，《孙中山选集》，第 938—939 页。

渐进色彩。

孙中山的土地思想是其“三民主义”革命纲领的重要组成部分，“平均地权”和“节制资本”同为“民生主义”的两大要旨。他把土地问题连同资本问题一并视为解决中国社会问题的枢纽，触及到了问题的要害，体现了孙中山作为近代民主革命先行者的远见卓识及其宏图伟略。孙中山认为，民生主义就是为了实现“贫富均等”，这与西方舶来的社会主义学说和中国传统的儒家大同思想并无本质的不同，“故民生主义就是社会主义，又名共产主义，即是大同主义。”[①]由此可见孙中山先生对各种学说广采博收、兼容并包的博大胸怀及其广阔眼界；同时也可发现孙中山在当时那股社会主义思潮的影响之下，希望能够避免当时已经显露的资本主义制度的种种弊病，把“富足”与“公平”同时确立为并存的价值目标，为中华民族寻求一条新的现代化道路。凡此种种，均是孙中山的伟大贡献。

但是必须指出，在孙中山的思想中，通过“平均地权”来解决工业化过程中的城市地价剥削问题是其关注的重点，通过变革封建土地所有制来实现“耕者有其田”的思想只居次要地位。加之孙中山所代表的中国民族资产阶级多半与土地有着千丝万缕的联系，因此在他掌握政权的短短数月中，限于客观形势，“并没有主动地实行过土地制度的改革”[②]，这是不能苛求于先贤的。

① 《三民主义》，《孙中山选集》，第 802 页。

② 《毛泽东选集》第三卷，人民出版社 1991 年版，第 1075 页。

第五节 毛泽东和中国共产党的土地革命思想

以毛泽东为主要代表的中国共产党的土地革命思想，从第二次国内革命战争时期提出土地革命主张，到抗日战争时期改变为减租减息政策，再到解放战争时期的《五四指示》和《中国土地法大纲》，最后是解放初期《中华人民共和国土地改革法》的颁布，其间有一个提出、发展、纠错并逐步丰富完善的曲折过程。

在长期的革命斗争中，毛泽东对旧中国的土地问题多次进行实地调查，如1926年的湘潭佃农调查，1927年的《湖南农民运动考察报告》，1928年的湘赣边界调查，1930年的寻乌调查和兴国调查等。这是毛泽东土地革命思想赖以形成的必备前提和客观基础。1927年蒋介石发动“四一二”反革命政变，同年8月中共中央“八七”会议确定了土地革命和武装斗争的总方针。随着井冈山革命根据地的开辟、建立和扩大，土地革命在摸索经验的曲折过程中逐步深入。1928年12月《井冈山土地法》颁布，宣布“没收一切土地”，并禁止土地买卖。1929年4月的《兴国土地法》改为“没收一切公共土地及地主阶级的土地”，宣布农民分到手的土地“由他私有”，“租借买卖，由他自主”。1933年6月毛泽东在八县查田运动大会上强调，消灭富农的倾向是错误的，侵犯中农利益是绝对不允许的[①]。这些情况说明，在第二次国内革命战争(1927—1936年)

---

① 参见陈益寿:《毛泽东经济思想研究》，经济科学出版社1993年版，第38—40页。

期间，中国共产党的土地革命路线已经基本形成[①]。

抗日战争时期(1937—1945年)，民族矛盾上升为主要矛盾，为了争取和团结国内各阶级、阶层一致抗日，中共中央于1937年2月主动提出不再没收地主土地，同年8月，毛泽东把"减租减息"列为"十大救国纲领"之一[②]。从1939年冬起，各抗日根据地陆续开展减租减息斗争，有"二五减租"(即按原租减去25%)、"分半减息"、"一分减息"(即年利不得超过10%—15%)等几种形式。当时的政策性考虑是：一方面通过减租减息来削弱封建剥削，改善农民生活，提高他们的抗日积极性；另一方面又实行交租交息，使地主保留部分剥削利益，争取他们参加抗日斗争。从全国范围来看，这种做法也是国共两党实行第二次合作的政治前提。

抗战胜利后，中共中央于1946年5月4日及时发布《关于土地问题的指示》(此即著名的《五四指示》)，标志着抗战时期减租减息政策开始向没收地主阶级的土地分给农民的政策过渡。此后不久，国共两党间爆发了全面内战，以毛泽东为首的中国共产党人决心用广泛深入的土地革命来发动农民，争取农民，从而支持解放战争。为此，中共中央于1947年7月至9月召开全国土地会议，制定了《中国土地法大纲》，明确宣布："废除封建性及半封建性剥削的土地制度，实行耕者有其田的土地制度。"《大纲》规定乡村中一切地主的土地及公地由乡村农会接收，连同乡村中其他一切土地，按乡村全部人口，不分男女老幼，统一平均分配，所分土地即归各

---

① 中共中央党史研究室：《土地革命纪事(1927—1937)》，求实出版社1982年版。

② 《为动员一切力量争取抗战胜利而斗争》，《毛泽东选集》第二卷，人民出版社1991年版，第356页。

人所有。1948年4月，毛泽东将共产党的土地改革路线明确表述为：

> 依靠贫农，团结中农，有步骤地、有分别地消灭封建剥削制度，发展农业生产[①]。

这条总路线总结了中国共产党数十年土地革命经验，其中包含着如下几个主要思想：一是依靠贫农，团结中农，充分发动群众，自己解放自己的思想；二是必须从实际出发，区别新解放区、老解放区、恶霸地主和开明士绅等不同情况，有步骤有分别地进行土地改革的思想；三是保存富农经济、中立富农的思想；四是土改要促进农业生产发展的思想[②]。

按照马克思主义的经典理论，社会主义运动的主力军是无产阶级，革命胜利后应当实行土地国有制。但是20世纪上半叶的中国是个农民占全国人口的80%以上、地主土地所有制占据主要地位、工人充其量只有200万之数的农业大国。毛泽东从农业中国这个最大的实际出发，主张中国革命要分两步走：第一步是新民主主义革命，没收地主土地归农民所有，变地主土地所有制为个体农民私有制，这正是新民主主义革命的三大纲领之一（其他两项是没收四大家族的垄断资本归国家所有，保护民族工商业）。第二步再通过合作化道路，引导个体农民走社会主义集体化道路。

在新民主主义革命阶段，在毛泽东看来，土地革命、武装斗争

---

① 《毛泽东选集》第4卷，第1314页。

② 陈益寿：《毛泽东经济思想研究》，第43—48页。

和根据地建设是中国革命的重要部分。正确地、深入地开展土地革命，不仅是新民主主义革命的主要内容，而且是这个革命取得胜利的必要条件。1927 年，毛泽东在《湖南农民运动考察报告》中明确指出："国民革命需要一个大的农村变动。辛亥革命没有这个变动，所以失败了。现在有了这个变动，乃是革命完成的重要因素。"[①]在解放战争初期，毛泽东告诫全党："凡……深入和彻底地解决了土地问题的地方，农民即和我党我军站在一道反对蒋军进攻"，要求"各地必须在今后几个月内，不论战争如何忙，坚决地领导农民群众解决土地问题。"[②]"小米加步枪"的八路军、解放军在短短三年的时间里能够打败数百万美式装备的国民党军队，其伟大力量蕴藏在分到了土地的千百万农民之中。在这个意义上，可以说解放战争的胜利其实就是土地改革的胜利。正如 1948 年毛泽东在《在晋绥干部会议上的讲话》中所强调的："封建主义是帝国主义和官僚资本主义的同盟者及其统治的基础。因此，土地制度的改革，是中国新民主主义革命的主要内容。"[③]

高力克指出："毛泽东的非同凡响之处在于，他在年轻的中国共产党人因马克思主义经典理论与中国实际之间的巨大时空距离而一筹莫展之时，独具慧眼地超越了教条主义的理论范式（劳资'阶级斗争'），而在中国这一东方农业大国中找到了亿万'满山遍野'的农民大军，从而确定了中国革命的主体（农民）和性质（民主革命）……毛泽东'农民革命'理论的创意在于，它揭示了东方殖民

---

① 《毛泽东选集》第 1 卷，人民出版社 1991 年版，第 16 页。

② 《毛泽东选集》第 4 卷，第 1208 页。

③ 同上，第 1313—1314 页。

地半殖民地农业国走向社会主义现代化的现实有效的途径。”[1]历史实践证明，中国共产党在20世纪中叶以“耕者有其田”为目的而实施的全国土地改革，彻底废除了有两千余年历史的封建土地制度，极大地调动了数亿农民支援解放战争、恢复农业生产的积极性，在中国大地上结出了丰硕的革命成果。

① 高力克：《历史与价值的张力》，第241页。

结语 “农商社会”的过去、现在和未来

前面14章扼要考察了中唐以降我国农村经济制度的变迁历程。从长时段看，制度变迁总体上要慢于社会变迁，因为制度本身原是社会现存关系在上层建筑中的必然反映。特别是宋代以后的江南区域社会经济，在发达的农业生产基础之上，已经生长出不少带有近代色彩的工商业文明要素，但农村经济制度却仍然停留在前近代时期，制度演进和社会经济变迁形成鲜明反差。职此之故，本章的任务就是通过“农商社会”这个判断来考察中国经济近代转型之命运和前途，试图从中引出一些应有的经验教训来。

农商社会，是我对宋以降江南区域社会经济的一种近似概括。农商社会的前身，无疑是建立在自给自足自然经济之上的古代农业社会；农商社会的发展前景，当然应是现代工商社会。亦即农商社会是处在古代农业文明和现代工商业文明之间的一个历史阶段。拙见以为，宋以降江南地区的社会经济就处在农商社会这个阶段之中。这个阶段最为重要的特征是：商品经济的再度盛行及其对自然经济的瓦解，而这又是在农村基本的生产方式（小农经营和租佃经济）没有发生根本性变革的前提下发生的变化，于是形成农商并重这样一种与以往不同的世相来。

这种商业氛围比较浓烈、商品经济比较发达的情形，尤以太湖流域为中心的长江三角洲地区最为典型。本章所论即以该地区即狭义江南为重点。

第一节 江南区域社会经济的同质性考察

近二三十年来，区域史研究在国际历史学界方兴未艾，日益成为史学和其他各门类社会科学中的一门“显学”。如果说以布罗代尔为代表的法国年鉴学派在20世纪中叶开创了综合性区域研究的风气，那么美国学者施坚雅（G. William Skinner）1964年发表的《中国农村的集市和社会结构》则在中国农村研究中具体实践了区域史研究的理论和方法。施坚雅认为，将拥有960万平方公里的中国作为一个整体来研究是行不通的，应该将中国划分成几个大的区域作分别研究，方能接近历史真相。他在1985年就任美国亚洲研究协会主席时发表的《中国历史的结构》之演说中，秉承其区域史研究的理念，指出中国各大区域各有其自身的发展周期，历史盛衰变化的“长波”在各大区域之间经常是不同步的，例如“东南沿海和华北区域的发展，就毫无同步性可言”。[①] 华北和东南沿海这两个区域发展的不同步在中唐以后表现得越来越明显，以致有人认为“黄河中游区域大约从中唐后期开始，之后的一千年间，大致可以说是已趋停滞，但长江

---

① 〔美〕施坚雅：《中国历史的结构》，《亚洲研究杂志》总44期，1985年2月。中译文见王旭等译《中国封建社会晚期城市研究》，吉林教育出版社1991年版，第1—24页。

中下游地区……只是到18世纪中后期，也就是乾隆中期以后，才看出南方经济也趋于停滞。”[①]此话说得多少有些绝对，如将“停滞”一词换成“发展速率趋缓”，此说大致可以成立。但问题的关键不在这里，而在于要揭示这两个区域发展速率发生差异的各自不同原因。在我看来，除了黄河流域垦殖过度、生态恶化这个原因之外，中唐以后黄河流域发展速率趋缓的原因主要是止步于商品经济，即仍局限在自给自足的自然经济形态中；而南方即长江流域在人口日益增加、农业生产发展的基础上，则因商品经济的兴起而加快了自身的发展速率。清中叶以后，江南发展速率趋缓的主要原因则是止步于工业企业的兴起。此点留待后论。

其实学术界许多前辈对江南和华北两大区域的经济结构与社会形态存在着重大差别这一点均有察觉，并从不同角度揭橥其肇因，其中尤以日本学者用力为多。桑原骘藏早在1925年就发表了长篇论文《从历史上看南北中国》，[②]随后冈崎文夫和池田静夫合著的《江南文化开发史——其历史地理的基础研究》、[③]加藤繁的《从经济史方面看中国北方与南方》、[④]宫崎市定的《中国经济开发

① 鲁西奇:《区域历史地理研究:对象与方法——汉水流域的个案考察》,广西人民出版社2000年版,第11页。

② 〔日〕桑原骘藏:《从历史上看南北中国》,《白鸟博士还历纪念东洋史论丛》,岩波书店1925年版,第387—480页。

③ 〔日〕冈崎文夫、池田静夫:《江南文化开发史——其历史地理的基础研究》,弘文堂1940年版。

④ 〔日〕加藤繁:《从经济史方面看中国北方与南方》,氏著《中国学杂草》,生活社1944年版。

史概要》[①]等论著分别从人口南移的进程、产业结构的变化、社会的商业化倾向,以及科举精英的流动和社会文化的渗透等方面,展示了华北与江南两大区域之间的种种差别。1988 年出版的日本著名汉学家斯波义信的巨著《宋代江南经济史研究》[②],则被誉为具有“里程碑”意义的区域史研究名作。此书将施坚雅的静态市镇网络模型发展为动态生态模型,对宁波港及其腹地的贸易和生态环境做了具体生动的复原描述。斯波义信认为:

> 8—13 世纪的中国取得了很大的经济增长,从而带来了社会和文化方面的变化。总之,可用一句话概括为:与其说是“纯农业文明”,不如说是“都市化文明”含有更多的固有特征,这是延续到 19 世纪中国社会的最大特色。[③]

也就是说,宋以降江南社会带有更多的“都市化文明”之特征,而且这一特征一直延续到 19 世纪,这是其与此前的汉唐社会和同时代的华北社会形成差异的主要表现;而宋代社会,特别是江南区域之所以显现出更多的“都市化文明”特征,则是由宋代江南社会经济变革,特别是农业变革、交通变革、商业变革等一系列变革促成的。

中国学者当然也做了不少工作。早在 20 世纪 40—50 年代,宋史前辈张家驹就着力研究我国经济重心的南移问题,其成果以《两宋经济重心的南移》[④]一书面世。台湾学者刘石吉连续发表长

---

① 〔日〕宫崎市定:《中国经济开发史概要》,《亚洲史研究》第四,东洋史研究会 1964 年版。

② 〔日〕斯波义信:《宋代江南经济史研究》,此著有方健、何忠礼的中译本,由江苏人民出版社 2000 年出版。此译本封面译者署名“方键”,乃“方健”之误。

③ 〔日〕斯波义信:《宋代江南经济史研究》,第 65—66 页。

④ 张家驹:《两宋经济重心的南移》,湖北人民出版社 1957 年版。又见《张家驹史学文丛》,上海人民出版社 2010 年版,第 105—208 页。

篇论文，讨论明清时期江南市镇的近代转型问题，后结集成《明清时代江南市镇研究》[①]出版。他认为明清时期江南市镇的兴起和发展主要反映了商业资本主义的发展，表明其时江南地区的经济结构发生重大变化，江南地区的近代化已经达到相当水准。他说：

> 明清以来，商品经济的发展和商业市镇的兴起，在江南地区更是普遍与突出的现象，经济结构在此起了大变化，初期的资本主义业已萌芽发展。19世纪中叶西方经济势力冲击到中国沿海，及近代通商口岸都市出现之前，江南地区的“近代化”（不是“西化”）的程度已经达到相当的水准。[②]

刘石吉的主要依据是江南棉织业“已由家庭手工业制度转变为作坊（甚至工场）的工业生产方式；其中的手工业者不再自由独立，而变为没有生产工具的雇佣劳动者。”[③]刘氏认为，“以明清两代商业市镇作为指标，可以清楚地观察近代江南商业资本主义的发展与都市化的过程特征。”[④]“这些市镇中的包买商、牙行及机户（或账房、织工与机匠）与附近乡村的农户，逐渐形成连锁性的生产与消费关系。”[⑤]“明清以来，江南这些专业市镇的兴起，配合与代表了新兴产业资本主义的扩张。”[⑥]

复旦大学樊树志先生是著名的明清史专家，他在《明清江南市

---

① 刘石吉：《明清时代江南市镇研究》，中国社会科学出版社1987年版。

② 同上，第1页。

③ 同上，第20页。

④ 同上，第69页。

⑤ 同上，第70页。

⑥ 同上，第71页。

镇探微》[1]和《江南市镇：传统的变革》[2]两书中深化了刘石吉的研究，同样认为江南区域经济在市场勃兴的带动下发生了重大变革。他说：

> 江南地区经过长期的开发，到明代进入经济高度成长时期，最先显示出传统社会正在发生的变革，社会转型初露端倪。农家经营的商品化程度日益提高，以农民家庭手工业为基础的乡村工业化（即学者们所说的早期工业化），在丝织业、棉织业领域达到了世界先进水平，工艺精湛的生丝、丝绸、棉布不仅畅销于全国各地，而且远销到海外各国，海外的白银货币源源不断地流入中国。从这个意义上讲，江南市镇已经领先一步进入了“外向型”经济的新阶段。[3]

樊树志先生所强调的江南地区早期工业化的启动问题，李伯重有专书研究，此即出版于2000年的《江南的早期工业化（1550—1850年）》[4]。他认为江南地区早期工业化进程始于明嘉靖、万历时期，终于清道光末年，大约经历了1550—1850年间的三个世纪[5]，其动力主要是被称为“斯密型动力”（the Smithian Dynamics）即分工和专业化的发展[6]。而劳动分工则受市场大小所限，所以“斯密型成长”（the Smithian Growth）的极限就是市场的容量。换

---

① 樊树志：《明清江南市镇探微》，复旦大学出版社1990年版。

② 樊树志：《江南市镇：传统的变革》，复旦大学出版社2000年版。

③ 同上，第2页。

④ 李伯重：《江南的早期工业化（1550—1850年）》，社会科学文献出版社2000年版。

⑤ 同上，第24页。

⑥ 同上，第534页。

言之，市场的扩大是早期工业化进程的重要推动力量。[①] 但在数年后出版的《多视角看江南经济史(1250—1850)》[②]中，李伯重又说，若就狭义江南即长江三角洲而言，从13世纪初到19世纪中叶，也就是南宋后期到清朝中叶这六个多世纪，确实是一个经济成长方式发生重大变化的时期，即从以前的“广泛型成长”(the Extensive Growth)转变为“斯密型成长”。[③] 这就是说，由“斯密型动力”推进的早期工业化从南宋就开始了。

从以上简要征引中，我们看到，确有不少中外学者认为南宋以降江南区域社会经济发生了重大变化，其中尤以农产品商品化的扩大、市镇网络的兴起、内外贸易的发展以及早期工业化的发轫等现象特别引人注目。也正是这些新经济现象的出现，使宋元明清时期的江南社会与汉唐社会以及与同时期的华北地区在产业结构、经济类型和发展方向上区别开来。笔者将宋以降江南社会概括为“农商社会”无疑得益于学界前辈和同侪先进的启发。

应当说，农商社会自身有一个慢慢成形和逐步扩展的过程。在其形成初期即宋元阶段，不免带有其前身即汉唐自给自足的农业社会的诸多痕迹，成长中的商品经济地盘也难免稍嫌狭窄。到其中期即明中叶至清中叶的三个世纪中，至少在狭义江南即长江三角洲地区，农商社会已俨然成型，并沿着长江和东南沿海向内地扩展(当然，内地还有不少地方仍处在自然经济之中，中国实在太

---

① 李伯重:《江南的早期工业化(1550—1850年)》，第535—536页。

② 李伯重:《多视角看江南经济史(1250—1850)》，三联书店2003年版。

③ 同上，第8—9页。

大了)。晚清到民国时期,则进入到农商社会后期。此时国际形势发生巨变,经过工业革命的英法等国用武力叩开中国国门,外国资本主义挟其机器生产之威力从沿海逐步渗入内地,江南区域经济被迫发生调整并出现分化。少数都市(例如上海、宁波、天津、武汉、广州等地)及其周围地区因机缘巧合走上工业化道路迈进工商社会门槛;也有部分市镇或原地踏步或趋向衰落;而广大内地农村则停滞不前,陷于刘易斯所说的“二元经济”之泥淖中苦苦挣扎。

我认为,宋以降江南“农商社会”具有如下五大历史特征,当然各个特征在分布地域和发展程度上是有差别的,但这些特征的出现及其演进仍然具有相当的同步性,它们之间也具有内在的逻辑一致性。

第二节 农商社会的诸般特质

一、商品性农业的成长导致农村传统经济结构发生显著变化

中古农业社会基本是一个自给自足的社会,其主要景观是茅舍炊烟、春耕秋收,一派田园风光,交换和商业活动即使有也无足轻重。而现代工业社会的主要景观则是城市崛起、工厂林立、机器轰鸣,绝大部分生产和生活资料需要从市场上获得。在这两种场景的社会之间还存在着一个商业逐步发展、市场逐步扩大、交换和货币逐步变得重要的过渡阶段。在这个过渡阶段中,日渐增多的交易活动导致农村现有的经济结构同时在两个方面发生改变:一

是小农经济由自给性向自给性和交换性相结合的方向转化，且交换性持续加强，有赶上或超过自给性的趋势，即小农从使用价值的生产者向交换价值的生产者逐步转化；二是，相应地，农村经济中的非农产业得到增长，随着种茶、制糖、养蚕、缫丝、纺织以及多种土特产等新型生产项目的引进和扩展，农民经济收益表中的非农收入大幅增长，此时的农村经济已是包括种植业、手工业、商业、交通运输业和其他服务业在内的有机体系，而与原先男耕女织的单一结构相区别。

史实表明，这个过程是从农产品商品化和小农的多种经营开始的。所谓“商品性农业”指的就是农业内部专为出售而生产的那些分支。除余粮出卖外，这些分支多与经济作物相关，涉及蚕桑、棉花、茶叶、苎麻、甘蔗、果树、蔬菜甚至花卉、药材和经济林木等多种门类。当这些产品的生产达到一定规模，同时在产地周围存在着必不可少的市场时，生产者的着眼点自然会从商品的使用价值转向它的交换价值。就是说生产者不再为自身的消费而生产，而是通过把产品投入市场，换成货币，来补偿其生产成本和活劳动的消耗。在宋代，已有不少桑农、茶农、果农、蔗农、菜农从单一的粮食种植业中分离出来，开始了自己独立发展的进程。

以蚕桑和茶叶为例，两浙地区约在北宋中叶发明了先进的桑树嫁接技术，引发了桑树栽培史上的一场革命，①极大地推动了太湖流域蚕桑业的发展。宋人谈钥在《嘉泰吴兴志》中介绍了湖州一带种植桑业的兴旺景象，说“（湖州）山乡以蚕桑为岁计，富室有蚕

---

①　黄世瑞：《我国历史上蚕业中心南移问题的探讨》，《农史研究》1986年1期。

至数百箔，兼工机织。”又说“今乡土所种，有青桑、白桑、黄藤桑、鸡桑，富家有种数十亩者。檿桑、山桑也，生于野。”[①]据南宋洪迈记述，湖州地区的某些村落中，已不乏“递年以桑蚕为业”[②]的农户。据程俱所言，秀州以及“杭、湖等州属县，多以蚕桑为业”。[③] 据原籍湖州、又在越州做过通判的施宿说，越州剡县（后改嵊县）的“商人贩妇，往往竞取”本地机户所织的“强口布”，“与吴人为市”。[④]而剡县所属的绍兴地区更是“习俗务农桑，事机织”。[⑤]

再看茶叶。茶树性喜温湿，产茶之地几乎全在江南丘陵地区，尤以江、浙、闽和四川、淮南为多。茶叶种植自唐代兴起，至宋代已遍及南方 97 个州郡，北宋中叶产茶在五六千万斤左右，南宋增至一亿斤上下。以每斤均价 30 文计，产值达 200 万—300 万贯铜钱，折合米约 200 万—300 万石，相当于北宋漕粮总量的三分之一到二分之一。[⑥] 可见茶叶已与谷帛为伍，成为市场上又一主要商品。

更为关键的是，有相当一部分茶园种植者从粮食种植业中分离出来了。北宋吕陶以其亲见亲闻向神宗皇帝报告说：“今川蜀茶园，本是百姓两税田地，不出五谷，只是种茶，税赋一例折科，役钱一例均出。自来采茶货卖，以充衣食。”[⑦]吕陶还寄茶给宋君仪，宋以诗谢吕，吕和诗称：“九峰之民多种茶，山村栉比千万家。朝脯伏

---

① 谈钥：《嘉泰吴兴志》卷二〇《物产》。

② 洪迈：《夷坚志丙》卷一五《朱氏蚕异》条。

③ 程俱：《北山小集》卷三七《乞免秀州和买绢奏状》。

④ 《嘉泰会稽志》卷一七《布帛》。

⑤ 《会稽掇英总集》卷二〇载沈立《越秀图序》。

⑥ 葛金芳：《中国经济通史（第五卷）》，湖南人民出版社 2002 年版，第 233—235 页。

⑦ 吕陶：《净德集》卷一《奏具置场买茶旋行出卖远方不便事状》。

腊皆仰此，累岁凭恃为生涯。”[①]这些记载说明，宋代茶农与前述蚕桑户一样，以生产茶叶作为自家生活的基本来源，他们从事的已是商品性生产，因此茶叶种植业也已成为农业生产中的一个独立分支了。

明清时期农产品商品化的种类、规模和地域都有明显扩大。特别是美洲的烟草、花生、向日葵等经济作物先后传入我国，这些作物是制烟业、榨油业等行业的基本原料，所以其种植面积有不断扩大的趋势。据王社教《苏皖浙赣明代农业地理研究》[②]提供的数据，明朝初年，苏、松、常、嘉、湖五府的水稻种植面积约占总耕地面积的85%，到明代后期下降到66%，考虑到还存在豆、麦等其他粮食作物，以棉花为主的经济作物的种植比例估计达到三四成。而据1920年代中国经济统计研究所对吴兴县(即湖州的归安、乌程二县)之调查，平均每户农民使用各种田地9.78亩，其中稻田为6.61亩，桑地为2.78亩。[③] 桑地尽管只有粮田面积的一半，却提供了农户一年生计之半。明人徐献忠述及湖州一带农村经济，即谓“田中所入蚕桑各具半年之资。”[④]而当地从事非农产业的人，亦占半数左右。如清人邢辅说：“十人之中，农民仅居其五，而士贾与异端游惰之民以及异端之工贾，亦居其五。”[⑤]这种情况直到20世

---

① 吕陶：《净德集》卷三一《以茶寄宋君仪有诗见答和之》。

② 王社教：《苏皖浙赣明代农业地理研究》，陕西师范大学出版社1991年版，第96—97、320页。

③ 刘大均：《吴兴农村经济》第四章“土地问题”，中国经济统计研究所1928年印行，103页。

④ 徐献忠：《吴兴掌故集》卷一二《风土》，吴兴丛书本。

⑤ 邢辅：《文襄奏疏》卷七《生财裕饷第一疏》，文渊阁四库全书本。

纪中叶仍无多大改变。据《浙江省蚕业改进所1950年春蚕工作总结报告》，当年蚕丝收入在主要蚕区尚占农民经济收入十分之三左右，较战前(1936年)约减少三分之二。[①] 照此估算，1930年代浙江蚕区农民蚕丝收入亦接近全年收入的一半左右。可见，江南农民通过经济作物的种植的确提高了自身的收入水平，包括粮食在内的农产品商品化程度也随之水涨船高了。到清中叶鸦片战争前夕，按吴承明的估计，粮食的流通量约有245亿斤，占总产量的10.5%，而棉布的商品量约为31000万匹，占产量的52.8%。[②] 依据吴柏均对无锡区域经济所作的研究，无锡蚕桑业在太平天国运动之后兴起，到19世纪末至20世纪初，已有三分之二以上的农户从事植桑养蚕，突破了原先以粮食为主体的单一种植结构。与此同时，缫丝、花边、砖坯、草席、打制铁器等也已成为农户的经常性生产项目。这些非农产业成为农村中的重要生产部门，到20世纪30、40年代，其产值已占农业总产值的60%以上，说明农村的土地、劳力、资本等重要经济资源得到重新配置，大大提高了当地经济成长率。[③]

这种情况在长江三角洲的许多城镇及其周围地区均有不同程度的表现，也就是说，宋以降江南农村经济已经演变为农业、手工业、商业、运输业和其他服务业在内的一个有机体系。这个生产体

① 浙江省档案馆藏，全宗号J116—4—37。转引自包伟民、黄海燕《专业市镇与江南市镇研究范式的再认识》，《中国经济史研究》2004年3期。

② 许涤新、吴承明主编：《中国资本主义萌芽》，人民出版社1985年版，第17页。

③ 吴柏均：《中国经济发展的区域研究》，上海远东出版社1995年版，第235—242页。

系中，非农产值逐步赶上或超过原来的农业产值，农民的非农收入已有显著增长。这是传统经济结构在商品经济兴起后发生的第一个重大变化。

二、江南市镇兴起、市镇网络形成，城市化进程以市镇为据点不断加速

宋代城市的繁荣和乡村市镇的兴起给中外学者留下了极为深刻的印象。早在1972年，美国学者马润潮即在其博士论文中说："宋代时期以快速的经济成长与商业发展而著名，此期间商业力量的兴盛使其将城市的性质作显著的改观，其改变之大，致使城市除了作为行政所在地之外均达到中国有史以来前所未有的商业化。"[①]

都市化进程的基础当然是粮食剩余率的提高和农村产业结构的改变，特别是经济作物种植面积的扩大为城镇手工业提供日益丰富的各种原料；其次是城市手工业和商业的发展为都市化进程提供了源源不绝的活力；第三是乡村地区大批市镇的兴起，这些基层市场作为城乡产品交换的渠道，为城镇经济提供了源源不绝的粮食、商品和时时扩大的市场；另外，日趋改善和扩大的交通网络，则像血管一样，为都市化进程输送着必不可少的物质养料。宋以降江南市镇的兴起，反映的是中国传统经济中商品经济成分不断增长这一重要历史事实，理所当然地引起中外学者的广泛关注。前面提到的刘石吉先生通过整理地方志资料，指出宋代至明中叶

---

① 马润潮：《宋代的商业和城市》(*Commercial Development and Urban in Song China*, 960—1279)，台湾中国文化大学出版部1985年版。

是乡村市镇的萌芽和形成期，16世纪以后加速发展，在明正德（1506—1521年）、万历（1573—1620年）至清乾隆（1136—1795年）年间市镇数量增加一倍以上，尤其是19世纪中叶以后，市镇进入快速成长的鼎盛时代，而长三角和杭州湾附近地区则最为明显。[①]

其实，宋代，特别是南宋，市镇网络已经形成，至少从太湖流域来看是这样。1989年，厦门大学教授傅宗文即有《宋代草市镇研究》[②]一书问世。此前，李春棠已指出，南宋疆域缩小，但仍有1280个镇和4000个集市。[③] 陈国灿亦认为，市镇发展史的第一个高潮是在南宋时期形成的，而地处浙北平原和浙东沿海的临安、嘉兴、湖州、绍兴、庆元、台州、温州等地"无疑属于市镇密集地带"。[④] 如此众多的市镇已经可以按其功能区分出不同的类型，如环城卫星市镇、生产型市镇、交通枢纽型市镇、港口型市镇和乡村墟市等。若就改变农村传统经济结构而言，其中的生产型、交通枢纽型和港口型市镇的作用显得尤为突出。浙东金华"县治城中，民以织作为生，号称衣被天下。"[⑤]可视为纺织市镇。江西铅山场、广东岑水场，宋代常有十余万矿冶工匠聚集于此，这是矿冶城镇。至于以制陶名世的江西景德镇，宋代即有瓷窑300座，陶工数千人。

---

① 刘石吉：《明清时代江南市镇研究》，第156—157页。

② 傅宗文：《宋代草市镇研究》，福建人民出版社1989年版。

③ 李春棠：《宋代小市场的勃兴及其主要历史价值》，《湖南师范学院学报》1983年1期。

④ 陈国灿、奚建华：《浙江古代镇市》，安徽大学出版社1995年初版，2000年再版，第174—175页。

⑤ 刘敞：《公是集》卷51《先考行状》。

明清时期，江南市镇的专业化倾向愈发明显，其中颇多生产型市镇。樊树志指出，明清时期江南市镇中数量最多的是丝绸和棉纺等纺织业市镇，丝业市镇如南浔、乌青、菱湖、震泽等镇，绸业市镇如濮院、盛泽、双林、王江泾等镇，棉业市镇如新泾、鹤王市、七宝等镇，布业市镇如南翔、罗店、朱家角、朱泾、枫泾等镇。粮食业市镇有枫桥市、平望、长安、临平、硖石等镇。此外，还有不少盐业市镇、榨油业市镇、笔业市镇、冶业市镇、窑业市镇、渔业市镇、编织业市镇、竹木业市镇、刺绣业市镇、烟业市镇、制车业市镇、造船业市镇、海运业市镇等。其中多数市镇具有生产型市镇的特征，只是程度有强有弱而已。①

值得注意的是，自宋以降的千余年间，江南地区的市镇数量和密集度均大大超过华北地区。这既是江南与华北这两大区域经济发展水平的高低不同所致，也反映出这两大区域在经济类型和发展路向上已经发生分野，即华北更多地保留着旧有的自然经济气息，不少地区仍停留在封闭的内向型经济体系之内；而江南则显现出浓烈的商业经济氛围，开始具有某种程度的开放的外向型经济特征。

民国时期的市镇，根据单强的统计，包括镇江、常州、无锡、上海、嘉兴、湖州及南京、杭州一部的地区，共 41 县，面积 49 741 平方公里，约 1 940 万人口。② 据刘石吉“明清两代江南市镇统计

---

① 樊树志：《江南市镇：传统的变革》，第 203—214 页；《明清江南市镇探微》，第 243—247 页。

② 单强：《江南区域市场研究——环境、格局及结构》，载胡平主编《近代市场与沿江发展战略》，中国财经出版社 1996 年版，第 107 页。

表”，农村乡镇有1 383个，其中松江303个，常州253个，苏州206个，太仓193个，杭州145个，江宁83个，嘉兴78个，镇江65个，湖州57个。[①] 平均每千平方公里有乡镇27.8个，约36平方公里就有一座乡镇，乡镇间距为6公里。而据从翰香统计，华北冀鲁豫平原民国时期共349县，面积为434 577平方公里，人口6 266万，主要集镇有2 248个。[②] 平均每千平方公里有集镇5.2个，每193平方公里有一座集镇，集镇间距为14.5公里。据此，可制表如下：

表15—1　民国时期南北乡镇密度比较表

	面积（公里²）	人口（万）	乡镇数（个）	乡镇密度（个/千公里²）	乡镇空间（公里²）	镇间距离（公里）	人口密度（人/公里²）	镇贸易区人口（人）
江南	49 741	1 940	1 383	27.8	36	6	390	14 040
华北	434 577	6 266	2 248	5.2	193	14.5	144	27 792

单强认为，“若就乡镇的贸易区域而言，华北是江南的5倍。相反，若就乡镇密度而论，江南则是华北的5.3倍。”在一镇的贸易区内，江南有14 040人，华北有27 792人，华北为江南的2倍。以需求极限（即该区域内须拥有足够的消费者，其需求足以使供货商赚取足够的利润）的原则衡量，江南居民的平均购买力明显高于华北。[③]

此前慈鸿飞亦作过类似的分析。他选择晚清民国时期河北16县和苏南24县作比较，因为苏南“代表了中国集镇发展的最高水平”；而河北则在经济发展水准和地域上更能代表山西、河南、陕

① 刘石吉：《明清时代江南市镇研究》，第142—149页。

② 从翰香：《近代冀鲁豫乡村》，中国社会科学出版社1995年版，第123页。

③ 单强：《近代江南乡镇市场研究》，《近代史研究》1998年6期。

西等地。[①] 河北资料为慈氏自己搜集，江南资料则借用刘石吉《明清时代江南市镇研究》第130—134页、141—150页提供的资料。

表15—2　民国时期河北、苏南乡镇密度比较表

	19世纪下半叶集镇数(个)	每县拥有乡镇平均数(个)	20世纪下半叶集镇数(个)	每县拥有乡镇平均数(个)	乡镇增长数(个)	乡镇增长率(%)
河北10县	168(含县城)	16.8	300(含县城)	30	132	78.6
苏南24县	881(含县城)	36.7	1 696(含县城)	70.7	815	92.5

慈鸿飞与单强这两项研究的结论是一致的，就是江南城镇密度亦即经济发展水平，明显高于华北地区。在近代中国，“集镇经济是介于传统经济部分与现代经济部分之间的二元经济混合体”，“在由农业文明向工业文明转变的历史进程中，集镇经济起过举足轻重的作用”。[②] 我们只要看看改革开放后乡镇企业的兴起和壮大，以及在其带动下小城镇的快速发展，就可以知道市镇经济在社会转型中所扮演的重要角色，和它们在我国现代化、城市化进程中所起的推动作用是多么巨大了。

需要强调的是，宋元明清时期的农村集镇当然还没有现代工业企业，所以不能和改革开放后的新兴小城镇简单类比。在现代工业兴起之前，作为“生存于农村经济上面”的市镇，其全部活力来自于周围农村经济。然而，正是在江南农业高度发展的基础上，这

① 慈鸿飞：《近代中国城镇发展的数量分析》，《中国社会科学》1996年2期。

② 同上。

些市镇作为新型的工商业据点，散布在广袤的乡村地区。各式工匠的手工业生产与商业贸易一道，构成了此类市镇经济的主要成分；市镇周围的农业生产（包括粮食和经济作物）和手工业生产，是市镇赖以生长的土壤；交汇于市镇的水陆交通，则是为市镇输送养料的孔道。因此，这种市镇经济既是社会分工和商品经济发达的产物，又是自给自足的自然经济体系的必要补充。其重要意义在于，乡村地区的自然经济体系通过数千墟集市镇而与以城市为基地的交换经济发生日趋广泛而又频繁的联系；与此同时商品交换关系通过遍布各地的基层市场，更加深入而持续地侵蚀自然经济的封闭体系，从而为商品经济的进一步发展打开更为宽阔的道路。特别是江南太湖流域的市镇分布更为密集，可以说已经形成了四通八达的市镇网络。这个新型的网络体系以农产品和手工业品的集散为自己的独具功能，不仅沟通了本地区之间的商品交流，形成了具有自己特色的地方性区域市场，而且沟通了本地区与外地（如闽广、两淮以及京畿等地区）的商品交换，从而在不同程度上把当地经济纳入了全国性市场网络之中，其影响是极为深远的。如果考虑到此期间海外贸易的拉动作用，则可以认为江南区域经济确有某些外向型经济的特征在，此点留待本节第四目再论。

三、早期工业化进程开始启动，经济成长方式从传统的“广泛型成长”向“斯密型成长”转变

所谓早期工业化，亦称“原始工业化”（Proto-Industrialization），按照美国学者门德尔斯（Franklin F. Mendels）的定义，指的是“传统

组织的、为市场的、主要分布在农村的工业的迅速发展”。[①] 欧洲和北美的经济史家发现，早在18世纪欧洲工业革命之前的几个世纪中，分布在城市以及乡村地区小型、分散的工业发展，对经济增长和社会进步起过巨大的推动作用。这种作用集中表现在从资金、企业主、工人、技术乃至市场方面，为其后的工业革命准备了条件。因为正是在原始工业化进程中资本逐步增值，企业主开始成长，雇佣工人日渐增多，机械使用不断推广，市场赖以扩展，雇佣关系、包买制等惯例随之渗透到经济生活中去，预示着资本主义生产关系的一些重要特征日渐凸显出来。十几年前我曾有专文论及早期工业化进程在宋代的启动问题。[②] 近因看到李伯重先生《江南的早期工业化》[③]一书，极富启发，故在拙著《南宋手工业史》[④]中再次申述自己对早期工业化的相关认识。

正是在宋代，煤炭采掘业正式进入规模作业时代，并在冶铁、铸钱、制陶等部门中作为新型能源大显身手。铁的产量每年达到7.5万—15万吨，这个数字是1640年英格兰和威尔士产量(3万吨)的2.5—5倍，并且可以和18世纪初整个欧洲(包括俄罗斯)的总产量14.5万—18万吨相比拟。[⑤] 在煤铁革命的推动下，宋代手

---

① 〔美〕门德尔斯：《原始工业化：工业化进程的第一阶段》，载〔美〕《经济史评论》第32卷1期，1973年3月。

② 葛金芳：《从原始工业化进程看宋代资本主义萌芽的产生》，《社会学研究》1994年第6期。

③ 李伯重：《江南的早期工业化(1550—1850年)》，社会科学文献出版社2000年版。

④ 葛金芳：《南宋手工业史》，上海古籍出版社2008年版。

⑤ 〔美〕罗伯特·哈特威尔(中文名郝若贝)：《北宋时期中国的煤铁工业的革命》，《亚洲研究杂志》1962年2月，中译文载《中国史研究动态》1985年5期。

工业部门获得很大发展，各种技术革新层出不穷，例如矿冶业中“灌钢法”的推广和胆铜法（水法冶金术）的发明，造船业中干船坞的发明和航海罗盘的广泛使用，井盐业中借用钢制“圜刃”开凿深口窄井之技术的开创，纺织业中脚踏纺车的推广和水转大纺车的创制，印刷业中活字印刷术的发明，以及兵器制造业中火药武器的发明和运用等。可以毫不夸张地说，宋代是我国古代历史上科技成果最丰、进展速度最快、对后世影响也最大的一个时期。如果说人口的增长（北宋后期已迈上1亿台阶）、农业生产率的提高（以一年两熟的复种制和商品性农业为标志）为早期工业化提供了基础性前提，那么日新月异的科技成果则是手工业快速成长的内在动力。当然，由于早期工业化的一个本质特征是“为市场而生产”，因此宋代国内市场和海外市场的扩大无疑为制瓷、纺织等行业进行商品生产提供了重要助力。

从产业结构来看，早期工业化无非是指传统社会中矿冶、纺织、制瓷、造船、建筑、造纸、印刷、食品加工以及金属器皿和竹木制造等非农产业比重的上升并逐步接近农业比重这样一个历史进程。史实表明，宋以降手工业各门类的生产确在扩大，特别是明清时期的江南地区，确有不少地方其非农部门的产值逐步接近甚至赶上并超过农业产值。除前面提到的无锡以外，在苏松一带不少棉布业市镇的非农产值亦不可小觑。这些市镇中多有布商委托“包头”开设踹坊、染坊等加工作坊，史料反映，清雍正、乾隆年间，苏州“以砑布为业”的踹匠就一万余人，加上染坊所在之染匠，共有二万余工匠，蔚为大观。[1] 乾隆时，盛泽镇“雇人织挽”的机坊所在

① 樊树志：《明清江南市镇探微》，第171—172页。

多有，仅“机工”、“曳花儿”者就有数千人。[1] 他如黄溪市、濮阮镇亦如此。前引李伯重《江南的早期工业化》一书，则以翔实材料揭示出明清时期的纺织业、食品业、服装制造业、日用百货制造业、烟草加工业、造纸业与印刷业（以上属于轻工业）、工具制造与建材业、造船和修船业（以上属于重工业）等部门中早期工业化进程逐步展开的具体情景。晚清到民国时期，甚至经济相对落后的华北农村，在某些商品经济比较发达的乡镇及其周围地区，早期工业化进程亦有表现。中国社科院学者从翰香主编的《近代冀鲁豫乡村》[2]一书告诉我们，从 19 世纪末到 1930 年，三省乡村已有工商市镇 2 248 个，市镇勃兴标志着乡村经济的兴盛和商业化的长足发展。其原因有二：一是农村经济即农业生产和农村手工业的增长；二是近代交通，特别是铁路的兴起。而大量工商市镇的存在反过来促进了农村人口的市场化活动。此书展现出冀鲁豫三省乡村亦存在早期工业化的状况，尽管其程度较之江南要稍逊一筹。

吴柏均对近代无锡区域经济的研究更是具体而微地展现了该地区在农业种植结构、农民收入结构、劳动就业结构以及现代工业的产生和本地区经济区位等方面发生的重大变革。我们看到，近代无锡在农村土地制度、农业生产和经营方式尚未发生明显变动之情况下，其生产结构和经济结构却发生了显著变化，即突破了单一的粮食种植的局限，蚕桑、手工业、商业和运输等非农收入接近农户年度总收入的一半。其中完全为市场生产的蚕桑业成为农户

---

① 《盛泽志》卷下“风俗”。

② 从翰香：《近代冀鲁豫乡村》，中国社会科学出版社 1995 年版。

的重要生产项目，其收入成为农户现金收入的重要来源。以1929年为例，在生产性收入中，种植业收入为56.49%，养殖业（含蚕桑、家禽）为16.44%，副业和手工业18.07%，商业和运输业为9.00%。亦即非农业收入占到农户年度总收入的43.51%。[①]

再从劳动力就业结构看，在1929—1957年间，无锡从事农业的劳动力占66%—68%（约三分之二），从事非农劳动的占20%上下（约五分之一），若计入离村劳动力，则从事非农劳动的占三分之一左右。具体年份非农劳动力所占比例如下：1929年为30.81%，1936年为32.39%，1948年为36.34%，1957年为41.59%，呈逐年上升趋势。[②] 特别是棉织业、缫丝业和粮食加工业为主体的现代消费品工业的兴起，增加了区域经济的产出总量，加快了经济增长速度。20世纪上半叶无锡工业产值（含手工业和现代工业）在工农业总产值中的比例占到60%以上，无锡的经济区位至此已可视为“开放的工农业并重的经济区位”。[③] 是否可以这样认为，无锡区域经济的这种转型是成功的，早期工业化进程与现代机器工业开始对接并轨，这在事实上代表着宋代以来江南社会经济演进的方向。

苏州、无锡等地以外，早期工业化在江南不少巨镇上也有不同程度的表现。即以久负盛名的南浔镇为例，该镇是明清时期吴兴县的首镇，清末因湖丝贸易而极盛。20世纪30年代镇上多种手工业作坊（含前店后坊式）竟达203家之多。其间金属器皿制造业

---

① 吴柏均：《中国经济发展的区域研究》，第158—161页。

② 同上，第171页。

③ 同上，第236—237页。

有白铁作 3 家、铜锡作 4 家、打铁作 7 家；涉及居民生活用品的有酱油作 6 家、糖坊 3 家、豆制坊 16 家；涉及穿着的有染坊 7 家、裁衣店 32 家、鞋庄 2 家、帽庄 5 家，其他还有木器作 6 家、石作 4 家、漆作 2 家、竹器店 17 家、钉称作 2 家等。[①] 诸如此类的手工作坊几乎在江南每个稍具规模的镇市上都有开设，不过数量有多有少而已。这些手工业部门的产值如汇总而计，一定不是一个可以忽略的小数目，如同我们在无锡看到的那样。

以经济学眼光视之，在早期工业化进程得以启动的地方，其经济成长方式已与此前大有不同，此点意义重大，故稍加申论。传统社会的经济成长方式一般被认为是“广泛型成长”，这种经济成长方式通常只有经济总量的增长，而无劳动生产率的提高，技术进步更是慢得几乎可以忽略不计。而“斯密型成长”的特点则是经济总量和劳动生产率都有提高，技术亦有进步，但尚未实现技术突破。推动斯密型成长的主要动力来自于劳动分工和生产专业化的发展，分工和专业化会明显提高劳动生产率，从而生产出更多更好的产品，这被称为“斯密型动力”。但这些产品一定要能卖掉方能实现原料和人工投入的价值替代，所以分工的扩大和专业化的发展又受市场规模大小的限制。如果某个行业的市场范围扩大，比如从区域市场扩大到区间市场，甚至还有国际市场，那么该行业的发展速度会明显快于其他行业。英国早期工业化的经验证明，海外市场，特别是殖民地市场对工业革命前的英国工业的发展起了极大的推动作用。

---

① 朱从亮等:《南浔镇志》第 2 册引朱憨人《退休老人闻见录》。

宋代也有类似的实例。如神宗元丰年间徐州地区的三十六个铁冶作坊,因政府向其关闭河北市场(怕铁流入辽境)而开工不足,冶户和冶工均有“失业之忧”。经苏轼上疏请求后中央政府撤销禁令,“使铁得北行”,冶户们“皆悦而听命”,因为市场扩大,他们又可开足马力生产了。[①] 而在南宋,我们看到了更多的例证,说明随着海内外市场的扩大,与出口有关的纺织业、陶瓷业都得到了长足的发展。[②] 因此在由斯密型动力所推动的斯密型成长中,劳动分工的扩大和市场的扩大同时扮演了极为重要的角色。从南宋民营手工业的崛起,手工业制造重心向江浙地区的转移,手工业内部技术革新和工艺革命的诸多进展,海外贸易对手工业各部门的强力拉动,以及手工业各门类间和手工业内部劳动分工(包括地域分工)不断扩大,专业化程度不断提高等角度视之,南宋江南地区的经济成长方式确有斯密型成长的诸般特征在,特别是在长江三角洲地区。所以我们判断至少在部分的手工业部门中,宋以降江南地区“斯密型成长”的诸般特征已经显现。我们看到,早期工业化进程虽屡经挫折(如宋元之际、明清之际),但并未中辍,从明清直至民国仍在顽强前行,并逐步扩大自己的地盘,只是到19世纪以后其前行速率因种种原因不能令人满意而已。

四、区域贸易、区间贸易和国际贸易扩展,市场容量增大,经济开放度提高,一些发达地区由封闭向开放转变

如前所述,“农商社会”的最大特征是传统农业社会中商品经

① 《苏轼文集》卷二六《徐州上皇帝书》,中华书局1986年版,第759页。

② 葛金芳:《南宋手工业史》,上海古籍出版社2008年版,第192—201页、第221—228页等处。

济成分的快速成长。宋以降的江南地区，农业仍是基础产业，但是，随着粮食剩余率的提高、煤铁革命的发生、手工业的发展、运输工具（如漕船、海船）的进步和交通条件的改善（如道路、桥梁的修造，以及运河、长江航道和海运的开通），市场容量不断扩大，区域内和区域间的商业贸易成为江南经济增长的重要引擎，而海外贸易更是提供了前所未有的活力。

先看国内贸易。一般来讲，传统小农社会中最具吸引力的商业活动是以价高量轻的奢侈品和土特产为主的长途贩运性贸易，这种贸易主要为统治阶级和社会上层服务，与黎民百姓关系不大，所以其贸易总额难以有大的提升空间。但进入宋代以后，这种长途贩运性的贸易已不占主要地位，虽然它还在延续。宋代以后，贸易中的商品构成发生了重大变化，越来越多的日常生活资料（如粮食、布匹、茶叶和各种手工业制品等）、生产资料（如土地、耕牛、农具、煤炭、木材、船只等）进入商业流通领域，贸易性质由原来的奢侈品贩运性商业变为以居民日用品为主的规模型商业。可以说，宋代市场已在一定程度上起到优化资源配置、提高经济效率的作用。正如傅筑夫先生所说，宋代“商业不再为少数富人服务，而变成供应广大人民的大规模商业，这在性质上是一个革命性变化。”[1]这也正是宋代政府商税收入大幅增长，以致不少年份甚至超过农业“正赋”收入的奥秘所在。

宋代进入市场流通的商品供给量究竟有多大呢？学术界给出了多种不同的估计，贸易总额从1亿贯到4亿贯不等。最早朱瑞

---

① 傅筑夫：《中国封建社会经济史》第5卷，人民出版社1989年版，第2页。

熙以平均每年商税收入一千万贯，按“过税”(2%)和“住税”(3%)的平均值即2.5%计，则每年贸易总额达4亿贯；再按北宋户口最高数二千万户计，则一户每年消费20贯铜钱[①]。这是最高的估计。稍后漆侠按商税率“值百抽五”(5%)，神宗熙宁十年(1077年)商税额714万贯计，则商品流通量为1.42亿贯，再加上零星贸易，“全年贸易总额不超过2亿贯(包括铜钱、铁钱在内)”[②]。吴慧按五纳“过税”和两纳“住税”计，将商税率估计为16%，如商税额达到1 500万贯，则商品的零售总额约达1亿贯[③]。郭正忠按都商税院对漏税货物的罚款不超过货值的三分之一计，认为正常商税率应不超过商品价值的三分之一，则熙宁十年全国最低商品流通量为2 310万贯[④]。近有张锦鹏博士将商税率估计为15%，北宋时期平均每年商税收入为一千万贯，纳税商品总额为6 693万贯，再加上约占5%没有纳税的商品，则总贸易量为7 082万贯[⑤]。折中而计，宋代平均每年进入流通领域的商品总额在1亿贯上下应是大致近实的估计。

在我看来，每年商品贸易总额达1亿贯主要反映北宋的情况。最近我对南宋时期市场商品的流通总额进行具体测算，其中粮食有8000万贯、食盐有4000万贯、茶叶1000万贯，布帛、瓷器、纸张、文具和书籍之类有3000万贯，再加上耕牛1000万贯，农具

---

① 朱瑞熙：《宋代社会研究》，中州书画社1983年版，第17页。

② 漆侠：《宋代经济史》(下册)，上海人民出版社1987年版，第1156页。

③ 吴慧：《从商税看北宋的商品经济》，《中国社会经济史论丛》第2辑，山西人民出版社1982年版。

④ 郭正忠：《两宋城乡商品货币经济考略》，经济管理出版社1997年版，第241页。

⑤ 张锦鹏：《宋代商品供给研究》，云南大学出版社2003年版，第74—76页。

1000万贯，船只、木材和鱼苗之类生产资料至少2000万贯，则南宋中叶每年进入市场的商品总额至少应有2亿贯之巨[①]！

进入明清以后，江南地区特别是太湖流域，不仅本区域内的商贸活动愈加频繁，而且其与区域之外的全国各地，尤其是闽粤、两湖、晋陕和华北平原进行着规模可观的商业交往。据前引刘石吉、樊树志等学者的成果，以太湖流域为主体的长三角地区（包括宁绍平原和杭州湾），已经形成了全国闻名的三类专业市场，闽粤、晋陕以及全国的商人趋之若鹜。

一是棉花、棉布市场，主要分布在松江府、太仓州所属各县。棉花交易市场以嘉定县的新泾镇和太仓州的鹤王市最为典型。每当棉花上市季节，新泾镇“市中交易，未晓而集，每岁棉花入市，牙行多聚。”[②]太仓棉花“比之他乡，柔韧而加白”，故“闽广人贩归其乡者，市题必曰：‘太仓鹤王市棉花’。每秋航海来贾于市，无虑数十万金，为邑首产。”[③]可见太仓棉花和棉布已在福建、广东两省成为家喻户晓的产品，享有极高的美誉度。

二是丝绸专业市场，分布在太湖东南的扇形地区，即苏州府及杭嘉湖地区。明万历年间，湖州南浔镇七里村率先改良蚕种，改进养蚕和缫丝技术，所产之丝具有白、净、柔、韧的特点，成为湖丝最佳者，“七里丝”渐渐成为湖丝的代名词，后改称“辑里丝”，且杭州、

① 参见拙著《南宋的社会经济和对外贸易》下册（《南宋全史》第六卷）第七章第四节“贩运性商业向规模型商业的转变”。上海古籍出版社2012年12月版。

② 张斌：（万历）《嘉定县志》卷三《风俗》。抄本，南京博物馆藏。

③ 林晃：（民国）《增修鹤市志略》卷上《原始》，《增修鹤市志略·物产》卷下，民国36年铅印本。

嘉兴、苏州等地竞相使用“辑里丝”之牌号。清康熙年间,“七里丝名甲天下,辇毂输将,其名上达京师,大贾皆冒七里。”事实上,自晚明直到民国初年,湖州南浔镇一直是湖丝的重要集散中心。每当“新丝上市,商贾辐辏。列肆喧阗,衢路拥塞。”①镇南栅的丝行埭,丝行“列肆购丝”,“商贾骈毗,贸丝者群趋”,极盛时“一日贸易数万金”。② 据《清续文献通考》卷379《实业二》载,辑里湖丝自道光五年(1825年)起大量销往欧美,“优者称细丝,光彩鲜艳,韧力富足,为外人所喜。……岁销五六万包(每包八十斤)。”据此,每年则约有500万斤左右的外销量。③ “五口通商”以后,上海取代广州成为我国最大的外贸中心,大批辑里湖丝改由上海出口外销。许多南浔商人云集沪上,以经营湖丝而致富。民国《南浔志》卷33《农桑》载:“道光以后湖丝出洋,其始运至广东,其继运至上海销售。南浔七里所产丝尤著名,出产既富,经商上海者乃众。……镇之人业此因而起家者亦不少。”1845—1850年间,湖丝出口量至1.5万担左右,1875年增至7.9万担,1895年为11万担。④

三是其他各种专业市镇市场,如粮食市场、运输市场、水产市场、盐业市场、编织市场、竹木山货市场、建材市场、铁制品农具市场、绣品市场、烟叶市场、笔墨市场、花车市场、榨油市场等。这些市场星罗棋布的情形,前已述及。

---

① 汪日桢:(咸丰)《南浔镇志》卷二四《物产》,同治二年刻本。

② 周庆云:(民国)《南浔镇志》卷三一《农桑》,民国11年刻本。

③ 这里以100旧斤=121市斤换算,参见许道夫《中国近代农业生产及贸易统计资料》,上海人民出版社1983年版,第343页。

④ 朱新予:《浙江丝绸史》,浙江人民出版社1985年版,第124页。

正是通过这些乡镇市场，江南出产的棉布、丝绸等制成品销往全国各地，且远销海外。与此同时，江南所需物资，如四川、湖广的米粮，苏北、安徽、华北及东北的豆饼，中南、华北的棉花等，又经过各级市场和当地的各类门店，销售给本地居民。这就难怪刘石吉要用“商业资本主义”和“都市化”来概括明清江南区域经济的近代特征了。

相对于国内贸易而言，海外贸易对于江南经济形态和经济结构变迁的影响要更加显著一些。在海外贸易的拉动之下，东南沿海地区一个新型的、充满活力的开放型市场经济逐步崛起，这是汉唐以来农业经济内部真正带有路标性意义的重大变化。在我看来，秦汉“第一帝国”和隋唐“第二帝国”，都是以农业经济为立国基础的大陆性帝国，不仅经济重心位于司马迁所说的“三河”，即黄河中下游地区；而且汉唐间历时千年的“丝绸之路”更是向着亚洲内陆延伸。可以说宋以前的历代王朝，都是“头枕三河、面向西北”的内陆国家。然自中唐以降，我国开始由内陆型国家向海陆型国家转变：广州、泉州等大型海港相继兴起，东南沿海地区以发达的农业、手工业和商品经济为后盾，开始表现出向海洋发展的倾向。特别是宋室南渡之后，为形势所迫更加依赖外贸，刺桐港（即泉州）正在此时成为当时世界上的第一大港。南宋人刘克庄说泉州是一个“以蕃舶为命”①的城市，可见泉州之活力全赖海外贸易。在迅猛发展的海外贸易的刺激下，东南地区以生产交换价值为己任的商品经济日趋繁盛，以分工和专业化生产为基础的市场机制在经济

① 刘克庄：《后村先生大全集》卷168《西山真文忠公行状》。

生活中发挥更大的作用,于是原先"头枕三河、面向西北"的立国态势,一变而为"头枕东南、面向海洋"。这个转折的实质性内涵是从自然经济转向商品经济,从单一种植经济过渡到多种经营,从基本上自给自足到专业分工有所发展,从主要生产使用价值转为生产交换价值,从习俗取向变为市场取向,从封闭经济走向开放经济。[①]

明清两朝虽然有过时间不短的闭关锁国阶段,但东南沿海的民间海外贸易依然在艰难前行。明穆宗隆庆元年(1567 年),即在明初郑和下西洋戛然中止、厉行海禁政策的一个半世纪之后,明帝国被迫开放南洋海禁,除日本一国外,"准贩东西洋"。自明中叶以来,以许栋、王直等为代表的民间海外走私贸易终于获得了自身的合法地位。虽然此前葡萄牙人已经占据了印度西海岸的果阿(1510 年)和南洋地区最大的商业中心马六甲(1511 年),江南民间海商以其深厚的历史积淀(包括航海经验和南洋商缘)又开辟了新的南洋航线以避开马六甲。其中一线自中国南海至马来半岛东岸的北大年、彭亨和柔佛诸港;另一线经婆罗洲和苏门答腊,分别至西爪哇的万丹和小巽他群岛的帝汶岛。[②] 从而推动了万丹、占碑(苏门答腊东部沿海)和革儿昔(新村)等新兴市场的崛起。

经营海外贸易的中国海商大致由三部分人组成:一是乘季风

---

① 葛金芳:《两宋东南沿海地区海洋发展路向论略》,《湖北大学学报》2003 年第 3 期;《大陆帝国和海洋帝国》,《光明日报·理论版》2004 年 12 月 28 日,又载《新华文摘》2005 年 5 期。

② 〔葡〕迈林克·罗洛夫斯:《1500—约 1630 年印尼的亚洲贸易和欧洲的影响》,海牙 1962 年版,第 144 页。

来去的舶商。他们十一二月乘西南季风出航南洋，六七月份乘西北季风返航回国。二是侨居南洋各地的大批发商，实力雄厚，在当地拥有货栈和商船，与葡萄牙人相颉颃。三是活跃在南洋诸岛的小商小贩，深入爪哇腹地采购胡椒等香料，他们“带秤进入内地乡村，先称好数量，然后如数把钱付给农民。”[①]据1609年目睹南洋贸易盛况的德国人约翰·威尔铿所说：“在整个印度都未看到像中国人在万丹所经营的盛大贸易，他们每年两次乘自备的中国帆船来航，带来中国出产的珍异货品和高价商货。中国人在万丹居住的也有几千人，其中大部分是富裕的。”[②]显而易见，明中晚期东南沿海的民间海外贸易的确十分兴盛。

到17世纪初叶，有“海上马车夫”之称的荷兰东印度公司在南洋贸易中取代葡萄牙人赢得霸主地位，但中国海商的实力仍足以抗衡。荷兰学者范勒尔估计，在1620年和1622年，从事东方贸易的荷兰商船总吨位在12 000—14 000吨，而同时期中国和暹罗在印尼海域的商船总吨位数达18 000吨，除去约占中国三分之一吨位的暹罗商船，则中国商船的吨位数亦在12 000—13 000吨。[③]正如薛国中所概括的，明清时期的世界贸易格局，是以中国为主的亚洲提供大量的商品（生丝、绸缎、棉花、瓷器、茶叶、香料、胡椒等），非洲提供廉价的劳动人手，美洲提供作为支付手段的黄金和白银，欧洲则役使非洲的劳动力采冶美洲的金银，运到东方来采买

---

① 〔荷〕范勒尔：《印尼的贸易与社会》，海牙1955年版，第125页。

② 转引自岩生成一《下港（万丹）唐人街盛衰变迁考》，《南洋问题资料译丛》，1957年2期。

③ 〔荷〕范勒尔：《印尼的贸易与社会》，第235、212、198页。

亚洲的商品，再运销世界各地(主要是西欧)。[①] 握有最大数量商品和经济实力的中国成为走向世界的欧洲人最主要的商业伙伴和竞争对手，而中国所持有的精美商品绝大多数则是江南地区生产的。这个事实说明江南经济区具有很高的开放度。以致德国学者弗兰克(Frank Gunder)在《白银资本》中认为，直到18世纪末工业革命之前，全球经济中心是亚洲特别是中国，支持其看法的依据是15—18世纪的三个世纪中，世界白银产量的一半都流入了中国。欧洲需要亚洲的商品，却只能用贵金属支付，说明欧洲与亚洲存在着长期的结构性的贸易逆差，还说明亚洲在这数百年间处于执世界经济牛耳的地位。一直要到19世纪以后，欧洲才站在亚洲的肩膀上，最终成为全球经济新的中心。[②]

前引吴柏均的研究成果更以实例证明了国内外贸易对区域经济的重大影响。他指出，持续增长的国内外贸易不仅为无锡经济的发展提供了市场基础，而且为新经济的出现提供了潜在资本。这种潜在资本主要来自于“绝对收益”(贸易出超即流入资金)、“供给收益”(输入区域内短缺资源)、“动态收益”(销售市场扩大)和“剩余出路收益”(输出区域内制成品和剩余资源)。根据他的计算，无锡的贸易盈余为当地的工业企业提供了50％—75％初始资本。[③] 当然，由于明清两朝在大部分时间中奉行闭关锁国政策，因此江南区域经济的开放性未能得到顺畅的发展。此点留待本章

---

① 薛国中:《15—17世纪中国在东西方海上贸易中的地位》，载吴于廑主编《十五十六世纪东西方历史初学集续编》，武汉大学出版社1990年版，第311—315页。

② 〔德〕贡德·弗兰克:《白银资本》(刘北成译)，中央编译出版社2005年版。

③ 吴柏均:《中国经济发展的区域研究》，第238—241页。

“余论”中再予申说。

五、纸币、商业信用、包买商和雇佣劳动等带有近代色彩的新经济因素已然出现并有所成长

前已述及，农商社会的最大特征就是商品经济成分的快速成长。正是在商业气息扑面而来的历史氛围中，一些为近代工业文明所特有的新经济因素开始出现在我们面前：

一是在交换手段上，“交子”这种世界上最早的纸币在北宋前期横空出世，并与交钞、钱引等信用票据（详后）一道充当支付手段，金元明三朝继之，汉唐“钱帛兼行”的时代宣告终结，历史自此进入“钱楮并用”时代。[①] 与此同时，以白银为代表的贵金属称量货币跻身于流通领域，白银货币化进程启动。明英宗时赋税折银征收，英宗正统元年（1436 年）明令“弛用银之禁”，此后“朝野率皆用银”。[②] 至此，亦即明中叶以白银为本位的贵金属货币体系正式确立。

二是商业信用开始发达，宋代开始以茶引、盐引、钱引、交子（它很快演变为信用货币）、便钱和现钱公据等为代表的大量信用票据开始登上历史舞台。姜锡东将宋代信用票据分为三类。第一类是政府向入纳金钱或粮草者发放的，用以领取茶、盐、香矾等禁榷物质的提货凭证类交引；第二类是政府向入纳粮草者支付的用于领取金银现钱的期票类交引；第三类是政府向入纳粮草者支付

---

① 李埏：《从钱帛兼行到钱楮并用》，《宋史研究论文集》上海古籍出版社 1982 年版。

② 《明史》卷八一《食货志》。

的按比例领取现钱和实物的混合性交引。而遍布于汴京、临安等大城市的各种金银交引铺，则可视为中国封建社会的证券交易所，并兼有银行的某些功能。交引市场的出现代表了一种新兴商人资本的出现。[①] 在我看来，这种“新兴商人资本”，其性质颇与近代的金融资本相类。难怪缪坤和在其博士论文《宋代商业票据研究》中说：“宋代信用票据的大量出现和行用，乃是社会经济史发展中最具标志性意义的新生事物。”[②]

三是纺织、茶叶和果树种植业中“包买商”身影的出现，其中尤以纺织业中最为多见。洪迈《夷坚志》卷5所载《陈泰冤梦》中讲过一个包买商的故事，时在12世纪70年代，即南宋孝宗淳熙年间。冤主陈泰原是抚州布商，每年年初向崇仁、乐安、金溪以及吉州属县的机户、织户发放生产性贷款，作为其织布本钱。到夏秋间再到这些地方去讨索麻布，以供贩卖。由于生意越做越大，各地有曾小陆等“驵户”作为代理人，为陈泰放钱敛布。仅安乐一地就积布数千匹，为建仓库就花去陈泰500贯缗钱，确有相当规模。这就是说布商陈泰的商业资本，通过给织户发放带有定金性质的生产性贷款而进入了生产领域；而分散在城镇、乡村的细小机户的产品，则先由曾小陆等各地代理商集中起来，再由陈泰贩卖到外地作为商品进入市场。事实说明，陈泰所为，在其本质特征上已与明清“账房”无异，均属包买商性质。郭正忠先生指出，在浙江丝织业、四川绫锦业中，也存在着“收丝放贷”、“机户赊账”以及“预俵丝花钱物”

① 姜锡东：《宋代商业信用研究》，河北教育出版社1993年版。

② 缪坤和：《宋代商业票据研究》，云南大学出版社2002年版，第2页。

等惯例，[①]包买商正是在这些惯例中生长起来的新型商人。而宋元明清时期商人对茶农实施的“先价后茶”之惯例，以及福建果树业中初春时节即赴各地果园“断林鬻之”的水果商人，显然亦是包买商人之属性。明清时期商人支配生产的情形自然要较宋代普遍，这在前引许涤新、吴承明主编的《中国资本主义发展史》（第一卷）中有详细陈说，不再赘述。

四是纺织、井盐和矿冶业中出现了带有近代色彩的雇佣劳动。漆侠估计，宋代纺织业中已有十万机户，其中多数是自有织机的小商品生产者，但在少数作坊中，已经出现了雇佣工人。“织纱于十里外，负机轴夜归”[②]者，就是自备工具、受雇于人的纺织工人。矿冶业中此类雇工更多些，如苏轼所说，北宋神宗年间1068—1085年徐州地区的36个铁冶作坊中“冶各百余人，采矿伐炭，多饥寒亡命、强力鸷忍之民也。”[③]同样是神宗熙宁年间1068—1077年，据时任陵州知州的文同调查所见，井研县的百余家卓筒井作坊中有近代色彩的雇佣关系存在。当地资本雄厚的“豪者”拥有一二十个井，雇佣四五十个井盐工匠；次者亦有七八个井，雇佣二三十人。如此算来，井研一县即有上千筒井，至少雇佣三四千工匠。而与井研县相邻的嘉州、荣州等地卓筒井亦为数甚巨，若三地合计，井盐工匠即达数万人之多！这成千上万的井盐工匠多数来自“他州别

---

① 郭正忠：《宋代包买商人的考察》，《江淮论坛》1985年2期。又可参见郭著《两宋城乡商品货币经济考略》，经济管理出版社1997年版，第245—257页。

② 洪迈：《夷坚乙志》卷八《无颜》。

③ 苏轼：《苏轼文集》卷二六《奏议·徐州上皇帝书》，中华书局标点本1986年版，第2册，第759页。

县”,应与农业亦即土地脱离了关系,所以被称为“浮浪无根著之徒”。他们的谋生方式是“佣身赁力”,靠出卖劳动力换取“工值”为生。他们如对生活待遇、劳动条件或劳资关系有不能忍受的意见,就会互相串联、集体抗议,所谓“递相扇诱、群党哗噪”,掀起种种工潮。如不能满足他们的要求,就会同作坊主算账,索取工钱,然后退雇另就,所谓“算索工值,偃蹇求去”。[①] 这些情况说明,他们既无生产资料,又无人身依附关系,基本上是近代意义上的“自由劳动者”。

明清时期雇佣关系有更进一步的发展。苏州吴江县“至明熙、宣间,邑民渐事机丝,犹往往雇人织挽。……有力者雇人织挽,贫者皆自织,而令其童稚挽花。”[②]明中叶“机户出资,机工出力,相依为命”[③]的记载,更是为人熟知。入清以后,丝织业中的雇佣劳动更为常见,以至苏州等地出现了有固定地点的雇工市场。编纂于康熙二十三年(1684 年)的《长州县志》卷三《风俗》载:

> 郡城(按:指苏州)之东,皆习机业。织文曰缎,方空曰纱,工匠各有专能。匠有常主,计日受值。有他故,则唤无主之匠代之,曰“唤找”。无主者,黎明立桥以待。缎工立花桥;纱工立广化寺桥;以车纺丝者曰车匠,立濂溪坊。十百为群,延颈而望,如流民相聚,粥后散归。若机坊工作减,此辈衣食无所矣。

---

① 以上引文均见文同著《丹渊集》卷 34《奏为乞差京朝官知井研县事》,此札约撰于熙宁四五年间(1071—1072 年)。

② 乾隆《震泽县志》卷二五《生业》。

③ 《明神宗实录》卷三六一。

从“匠有常主，计日受值”看，这种雇佣关系较之“负机轴夜归”者，要紧密一些了。此类事例所在多有，且为学界所熟知，故不再赘述。

五是早期工业化进程在江南经济发达地区的启动和推进。此点前已述及。

所有这些带有近代文明色彩的新经济因素，均是在商品经济获得长足发展的历史环境中出现的，而且这种情况在晚清至民国时期的通商口岸城市中表现得最为典型。正如上海学者张仲礼说：“近代长江沿江城市多是走的依托长江、背倚腹地，发挥地理优势，由商业化而工业化而城市化的发展路径。”①可见商业化确是工业化的必要前提，这至少是中国经验给我们的启示。赵德馨先生关于“经济现代化的两层次学说”，即是依据近代中国的历史经验而提出的，其要点是：“第一，经济现代化不仅是工业化，我在工业化之外加上了市场化层次；第二，强调市场化是工业化的基础和前提。实际上，市场化也是经济现代化的基础和前提；第三，经济现代化的进程是从市场化开始，从流通领域进入生产领域。”②

事实上，由市场化发轫再发展到工业化，这是世界各国现代化历程的普遍经验。正如吴承明先生所总结的：“研究西欧的现代化

① 张仲礼等主编：《长江沿江城市与中国近代化》，上海人民出版社 2002 年版，《序言》，第 4 页。

② 赵德馨：《市场化与工业化：经济现代化的两个主要层次》，原载《中国经济史研究》2001 年 1 期，又见赵著《经济史学论文集》，中国财政经济出版社 2002 年版，第 641 页。

虽常是从文艺复兴讲起，但经济上的变动，或现代化因素的出现，始于16、17世纪的重商主义时代，这几乎成为史学界的共识。”“西欧早期的现代化始于16世纪市场和商业的发展，经过政治和制度变革，导致18世纪末的工业革命。”[①]1998年年底，他在一次访谈中说得更为肯定和明晰：“西方现代化是从市场化开始的，商业革命引起工业革命。”[②]如此看来，在市场化先行一步的江南地区，出现商业信用、包买商、雇佣劳动和早期工业化等新经济因素就是顺理成章（合乎规律）的事情了。

第三节 江南区域社会经济的近代命运

从宏观上看，宋元明清时期中国的宏观经济长波受到的制约主要来自以下三个方面：

一是战乱。两宋之际、宋元之际、元明之际、明清之际和太平天国运动，每次战乱短则十余年，长则数十年，均给社会经济带来很大破坏，社会处于承平与战乱的循环之中，一次次打断了经济发展的势头。

二是生态。中唐以降黄河流域因垦殖过度导致生态环境急剧恶化，森林砍伐和植被破坏的结果是黄河连年决口，水旱灾害频率上升，恶化了华北平原的生产、生活条件。这是中原地区逐步落后的主要原因之一。

---

① 吴承明：《现代化与中国16、17世纪的现代化因素》，《中国经济史研究》1998年4期。

② 吴承明：《市场化、现代化和经济运行》，《中国经济史研究》1999年第1期。

三是制度。金元时期和明末清初由女真、蒙古等周边部族带进关内的奴隶制、农奴制等前封建因素严重阻碍了社会经济的前进步伐。明清两朝推行“迁界”、“禁海”等闭关锁国政策则沉重打击了东南沿海的海外贸易，阻滞了江南向开放性区域经济转型的势头。更不利的是，专制主义的大一统集权体制不知保护民众产权，反而大肆摧残工商业活动；看不到市民阶层的发展前景，反而把其中的佼佼者通过科举纳入到旧式官僚体制中去。于是原本是原始工业化进程推进主体的工商业阶层反而被异化为封建官吏，其余的仍然处在传统等级制的最末一端；于是各级城市仍是统治者的政治堡垒而失去了独立运行的生命机制。由此看来，缺乏近代宪政秩序和法制框架的支撑，才是江南地区乃至整个中国未能顺利转型至现代工业文明的根本原因。也就是说，在战乱、生态和制度这三个制约因素中，制度的滞后是最为重要的因素。

特别是进入近代以来，经过工业革命的西方列强实力大大增强，挟坚船利炮之势在世界各地横冲直撞。近代中国遭遇“千年来未有之大变局”，在民族危机日渐深重的同时，经济发展的环境发生了重大变化。此时，中国在两个方面落后于世界大势的演进，一是政治集权专制，不民主；二是经济闭关锁国，不自由，进而导致以现代企业的成长和企业家阶层的崛起为载体的机器工业化进程严重受阻。在我看来，这就是近代中国国力孱弱的根本原因。从 19 世纪 60 年代开始的洋务运动，一直到清末民初的实业救国（修铁路、开矿山、办工厂等）和教育救国运动，所着眼的正是如何通过机器工业的引进和创办来增强自身的国力，这可名之为经济救国论者的实业救国路线。从康梁的“百日维新”到改良派、立宪派的论争，直至孙文革命派的暴力起义，着眼的则是如何推翻专制政权以实现民族独立和宪政民主，这可名之为政治救国论者的民主救国路线。这两条路线在近代中国一直是纠缠扭结在一起的。其所针对的，恰恰是近代中国政治不民主、经济不自由这两个痼疾。也就是说，这两条路线的主张者和实践者都是寻求救国道路的仁人志士，都在为中国早日走上政治民主化、经济市场化的道路而努力奋斗，只是他们关注的侧重点和优先次序有所不同罢了。

正是在这些仁人志士的摇旗呐喊和浴血奋斗之中，近代中国以辛亥革命为标志终于告别了二千余年的专制统治而迈进共和体制的门槛，中国的政治民主化、经济市场化水平均有显著提高。城市化进程可以看作是这两个方面所获进步的一个重要指标。据施坚雅的估计，1843 年长江下游人口在 2000 以上的城市总数为 330 个，城市人口总数为 493 万人，总人口为 6 700 万，城市化率为 7.4%。到 1893 年，以 270 个城市中心地统计，人口为 475 万人，总人口为 4 500 万人，城市化率为 10.6%。[①] 而据卜凯《中国土地利用》统计，民国初年全国 168 个县的城市化率为 21%（其中市镇人口占 11%，城市人口占 10%）。[②] 若据国民政府 1931、1932 年调查统计，居住于 1 000 人以上的城市和县城的人口占全国人口的 42.81%。[③] 此数明显偏高。而孙本文据《中国年鉴》估计，20 世纪 30 年代居住于 2 500—10 000 人口规模的市镇人数约占 22%，加上居住于 1 万—5 万人口规模的小城市的人口约 6%，合

---

① 〔美〕施坚雅：《中华帝国晚期的城市》，叶光庭译，中华书局 2000 年版，第 246 页。

② 卜凯：《中国土地利用》，金陵大学农业经济系 1941 年版，第 501 页。

③ 李昌熙：《人口普查》，《服务月刊》调查统计专号，1938 年 12 月 1 日。

计占总人口的28%。[①] 此数可能较为近实。据《中国国情大事典》,1949年,我国城市化率为17.4%,[②]与20世纪30年代相比下降了十个百分点,由此可见战乱对现代化的摧残。从1949年到1956年又下降为15.9%。1960年上升到20.7%,这是托劳民伤财的“大跃进”所赐。此后近二十年间再呈下降趋势,到1978年跌至15.8%,甚至低于建国初期的水平。1949—1978年的三十年间,城市化进程不进反退,可见计划经济体制对现代化进程的阻滞。

与此相伴随的,是广大农村地区市镇数量的明显下降。慈鸿飞曾以城镇数量的多寡考察过近代以来城市化进程变动轨迹,极富启示意义。1930年代,全国常住人口在2 000—20 000的城镇共16 335个(±1 000)。1953年,全国建制镇5 402个。但在此后由于推行集体经济,集市贸易被纳入国家统购统销体系,城镇数量直线下降,1956年减至3 672个。1958年推行“政社合一”的人民公社体制后,江苏省建国初期790个市镇只剩25个,山东省一个不剩。至1982年,全国建制镇数量降至最低点,只有2 819个,不到1930年代的五分之一。千余年来在大部分时期中一直相当旺盛的镇市贸易亦降到最低点,农村一派凋敝衰飒景象。

此后则托改革开放之赐,在异军突起的乡镇企业的带动下,小城镇重新崛起。1983—1986年,4年间共增加7 750个镇,每年增加1 937个。1987—1991年,5年间共增加1 731个镇,每年增加347个。1992年在邓小平南方讲话的鼓舞下,一年新增加2 084个

---

① 孙本文:《现代中国社会问题》第2册,商务印书馆1946年版,第118页。

② 罗时凡等主编:《中国国情大事典》,北京师范大学出版社1993年版,第114页。

镇,超过前5年增加的总数。全国总计14 539个建制镇。[1] 事实雄辩地证明,正是在改革开放的历史环境中,三十年来,我国城市化和市场化、工业化才呈现出齐头并进、比翼齐飞的喜人势头。山东大学王学典观察到一个有趣的现象:“1949年后,一段时间内,当我们在巩固或重建乡村社会时,乡村社会的研究也就中断了;而20世纪80年代以来,乡村社会解体过程重新启动时,这正是包括‘乡村社会史’在内的社会史研究再续前缘、愈加繁荣的时期。”[2] 这种学术热点的起伏转移,恰是当代乡村社会迈向现代工业文明曲折历程之反映。

我们看到,在前面所说的制约近代中国社会经济转型的三个要素(即战乱、生态和制度)中,制度要素起着多么重大的作用。江南经济的演进轨迹具体而生动地阐释了“制度是经济增长的内生变量”这一重要的制度经济学命题。其中蕴含的种种经验教训,今人当深长思之。

---

① 慈鸿飞:《近代中国镇集发展的数量分析》,《中国社会科学》1996年第2期。

② 王学典:《历史研究的民间取向值得倡导——〈两汉乡村社会史〉简评》,《史学理论研究》1998年第3期。